【国学精粹珍藏版】

李志敏⊙编著

◎尽览中国古典文化的博大精深

◎读传世典籍，赢智慧人生——

受益终生的传世经典

论语

卷一

民主与建设出版社
·北京·

© 民主与建设出版社，2022

图书在版编目（CIP）数据

论语/李志敏编著;郑琦绘图
—北京: 民主与建设出版社，2015.8（2022.8重印）
ISBN 978-7 - 5139 - 0707 - 1

I.①论... II.①李... ②郑... III.①儒家 IV.①B222.2

中国版本图书馆CIP数据核字(2015) 第175898号

论语
LUN YU

编　　著	李志敏
责任编辑	王颂
装帧设计	王洪文
出版发行	民主与建设出版社有限责任公司
电　　话	（010）59417747　59419778
社　　址	北京市海淀区西三环中路 10 号望海楼 E 座 7 层
邮　　编	100142
印　　刷	永清县晔盛亚胶印有限公司
版　　次	2016年1月第1版
印　　次	2022年8月第4次印刷
开　　本	710 毫米 × 1000 毫米　1/16
印　　张	32
字　　数	460千字
书　　号	ISBN 978-7 - 5139 - 0707 - 1
定　　价	278.00元(全四册)

注：如有印、装质量问题，请与出版社联系。

前　言

　　《论语》是孔子的弟子及后学记述孔子言行的语录体著作，成书于战国时期。《论语》是儒家最有价值的名著。

　　《论语》是一部语录体散文集，全书三分之二以上都是单人对话，大多数都以"子曰"开头，只有一部分是对话体的，有问有答。各章篇幅不长，语言非常凝练简洁。全书通过孔子言、行的记载，不仅展示出孔子这位春秋时期的大思想家的光辉形象，也展示出孔门弟子丰富多彩的群像，刻画了历史生活中诸多的人物原形。

　　《论语》自《学而》至《尧曰》，全书凡分二十篇。《论语》原本没有题目，现在所见各篇篇目，是后人从篇中首章开头摄取的两三个字加上的，如《颜渊》《述而》《先进》等。所以，每篇篇名并没有特殊的意义。篇章之间也没有内在的联系，篇幅长短也不等。

　　《论语》思想的核心就是仁和礼。

　　孔子主张的"仁"，在《论语》中有多重含义。一是"仁者爱人"；二是"克己复礼为仁"；三是"仁者，人也"。孔子主张"仁"，孟子重视"义"，所以，孔子的"杀身成仁"与他的继承人孟子的"舍生取义"，就成为后世志士仁人的价值尺度，深刻地影响着中国人的处世哲学。

　　"礼"的核心是"正名"。在孔子看来，周礼最重要的原则是尊尊与亲亲。为了贯彻亲亲和尊尊的原则，孔子提出"正名"的主张，他说："名不正，则言不顺；言不顺，则事不成；事不成，则礼乐不兴；礼乐不兴，则刑罚不中；刑罚不中，则民无所措手足。"据此，孔子提出了"君君，臣臣，父父，子子"的主张。意思是，为君者要使自己符合于君道，为臣者要符合于臣道，为父者要符合于父道，为子者要符合于子道。

《论语》还反映了孔子因材施教的教学思想，在中国教育史上有较大的影响。在教学上，孔子还提倡师生之间相互切磋，共同讨论，互相启发，以收到教学相长的良好效果。一部《论语》，实际上就是记载他们师生间互相问对、讨论的情况。

在中国古代，《论语》历来就是读书人必读之书。在汉代，当时的儿童最先读识字课本，之后就是读《论语》《孝经》。在当时《论语》已经成为读书人的必读之书。在唐代，参加医、算、律学考试者可以不读"五经"，但《论语》《孝经》同样非读不可。宋代，朱熹集合《大学》《中庸》《论语》《孟子》为"四书"，目的也正是给读书人提供一套完成"小学"之后的格致诚正、修齐治平的入门书。当时的读书人都要把《论语》奉为"圣典"，背得滚瓜烂熟。可以说，不能精通《论语》，就不可能走上"学而优则仕"的道路，那么中国古代知识分子也就失去了赖以安身立命的阶梯。废除科举制之后，《论语》也还是读书人常读之书。因为它承载着中华传统文化的精髓，大到道德规范，小到成语格言，包蕴极广。

几千年来，《论语》一直受到高度评价。现代学者梁启超说："孔子个人有多少价值，《论语》便也连带的有多少价值。"朱自清在《经典常谈》中说："《论语》是孔子弟子们记的。这部书不但显示一个伟大人格——孔子，并且让读者学习许多做学问的道理：如'君子'、'仁'、'忠恕'，如'时习'、'阙疑'、'好三'、'隅反'、'择善'、'困学'等，都是可以终身应用的。"

两千多年来，深受世人的推崇，《宋史·赵普传》有这样的记载：

普尝谓太宗曰："臣有《论语》一部，以半部佐太祖定天下，以半部佐陛下致太平。"

赵普所说的话，其实一点也不夸大，《论语》的确就是一部安身立命、拯民救世的经典。

目录

学而篇第一

为政篇第二

八佾篇第三

里仁篇第四

卷 二

公治长篇第五

雍也篇第六

述而篇第七

泰伯篇第八

卷 三

子罕篇第九

乡党篇第十

先进篇第十一

颜渊篇第十二

子路篇第十三

宪问篇第十四

卷 四

卫灵公篇第十五

季氏篇第十六

阳货篇第十七

微子篇第十八

子张篇第十九

尧曰篇第二十

学而篇第一

学而时习之，不亦说乎

【原文】

子①曰："学而时习之，不亦说②乎？有朋③自远方来，不亦乐乎？人不知，而不愠，不亦君子④乎？"

【注释】

①子：中国古代对于有地位、有学问的男子的尊称，有时也泛称男子。《论语》一书中"子曰"的子，都是指孔子。

②说：同"悦"，愉快、高兴的意思。

③朋：在同一师门受学者，这里指志同道合的朋友。

④君子：《论语》书中的君子，有时指有德者，有时指有位者。

【译文】

孔子说："学习了各种知识并且又经常温习和练习，不是很愉快的事吗？有志同道合的人从远方来，不也是很令人高兴的事吗？人家不了解我，不理解我，我也不怨恨、不恼怒，不也是一个有德的君子吗？"

【解读】

《论语》开篇第一章的内容便是关于学习的，并且讲的是学习之乐。在古汉语里，"学习"两个字是这样构成的："学"的上面是表示"知识积累"的符号，下面是一个小孩站在一扇门前，指的是通过探索，增长知识或见识的过程；"习"的上半部分表示鸟儿展翅欲飞，下面代表巢穴。它相形于一只鸟展开翅膀，练习飞翔能力，欲离开鸟巢，指的是通过练习，掌握新的技能或行动的过程。由此我们可以得出这样的结论：学习表示的是一个人自我完善的修炼过程。它是一个持续不断的过程。

学习就要达到一种以学为乐的境界。孔子自述的三种境界都在反问，这难道不是一件令人高兴的事情吗？中国古代一直有一种以学为乐的传统，当然这种传统可能与《论语》有密切的关系。比如说，陶渊明自称是五柳先生，是晋代著名的诗人。他在《五柳先生传》中这样写道："好读书，不求甚解；每有会意，便欣然忘食。不戚戚于贫贱，不汲汲于富贵，酣觞赋诗，以乐其志。"陶渊明沉醉在读书写作之中，也从这个过程获得了巨大的满足。

古典的意义，绝不可能只学一次读法就能正确领会，需要反复多次才能真正领会其中的内涵。"时习"的"时"，其中包含着重大的意义。如果只是像鹦鹉学舌一样不断反复地诵读，对于其中的意义不去理解或者不能理解，那就不叫真正的读书。孔子的意思是想告诉我们，随着学习之人的成长，经验的增加，自省的深化，在以前没有理解、悟到的古典的真义，经过反复研究，常常诵读，可能在一瞬间就有了顿悟。只有这样，领悟过去一直没有懂的新的意义时，才可以说是人生的至乐，才能达到以学为乐的境界。

孔子画像

《论语》开卷的这句名言，基本上把读书之乐，把有志于学问者的喜悦，以纯正和朴素的句子表述明白了。诸葛亮说："非学无以广才，非学无以养德。"经历了岁月的砥砺，会得到岁月很多珍贵的馈赠，这是因为自己善于学习。

当今一些人在学习过程当中，不但不以学为乐，反而以学为累，认为学习一无是处，且生活得不如意。这样的人首先不会考虑自己应该多学，提高能力为自己创造美好的生活，只是发些没有用的牢骚；其次是他把学习当作是一种负担，很自然地就会觉得学习不是一件乐事，而是一件苦差事。因此学习的人最好要摆正姿态，做到志于学，乐于学。

现代教育界有一个理念，就是享受学习。中国人民大学附属中学学生肖盾，在高二时获全额奖学金，并赴英国剑桥大学读书。在英国时，他写信给12班同学，信上是这样说的：

有人也许会说，"享受生活"还能说得过去，但"享受学习"就显得有点恶心了。我们过于深恶痛绝中国教育体制中的某些弊端，很少有人谈及喜爱或享受学业。在英国，我肯定不是唯一能把"enjoy study"（享受学习）这个短语说出口的疯子，尽管"学习"是英国人最不擅长的事之一，要知道有的英国学生，连7×8都要借助计算器。

从这段话中我们可以看出，就教育的环境、体制而言，中国和发达国家的确存在一定的差距，学生的感受也肯定大相径庭。但是，有一点应该是共同的，那就是对待学习的心态。学习有苦的一面，也有乐的一面。当你冥思苦想地解答出一道数学题，或者写出一篇优美的文章时，你一定会觉得快乐，有种成就感，这就是学习带给我们的乐趣。总之学习是苦中求乐、先苦后甜的过程。

学习又是一个永远的过程，学无止境。俗话说："活到老，学到老。"如果我们把学习当作负担，那么人的一生就会变得了然无趣，每天的学习变得很压抑，这是任何一个人都不愿意看到的。学习应该是一件乐事，可以使人进步，可以指导我们为人处世，解决我们的困惑。运用自己的学识解决面临的问题，取得预期的效果，求得佳境，并为之感到高兴，这就是学习乐趣之所在。希望那些对学习认识不深的人，仔细理解领会孔子以学为乐的精神，做到乐在学中。

孝悌乃做人的根本

【原文】

有子①曰："其为人也孝弟②，而好犯上③者，鲜④矣；不好犯上，而好作乱者，未之有也。君子务本，本立而道生。孝弟也者，其为仁之本与?"

【注释】

①有子：姓有，名若，孔子的学生。

②弟：同"悌"，敬顺兄长。

③犯上：冒犯地位比自己高的人。

④鲜：少的意思。

【译文】

有子说："能够孝顺父母，敬爱兄长，却又喜好触犯上级的人，是很少见的。不喜好冒犯上级，却又喜好造反的人是没有的。君子专心致力于根本的事务，根本建立了，治国做人的原则也就有了。孝顺父母，敬爱兄长，这就是'仁'的根本啊！"

【解读】

孝悌是中华民族的优秀传统道德之一。"孝悌"本身包含两层意思："孝"和"悌"，即孝顺父母和尊敬兄长。孝和悌是相互关联的，是为了适应古代家庭宗法制度而提出的关于如何管理好家庭的思想。儒家将"孝悌"视为做人的根本，进而提出了"修身、齐家、治国、平天下"的理论。

微软总裁比尔·盖茨曾经说过这样一句话："世界上什么都可以等待，唯有孝顺不能等待。"是啊，时间是不等人的，"树欲静而风不止，子欲养而亲不待。"等到你真的有了孝顺能力的时候，也许一切都为时已晚。另外，对父母的爱更是人类一切爱的源泉，从爱父母开始，爱同学、爱朋友、爱集体、爱祖国……这让我们渐渐懂得如何去爱。反之，不孝顺则是人类最大的罪过，是一个人修养中最大的缺憾。

"修身，齐家，治国，平天下。"家庭是一个社会的细胞，是一个国家的基本单位，唯有家庭关系安定和睦了，社会才会健康和谐发展，国家也才会长治和久安。试想，一个人如果连孝敬父母，报答养育之恩都做不到，他还能为国家做多少贡献呢？"亚圣"孟子也曾说过："尧舜之道，孝悌而已矣！"

《新三字经》里说："能温席，小黄香，爱父母，意深长。"其中提到的小黄香是汉代江夏一位因孝敬长辈而名留千古的好儿童。

在东汉有一个叫黄香的孩子，虽然只有9岁，但他已经深深懂得孝的道理了。他总是用他能想到的方式孝敬父母，有点好吃的，从来不自己吃，而是想着法子让父母吃，总是把房子打扫得干干净净，把水缸挑满水。

可是有一天，厄运突然降临到这个快乐和睦的家庭，小黄香的母亲得了重病去世了。母亲离开他后，小黄香经常暗自流泪，此后更把全部的孝心倾注在父亲身上，家中大大小小的事情，都亲自动手去做，一心一意地服侍父亲。

盛夏时节，酷热难耐，家里热得像蒸笼一样，炕上、枕头、席子上都像一个个小火炉，根本就没法睡觉。黄香知道，如果父亲晚上休息不好，长期下去，父亲的身体一定会拖垮。于是，他顾不得酷热难熬，拿着扇子在父亲睡觉的地方使劲儿扇，左手扇累了，就换右手；右手酸了，就再换到左手，一直扇得炕上凉丝丝的，才让父亲去休息。一夜，两夜……整个夏天他都是如此。

陈云彰绘《黄香扇枕温衾》

数九寒天，大雪纷飞，家里冷得像个冰窖。父子俩冷得直打战，根本没有办法睡觉。黄香咬着牙，把衣服脱掉，钻进父亲的被窝里，一直到用自己的体温把父亲的被窝暖得热乎乎的，才叫父亲过来睡觉。

一个年仅9岁的孩子竟能如此孝敬自己的父亲，人们赞不绝口。时间长了，他的孝行传遍了全国各地。江夏太守刘护得知他的事迹后，把当时只有12岁的黄香召进江夏郡衙内，专设"孝子"门署。黄香由此成为一位孝敬长辈而名留千古的儿童，有着"江夏黄香，天下无双"的赞誉。后来他当了官，做了尚书令，把对自己父亲的孝心，转化成了对老百姓的爱护，深受老百姓尊重。

孝敬父母，不但要很好地承担对父母应尽的赡养义务，而且要尽心尽力满足父母在精神生活、情感方面的需求。特别是对年迈的父母，更要精心照顾，耐心安慰。"今之孝者，是谓能养。至于犬马，皆能有养，不敬何以别乎？"意思是说，现在的人只把能养父母便算孝了，就是犬马，一样能有人养着。没有对父母的一片敬心，又在何处作分别呀？因此，对父母尽孝也不能仅仅停留在物质生活层面，还应懂得老人未减的爱心需要。老人的寂寞需要慰藉，老人的想法需要尊重。也就是说，精神赡养也至关重要。比如，现在城市里的大多数老人，虽然有儿有孙，在生活上不愁吃穿，不缺钱花，但是因为工作的缘故孩子几乎都不在身边，平时很少见面。因此，他们的感情上最渴望的是能与所有的亲人团聚。有首歌中唱到，"常回家看看，回家看看，哪怕帮妈妈捶捶后背，揉揉肩，老人不求子女为家做多大贡献，只求个平平安安，团团圆圆"，这正是老人心境的反映。

因此，将来不管我们走到哪里，都要记着爸爸、妈妈，更要趁现在在他们身边的时候，多孝敬他们。人生几十年匆匆而过，如果不能在父母在世的时候懂得这个道理，那么以后后悔也晚了。

一个女人28岁时便开始守寡，带着一双儿女艰难度日，却始终不肯再嫁，因为怕让孩子受委屈。后来，儿子长大了，在一个离家很远的城市里发展。他一直盼望着境况好些再把母亲和妹妹接来。为此，他早为母亲准备好了一套崭新的衣裳和一双母亲最爱穿的软底鞋，还有一副老花眼镜，等待着那喜洋洋的团聚时刻到来。但是，因为种种原因，一家人的团聚推迟了一次又一次。

忽然有一天，他接到了妹妹发来的电报。电报上说，母亲因心脏病复发突然去世了。当他匆忙赶回家并为母亲穿上早已买好的衣服和鞋子时，悔恨得感觉痛不欲生。

在人的一生中，父母的关心和爱护是最真挚最无私的，父母的养育之恩是永远也诉说不完的：吮着母亲的乳汁离开襁褓；揪着父母的心迈开人生的第一步；在父母无微不至的关怀中成长；灾灾病病使父母熬过多少个不眠之夜；读书升学费去父母多少心血；立业成家铺垫着父母多少艰辛。可以说，父母为养育自己的儿女付出了毕生的心血，这种恩情比天高，比地厚，是人世间最伟大的力量。如果人类应该有爱，那么首先应该爱自己的父母，其次才能谈到爱他人、爱集体、爱社会、爱祖国……

爱父母是天经地义的事情。用爱的心去对待身边的每一位长者，也会带给我们无穷的快乐。正所谓"老吾老以及人之老"，我们不仅要孝顺自己的父母长辈，对别人的长辈也应当予以尊敬和孝敬。

有一个男孩到美国留学，在语言学校的附近，每天都能看到一位老人去买报纸。一天早上，老人在买完报纸返回的途中摔倒在了路边，男孩发现后，立即将老人送到了医院，一老一少就这样相识了。老人孤独一人，并且还有严重的心脏病，在他的要求下，男孩搬到了老人的住处。

一年后的一天，老人在洗手间突然晕倒了。男孩将老人送到了医院，医生告诉他，老人必须做心脏搭桥手术，否则就有生命危险。然而，手术的费用非常昂贵，男孩根本支付不起。于是，他连夜敲响了几个同学家的门，总共借到了5000美元，终于让老人顺利地上了手术台。

手术之后，老人的身体越来越不好。有一天晚上，老人将男孩叫到床前说："你照顾了我一年多，真是很感谢你，我不知道该怎样报答你，就送给你一样东西吧。"老人从手上摘下一枚铁指环，接着说道："这枚指环是我的祖父留给我的，虽然不值钱，但也算是一份礼物，送给你作个纪念吧。"他还叮嘱男孩，千万不要把它弄丢了，一定要戴在无名指上。第二天，老人就去世了。

老人去世后，他的两个儿女将男孩告上法庭，要求继承父亲的遗产。老人唯一的财产就是那枚铁指环，他的房子是社会福利机构提供的，去世之后房子也被收了回去。最后，男孩赢得了这场官司，但他还是把这枚铁指环交给了老人的儿子。老人的儿子看了看这枚黑黑的指环，气急败坏地把它丢在地上，扬长而去。男孩将指环捡起来，又戴在了自己的无名指上。

后来，一个偶然的机会，男孩得知，这枚"铁"指环原来是一枚价值连城的钻戒，是老人故意在指环上镀上了一层氧化铁。

善良的中国男孩用自己的爱心温暖了一个孤苦无依的美国老人，最后他的爱心也得到了回报。

没有一份爱会遗失人间，所有的爱都有它的因果。正如一首歌中所唱："如果人人都献出一点爱，世界将变成美好的人间。"这不是一句普通的说教，而是人类最美丽的语言。

鸦有反哺之恩，羊有跪乳之德。一个人无论多么有权有势，如果不孝，那就连畜生也不如。父母教养孩子一辈子，那么晚辈对长辈的孝，无非体现在物质与精神两个方面。物质方面，不过赡养而已。老人辛苦一生，老来耳聋眼花腿麻脚软，儿女自当向乌鸦学习，尽心孝敬父母；精神方面，不过安慰而已。儿女长大之后各奔前程，留老人在家浊眼相望，独对夕阳，昔日养育儿女之苦之乐，仿佛梦中。此时，为人儿女要多陪陪老人聊聊天，说说话，让老人感受到一份天伦之乐。

吾日三省吾身

【原文】

子曰："巧言令色①，鲜矣仁。"

曾子②曰："吾日三省③吾身。为人谋而不忠乎？与朋友交而不信乎？传④不习乎？"

【注释】

①巧言令色：巧和令都是美好的意思。此处应释为装出和颜悦色的样子。

②曾子：姓曾，名参，字子舆，生于公元前505年，鲁国人，是被鲁国灭亡了的鄫国贵族的后代。曾参是孔子的得意门生，以孝子出名。

③三省：古代在有动作性的动词前面加上数字，表示动作频率高，不必认定为三次。省，读xǐng，反省检查。

④传：传授，指老师传授的学业。

【译文】

孔子说："花言巧语，装出和颜悦色的样子，这种人的仁心就很少了。"

曾子说："我每天多次自我反省：为别人办事，是不是尽心尽力了呢？和朋友交往，是不是诚实可信的呢？老师传授的学业，是否复习了呢？"

【解读】

曾子，姓曾名参，是孔子的学生，是后世声名赫赫的儒学大师。他跟随孔子的时候，学习非常勤奋，很快便有所成就，孔子经常和他一起讨论问题。后来，他自己也收弟子，传播儒家思想。据说，他的弟子有70多人，著名的军事家吴起就是他的弟子。

曾子这会儿和老师讨论的是反省自身的问题。他要反省什么呢？为别人办事，是不是尽心尽力了呢；和朋友交往，是不是诚实可信的呢；老师传授的学业，是否复习了呢。这三个方面，包括了做人做事的基本态度问题。人活着，就应该常常反躬自省，就像孔子说的，"见贤思齐焉，见不贤而内自省也"，看到别人的优点，就要设法使自己也具有同样的优点；看到别人的缺点，就要反思自己，看自己是否也存在类似的缺点。

孔子的时代，人们的物质生活虽然不够富裕，但精神上的追求很远大。因此，那个时代有很多人可以抛弃世俗的功名利禄，专心求知识。可是，在如今这个时代，追求外在的成功成为潮流，精神为外物所累，还有几个人能静下心来，好好反省反省自己呢？

所以说，在这个时代，尤其需要反省自我。

怎么叫反省自我？就是要求我们经常反思自己，并从反思中获取前进的力量。

省是自我反省，认识自己的错误。只有懂得自我反省的人才能及时发现自己的不足之处，及时调整自己。反之，不懂得反省，不能及时发现自己的错误，就无法使自己进步，更不要说超越自己了。

有个心理学家曾做过一个有趣的实验：用镜子来测试动物知不知道什么叫自我。

他先把一面镜子放进黑猩猩笼中，10 天之后，将黑猩猩麻醉，在它额头上点一个无臭无味的红点。黑猩猩醒来后，在镜子还没有放进来前，它并不会用手去摸额头，但是当镜子放进笼子后，黑猩猩一看到镜子中的"倩影"，便立刻用手去摸额头，而且用力去搓。这表示它知道镜中是自己，而且知道自己原来是没有红点的。

如果省略第一步，没有让黑猩猩先接触到镜子，后来它虽然看到镜中的自己头上有红点，但也不会用手去摸，因为没有以前的自我可作比较，就无从判断。没有比较黑猩猩就不会用力去把不是自己心甘情愿放上去的装饰品搓掉。

这个实验令人吃惊，当一个人不晓得自己原来是什么样时，就只好任人摆布，美化了，丑化了，都不会抗争。但是一旦他照过了镜子，知道自己是什么样子，那么一有非自主的改变便立刻发觉，而且这个认识出现后是不可逆转的，已经知道便无法再假装不知道，他会在镜子前面一直看。所以，有没有自知是非常重要的。

苏格拉底说，一个没有检视的生命是不值得活的。自我反省不仅是了解自己做了什么，最重要的是透过它了解真实的自己。柏拉图更进一步说，反省是做人的责任。没有反省能力的人不配做人，人只有透过自我反省才能实现美德与道德的结合。

卢梭是法国启蒙运动时期的伟大思想家，他在少年时曾经将自己极不光彩的盗窃行为转嫁在一个女仆的身上，致使这位无辜的少女蒙冤受屈。这件事一直使卢梭不能忘怀。他说："在我苦恼得睡不着的时候，便看到这个可怜的姑娘前来谴责我的罪行，好像这个罪行是昨天才犯的。"

法国启蒙思想家、文学家卢梭

卢梭在他的名著《忏悔录》中对自己作了严肃而深刻的批判。他敢把这件丑事公诸世人，显示了他彻底反省的坦荡胸怀和不同凡响的伟大人格。

老革命家谢觉哉，一贯严于律己，对自己的过失毫不留情。他把忏悔自己生动地比作"三当"。自己干了错事，自己就跟自己打官司，即自己当"被告"，自己当"律师"，自己当"法官"，为的是让自己的良心受到审判。

鲁迅先生说："我的确时时解剖别人，然而更多的是无情面地解剖我自己。"他每天都要给自己安排一段独处时间，主动地反省自己。这种解剖，本身也就是一种反省。

懂得自省的人会不断提高。如果经常在反省中扪心自问：我自己是怎样的一个人？我到底想要什么？我能做到什么程度？我能否把每一件事做得更好？在这样的审视自己，质疑自己，判断自己的心路历程中，自己就会不断地进步，也会更自信地奔向自己的人生目标。从某种意义上说，有过深刻自省经验的人是在潜移默化中让自己的身心接受了一次智慧与道德的洗礼——在一系列类似的洗礼之后，他已经发生了脱胎换骨的变化。这种变化可以驱使他用更加坚定的步伐走向成功，也可以为他带来更多的幸福与快乐。

如果在你的人生中，曾经有过迷失，不知道如何获得继续前行的动力，建议你花一些时间，培养自省的态度和勇气，在反思中重新认识自己，在反思中寻求进步的动力。

"吾日三省吾身"还体现出一种自律精神。在工作中，也许你开始的时候是兢兢业业，勤勤恳恳，廉洁奉公。可是，偶然不小心，你踩进了"泥坑"，弄脏了鞋袜，禁不住外物的诱惑，从而放弃了自己的操守。当然，没有关系，只要你能常常反省自己，多检点自己，不为自己的错误找托词，你就会及时回头，悬崖勒马，重新做回一个好人。

生活常常被一种惯性所驱使，只要没有大的波澜，多数人会随波逐流。尽管如此你还是要知道，人不能离开自律，可以和一群人一起去长跑，但决不可与一个人去干坏事，这就是大是大非问题。自查自省是一个人进步的动力，是完善道德的需要，更应该是每个人自觉遵守的人生准则。还是那句话，人人"吾日三省吾身"，每个人都可以成为道德楷模。

自古忠臣皆孝悌

【原文】

子曰："弟子①，入则孝，出则悌，谨②而信，泛爱众，而亲仁。"

【注释】

①弟子：一般有两种意义：一是年纪较小为人弟和为人子的人；二是指学生。这里是第一种意义上的"弟子"。

②谨：寡言少语。

【译文】

孔子说："后生小子在父母跟前，就要孝顺父母；出门在外，就要敬爱师长，寡言少语，说则诚实可信，博爱大众，亲近有仁德的人。"

【解读】

清朝后期，曾国藩堪称忠臣、重臣，为镇压太平天国运动立下了大功，成为封疆大吏，位高权重。他在写给家人的信中反复提到："居官不过偶然之事，居家乃是长久之计"，这是他一生为官的心理写照。在他留给子孙的遗嘱中也时有提到。他始终把居家放到做官之上，认为家才是一个人长久的安身之地，而为官只是一个人一生偶然为之的事情。

曾国藩认为官场复杂险恶，伴君如伴虎，稍有不慎就会获罪，从而牵连全家。因此，他并不要求子孙后代刻意求取功名。正如他在写给次子曾纪鸿的信中所说："凡人多望子孙为大官，余不愿为大官，但愿为读书明理之君子……"当他身在官场中沉浮时，也时时作着辞官归隐的打算。

曾国藩对家人的管教是很严格的，这从流传下来的《曾国藩家书》中可以看出。古代长兄如父，因而当他取得功名后，思考的就是要替父亲教育好子侄。

《曾国藩家书》是曾国藩的书信集，成书于清代咸丰年间。它记录了曾国藩从清朝道光三十年（1850）到同治十年

曾国藩画像

（1871），前后20多年的翰林院和从武生涯，约有1500封。它所涉及的内容极为广泛，小至家庭琐事和人际关系的处理，大至修身养性、为人处世、经邦治国的道理的阐述，是曾国藩一生的主要活动及其治政、治家、治学之道的生动反映。曾国藩家书行文形式自由，随想而到，挥笔自如，从容镇定，在平淡家常中蕴涵着真知良言，感人至深，具有很强的说服力和感召力。

《曾国藩家书》从很多侧面反映了曾国藩身为家中长子长孙，对家庭的尽职尽责。在持家教子方面，他主张勤俭持家，努力治学，睦邻友好，读书明理。他希望后代兢兢业业，努力治学。他常对子女说，只要有学问就不怕没饭吃。他还说，门第太盛则会出事端，主张不把财产留给子孙，因为子孙不肖留亦无用，子孙图强，也不愁没饭吃。

曾国藩治家严格，严禁家人干预地方官员的事务。然而，毕竟家族有权有势，他的父亲及诸弟有时候也依仗权势，干预地方事务，特别是他的四弟曾国潢。尽管曾国藩家教极严，但他总是飞扬跋扈，常借地方官员之手杀人。

同治年间，湖南哥老会兴起，特别是湘西地方。那些人多是原来参加湘军，被遣散返乡后，参与哥老会。曾国潢在家乡，不仅大力剿杀哥老会，对他

"厌恶"的人，他也决不留情。他总是将人捆送到县府，请求杀掉，凡是他有所请，县官也不敢不服从，有时捆送五六十人，基本没有几个能生还。当时的湘乡县令熊某是个佛教徒，秉性慈善，常接到曾国潢的请求，不答应又拗不过他的权势，答应了又良心折磨太甚，每接到要他杀人的手令，总要躺着哭几天。有人问他哭什么，他回答说："曾四爷又要借我的手杀人了！"有一年，湘乡县城新建一个码头，按照惯例，应用牲畜来祭祀。然而，在曾国潢的主持下，却杀了16个人来举祭。

对曾国潢在乡间为人所恨之事，曾国藩略有所知。他常在家信中告诫诸弟："吾兄弟当于极盛之时作衰时设想，总以不干预公事为第一义。"在倡导"八字"家风中，对其弟特别强调"宝"字，即"人待人为无价之宝也"，居乡勿作恶事。咸丰年间，曾国藩奔父丧在籍，听得曾国潢在乡间杀人太多，为人所怨，想要惩戒其弟。一天，他趁弟弟躺在床上睡午觉时，向夫人要了一个锥子，猛刺其弟的大腿，顿时鲜血直流，染红了被褥。曾国潢对哥哥的这一举动，毫无防备，高声直呼："残暴！残暴！痛死我了！"曾国藩闻声反问："我只是用了一个锥子刺你，你就直呼痛死了。你杀了人家，人家痛不痛啊！"

经过曾国藩这一训诫，曾国潢果然有所收敛，待百姓的态度亦有所好转。曾国藩治家的成功，让他在官场上从来没有因为家人的事情而受到牵制，反而家里人才辈出，各有所长，这可以说是后人为官持家都应当效仿的。

凡能成大事者，在孝道上都是尽力而为之，在家尽孝，为国尽忠二者是相通的，一个不愿尽孝的人，也不会为国尽忠，这是由人的本性所决定。

以敬老尊贤，代替傲慢与偏见；以慈悲爱护，代替刻薄与寡恩；以宽恕协助，代替仇恨与敌对，人人皆以感恩报德的心情，放下个人的恩怨，生活将充满幸福与欢笑，人心就会得以慰藉及安宁。"孝敬之家，必获吉祥"，说的就是这个道理。

清代学者陆陇其，原名龙其，字稼书，浙江平湖人，是康熙九年的进士。他先后担任过浙江嘉定和河北灵寿的知县，为官清廉，不仅受到士子百姓的赞颂，也常受到朝廷的表彰。

陆陇其做县令时，提倡俭约朴素，以德行教化百姓。如果遇到父亲告儿子不孝，陆陇其不用威势压人，而是晓之以理，动之以情，往往声泪俱下，劝说其子尽孝，以至儿子常常真心悔改，将父亲带回家中，尽孝侍奉；遇有兄弟之间争讼打官司，陆陇其常调查出指使打官司者，加以杖责，对兄弟则施以教育，以至兄弟之间常常能够和好如初，不再争讼。

陆陇其为官不为权势所屈服，往往抑强扶弱，教育士民百姓弃恶向善，亦从不用县衙中的吏胥捕人。族人之间相争，他让族长出面将当事者叫到县衙；乡里百姓相争，其便叫乡中长老将双方叫到县衙中。久而久之，县中养成了良好的民风。

陆陇其清廉公正，为官很有政绩，这与他十分注意言传身教是分不开的。他任灵寿县令的时候，有次有个老太太控告她的儿子忤逆不孝，便立刻叫人把老太太的儿子叫到跟前。陆陇其一看原来这个孩子还未成年，便对老太太说："我官衙中正好缺个小童，你儿子就暂时留在这里当差，等到有人来接替，我再好好地教育他。"于是，陆陇其让那少年跟随在自己左右，形影不离。

陆陇其有个习惯，就是每天起床后，都毕恭毕敬地站在母亲的房外，等到母亲一起床，便立即递上洗漱用具，然后再送上早餐。待到吃中饭时，陆陇其侍候在桌旁，给母亲送上好吃的食物，而且总是面带笑容，等到母亲吃饱后，自己才去吃饭。

一有闲暇，陆陇其便坐在母亲身旁，给她讲一些故事或者民间传说，或者聊聊天，想尽办法让母亲保持心情愉快。

只要母亲有哪里不舒服，陆陇其就悉心加以照料，称药量水，服侍在侧，有时几夜不睡觉也毫无倦意，毫不懈怠。

一天，那少年突然在陆陇其面前跪下，请求放他回自己家去。

陆陇其知道几个月来的言传身教，已经在少年身上产生了效果，却故意对少年说："你们母子不和，为什么要回家去呢？"

那少年哭着回答："小人一向不懂得礼节，所以得罪了母亲，现在亲眼看到大人所做的一切，因而感到后悔不已。回去以后我一定痛改前非，尽心侍奉我的母亲！"

陆陇其便将那少年的母亲叫来，母子相见，不禁抱头痛哭。后来，那少年果然痛改前非，成了远近闻名的孝子。

先做人后做学问

【原文】

子曰："行有余力，则以学文①。"

【注释】

①文：主要指诗、书、礼、乐等文化知识。

【释义】

孔子说："躬行实践之后有剩余的力量，再去学习《诗经》、《尚书》等文献知识。"

【解读】

孔子办教育，把培养学生的道德观念放在第一位，把文化学习放在第二位。其实，孔子这段话的意思非常明确，就是说，一个人要想学"文"，首先要在道德上立根基。这是人的根本，没有这个根本，学问是没有益处的。举个例子，警察和小偷之所学，有许多相似、相通之处，但是，同样的学，导致的结果却惊人的不同。为什么呢？根本原因就在于人之本，这就像今日所说的道德与科学的关系一样。如何运用科学技术，不是取决于科学技术本身，而是取决于人的道德观念。总之，孔子认为，仁是人之根本，有了本，才可以言及其他。换句话说，人只有先学会做人，才能去做学问、做事。

一个人有没有学问，学问的好坏，主要不是看他的文化知识，而是要看他能不能实行"孝"、"忠"、"信"等传统伦理道德。只要做到了后面这几点传统道德，即使他没有学习过文化知识，但他也已经是有道德的人了。在今天，道德修养和文化知识同等重要。只有这样，才能成为德才兼备的有用之人。

的确，即使一个人学富五车、才高八斗，如果他的言谈举止、行为方式愚笨乖谬，不能解决一些实际问题，又有什么用呢？相反，一个人即使没有什么文凭，没有进过大学的校门，但他言谈文雅，举止得体，行为方式正确，能够有所发明，有所创造，难道你能够说他没有学习过什么吗？

人世间最难做的事是什么？做人。竭尽全力，拼搏几年而做成一件、两件事并不难，做人却是一辈子的事，弄不好一辈子都不知如何做人。一个人连怎么做人都不会还能做什么呢？

有一个名叫公明宣的人在曾子门下学习，3年不读书。曾子说："你在我家里，3年不学习，为什么？"

公明宣说："我哪敢不学习？我看见老师在家里，只要有长辈在，连牛马也没有训斥过，我很想向您学习，像您那样尊敬长辈，可惜还没有学好。我看见老师接待宾客，始终谨慎谦虚，从来没有松懈过，我很想向您学习，像您那样接待宾客，可惜还没有学好。我看见老师在朝廷办公事，对下属的要求很严格，但从来不伤害他们的自尊心，我很想向您学习，以便将来像您那样对待下属，可惜还没有学好。"

曾子离开座位，向公明宣道歉说："我不如你，我只会读书罢了！"

以往我们的教育偏重于告诉人们什么是好人、必须做好人，忽视教育学生怎样去做人，以致学生对于为人处世的原则方法技

梅下横琴图

巧并不明了，因而不善应对、不善交际，不能协调好人际关系，不能较好地把内在的美德变成外在的美行，把个人完善地融会在人群集体之中。

那么，究竟该如何学做人呢？有人为此做出了如下界定：

其一，严于律己，宽以待人。这是做人的基本原则。严格约束自己，多做自我批评和自我检讨。对待别人，则要"以爱己之心爱人"，豁达地宽容别人。

其二，与人为善，切忌骄横。君子泰而不骄，小人骄而不泰。骄傲自满是做人的最大忌讳。骄傲就会过分相信自己，自满就听不进去不同的意见。这样的人，别说发展，生存也会成问题。

其三，谦和为美，多让少争。对人须有敬爱之心，相爱无隙，相敬如宾。小不忍则乱大谋，多加忍让，不闹无原则的纷争。

其四，诚信待人，远离是非。"言必行，行必果。"说得到，就要做得到。信誉是每个人的无形资产，是做人的基本原则。胸怀要坦荡，有言人前说，人后莫谈他人是非。

其五，仗义疏财，扶危济贫。财富面前心要稳，"君子爱财，取之有道，用之有度"。

做人果然是门大学问，绝对一言难尽，绝非一蹴而就。管窥蠡测，凭君撷取。

"世事洞明皆学问，人情练达即文章。"如果你要学习文化知识，精通学问之道，也只有从做人的体会、人生的经验入手，才能够学有所成，学以致用，而不会成为读死书的书呆子。这也就是说做人首先要注重品德修养，其次才谈得上学习文化知识。

恪守道德

【原文】

子夏①曰："贤贤②易色；事父母，能竭其力；事君，能致其身③；与朋友交，言而有信。虽曰未学，吾必谓之学矣。"

【注释】

①子夏：姓卜，名商，字子夏，孔子的学生，生于公元前507年。孔子死后，他在魏国宣传孔子的思想主张。

②贤贤：尊崇贤者。第一个"贤"作动词用，尊重的意思。

③致其身：把生命奉献给君主。

【译文】

子夏说："对妻子，重品德，不重容貌；侍奉父母，能够竭尽全力；侍奉国君，能豁出生命；与朋友交往，说话诚实恪守信用。这样的人，即使没有学习过，我也一定认为他是学习过了。"

【解读】

孔子认为，一个人有没有学问，主要不是看他掌握多少文化知识，而是要看他能不能实行"孝"、"忠"、"信"等传统伦理道德，并且能不能付诸行动，以实际行动去对待他人。只有做到了这些，才可以说他是一个德才兼备之人。孔子认为，这样的人，虽然没有学习过，但他已经是一个有道德的人了。

人的品德修养就是从日常生活的细节中体现出来的，也正是这一点一滴的细节，改变着我们的生活以及我们的人生。在今天，道德修养和文化知识同等重要。一个人即使学富五车，上知天文，下知地理，但他的言谈举止、行为方式愚笨乖谬，不能解决一些实际问题，又有什么用呢？相反，可能没有进过大学校门，可能自身没有多少文化，但他的行为方式被人们所赞扬，能有所作为，有所成就，难道你能说他没有学习过吗？

狄德罗说："如果道德败坏了，趣味也必然会堕落。"看看近几年落马的腐败官员，哪一个不是低级趣味一大堆，有的爱钱如命，有的爱权恋栈，从思想上放松自己，生活上缺乏自我控制，工作上缺乏自我建树。这些都是从道德防线的松动与坍塌开始的。这样的人，即使有一定的水平、能力或者才能，但心灵的脏污也会导致人道德的低下。所以，今天很多公司的用人观念就是要"德才兼备"，德是放在第一位的。

唐宪宗的时候，淮西的吴元济造反，让宪宗深感不安，他就选择了有着高尚德操的李愬去治理军事和政事，把吴元济灭掉。

李愬到了淮西的蔡州，就了解到这里的部队因为多次吃败仗，士气十分消沉。士兵们对李愬也不报什么希望。李愬就决定以德治军，他到了部队，从来不谈军事布防的问题，让原来那些人去维持现状，甚至公开对将士们说："我李愬的为人你们可能都听说了，我是个不喜欢战事的人，皇上让我来，也不是为了打仗，而是让我来安抚你们，你们谁有什么困难尽管向我提。"

部队的将领们打仗都打怕了，他们知道再打下去也不会取得胜利，反而会丢掉许多官兵的性命，现在听李愬这样一说，自然十分高兴，整日里尽情玩乐。有几个军官觉得这样不行，一定会被李元济灭掉，他们就找到李愬理论起来。李愬问他们生活上有什么困难没有，有人说："大丈夫生当报国，现在国难当头，还谈什么困难。"李愬说："养兵千日，用兵一时，如果你有这个志

江山千里图

气，到了我要让你打仗的时候，你能不畏生死吗？"

这些人一口应诺，李愬就当场摆酒，为他们的志气干杯，李愬对他们说："只要你们有这口气，我就放心了，你们只要听我的就行。"

吴元济听说李愬只知道与兵同乐，不会带兵练兵，自然不把他放在眼里，根本没有重视他。而这时，李愬已经把吴元济的情况摸清了，同时，也因为他为官兵做了许多实事，把士兵们的心都拢了起来，虽然看上去很松散，但已经达到了士可为知己者死的地步了。

吴元济派勇将丁士良叫战时，李愬召集部将说："今天我要试试吴元济的功力了，我在这里一次仗还没有打过，但是我不想打败仗。你们都说和我的关系好，现在是考验你们的时候了。"

经过一段休养的士兵，应战的情绪都高涨起来，他们决定以死相报李愬对待他们的恩德，于是这次战事取得了胜利，还把丁士良给活捉了。丁士良因为勇猛，在战场上杀了无数唐朝官兵，大家都要求处死他。李愬发现丁士良一点儿害怕的样子都没有，知道他是个可用之人，于是就亲自给他松绑，劝他归顺。丁士良被感动了，决心替李愬卖命。

丁士良说："现在总吃败仗的原因就是吴元济让吴秀琳据守文成栅，吴秀琳手下有一个军师叫陈光恰，这个人计谋深远，十分了得。不过他有个习惯不好，就是喜欢亲自出马作战，如果把他捉住，吴秀琳就挫败了，现在我报答您的时候到了，让我去活捉他吧。"

有人劝李愬，不能让丁士良去，他会一去不返。李愬却说："他在我身边儿待了这么久，知道我的为人，我也知道他的为人，让他去，你们放心吧。"

陈光恰果然被丁士良给捉住了，吴秀琳只好全军投降，一下子就把李愬军队的士气都鼓舞起来了。

吴秀琳被李愬的为人所感染，就和他一起设计把吴元济的另外一名重要的将领李佑给捉过来利用。

李佑又提出了一个突破吴元济的好办法，李愬以德取人，取得了巨大的胜利，完全消灭了吴元济部队。

意大利诗人但丁曾说过："一个知识不全的人可以用道德去弥补，而一个道德不全的人却难以用知识去弥补。"由此可见，做一个有道德的人，是做人的基本准则，懂得了做人的基本道德准则，一个人才能够站在道德的立场上，真心对待他人。

温、良、恭、俭、让

【原文】

曾子曰："慎终①，追远②，民德归厚矣。"

子禽③问于子贡④曰："夫子⑤至于是邦也，必闻其政，求之与？抑与之与？"子贡曰："夫子温、良、恭、俭、让以得之。夫子之求之也，其诸异乎人之求之与？"

【注释】

①终：人死为终。这里指父母去世。

②追远：追念死亡久远者，这里指祭祀远祖。

③子禽：姓陈，名亢，字子禽。

④子贡：姓端木，名赐，字子贡，卫国人，是孔子的学生，生于公元前520年。据《史记》记载，子贡在卫国做了商人，家有财产千金，成了有名的商业家。

⑤夫子：古代对男子的敬称。这里指孔子。

【译文】

曾子说:"谨慎地对待父母的去世,追念久远的祖先,老百姓自然就会日趋忠厚老实了。"

子禽问子贡说:"老师每到一个国家,必然听得到这个国家的政事状况。这是他求来的呢?还是人家主动介绍给他的呢?"子贡说:"老师温和、善良、谦恭、勤俭、礼让,所以才得到这些的。但他求得的方法,或许与别人的方法不同吧?"

【解读】

孔子非常关心国家政治,每到一地,他都会打听当地的政治状况,但他并不是为了给自己谋取功名权利,而是主动地让给别人。他为什么会这样呢?因为他具有五种美德——温、良、恭、俭、让。正是这五种美德,使我们更加敬重这位文化圣人。

孔子的这种思想对后人影响是非常巨大的。清代政治家曾国藩非常注重对子孙后代的教育,特别强调做人要温顺、善良、谦恭、勤俭、礼让、和气,这也是受到了孔子思想的影响。

曾国藩曾经在他的家书中说:"凡是天下的官宦人家,大多数仅仅一代便享用殆尽,他们的子孙们刚开始骄横懒散,继而不务正业,最终败坏家业,能够有幸延续一二代的非常少见。至于商贾巨富之家,勤俭持家的能延续三四代。耕读之家,谨慎朴实的能延续五六代。孝敬长辈、友善和睦的人家,则可以绵延十代八代。我如今依赖祖宗积累下来的阴德,得以少年得志,家业发达,却深恐我一人享用殆尽,因此教育诸位兄弟及后辈们,希望共同立志发奋成为耕读、孝悌、与人为善之家,而不愿成为仕宦之流。如果不能看透这番道理,即使科举高中,官位显赫,最终也不能

金日磾画像

算得是祖父辈贤德孝义的子孙、振我家声的功臣。如果能看透这番道理，那我将钦佩之至。"

曾国藩的齐家理论以"和"字为中心，铺陈开来，总结出了八个"本"字格言，八字家规。最为重要的是，他反对奢侈，主张勤俭持家，反对给子女留下大量的遗产，要培养子女自立的精神。除此之外，他还说子女不指出长辈之错也是不孝的行为。这些真知灼见在今天仍熠熠生辉，它在突破儒家的狭隘圈子之上，吸收了西方文化的有益成分。

曾国藩在家书中也经常提及："历览有国有家之兴，皆由克勤克俭所至，其衰也则反是。"又云："孝友为家庭之祥瑞，凡所称因果报应，他事或不灵验，独孝友则立获吉庆，反是则立获殃祸，无不验者。"书、蔬、鱼、猪，是一家生产力的表现；勤、俭、孝、友，是一家精神力的表现，两者相辅相成，相感相召，则家道立。

此外，对于妇女之教，曾国藩也十分注意，他曾说："自古家庭能长久兴旺，男子一定要讲求耕种和读书二事，女子要讲求吃饭和穿衣二事。"又说："凡是世家子弟不勤不俭，从世家妇女的言行就能看出来。"又说："居家四败：妇女奢淫者败，子弟骄怠者败，兄弟不和者败，侮师慢客者败。"

曾国藩说："家败，离不得个'奢'字。"历史的经验值得注意，曾国藩说："观《汉书·霍光传》，而知大家所以速败之故；观金日磾、张安世二传，解示后辈可也。"霍光为前汉大将军，总揽朝政20年，炙手可热，他的儿孙及女婿无不高官厚禄，起阴宅，缮阳宅，晏游无度，骄横无礼，最后被族灭，连坐诛灭者数千家。当初霍家奢侈之时，茂陵有个姓徐的书生预言道："霍氏一定灭亡。他奢侈又不谦逊，不谦逊定轻怠了皇上。轻怠了皇上就背了礼。权倾朝野，妒忌他的人很多。天下人妒忌他，他言行又不注意，怎能不亡！"徐生的话，不幸而言中。而与霍光同时代的金日磾则刚好相反。例如，他见长子与宫人淫乱，亲手杀之；皇帝赐给他宫女，他"不敢近，其笃慎如此"。班固盛赞他说："金日磾以忠厚尊重来使皇上悟出事理。他忠信自著，功为上将，荫及后世，世代忠孝，七代都在宫中作内侍，多么兴旺！"

曾国藩要求弟弟澄侯把霍光、金日磾的这些正反事例"解示后辈"，意在要后辈戒奢戒骄。

曾国藩在家训中时时强调一个"俭"字。俭而不奢，家道恒兴；俭而不奢，居官清廉，这是中国的古训，也是曾国藩谆谆告诫子弟的重要方面之一。

　　曾国藩治家有方，兄弟多有建树，子孙中也人才辈出，家中一团和气，尊老扶幼，子孝妻贤，世世代代广为流传。

　　回顾历史，那些古今中外有成就的人，大多懂得温、良、恭、俭，他们的榜样作用给我们以鼓舞。

　　两次获得诺贝尔奖的居里夫人是简朴生活的典范。她和彼埃尔·居里结婚时，新房里只有两把椅子，正好一人一把。居里觉得两把椅子未免太少，建议多添几把，为的是来了客人好让人家坐一坐。居里夫人却说："有椅子是好的，可是，客人坐下来就不走啦。为了多一点时间搞科学，还是一把不添吧。"

　　几年之后，这对没有给自己的新房增添一把椅子的年轻夫妇，却给世界化学宝库增添了两件闪闪发光的稀世珍宝——钋和镭。

　　从 1933 年起，居里夫人的年薪已增至 4 万法郎，但她照样"吝啬"，一件毛料旅行衣，竟穿了一二十年之久。有人说居里夫人一直到死，"总像一个匆忙的贫穷妇人"。

　　现实生活中，随着生活条件的提高，一些人忽视了勤劳节俭的传统美德，一味地追求奢侈，要过富翁甚至"帝王"瘾：吃的是黄金宴，住的是豪华别墅，洗的是桑拿浴，玩的是高尔夫球，唱的是卡拉 OK，等等。其实，这种生活观念是不正确的。

　　节俭是人的最基本、最突出的传统美德，是人类在长期的生活实践中总结出来的。节俭不仅是一种美德，而且是我们积累财富的手段。从小养成节俭的习惯，会让我们一生都受益无穷！

礼之用，和为贵

【原文】

　　有子曰："礼之用，和①为贵。先王②之道，斯为美。小大由之。有所不行，知和而和，不以礼节③之，亦不可行也。"

【注释】

　　①和：恰当，恰到好处。

　　②先王：指尧、舜、禹、汤、文、武、周公等古代帝王的治世之道。他们

也是孔子非常推崇的"圣王"。

③节：节制。

【译文】

有子说："礼的作用，以遇事都做得恰当为可贵，过去圣明君主治理国家，宝贵的地方就在这里，他们小事大事都做得恰当。但是，如有行不通的地方，便为恰当求恰当，不用一定的规矩制度来加以节制，也是不可行的。"

【解读】

孔子思想的核心是"仁"，"仁"前提就是"礼"。他非常重视礼，在《论语》中多次提及。我们中国也一直被称为"礼仪之邦"，"礼"包含的内容很丰富，而且我们的生活和工作一刻也不能离开"礼"。我们现在最常用到的就是礼仪、礼节、礼貌，属于行为规范。我们要从小养成注重礼仪，尊重他人的好习惯。

谁都知道为人处世要以礼相待，可是说起来容易，做起来往往不是那么容易的。

在中国古代，有很多人凭借科举考试步入仕途，对宦海沉浮体会不深，而又恃才傲物，因而对很多东西都看不习惯。又因为是凭着自己才学进入仕途，往往性格浮躁，常有牢骚愤激的情绪。一些在官场上久留之人，也难免不能节制自己的怒气。

王述，东晋大臣，性情极其急躁。家里人都不敢轻易招惹他，与他同朝为官的人都知道他的性情，也不敢轻易惹他。

王述喜欢吃卤鸡蛋，就是把煮熟的鸡蛋去皮，再在卤汤中煮，其味道香极了。这天，厨房又特意为他准备了卤鸡蛋。看到又香又大的卤鸡蛋，王述口水都要流下来了。他迫不及待地拿起筷子就夹，可是鸡蛋太滑了，怎么夹也夹不上来，这可气坏了王述，脑门上不禁渗出几滴细汗。于是，他干脆用筷子叉，可是鸡蛋还是很滑，就是叉不到。王述连续试了几次都不成功，这下他可发脾气了，怒气冲冲地把整盘鸡蛋都掀到了地上。鸡蛋在地上滚来滚去还是没有停，看着鸡蛋不停地在地上打滚，他的火气更大了，连忙穿上木屐下地去碾，可还是没碾到。他气得要命，口中不停地念叨："气死我了，跟我过不去，看我不宰了你。"说着，一把从地上捡起一个鸡蛋放进嘴里，狠狠地嚼碎后又吐了出来。

当时还有一个叫谢奕的，即东晋著名大臣谢安的哥哥。谢奕的性情也很粗暴蛮横，脾气比王述的还大，动辄就发怒。

一次，王述和谢奕同时参加一个大臣举办的筵席。席间，大臣们为了一件小事发生了争论，以王述为首的一派和以谢奕为首的一派意见相左，各派都坚持自己的观点，谁也不肯让步。最后还是在主人的劝说下，两派才善罢甘休，各自回到自己的座位上，继续喝酒。王述很快就把这件事忘了，继续和朋友们喝酒聊天，而且喝得十分尽兴。而谢奕就没那么健忘了，他越想越气，心想：死王述，你不想活了，竟然在别人家的筵席上和我发生争执，而且一点也不知道让着我，搞得我一点面子都没有……谢奕越想越

谢安画像

气，那天晚上的筵席也没尽兴，心里总在骂王述。回到家里，他越想越不是滋味，整个晚上都没睡好。

第二天一大早，谢奕就来到王述家，王述家的大门还没打开，谢奕就命人拼命地撞门，差点把门给撞坏。王家的仆人吓得不得了，慌忙打开大门，并去禀报王述。王述匆忙穿上衣服，准备去迎接谢奕。可还没等王述出门，谢奕已经气冲冲地闯了进来，见了王述劈头盖脸地一顿臭骂："王述，你个不知天高地厚的东西，竟然在昨晚的筵席上和我顶撞，你不知道给我留点面子吗？你是什么东西，读了那么多圣贤书，都喂狗吃了……"谢奕肆无忌惮地在王家大骂，王述始终不敢正面看谢奕，他知道昨晚是酒喝多了，自己不该和他发生争执，毕竟谢奕是谢安的哥哥，得罪了他们兄弟可不是闹着玩的。王述任凭谢奕大骂，面对墙壁一句也不还。谢奕骂了足足有半个时辰，嗓子都哑了。又命身边的仆人继续骂，仆人们也骂累了，声音越来越小，谢奕这才罢休，带着人走了。

王述过了很长时间才转过身来，偷偷地问身边的仆人："他们走了吗？"

仆人说："走了。"

王述这才回到自己的座位上。他越想越气，又没有地方撒气，就把自己的头发和胡子都拽掉了。因为王述经常发怒，身体一日不如一日，没有几年就一命呜呼了。

每个人都生活在人群中，有人的地方自然会有矛盾。有了分歧，不知怎么办，很多人就喜欢动怒，与人争吵，非论个是非曲直，非使自己的内心得到满足不可。其实这种做法很不明智，怎么解决这个问题哪？那就是孔子一再提倡的礼让对方，你对别人行之以礼，别人自然也会宽厚对你。相互礼让，就少烦恼，何乐不为？

法国思想家卢梭说过："礼貌使有礼貌的人喜悦，也使那些受人以礼相待的人们喜悦，怀着善意的人不难于表达他对人的礼貌。"

礼貌，礼让，还包括一层意思，就是和气。人和人相处要重视一个"和"字，用和气化解矛盾。

两只饥渴的狮子同时发现了一个水湾，可里面的水只够一只狮子喝的。两只狮子谁也不肯退让，谁都认为自己是第一个发现水湾的，都想喝上第一口水。冲突很快升级，两只狮子终于大打出手。突然，这两只争斗的狮子发现，有一群狼正围着它们，等着失败者跌倒。两只狮子忽然醒悟，停止了争斗。你看，动物都懂得在面对外敌的时候，同仇敌忾最重要，何况我们人类呢？

人和人是不一样的，性格、习惯、见解、学识各不相同，有矛盾是自然的，也是可以理解的，对待差异，一定要以和气为重，"疾风暴雨，迅雷闪电"一定会伤了和气，无助于解决问题，反而会导致反目成仇，众生结怨，结果一辈子心中有郁积，不痛快，那又何必呢？你让我一尺，我敬你一丈，多发现和欣赏对方的优点，不吝惜赞美的语言，大家都以礼相待，和气为上，那该多好。

敏于事而慎于言

【原文】

子曰："君子食无求饱，居无求安，敏于事而慎于言，就①有道②而正③焉，可谓好学也已。"

【注释】

①就：靠近，看齐。

②有道：指有道德的人。

③正：匡正，端正。

【译文】

孔子说："君子，饮食不追求太饱，居住不要求太安逸，工作勤快，说话却小心谨慎，接近有道德的人，从而纠正自己不正确的地方，这样就可以说是好学的了。"

【解读】

孔子特别推崇君子，他心中的君子是什么样的呢？就是"食无求饱，居无求安，敏于事而慎于言，就有道而正焉"。这个标准是不是很高呢？说高就高，说不高也不高，就看我们怎么去对待了。

用不正当手段而取得的名誉，常是祸患的根苗。利欲熏心者不惜用下流方法来获取名誉，无不是为了借誉生利，而天理人道自在人心，他们的阴谋终会败露的。坚信这一点的人，总不会在名誉的取得上施展手段，而是靠本事和努力去赢得，这就深合天理大道了。名誉表面上是人所赋予的，实际上却是苍天对仁人智者的一种褒奖。违逆天理的人，善果是不会属于他的。

汉武帝时，公孙弘60多岁高龄时才被征为博士。对这晚来的机遇，他十分珍惜，一上任他便上书言事，痛陈朝政之弊。

开始，汉武帝并不看重公孙弘，他的谏言也没有下文。公孙弘初遇打击，一时十分沮丧，就对朋友们说：

"我已老了，从前有心报国，却没有机会，今日有书上奏，为何皇上不喜呢？看来还是我的名望不够啊。"

朋友们劝他少安毋躁，暂隐锋芒，他们异口同声地说：

"皇上即位不久，自有他的新的主张，我们对皇上的心意都无从察测，又怎能打动他呢？你求名的心实在太切，弄不好要惹祸的。"

公孙弘曾受皇命出使匈奴，他为了邀功取赏，竟把许多不利的事瞒住不报。汉武帝后来察知，斥之无能使诈，他恐惧之下，只好称病辞官了。

元光五年（公元前130年），武帝再次征召贤良文学，公孙弘又被地方官推荐。有了上次的教训，公孙弘百般推辞，地方官却说：

"你不知朝廷事宜，不懂为官之道，只怪你未入此中咧。好在你已深有感触，相信你一定和昨日不同了。"

公孙弘被汉武帝取为对策第一，任命为博士。此时的他变得事事慎重，再不贸然上书言事。每次朝廷议论政事，他很少开口，从不早下断言。纵有争辩，他也不肯疾言厉色与人强争，而是出语平缓，多有谦让。

有人问他何以变得这般小心，他开口回答：

"我乃书生出身，凡事过于认真和固执，这本是引以为傲的事，在朝堂上却行不通啊。何况身为大臣，当凡事有理有节，考虑周到，怎能还意气用事呢？"

公孙弘的转变也令汉武帝十分高兴，他对群臣说：

"公孙弘有错就改，朕十分欣慰，为什么呢？像他这样的人，能改变书生的毛病，实不是件易事啊。书生往往自恃太多，清高浮狂，纵是他们学问再大，不能治国，也无大的用处。"

有了汉武帝的赞扬，公孙弘愈加自谦，他每日闭门苦读法律条令，一日不敢稍辍。有人见他这般卖力，于是说：

"你学问已成，今又有皇上嘉奖，你当趁热打铁，和群臣交结联络，以助自己步步高升。可你学习法律条文，又有什么用呢？"

公孙弘回答：

"名誉地位是要有坚定

汉代画像石牛耕图

的根基才牢靠的，在此弄巧使诡，早晚必受报应。法律条文是从政之学，学好了这些才能办事得体，治国有谋，这才是赚取一切的本钱啊，其他方法是无法与之相比的。"

公孙弘这般行事，一年之后便被汉武帝提升为左内史的高位，掌管一半京畿地区。

一次，公孙弘与公卿约定一起去向汉武帝谏诤。群臣发言过后，公孙弘却一反常态，处处维护汉武帝，没有一句谏诤之词。大臣汲黯指责他毫无忠信，背信弃义，公孙弘却不生气，只说："是我的不对，你尽管骂我好了。"

后来汉武帝当面问及此事，公孙弘委婉地回答道：

"了解我的人以为我忠，不了解我的人以为我不忠。事情本不能两全，我也只能顾大局而舍私义了。"汉武帝听过，心中十分感激他，重用他之心更切。

数年之间，公孙弘已升为御史大夫，位列三公。80岁时，他老死在丞相的位置上，哀荣无限。而他之后的李蔡、严青翟、赵周等数位丞相，都因有罪被杀了。可见，在那个时代，勤于做事，少说慎说，是多么重要。

贫而无谄，富而无骄

【原文】

子贡曰："贫而无谄①，富而无骄，何如?"子曰："可也；未若贫而乐，富而好礼者也。"

子贡曰："《诗》云：'如切如磋，如琢如磨②'其斯之谓与?"子曰："赐也，始可与言《诗》已矣，告诸往而知来者。"

【注释】

①谄：巴结，奉承。

②"如切如磋"两句：语见《诗经·卫风·淇奥》。切、磋、琢、磨，指对骨器、玉器等器物的不同加工方式。比喻在道德学问上的磨砺研修。切，切断。磋，锉平。琢，雕刻。磨，磨光。

【译文】

子贡说："贫穷却能不谄媚，富有却能不骄傲自大，怎么样?"孔子说："这就算可以了。但是这还不如虽贫穷却乐于道，虽富贵了还遵守礼节的人。"

子贡说："《诗经》上说，'要像对待骨、角、象牙、玉石一样，要切磋它，琢磨它'，讲的就是这个意思吧?"孔子说："赐呀，我现在可以同你谈论《诗经》了，告诉你过去的事情，你能从我的话中体会到我还没有说的事情了。"

【解读】

孔子强调人们应当志在追求仁义，即使处于贫穷，也应安贫乐道，轻视富贵。

孔子的"富贵于我如浮云"思想与孟子"富贵不能淫，贫贱不能移，威武不能屈"的道德准则，给后代追求理想的人们以巨大的鼓舞。

孔子去世后，周王室更加衰落，各国诸侯连年征战，大国称霸，弱国受欺，国君昏庸，权臣僭主，世事浑浊，百姓苦难。孔子有一个名叫原宪的弟子，他遵照老师关于政治黑暗时不要去做官的教导，到卫国乡下隐居去了。

孔子的另一个弟子子贡在卫国做宰相，听说同学原宪就住在卫国，于是坐着四匹马拉的豪华车子，穿着华贵的衣裳，带了大队的随从，到原宪的家里去。来到原宪家一看，只见房子低矮简陋，门窗破烂不堪，原宪戴着桦树皮做的帽子，衣裳露臂，鞋没有后跟，拄着一根藜杖迎了出来。

子贡惊疑地问："你生病了吗？"

原宪回答："我听说没有金银财宝的人叫穷，没有学到治国本领的人才叫有病。我现在是穷，而不是有病。"

子贡看看四周，又看看原宪，他虽然神清气爽，但脸面却肌瘦蜡黄，与自己的境遇相比，反差实在是太大了，心中未免不忍，又有点羞愧，说："你为什么不出去做官拿俸禄，使生活过得好一些呢？"

原宪说："政治这样黑暗，当政者如此昏庸，如果我出去参与政事，不是帮着他们干坏事吗？我现在的生活虽然清贫了些，但并不忧虑，虽然是粗衣疏食，但也还算过得去。我忧虑的是，世道这样混乱，百姓的苦难什么时候才能到头啊！"

子贡听了，想起老师的教导，知道自己的德行不如原宪，不禁惭愧尴尬地向原宪告辞了。

"贫而无谄，富而无骄"的思想对后世影响也很大。

郑燮，名板桥，是清代大书画家，他3岁的时候母亲就去世了，贫苦的奶妈把他抚养长大。为了生计，他苦学书画，长大后就以卖画为生。有一天，一个朋友提醒他："你画是画得不错，可惜你读书不

孔庙碑林

多，终难成大家啊！"郑板桥觉得朋友说得有道理，于是开始读书，立志博取功名。

一天，当地富户刘某把郑板桥召入府中，请他画几幅字画。郑板桥为了挣些小钱，就很认真地画。熬了几个晚上，画成了，可刘某不满意，当着他的面把画撕得粉碎，又扔出一锭金子，命令郑板桥："我撕了你的画，钱照样给你。回去给我好好画，听清了吗？"郑板桥当时太需要钱了，但他还是拒绝了刘某的要求，说："我虽穷，但也不会为五斗米折腰！"郑板桥拂袖而去，从此专心读书。

后来，郑板桥考中进士，走上仕途。他在做潍县知县时，有一年，潍县发生水灾，朝廷下发赈灾银两，上司对郑板桥说："百姓受苦，我们当官的也不易，赈灾银两就不必尽数发给百姓了。"郑板桥说："赈灾银两本来有限，尽数发放也不够，这件事可不好办啊。"上司恼羞成怒，污蔑郑板桥，结果郑板桥被罢官。后来，郑板桥来到扬州，以卖画为生，他的诗、书、画被称为"三绝"，他的气节也为人们敬佩。

"贫而无谄，富而无骄，富贵于我如浮云"，成为后世知识分子追求理想境界而蔑视荣华富贵的一种宣言。在中国古代，不知有多少人，在"大义"面前放弃了"大利"，为了自己的人格尊严，为了自己的道德原则，为了一个理想社会，宁肯过着贫穷的生活，也绝不改变自己的志向，不改变自己孜孜以求的东西，视富贵如浮云，安贫乐道，淡泊宁静，默默无闻地走过一生。对这些人而言，道德、操行、信念胜过一切。

《吕氏春秋》说："古之得者，穷亦乐，达亦乐。所乐非穷达也，道得于此，则穷达一也。"无论在任何社会，人们都应该追求正义，而抛弃贪腐的想法。人人都清正廉明，这个社会也会更加美好。

不患人之不己知，患不知人也

【原文】

子曰："不患①人②之不己知，患不知人也。"

【注释】

①患：忧虑，怕。

②人：指有教养、有知识的人，而非民。

【译文】

孔子说："不怕别人不了解自己，只怕自己不了解别人。"

【解读】

孔子认为"不患人之不己知"，这正是"人不知而不愠，不亦君子乎"之意。意思是说，一个人如果看不到自己身上的长处并不可怕，而看不到自己身上的短处甚至还把短处当做长处来自我欣赏则是最可怕的。

古希腊时，德尔菲城的神庙大门上镌刻着一句警语："认识你自己。"我们都知道，认识自己是最难的。认识自己的难处不但在于人一般不能看到自己的短处，更在于不能善待自己的短处。是的，很多人并不知道自己是个什么样的人，这不仅是人们常常存在的一种误区，而且往往也是人类很难超越的人性的弱点。要解决这个问题也很简单，照照镜子，你或许就能找回自信，找回那个真正的自己。但是，也不能把消除自己的缺点和缺陷为主业，而应把主业放在充分利用自己的长处，甚至能化短处为长处地创造价值，并由此体会到人是"圆性自足"的，其行善的理由是不假外求的。正如法国某位著名的作家所说，"在自己身上找不到满足的人，在别的地方也找不到满足"。

那么，怎样做到了解自己呢？相信下面的故事定会给你启示：

一个替人割草打工的男孩儿打电话给一位太太说："您需要割草吗？"

太太回答说："不需要了，我已有了割草工。"

男孩儿又说："我会帮您拔掉花丛中的所有杂草。"

太太回答："我的割草工已经这样做了。"

男孩儿又说："我会帮您把草与走道的四周割齐。"

太太说："我请的那人也已做了，谢谢你，我不需要新的割草工人。"

男孩儿便挂了电话，此时男孩的室友问他说："你不就是在太太那儿割草打工的人吗？为什么还要打这电话？"男孩儿说："我只是想知道我做得有多好！"

人的一生中总难免被别人评价：上学读书时，老师会用考试成绩来评价我们学习成绩的优劣；工作时，老板会用薪水来评价我们的工作能力；走在大街上，我们会评价他人的外表、穿着……很多时候，我们总是在不断地评价与被评价。人如何能够自知，他人的评价不失为一种很好的办法。我们应该学会从别人的评价中了解自己，扬长避短，不断完善自己。

"患不知人也"的意思是：正是由于认识自己很难，所以使人往往碍于自身而不能善于发现他人的长处。而知人其实也就是知己，发现了他人的长处，其实往往也就发现了自己的短处。因此，对别人的正确认识往往也是对自己的正确认识，有益于自身的发展。

别人可以不了解自己，但我们一定要了解对方的实力。要做到知己知彼，而不能盲目攀比。

从前有一个国王，他有一个非常漂亮的花园。有一天，他照例到花园中散步的时候，不禁大惊失色。原来，花园里所有的花草树木都枯萎了，一幅破败、荒凉的景象。后来，国王才了解到：橡树因为比不过松树的高大挺拔而轻生厌世；松树因为比不过葡萄能结果子而死；葡萄因为不能像橡树那样直立并像桃树那样开出美丽的花朵而死；牵牛花因为比不过紫丁香的芬芳而奄奄一息；其余的植物也都垂头丧气，没精打采；只有非常细小的心安草在茂盛地生长。国王很惊讶，于是问道："小小的心安草啊，别的植物都枯萎了，你为什么还能这么生机盎然呢？"

小草回答说："国王啊，我一点也不灰心丧气，因为我知道，如果国王您想要一棵橡树，或者一棵松树、一丛葡萄、一株桃树、一株牵牛花、一棵丁香花的话，您就会把它们种上，而我知道您希望于我的就是要我安心做小小的心安草。"

这一则寓言告诉我们：生活中的许多烦恼都源于盲目地和别人攀比，而忘记了享受自己的生活。

有时候，人往往会觉得自己的能量很小，无法战胜对手，而灰心丧气，本来可以完成的工作，却因为这种心理状态的影响，而使自己处于劣势。而当真正发生的时候，才知道对方并没有自己想得那么强大。自己之所以会失败，就是因为缺乏自信。《孙子·谋政篇》中说："知己知彼，百战不殆。"意思是说，只有对敌我双方的情况都有一个透彻的了解，打起仗来才不会有危险。因此，能否正确地认识别人，评价自己，是我们事业成败的关键因素。

為政篇第二

学习是一辈子的事

【原文】

子曰："吾十有①五而志于学，三十而立，四十而不惑②，五十而知天命③，六十而耳顺，七十而从心所欲，不逾矩。"

【注释】

①有：同"又"。

②不惑：掌握了知识，不被外界事物所迷惑。

③天命：指不能为人力所支配的事情。

【译文】

孔子说："我十五岁立志于求学，三十岁能够自立，四十岁能不被外界事物所迷惑，五十岁懂得了天命，六十岁能正确对待各种言论，不觉得耳不顺，七十岁能随心所欲而不越出规矩。"

【解读】

孔子总结自己的人生，说当他 15 岁的时候，便立志做学问。"三十而立"，15 岁开始求学，经过 15 年的学习、实践，到 30 岁确定了自己的人生观、世界观，开始构筑起自己的人生坐标。"立"指思想和意志的独立，做人做事处世的道理不变了，确定了，人生非走这条路了不可。又经过 10 年的磨炼，"四十不惑"，到了 40 岁明白了事情的发展都是有规律的，聚散分合、成败盛衰是自然结果，不会再有迷惑、看不开了。又过了 10 年，"五十而知天命"，进一步了解认识这些规律。再过 10 年，"六十而耳顺"，对人生和宇宙规律理解得更深更透，好话坏话尽管人家去说，自己都能听得进去而毫不动心，不生气。每天都笑口常开，平平静静。又 10 年，"七十而从心所欲，不逾矩"，自己的人生实践就可以在规律内自在安然，随心所欲，获得生命的自由了。

孔子的人生经验，几十年的学习、实践，完成了从"有我"到"无我"的过渡，不同阶段的体会，对我们是一种鼓励，也是一种启发。

在谈到学习对人生的重要性时，孔子说如果一个人爱仁德而不爱学习，那他肯定会被愚昧所蒙蔽；如果一个人爱智慧但却不爱学习，那他将被放荡所蒙蔽；如果一个人爱直率而不爱学习，那他将被偏激所蒙蔽；如果一个人爱勇敢而不爱学习，那他可能被祸乱所蒙蔽；如果一个人爱刚强而不爱学习，那他可能被狂妄所蒙蔽。

孔子的话在古代被视为圣言，在今天看来也仍然是有道理的。即使一个人心怀仁德、为人直率、处世勇敢、遇事刚强，但如果不爱学习，所有这些好的品质都可能向其反面发展。而那些心术不正、本身品质就有问题的人，若不学习就更可怕了。

读书立业，自古以来是中国文人孜孜以求的目标。

宋代有位大诗人，名叫王禹偁，他曾官至左司谏和制诰。王禹偁出身贫寒，从小立志苦读经史，"致君望尧舜，学业根孔姬，自为志得行，功业如皋夔"，这是他给自己立下的志向。

王禹偁以复兴诗道与文统而在北宋初的文坛上独树一帜，举子、官吏多游其门，"岁不下数百人，朝请之余，历览忘怠"。一时间，王禹偁成了文坛盟主。

王禹偁现存诗580多首，其主要内容是关心民生疾苦，抒写理想与谪居的不平心境。他的散文创作以"传道明心"为意旨，以"句之易道，义之易晓"为手段，反映现实生活，多涉规讽。而读书明道，反映现实，改善现实，正是

且听寒响图

古代读书人的一大志向。

现在不少人认为"读书无用"，认为最实际的是权利和金钱。这是很短视的。人为何要学习呢？人有别于动物的特征正在于他有文化，没有文化，人与兽何别？而文化的传播与继承非要读书不可。

有人问古希腊哲学家亚里士多德，受过教育的人与没有受过教育的人的差别在哪里？亚里士多德回答："这就如同活着的人和死去的人之间的差别。"亚里士多德认为，没有受到教育的人如同行尸走肉，毫无意义。这样的观点有些夸张了，但是，学习的确让我们学知识、懂礼仪、明事理。如果不学习，一个人可能就会变成井底之蛙，慢慢会被社会所淘汰。所以，人不可以不学习，不学习的人生必将是空洞的人生。人不可以一日不学习，学习是一辈子的事。

做人的首要就在于读书，正如吴兢在《贞观政要·崇儒学》中所说，虽然上天给予人好的品性和气质，但必须博学才能有所成就。这就像大蛤本性含水，要等月光照射才喷出水来；木材本性包含火的因素，要靠发火的工具才能燃烧；人的本性中包含着聪明灵巧，要到学业完成时才能显出美的本质。

个人如此，社会亦是如此。如果一个社会是拜金主义支配的社会，其道德必会低下。假如生活在一个假仁假义的虚伪社会，无情无义的充满铜臭味的社会，也不要忘记：读书！教化！

明末清初思想家李颙有几句话讲得极好，真是对当下社会的直接批评。他说，只有讲述学问，才能使人自立并通达事理；只有讲述学问，才能使社会转变风俗习惯；只有讲述学问，才能做到拨乱反击；只有讲述学问，才能改天换地。讲述学问是民众的命脉，宇宙的元气，不可一日停止不讲。

人生百善孝为先

【原文】

孟懿子①问孝。子曰："无违。"

樊迟②御③，子告之曰："孟孙问孝于我，我对曰，无违。"樊迟曰："何谓也？"子曰："生，事之以礼；死，葬之以礼，祭之以礼。"

【注释】

①孟懿子：鲁国大夫，姓仲孙，名何忌，谥号懿。

②樊迟：姓樊，名须，字子迟，孔子的学生。

③御：驾驭马车。

【译文】

孟懿子问孔子什么是孝道。孔子说："孝就是不要违背礼节。"

后来，樊迟给孔子驾车，孔子告诉他："孟孙问我什么是孝，我回答他说不要违背礼。"樊迟说："不要违背礼是什么意思呢？"孔子说："父母活着的时候，要按礼节侍奉、孝敬他们；父母去世后，要按礼仪埋葬他们、以礼祭祀他们。"

【解读】

中国自古就是礼仪之邦，孝在礼仪中固不可少。古人对孝非常重视，百善孝为先。百姓以孝治家，君主则以孝治天下。地方大臣举荐人才时也以孝悌作为人才的标准之一，不孝在封建社会也是一项很重的罪名，如果父母以不孝而把子孙告上公堂，那么，这些子孙轻则会受到皮肉之苦，重则被斩首示众。

而在当今社会，孝顺也是获得别人尊重和敬仰的首要条件之一。我们可以想象，如果一个人连尽孝都做不到，那就更谈不上其他良知了。"乌鸦反哺"，"狐死首丘"，甚至连动物都知道回报生养恩情，那么人作为高级动物更应该孝顺父母。

在我国源远流长的历史长河中，无数古圣先贤以仁德流芳百世。在上古

帝舜画像

时代，有三位非常著名的帝王：尧、舜、禹，他们均因德行至大而受四方举荐登上帝位，其中，舜因至孝感动天地，被尧帝选中为继承人，他的故事也被列为历代孝行故事之首。

传说，尧年老时，想要退休，不再担任天下之王，便询问手下负责四方事务的官员："我年老了，无法再继续担负天下的责任，你们推选出一个人来接替我吧。"官员们异口同声推荐舜，尧说我也听说民间有这样一个人，你们再把他的主要事迹说一下吧，官员们便对尧说了舜的事。

舜的父亲是个盲人，性情古怪偏执。舜的母亲早死，后母既讨厌他，又怕他和自己的儿子象分家产。因此，舜的后母和弟弟象千方百计想害死舜。一次，两人把舜住的房子放火点燃，想烧死他，可是大火过后，舜却安然无恙地走了出来。他的后母和弟弟既感到不可思议又感到恐惧，便怂恿舜的父亲下手。舜的父亲在二人的百般劝说下也同意了，把儿子推入一口深深的井里，然后挖土埋上。

正当舜的后母和弟弟欢庆除去了眼中钉时，舜却又完好无损地出现在他们面前，原来那口井有一条隐蔽的通道通向地面。

舜的后母和弟弟害怕了，认为这是上天在保佑舜，不敢再起害他的念头，舜的父亲也羞愧难当，舜却像根本没有这些事一样，始终如一地对父亲尽孝道，对后母如对亲生母亲一样，对待弟弟也极尽疼爱。最终，舜的德行感化了顽固的父亲、偏心狠毒的后母和狂傲暴躁的弟弟，从此他们一家人相亲相爱。

尧听说舜的事后，虽然满意，但还是有些不放心，就把自己两个女儿嫁给舜，考查他在处理夫妻关系上的能力如何。3年后，舜证明自己在处理夫妻关系上，和处理父子、兄弟一样无可挑剔，尧这才放心地立舜为自己的接班人，把帝位禅让给舜。

就如晚清重臣曾国藩所说，孝顺和友爱做到了会立即得到回报。上面舜的故事就是个很好的例子。而曾国藩本人也非常重视孝悌。他从来不因为自己是家中长子长孙，并且为官最高、权势最重而骄傲自满，责骂他人。相反，他从不以辈分和身份压人，而是把自己看作家族中不可缺少的一员。他与父母亲族、兄弟姐妹相处和睦，处处以宽厚行事，以身作则，使得曾氏家族跳出了"富不过三代"的历史怪圈，成为百年而不衰之家族。根据调查，曾国藩及其四兄弟家族，绵延至今190余年间，共出有名望之人才240余人，每一代都有杰出的人物出现，而没有出过一个纨绔子弟。这在历史上是非常罕见的。

孝顺是一种美德。有的子女为了让父母开心快乐，不惜身受委屈和冤情。春秋时的申生是晋献公的太子，也是一个有名的孝子。

公元前663年，晋献公讨伐骊戎时，骊戎求和，以国君的女儿和亲，晋献公立她为骊姬。骊姬生了个儿子，名叫奚齐。子凭母贵，奚齐深受宠爱。骊姬想立奚齐为太子，就向献公说太子申生的坏话。于是，晋献公就让申生到曲沃居住，让公子重耳到蒲城居住，让公子夷吾到屈居住。

僖公四年，骊姬想害死太子申生，就派人通知申生，说晋献公梦见了申生的母亲齐姜，要求申生立即祭祀她。申生于是在曲沃祭奠了齐姜，并把祭祀用的肉献给晋献公。当时恰逢晋献公在外打猎，骊姬就把肉放了起来。过了6天后，晋献公回来，骊姬在肉里下了毒，然后把肉献给献公。晋献公拿这些肉来祭地，地面马上高了起来。骊姬哭着说，这定是太子想加害大王。

太子申生知道是骊姬陷害自己，于是逃到了新城。有人劝申生对晋献公辩解，申生却说，父亲非常宠爱骊姬，如果没有骊姬，就会吃不好，睡不好。自己如果辩解，骊姬就会获罪，到时候晋献公会很不快乐。申生终究没有辩解，自己吊死在新城。

申生以自己的性命来实现父亲的快乐，也是一种至孝的表现。虽然他这么做有些迂腐，但是却体现了最诚挚的孝心。

父母是一个人生命的源头和根基，他们的恩德比天还大，子女要常思孝道。孝顺是最基本的伦理要求。不孝顺父母无异于舍本逐末，截源断流。孟郊诗云："谁言寸草心，报得三春晖。"要知道，世界上只有不伟大的子女，而没有不伟大的父母。我们应牢记父母的养育之恩和无私的爱，用我们的一生来回报他们。而且，对父母孝顺、懂得对父母忍让的人，才能得到他人的尊重。

视其所以，观其所由，察其所安

【原文】

子曰："吾与回^①言终日，不违^②，如愚。退而省其私，亦足以发，回也不愚。"

子曰："视其所以，观其所由，察其所安^③。人焉廋^④哉？人焉廋哉？"

【注释】

①回：姓颜，名回，字子渊，生于公元前511年，鲁国人，孔子的得意学生。

②不违：不提相反的意见和问题。

③安：指心里安乐。

④廋，读sōu，隐匿。

【译文】

孔子说："我整天给颜回讲学，他从来不提反对意见和疑问，看上去很愚钝。可当他退下去经过自己研究，又能发挥我的观点。可见颜回一点也不笨。"

孔子说："考查一个人所结交的朋友；观察他为达到一定目的所采用的方式方法；了解他的心情，安于什么，不安于什么。这样，这个人还怎样隐藏呢？"

【解读】

颜回是孔子最得意的弟子之一，他心地善良，甘于贫苦，可惜死得太早了。在孔子的所有弟子中，他对这个弟子赞美最多。孔子带着他的弟子们周游列国，有一次，在陈、蔡边界被困，七天没有吃一口饭。颜回看到老师一天天瘦下去，非常伤心，就出去乞讨。他非常幸运，碰到一个好心的婆婆给了他一些白米。

颜回高兴地拿回米后，赶紧烧火做饭，很快，饭就做好了。孔子一觉醒来，闻到一股饭香，就出来探看。刚跨出房门，就看见颜回从锅里抓了一把米放在嘴里。对于颜回如此无礼，老师还没吃，他就一个人抢先吃了，孔子非常生气。

　　过了一会儿，颜回恭恭敬敬地端了一碗香喷喷的米饭送到孔子跟前让他吃。孔子站起来说："我刚才梦到死去的父亲，先用这碗饭来祭奠他老人家吧。"颜回一听，赶紧说："不行，这米饭不干净。刚才煮饭时，有一块炭灰掉到上面，倒掉怪可惜的，但又不能把脏的饭给老师吃，于是，我就把上面沾了炭灰的米饭抓起来吃了。这掉过炭灰的饭是不能用来祭奠的。"

　　孔子听了颜回的话，恍然大悟，拉着颜回的手说："回呀，你真是贤德的人啊！"

　　想想看，颜回跟着孔子那么长时间，还不能完全了解他，甚至误解他，何况别人呢？

　　那么，该怎样了解一个人呢？听其言、观其行是一个方面。而观其行，又怎么观察呢？

　　孔子对此有明确的教导，"视其所以，观其所由，察其所安，人焉廋哉？人焉廋哉？"

　　孔子说："要了解一个人，应看他为什么去做，

云容水影图

观察他用什么方法去做，考察他对所做的事是否心安理得，这样，这个人还怎样隐藏呢？"

这段话是孔子论述知人、识人的方法。要真正地认识一个人，就要看他的所作所为，看他的习性，还要观察他的内心，从而把握他的人品。也就是说，既要看他的行为，看他的经历，还要看他的习性。这样才能从本质上认识一个人。孔子这段话中用了"视"、"观"、"察"三个字，如果粗粗一看，那都是"看"的意思，但仔细分析，它们在程度上有差别。"视"是从外表上看，一般地看；"观"是要深入地看，即深入一步了解；"察"是更细致地去察看，又进了一层。三个动词深浅程度是递进的。孔子是告诫他的弟子们，也是在告诫我们，要了解一个人，就应该由浅入深，由外到内地细致考察才行。

古人是很重视识人、知人的，因为这是交友与处世的前提。

《天中记》中记载了这样一件事。说刘琎与朋友孔遏在一起划船。不久，与他们相邻的一条船上站着一位美丽的女子。两个人都见到了。刘琎双手不停地继续划船，而孔遏则两眼直勾勾地盯着人家，并且说："这女子多漂亮啊！"

刘琎见他这样，非常生气，指责他说："这难道是君子应该说的话吗？你不是我的朋友啊！"说完，他把自己穿的长袍脱了下来，把自己与孔遏隔开。

不论是管宁割席，还是刘琎脱袍，都体现出古人选择朋友的严肃态度。他们都是通过视、观、察以后，发现这个朋友不适合自己，因为没有共同的理想、兴趣与境界，所以，宁愿失去这个朋友，也不愿违背自己的心愿。

在很多时候，认清一个人是不容易的，孔子教给了我们一个很实际的方法。一是要"视其所以"，看他的目的、动机是什么，目的不纯，动机不好，一定要有所提防，不能被拉下水，不能被坑被骗。二是要"观其所由"，就是要看他的来由。一个人做好事也好，做坏事也罢，不是突然发生的，总会有个过程。注意这个过程，就能有所了解。三是要"察其所安"，看他安于什么。这是一个人的兴趣所在，愿望所在，也是价值观的体现。如果这样观察，就能看出这个人的品质了。

真正像孔子说的，认真地视、观、察，你就能做到知人、识人。作为个人，你就能交到好的朋友。好朋友是一生的财富，不能错过。

温故而知新

【原文】

子曰："温故①而知新②，可以为师矣。"

子曰："君子不器③。"

子贡问君子。子曰："先行其言而后从之。"

【注释】

①故：已经过去的。

②新：刚刚学到的知识。

③器：器皿。器皿各有其专门的用途，这里用来比喻才识狭隘而不博通。

【译文】

孔子说："在温习旧知识时，能有新的体会和发现，就可以当老师了。"

孔子说："君子不能像器具那样只有一种用途。"

子贡问怎样才能成为一个君子。孔子说："对于你想要说的事，先去做了，然后再说出来，这就能说是一个君子了。"

【解读】

孔子是一位大教育家，非常重视学习方法。什么样的学习方法最好呢？显然，人人都愿意学到知识与本领，可是学习一段时间之后，每个人学习的效果却不同，有的事半功倍，

孔子杏坛讲学图

有的则事倍功半，这就是方法的不同，所以，孔子根据自己学习的经验，提出

了"温故而知新"。

孔子早就说过："温故而知新，可以为师矣。""温"是温习，有思考的意思。"故"是旧，指以前学过的基础知识。"师"是使人效法的人，如榜样、老师。孔子的意思是：温习以前的知识能获得新的领悟，这样便可以做老师了。

知识是有系统的，学了前边的基础知识，才能深入学习后边高深的知识。再说学习知识不是一学就会，一蹴而就的，它需要不断地积累。只有经常温习已有的知识，经过思考，才会增强记忆，巩固已学的知识，而且还会从中领悟到新的东西，使知识逐渐转化为能力。

善于学习的人，也是善于温故知新的人。因为温故知新也是一种由已知的知识经过思考而获得新知识的途径。如果你有了温故知新的能力，就等于拥有了一位老师，随时可以帮助你提高。这样，自然也可以做老师了。

孔子的得意弟子颜渊就是这样闻一而知十的人。有一次，孔子与子贡谈话，孔子让子贡与颜渊作比较，子贡很有自知之明，他回答说："我哪能和颜渊相比呢？他学到一个道理可以推知十个道理；而我学到一个道理也只能推知两个道理。"孔子听了以后，点了点头表示同意。

怎么能由已知的知识来推知未知的知识呢？这就要温习，这温习不只是简单地记忆，不只是死记硬背，更重要的是在温习中反复思考。这也是举一反三的道理。

君子周而不比

【原文】

子曰："君子周①而不比②，小人比而不周。"

【注释】

①周：因忠信而亲密的意思。

②比：勾结，即以私利相亲。

【译文】

孔子说："君子普遍地团结人而不与人结党，小人与人结党而不合群。"

【解读】

孔子认为"君子周而不比"，意思是说，只有做到像君子那样团结他人，你的事业和人生才能顺畅通达。

古人云，"得道多助，失道寡助"，甚至是"多助之至，天下顺之；寡助之至，天下畔之"，有道德的人定会有天下，这是很简单的道理。社会上有道德的人多了，彼此之间就会多一些关心与尊重，社会自然也就和谐起来。那些为构造和谐社会做出卓越贡献的人，自然也就赢得了民心。

孔子在这里所说的其实就是人际关系。所谓人际关系，是指人们在生产或生活过程中所建立的一种社会关系，常指人与人交往关系的总称，也被称为"人际交往"，包括亲属关系、朋友关系、学友（同学）关系、师生关系、雇佣关系、战友关系、同事关系及领导与被领导关系等。人是社会性的动物，每个个体均有其独特之思想、背景、态度、个性、行为模式及价值观，然而人际关系对每个人的情绪、生活、工作有很大的影响，甚至对组织气氛、组织沟通、组织运作、组织效率及个人与组织之关系均有极大的影响。如何搞好人际关系也是一门学问。

美国著名成人教育家卡耐基经过大量的研究发现："一个人事业上的成功，20%是由于他的专业技术，80%则是要靠人际关系、处世技巧。"此话也许说得有些夸大，但却从另一侧面说明良好的人际关系对成就事业的重要性。所以学会建立良好的人际关系的方法，掌握其途径，是十分必要的。

在社会生活中，我们几乎每天都要和他人打交道。从动机上来说，人们也会寻求与他人的关联，每个人都希望得到他所关心和重视的个人和群体的支持、喜爱和接纳。正所谓"人生的美好

战国彩绘鹿鼓

是人情的美好，人生的丰富是人际关系的丰富"。传统中国社会被认为是一个关系本位的社会，人际关系在中国人的社会生活中具有特别的重要性。行为失谐，尚可挽正；人际失谐，百事无成。只有以良好和谐的人际关系为基点，才能协调各种社会关系，化解各种现实矛盾，促进个体素质的提高和个体全面发展。因而，我们应该充分认识人际关系的作用，不断改善人际关系。

孟尝君是战国时期赫赫有名的"四公子"之一。在当时的齐国，他家境富裕，地位显赫。

有一次，孟尝君门下的食客冯谖自告奋勇，要替他到其封地薛地去讨债。临行前，冯谖问孟尝君回来时是否需要顺便带点什么，孟尝君觉得很好笑，因为自己家里应有尽有，几乎什么都不缺，于是他就随口说："你看我家里缺什么，就顺便买点什么吧。"

冯谖到了薛地一看，刚好遇上歉年，百姓苦不堪言。冯谖就假借孟尝君的名义，把那些无望收回的借据全烧了。

冯谖回来后，孟尝君问他："你去薛地，讨债是否顺利？"

冯谖回答："非常顺利，我已经把所有的债务都了结了。"

孟尝君听后很高兴，于是问："那你要回来多少钱啊？"

冯谖说："我把钱都买了您家里所需要的东西了，一分没剩。"

孟尝君好奇地问："你到底买了什么东西，竟然花了这么多钱？"

冯谖回答："我看您家里珍宝如山，美女如云，真是什么都不缺，但您唯独缺少'仁'啊！所以我就把所有的钱都给您买了'仁'。"

孟尝君听得一头雾水，不解地问："那你是怎么买的'仁'呢？"

冯谖就把讨债的经过一五一十地告诉了孟尝君。孟尝君听后很是生气，但又不便发作，便讪讪地说道："没事了，你下去休息吧。"

过了两年，齐王听信谗言，把孟尝君的相印收了回去。门客们见他已失势，纷纷不辞而别，只有冯谖还跟随着他。无奈之下，孟尝君只好返回自己的封地——薛地。没想到，当他的马车距离薛地还有百里之遥时，薛地的老百姓就早已扶老携幼、争先恐后地在路上迎接他了。孟尝君看到这种情形，精神为之一振，心中又燃起了希望。至此他才恍然大悟，原来冯谖当初的举措，就是替自己积德，使自己在被贬谪时不至于没有立足之地。

望着眼前老百姓热烈欢迎的场面，孟尝君感慨地对冯谖说："先生，您替我买的仁，为我积的德，今天总算切身感受到了，我真的很感激您!"

冯谖所谓的买"仁"，其实就是收买人心，为孟尝君营造了一个极为安全的据点，使他进可攻，退可守。同时，也使他得到了老百姓的拥护。

人生在世，如果能得到别人的友情和认可，拥有良好的人际关系，便是人生一大快事。心理学家研究表明，良好的人际关系可以促进个人的社会化进程，可以促进自我认识的深化，可以维持个人身心健康。反之，如果受到他人的排挤，则会感到寂寞和孤独，对未来缺乏信心。

关系可以成全一个人，同时也可以摧毁一个人。关系是个人获取成功的重要条件，也是压抑个人发展潜能、损伤生命的恶魔。要建立良好的人际关系必须把人的自身和谐放在首位，必须树立人人平等的现代理念，必须以诚信友爱为基础。

学而不思则罔，思而不学则殆

【原文】

子曰："学而不思则罔①，思而不学则殆②。"

子曰："攻乎异端③，斯害也已。"

【注释】

①罔：迷惑，糊涂。

②殆：疑惑，危险。

③异端：指不正确的议论。

【译文】

孔子说："只读书学习，却不深入思考，就会迷惑而没有收获；只是空想而不读书，就会产生疑惑。"

孔子说："批判那些不正确的议论，那些祸害就可以消灭了。"

【解读】

一个人从接受知识到运用知识的过程，实际上就是一个记与识、学与思的过程。学是思的基础，思是学的深化，这正如人摄取食物一样，只学不思，那是不加咀嚼，囫囵吞枣，食而不化，难以吸收，所学知识无法为"己有"。只有学而思之，才能将所学知识融会贯通，举一反三。

唐代的一行和尚是一位非常著名的天文学家。

"千里之行，始于足下。"一行和尚是唐代著名的天文学家，他在天文学上能够取得卓越的成就，与他从小勤学习、勤思考是分不开的。一行和尚年幼时就读了很多古代书籍，他对天文和数学的兴趣最大，而且善于思考，遇上一些天文、历法及算术中的疑难问题，总是要寻根问底，弄个明白。

久而久之，一行和尚不但打下了扎实的科学知识的根底，而且培养起了惊人的理解力。有一次，他向当时藏书丰富的著名学者尹崇借了一本西汉大学者扬雄的哲学著作《太玄经》来读。这本著作涉及很多方面的科学知识，深奥难懂，尹崇读了很多年，读了不知多少遍，都没有完全读

唐代天文学家僧一行

懂。但是没有几天，一行和尚就把它读完了，把其中的道理也搞清楚了，而且把自己思考所得写成了一篇题为《义决》的读书笔记，绘制了一张《太衍玄图》，向尹崇请教。尹崇不禁为他的惊人理解力、读书和思考密切结合的良好学习习惯而惊叹："真是后生可畏啊！"因此，一行和尚年纪轻轻，就已名闻长安城。

学是思的基础，思是学的深化，我们要思考，但不是神思漫想，而要切合实际。因此我们需要正确地认识自己，既富于理想，又必须脚踏实地去奋斗。我们活着，终日都为寻找打开这些锁的钥匙而奔波忙碌。于是，我们需要学与思的毅力，学与思的洗礼，学与思的考验，只有这样我们的人生才有意义。

学与思，对陶冶人的情操，提高自身素质有着重要意义。在这个互动的过程中，你会发觉：没有知识的人常常议论别人无知，有知识的人时时发现自己无知。学习，为求进取；思考，才有发展。面对宏观与微观世界的扩展，知识

和信息的爆炸，我们脑袋这架"计算机"就必须有一个很好的处理问题和信息的最优程序，不然我们就无法适应飞速发展的时代，无法更好地在社会中生存和发展。

知之为知之，不知为不知

【原文】

子曰："由①！诲女②知之乎！知之为知之，不知为不知，是知也。"

【注释】

①由：姓仲名由，字子路，生于公元前542年，孔子的学生。

②女：同"汝"，你。

【译文】

孔子说："仲由呀，我教给你对待知或不知的正确态度吧！知道就是知道，不知道就是不知道，这就是聪明智慧。"

【解读】

孔子的话告诉我们这样一个哲理：在现实生活中，许多人不愿意说出"不知道"这三个字，认为那样做会让别人轻视自己，使自己很没面子，结果却适得其反。

大约与孔子同时代的古希腊著名哲学家苏格拉底也曾说过："我唯一知道的，就是我什么都不知道。"他以最通俗的语言告诉我们，知识是无限的，我们了解的只是很少一部分，我们要有自知之明，不能满足于已知。

如果一个人对自己不明白的问题加以隐瞒，不去向别人请教，在别人面前仍然不懂装懂，那他就太无知、太虚伪了。对有些知识，不懂并不可怕，可怕的是不懂装懂。学无止境，知识无限，谁都不可能做到"样样通，样样精"，而只有虚心向别人学习，不耻下问，才能不断进步。否则，我们若像南郭先生那样"滥竽充数"，只能是贻笑大方，最终被社会所淘汰。

其实，对自己不知道的事情，坦率地说不知道，反而更容易赢得别人的尊重。

世界著名物理学家、诺贝尔物理学奖获得者美籍华人丁肇中在接受中央电视台《东方之子》采访时，曾对很多问题都表示"不知道"。他在为南航师生作学术报告时，面对同学提问又是"三问三不知"："您觉得人类在太空能找到暗物质和反物质吗？""不知道。""您觉得您从事的科学实验有什么经济价值吗？""不知道。""您能谈一下物理学未来20年的发展方向吗？""不知道。"三问三不知！这让在场的所有同学感到意外，但不久就赢得全场热烈的掌声。也许，一些人在说"不知道"时往往会担心被看做是孤陋寡闻和无知的表现，但丁先生的"不知道"却体现着一种做人的谦逊和科学家严谨的治学态度，不禁令人肃然起敬。

学问愈深，未知愈重；越是学识渊博，越要虚怀若谷。作为专家、学者，对不知道的东西，我们不仅应当老实地承认"不知道"，而且要敢于说"不知道"。其实，丁肇中教授大可不必说"不知道"，比如可以用已有的知识去搪塞，也可以建议去查阅有关资料，以作思考，还可以委婉地对学生说："这些问题对于你们来说太深奥，一两句话解释不清楚。"但是，这位诺贝尔奖得主却选择了最老实、最坦诚的回答方式，而且表情自然、诚恳，没有故弄玄虚，也绝没有"卖关子"。丁教授坦言不知道，更无损于他的科学家形象。

聪明的人有勇气承认"没有人知道一切事情"这个事实。当面对不了解的事情时，他们能够坦然地说自己不知道，随后就去寻找自己所欠缺的知识。承认自己不知道无损于他们的自尊，对于他们来说，"不知道"是一种动力，促使他们积极采取行动，进一步了解情况，求得更多的知识。当然，也有一些人，总是想尽办法来掩饰自己不知道的事情，摆出一副不懂装懂的姿态，殊不知，这样反倒会给人一种浅薄的感觉。

有一次，一位外国人去旁听一位美国加州大学著名教授的演讲。课上，他提出自己做的老鼠实验的结果。此时，一位学生突然举手发问，提出了他的看法，并问这位教授假如用另一种方法来做，实验结果将会怎样？所有的听众全都看着这位教授，等着看他如何回答这个他根本就不可能做过的实验。结果，这位教授不慌不忙、直截了当地说："我没有做过这个实验，所以我不知道。"

当教授说完"我不知道"时，台下响起了经久不息的掌声。

同样的情况假如发生在另一位教授身上，情形恐怕就会完全不同。也许他会绞尽脑汁，说出"我想结果是……"的话来。

一般人都有不想让别人看出自己弱点的心理，因此很难开口说"不知道"。其实，有时对自己不知道的事情坦率地说不知道，反而能够赢得别人的尊重。因为直截了当地说不知道，会给人留下诚实的印象，并且敢于当众说不知道，其勇气更让人佩服。这样，对你所说的其他观点，人们会认为一定是千真万确的，因此对你也就会更加信任。反之，如果明明不知道却强说知道，自作聪明，欺人自欺，最后只会贻笑大方。

有个美术评论家总是大吹大擂，凡事不懂装懂。

有一天，他受一位知名人士邀请到家中作客。这位名人家里来了许多美术界的权威，他们畅所欲言，谈笑风生。

一会儿，主人拿来一幅画像说："这是我刚买来的毕加索的画，请各位点评一下。"

于是，那个不懂装懂的评论家马上站起来说："色彩华丽，线条鲜明，果然是毕加索的画。你刚拿来的时候，我就看出来了。"

《圣家族》（米开朗琪罗绘）

主人听完，再仔细看了一下画说："真抱歉，我刚才介绍错了，这不是毕加索的画，而是米开朗琪罗的作品。"

"什么？米开朗琪罗的？"

顿时，在座的各位名家捧腹大笑。评论家羞得无地自容，恨不得挖条缝钻进去。

不要不懂装懂，所以孔子才告诉他的弟子子路，"明白了就是明白了，不明白就是不明白，这才是明智的做法"。

求知最忌自欺欺人，不懂装懂。人们时常讽刺那种只会说"Yes"的"假洋鬼子"，这是不懂装懂的典型形象。而实际上，生活中这种自欺欺人的人太多了。他们充斥在社会的各行各业，各个角落。如果只是读书求知，那不过是学不到真东西，对别人也不至于有什么害处。但如果让这种人从政治国，那可就不是害己的问题了，小则害己害人，大则亡党亡国。所以，我们绝不能低估了不懂装懂的危害，因为它完全可能由一种个人品质而发展成为一种社会公害，贻害无穷。

多闻阙疑，慎言其余，则寡尤

【原文】

子张①学干禄②。子曰："多闻阙疑，慎言其余，则寡尤③；多见阙殆，慎行其余，则寡悔。言寡尤，行寡悔，禄在其中矣。"

【注释】

①子张：姓颛孙，名师，字子张，生于公元前503年，孔子的学生。

②干禄：干，求取；禄，官吏的俸禄。干禄就是求取官职。

③尤：过失。

【译文】

子张向孔子请教谋取俸禄的办法。孔子说："多听别人讲，有什么疑问先放在一边，其余知道的部分谨慎，这样就可以少犯错；多看别人怎么做，有什么疑虑先放在一边，行事要谨慎，这样就不容易后悔。讲话少犯错，行事不后悔，官职和俸禄就在里面了。"

【解读】

一言一行都关系着个人的成就荣辱，因此言行不可不慎。由于"言多必失"的教训很多，不少人将"三缄其口"作为处世的座右铭。在我们生活中那些成功的人，说话就会把握分寸感，无论在什么场合都是落落大方，说话的时候，说得很充分，不该说的时候，一句话也不要说。

明代开国皇帝朱元璋，出身贫寒，少年时候就给有钱人家放牛，甚至还为了果腹而出家为僧。但朱元璋胸有大志，在元末风云际会之际，终于成就一番霸业。

朱元璋当了皇帝以后，有一天，一位儿时的穷伙伴进京来求见他。朱元璋很想见见旧日的老朋友，可又怕他讲出什么不中听的话来。犹豫再三，总不能让人说自己富贵了不念旧情吧，还是让传了进来。

那人一进大殿，即大礼下拜，高呼万岁，说："我主万岁！当年微臣随驾泸州泸州府，打破罐州城。汤元帅在逃，拿住豆将军，红孩子当兵，多亏菜将军。"

朱元璋听他说得动听含蓄，心里非常喜欢，回想起当年大家饥寒交迫时有福同享、有难同当的情形，心情很激动，立即重重封赏了这个老朋友。

消息传出，另一个当年一块放牛的伙伴也找上门来，见到朱元璋，高兴得忘乎所以，生怕皇帝忘了自己，指手画脚地在金殿上说道：

"我主万岁！你不记得了吗？那时候咱俩都给人家放牛，有一次我们在芦苇荡里，把偷来的豆子放在瓦罐里煮着吃，还没等煮熟，大家就抢着吃，把罐子都打破了，撒下一地的豆子，汤都泼在泥地里，你只顾从地下抓豆子吃，结果把红草根卡在喉咙里，还是我出的主意，让你用一把青菜吞下，才把那红草根带下肚子里。"

当着文武百官的面，朱元璋又气又恼，哭笑不得，喝令左右："哪里来的疯子，来人，把他轰出去。"

同样的内容不同人用不同方式说出来，情况就会有所不同。第二个人不但没有得到封赏，反而被哄了出去的原因就是他没有掌握好说话的场合。今日的朱元璋已不是昔日一起游戏、讨饭的小叫花子，而是堂堂一国之君，当着众多大臣的面直接揭皇帝的短，不是冒险还能是什么呢？

俗话说："一句话说得让人跳，一句话说得让人笑。"同样的目的，但表达方式不同，造成的后果也大不一样。在办公室里与同事们和上司交往都离不开语言，但是会不会说话，能不能把话说到点子上，能不能很好地利用说话来达到自己的目的，都是语言上的学问。

不要轻视说话上存在的效率，如果在向上级汇报工作的时候，能既简洁又能明了地把自己的具体工作汇报清楚，便可以节省许

明太祖朱元璋画像

多上级和自己的时间，还会令上级觉得你是个办事效率高又会办事的人。

公司开会，也是一个很容易从说话上体现效率的时机。在开会的时候，首先要尽量做一个很好的倾听者。谁都知道只有听明白别人的发言，才能更有效地总结别人话中的利弊，轮到自己发言时才能够言中要害。不要利用开会的时间打盹儿或者和周围同事闲聊，那样只会分散注意力，等轮到自己发言时就摸不着头脑了。

与同事们相处的时候要注意得更多一些。首先，不要人云亦云，要学会发出自己的心音、有自己的主见。其次，在办公室里有话要好好说，切忌把与人交谈当成辩论比赛。还有就是不要在办公室里当众炫耀自己，这样会让其他的同事产生反感。

这些都是说话能够提高效率、值得注意的方面。在说话的时候还要注意观察，才能把话说好、把事办好。

尼古拉算得上汽车销售行业里最懂得语言艺术的人了。他在15年里卖出了10万辆汽车，最多的一年竟卖了1322辆。他的成功应该归功于他有着很强的语言表达能力和敏锐的观察力。

有一次，一位中年女士走进了他工作的车行。尼古拉上前问那位女士有什么需要的时候，那位中年女士对他说，她只是想在这儿随便看看打发一下时间。当尼古拉发现她一直围着一辆白色的汽车仔细地端详时，一眼就看出这位女士对白色的车情有独钟。尼古拉主动与她闲谈，那位中年女士也是很健谈的人，她告诉尼古拉其实她很想买一辆白色的福特车，她说每当她看到朋友那辆白色福特车时，就有一种说不出的喜欢。刚刚对面福特车行里的销售员对她说，白色的福特车暂时缺货，让她过两个小时再去，或许车行能把这个缺货补上，所以她就到尼古拉所在的车行打发时间了。

她还说，为了能买一辆白色的福特车，她已经准备了很长时间，之所以选定今天来买，是因为今天是她50岁的生日。她感慨地说："半辈子了，今天一定要给自己一个生日礼物——一辆崭新的轿车！"

"生日快乐！夫人。"尼古拉很快做出了反应，并且让她在车行里随便转，别拘束。然后，尼古拉叫过旁边的接待员，对他吩咐了一番，又回来很诚恳地对那位中年女士说："夫人，您喜欢白色车吧？我带您去看一款很棒的白色轿车，它的性能和款式都是最棒的，或许您能喜欢。"

那位中年女士同意了，尼古拉带着她来到一辆白色雪佛莱轿车跟前。正在尼古拉讲解汽车性能时，接待员捧着一大束鲜花走了进来，将鲜花递到了尼古拉的手上。尼古拉很有礼貌地对那位中年女士说："生日快乐，尊敬的夫人。"

那位中年女士感动得眼泪几乎都要流出来了，她说："自从我丈夫去世以后，已经很多年没有收到过鲜花了。"她毅然做出了决定，"刚才那位福特车行的销售员，一定是看我开了一辆旧车以为我买不起新车，当我刚进店他就以没有货为由把我打发掉了，其实他是怕我浪费他的时间。尼古拉先生，我真佩服你的观察力，一眼就看出我只是想买一辆白色的车。开始要买白色的福特车，仅是因为朋友买了一辆而已。现在看来不买福特车也可以，刚才你介绍的那款白色的车不错，我很满意，就买它了。"

最后，她听取了尼古拉的建议买了一辆雪佛莱，并直接写了张支票，一次性付清了那辆车的全款。

其实，尼古拉在这次交易中没有什么特殊的销售技巧，只是在说话上抓住了那位中年女士的心，并能通过得体的语言和行动表现出来。

人而无信，不知其可

【原文】

子曰："人而无信，不知其可也。大车①无輗②，小车无軏③，其何以行之哉？"

子张问："十世可知也？"子曰："殷因④于夏礼，所损益，可知也；周因于殷礼，所损益，可知也。其或继周者，虽百世，可知也。"

【注释】

①大车：指牛车。

②輗：牛车上车辕与横木连接处的活销，可衔接横木以驾牲口。

③軏：性质和輗相同，用于马车上称軏。

④因：承袭，继承。

【译文】

孔子说:"一个人如果不讲信用,就不知道怎么做人。就好像大车没有輗、小车没有軏一样,它靠什么行走呢?"

子张问孔子:"今后十世的礼仪制度您可以预先知道吗?"孔子回答:"殷代继承了夏朝的礼仪制度,所减少和所增加的内容是可以知道的;殷代又继承商朝的礼仪制度,所减少和所增加的内容也是可以知道的。今后有谁继承周朝的礼仪制度,就是一百世以后的情况,也是可以预先知道的。"

【解读】

人无信不立,良好的信誉会给自己的行动带来意想不到的便利。信用就像你人生银行的存款,你必须先存入资金,才有资格和条件使用它,如果你只想使用和受惠,不想存入资金那是不可想象的。

《敏拉波尼》杂志的出版人琼斯,刚开始时只是一名普通的职员,他就是靠信用树立了他的声誉,结果成为一家报馆的主人。

琼斯在开始创业时,首先向一家银行贷了3000美元,其实这笔钱他并不需要。他解释说:"我之所以贷款,是为了树立我守信用的形象。其实我根本没有动过这笔钱,当借期一到,我便立即将这3000美元还给了银行。几次以后,我就得到了这家银行的信任,借给我的数目也渐渐大了起来。最后一次贷款的数额是20000美元,我需要这笔钱去发展我的业务。"

花满枝头的树

"我计划出版一份商业方面的报纸,但办报需要一定的经济基础,我估算了一下,起码需要2.5万美元,而我手头上总共才5000美元。于是我再去找每次贷给我钱的那个职员,当我把自己的计划原原本本地告诉他以后,他愿意贷给我20000美元。不过,他要我与银行经理洽谈一下。最后,这位经理同意如数贷给我，还说：'我虽然对琼斯先生不熟悉，不过我注意到，多年来琼斯先生一直向我们贷款，并且每次都按时还清。'"就这样，琼斯用这笔资金走上了成功之道。

可见，信用的力量是巨大的，你如果在对待别人时能信守承诺，别人就会认为你是一个可信任的人，从而信赖你，支持你，你便容易在事业上取得成功。

然而，在某些情况下，你也许会发现，恪守信用、信守承诺的做法，也会使自己吃亏。这时，你千万不要太在意，甚至为此而改变自己信守承诺的做法，因为吃亏只是暂时的，所谓有亏必有盈，偶尔因守信而吃亏或经济利益受损，却会给你的事业带来更积极长远的影响。

1968 年，日本麦当劳会社社长藤田接受美国油料公司订制餐具 300 万个刀与叉的合同，交货日期为该年的 8 月 1 日。

藤田组织了几家工厂生产这批刀叉，这些工厂却一再误工，预计 7 月 27 日才能完工。但从东京海运到美国芝加哥路途遥远，8 月 1 日肯定交不了货，若用空运，就会损失一大笔利润。

公司都是要讲求利润的。这时，藤田面对的，一边是损失的利润，一边是看不见摸不着的信用，考虑再三，他毅然租用泛美航空公司的波音 707 货运机进行空运，花费了 30 万美元的空运费，才将货物及时运到。

这次藤田虽然损失很大，但却赢得了美国油料公司的信任。在以后的几年里，美国油料公司都向日本麦当劳会社订制大量的餐具。藤田也因此得到了丰厚回报。

我们不难发现，在很多情况下，信用竟然是可以增值的，这次虽然吃一点点小亏，下次便能获得更多。因讲究信用吃亏而放弃信用的行为是短视的。当你那样做时，你不但放弃了以后更大的利益，而且还要为丧失信用而付出代价。

爱耶伯劳曾说过："信用仿佛一条细线，一时断了，想要再接起来，难上加难。"所以，当你在使用信用这笔人生存款的时候，千万不要透支。当你的信用值为负数时，你可能就会变成一个无人敢信任的"穷光蛋"。

平时，你一旦许下了什么诺言，就要恪守信用，你的言谈举止应该给人一种遵守诺言的印象，这种印象会使你受益匪浅。

恪守信用看起来简单，做起来却相当困难，你只要稍有疏忽，就可能无法守信。不信，你可以想一想，你是否经常轻易地许下承诺？你是否总是忘掉别人委托之事？你工作起来是否总能够按时完成？你主动请缨的事情是否总能圆满完成？

这么一问，你可能会大吃一惊，发现自己并不是一个严格守信的人。那么，怎样才能做到恪守信用呢？

在许诺之前要先对自己的能力作出正确的评估，并客观地问自己："我真的能履行诺言吗？"如果不能，就不要拍着胸脯说大话，而应代之以"我尽量，我试试看"的字眼。上司交代的事当然要接受，但不要说"保证没问题"这样的话。因为许诺是一件非常严肃的事，答应人家就跟欠人家一样重要。如果你认为自己做不到，或觉得得不偿失而不愿去办时，千万不要轻率地向别人许诺。

一个人办事忠厚诚恳，实实在在，说到做到，就会使人产生信任感，愿意同他交往、合作。反之，轻诺寡信，一而再地自食其言，必然要引起人们的猜疑和不满，只有诚信，友谊才会持久。

如果你想为自己树立一个良好的形象，并成就一番事业，那就一定注意，不管大事小事，都要讲究信用，不断为自己的人生银行存款，并切记，无论诱惑多么迷人，都不要透支。

八佾篇第三

不要爱慕虚荣

【原文】

孔子谓季氏①，"八佾②舞于庭，是可忍也，孰不可忍也?"

三家③者以《雍》彻。子曰："'相维辟公④，天子穆穆⑤'，奚取于三家之堂?"

【注释】

①季氏：鲁国大夫季孙氏，名意如。

②八佾：天子所用的一种乐舞。佾，读 yì，乐舞行列，每列定为八人，八佾即八列六十四人。按礼制，诸侯用六佾，大夫用四佾，士二佾。

③三家：指鲁国当政的仲孙、叔孙、季孙三家大夫。他们都是鲁桓公的后代，又称"三桓"。

④辟公：指诸侯。

⑤穆穆：形容端庄恭敬的仪态。

【译文】

孔子谈到季氏，说："季氏用六十四人在自己宗庙的厅堂里奏乐舞蹈，这样的事都能狠心做出来，还有什么事情不能狠心做出来的呢?"

孟孙氏、叔孙氏、季孙氏三家在祭祖完毕撤去祭品时，也命乐工唱《诗经·周颂·雍》这首诗。孔子说："《雍》诗上有'助祭的是诸侯，天子严肃静穆地在那里主祭'这样的意思，怎么能用于三家的厅堂上呢?"

【解读】

有的人一辈子都在追求一个虚名，追求奢华的外表，孔子认为，这样既伤害了"礼"的内在本质，还会使人沉迷其中，进而偏离了"礼仪"的真正精神，这样做岂不是徒劳无功?

名誉是一个人在生活中的价值得到公众的承认，是社会根据他的贡献馈赠给他的，不是可以伸手要到的。所以做事情不能图虚名，不能摆花架子，要着重追求实效，这样才是真正的做事精神。

有些人获得了名誉之后，就不再发展自己的才能，也不再作出自己的贡献，这种名誉就和实际渐渐地不相符合了，也就成了虚名。

虚名会使人放弃努力，停滞在他已经取得的名誉上，不思进取，最后将一事无成。

古代有一个神童，小时候具有过目不忘的本领，吟诗作赋，被人称颂，成为一时的名人。可是成名之后，他沉醉在虚名之下，不再刻苦努力地学习，渐渐地长大成人之后，就和一般人一样了，他的那些天赋、才能也都离他而去了，一生无所作为。

图虚名者是不能获得成功的。自古以来就有许多人因好大喜功，最终身败名裂，然而也有许多道德高尚之人不图虚名，而名载史册。敢于直言的魏征不图虚名，办实事，出实效，从百姓的利益出发，因而得到了百姓的支持和理解。

隋朝建立之初，隋文帝制定的法律是比较宽平的。到隋炀帝时则使用严刑酷法强化统治，结果民不聊生，全国各地纷纷造反。

唐高祖李渊在位时重新修订法律，基本恢复了隋初的各种制度。唐太宗李世民特别注意吸取隋朝灭亡的历史教训，下令对法律再加修订，有些条文进一步改重为轻，原来规定判处绞刑的罪行，改为流放或服劳役；判处斩首的罪人，要由宰相和六部尚书讨论决定，须经过多次复奏才可执行，以免出现错杀冤案。"死者不可再生，用法务在宽简。"这是唐太宗规定的立法和执法原则。

唐太宗本人虽英武过人，但也是凡人，也有激动生气之时，因此，他要求他的臣子多多提醒他。

贞观初年，濮州刺史庞相寿因为贪污被人告发，受到追赃和解职处分。他因自己是秦王府旧人，就向唐太宗求情，希望能得到

唐太宗画像

宽大处理。唐太宗派人传话说："你是朕的旧部下，贪污大概是因为窘迫，朕送你100匹绢，你继续当刺史，今后自己可要检点才好。"这显然是徇情枉法。魏征知道此事后，立即进谏批评道："庞相寿贪污违法，不加追究，还要加以厚赏，留任原职，就因为他是陛下的旧人。而他也并不以自己贪污为罪过。陛下为秦王时旧人众多，如果他们都如此贪赃枉法，就会使清廉的官员感到害怕，影响吏治的清明。"唐太宗看过奏章，便改正对庞相寿的宽纵处理。

曾在隋朝担任官职的郑仁基有个女儿，容貌漂亮又富有才学，长孙皇后奏请把她聘为后宫嫔妃，唐太宗同意后，下了册封的诏书。魏征知道郑家女儿已经许配了夫家，就进谏劝阻道："陛下身居楼阁之中，就应希望天下百姓有安身之屋；陛下吃着精美食物，就应希望百姓也饱食不饥；陛下看看左右嫔妃，就应希望天下男女及时婚配。现在，郑家女儿已经和人订婚，陛下却要将她纳入宫中，这难道合乎为人父母的心意吗？"唐太宗一听，立即停止册封。但有大臣说，郑家小姐并未出嫁，而且诏书已下，不宜中止。和郑家姑娘订婚的陆爽也上表说：他和郑家并无婚约。唐太宗再次征求魏征的意见，魏征如实指出："这是陆爽心里害怕陛下，才违心上表的。"于是，唐太宗重又下了一道敕令："今闻郑家之女，先已受礼聘，前出文书之日，未详审事实。此乃朕的不是。"唐太宗果断地收回了册封诏书。

所谓伴君如伴虎，名相魏征若只是徒慕虚名，大可不必冒着生命危险进谏唐太宗，他只需为表面的太平盛世歌功颂德、锦上添花即可。可是魏征却以一贯的实在作风，遇事从不从自己利益出发，而是更多的为江山社稷着想，为百姓谋利。百代之后，青史仍留魏相之名，不能不令我们深思。

最近一些年，有些人一夜暴富，就把持不住自己了。婚礼要大操大办，甚至丧礼也要大肆操办，讲排场，摆阔气，铺张浪费。这种浅薄的外在形式不应该是我们现代人追求的。这与孔子所讲的"礼"也是相背离的。

实实在在的生活，该做什么事就做什么事，不要为了虚名而活，也不要强求人家怎么看你，只要你作出了自己的贡献，只要你活得有价值，对别人有好处，自然会获得一定名誉。如果只图虚名，你会活得很累，活得失去自己，所以，不要让虚名左右你的人生，更不要以奢侈虚伪的样式，掩盖内心的空虚，这才更合乎孔子所说的"礼"的本质。

与其奢侈，不如节俭

【原文】

林放①问礼之本。子曰："大哉问！礼，与其奢也，宁俭；丧，与其易②也，宁戚③。"

【注释】

①林放：鲁国人。

②易：整治，这里是置办丧事过重礼仪的意思。

③戚：心中悲哀的意思。

【译文】

林放问什么是礼的根本。孔子回答说："这个问题意义重大，就礼节仪式的一般情况而言，与其奢侈，不如节俭；就丧事而言，与其仪式周全，不如内心真正的哀伤。"

【解读】

据说，美国最大财团之一洛克菲勒财团的创始人洛克菲勒，曾有过一段有趣的故事。

洛克菲勒刚开始步入商界之时，经营步履维艰，他朝思暮想发财却苦于无方。一天晚上，他从报纸上看到一则出售发财秘书的广告，非常高兴。第二天急急忙忙到书店去买了一本，打开一看，只见书内仅印有"节俭"二字，他非常失望。

洛克菲勒回家后，几天都睡不好觉。他反复考虑该"秘书"的"秘"在哪里，起初，他认为书店和作者欺骗读者，一本书只有这么简单的两个字。后来，他越想越觉得此书中的"节俭"二字言之有理。确实，要致富发财，除了节俭以外，别无其他方法。这时，他才恍然大悟。此后，他将每天的零用钱加以节省储蓄，同时加倍努力工作，千方百计地增加一些收入。这样坚持了5年，积存下 800 美元。然后他将这笔钱用于经营煤油，最终成为美国屈指可数的大富豪。

与洛克菲勒一样，美国连锁商店大富豪克里奇也非常节俭，他的商店遍及美国50个州的众多城市，他的资产数以亿计，但他午餐从来都是1美元左右。

还有美国克德石油公司老板波尔·克德也是一位节俭出名的大富豪。有一天，他去参观狗展，在购票处看到一块牌子写着："5时以后入场半价收费。"克德一看表是4时40分，于是他在入口处等了20分钟后，才购半价票入场，节省下25美分。克德每年收入超亿美元，他之所以节省25美分，完全是受他节俭习惯和精神所支配，这也是他成为富豪的原因之一。

洛克菲勒

看了这些故事，你可能会反感地说："节俭早就已经过时了。"

的确，在奢靡之风渐盛的今天，节俭已不再被一些人视为美德。在一些富而骄、贵而奢的人眼里，家境富有者节俭，被讥笑为"守财奴"；家境清贫者节俭，被讥笑为"穷酸"。"古人以俭为美德，今人乃以俭相诟病"。世风如此，实在令人痛心。

节俭是世上所有财富的真正起始点。大仲马曾精辟地论道："节约是穷人的财富，富人的智慧。"节俭不是为了存钱而存钱，而是努力做到物尽其用。节俭更不是像守财奴那样把所有的钱一分不花地全都存进银行里，而是学会理财，把可花可不花的钱用于投资。只有合理分配收支，你才会向成功一点点迈进。

机会只会提供给那些有节俭品质的人。因为节俭不但是一个人一生都用不完的财富，而且还是衡量一个人智慧高低和品行优劣的重要尺度。不具备节俭美德的人往往自私、功利、短视、爱慕虚荣。

节俭是一种美德，一种优良品质。浪费是一种极其恶劣的习惯，会腐蚀人的思想，损害人的品德，导致一个人放纵自我。任何一个伟大的人，都是懂得节俭的人；任何一个伟大的国家，都盛行节俭的文明习惯。节俭不仅适用于金钱，而且适用于时间、精力等。节俭应该是我们最基本的生活态度，是有效的生活保障措施。

蔡元培曾说："家人皆节俭,则一家齐;国人皆节俭,则国安。盖人人以节俭之故,而资产丰裕,则各安其堵,敬其业。自古国家以人民之节俭兴,而以其奢侈败者,何可胜数!"可见,节俭多么重要。

英国著名经济学家马歇尔教授通过调查得出结论:"英国的工薪阶层每年要花费5亿英镑在一些无助于他们的生活更快乐、更高尚的事情上。"美国经济学家爱德华·埃特斯也表示:在美国,由于糟糕的厨艺造成的浪费每年在1亿美元以上。今天,人们对食物、饮用水、能源等的浪费已经达到了空前绝后的程度,如果每个人都能节省一点点,那么我们的生活将会更加富裕,我们生存的环境将会更加安全,而这有利于我们每一个人。

所以,我们每个人都应该养成节俭的美德,为我们的未来留下一笔财富,为我们的将来锻造一种良好的品格。

节俭的一个基本特征就是"花的比挣的少"。

从每月的收入中积累哪怕是很少的一部分,并养成了一种习惯,你就能为将来的富裕奠定基础。如果善于利用积累下来的资金去投资,让资本活动起来,你就会富裕得更快。富兰克林曾说:"如果你能做到支出少于收入的话,那你就找到了旧时炼金术士梦想得到的能使金属变成黄金的点金石。"而对现在的很多年轻人来说,他们似乎永远也找不到这样的点金石。奢侈浪费、大手大脚、消费至上、享受第一已经成为许多人的生活方式。

美国富豪约翰·雅各布说他为第一个1000美元存款所付出的努力要比他获得第一笔10万美元的存款多得多。但如果没有当时的1000美元存款,那就不会有后来的10万、100万了,相反,可能还会陷入贫穷之中。"钢铁大王"安德鲁·卡耐基曾说:"一个人最先要做的事情就是攒钱。攒钱可以让人学会节俭,而节俭是人的所有行为习惯中最有价值的,它还能赋予人良好的品格。"

节俭是我们中华民族的传统美德,也是一个人道德高尚的具体表现。一个节俭的人,他不但使自己更加懂得珍惜劳动所得,而且能为他人节约。这样的人是最受欢迎的。

一位著名的成功者曾经这样说:"如果一个人开始在钱财上节俭的话,那么他同时也在节省自己的时间和精力。同时也表明他对世界充满希望,他是明智的、有远见的,不会因为暂时的快乐而牺牲将来更多的收获,损害自己未来的幸福生活。"节俭的人是一个积极的人,他是不会懒散的,他有自己的做事原则,他的生活充实并且充满希望。

节俭是所有美德的基础。要想获得成功、获得财富，就要学会节俭，把钱花得有意义。选择过节俭的生活而不是奢靡和浪漫，从小的方面说可以使自己的财富不停的积累，大的方面说也是一种低碳环保的实践者。试想，如果把排油量大的私家车改为小排量汽车，不是既解决了交通问题，又节省了资源，保护了环境吗？

不要以为你家财万贯就可以随意铺张奢靡，选择过一种简单低碳的生活吧。

君子无所争

【原文】

子曰："夷狄①之有君，不如诸夏②之亡也。"

季氏旅③于泰山。子谓冉有④曰："女弗能救与？"对曰："不能。"子曰："呜呼！曾谓泰山不如林放乎？"

子曰："君子无所争。必也射⑤乎！揖让⑥而升，下而饮。其争也君子。"

【注释】

①夷狄：古代对华族以外异族的泛称。

②诸夏：指中原地区的各诸侯国。

③旅：祭名。据礼制，唯有天子才能祭天下名山大川，诸侯则能祭封地内名山大川，季氏作为鲁大夫而祭泰山是僭越行为。

④冉有：姓冉，名求，字子有，生于公元前522年，孔子的学生，曾为鲁国贵族季氏家臣。

⑤射：指射礼，有大射、乡射等名目，统治阶层通过射箭比赛选士或会民，其过程有固定的仪式程序。

⑥揖让：宾主相见的礼节。揖，拱手行礼，表示尊敬。

【译文】

孔子说："夷狄这样文化落后的国家虽然有君主，还不如中原诸国没有君主呢。"

季氏要去祭祀泰山。孔子对冉有说："你难道不能劝阻他吗?"冉有回答:"不能。"孔子说:"唉!难道说泰山之神还不如林放知礼吗?"

孔子说:"君子没有什么可与别人争的事情。如果有,那就是射箭比赛了。比赛时,先相互作揖谦让,然后上场。射箭完毕,又相互作揖,然后下堂喝酒。这就是君子之争。"

【解读】

孔子认为,君子是没什么可争的,因为功名、利禄都是身外之物,那么,如果一定要争的话,争什么呢?那就是射箭比赛。射箭比赛是有一定的礼数的,像夷狄那样落后的地方,人们不懂得礼,所以,孔子强调文明人一定要知礼,比如,比赛要讲究规则,上场、下场讲究礼,比赛中也要公平竞争,等等。

孔子生活的时代,还处在农业状态,竞争还不是很激烈。而现代社会,官场有竞争,职场有竞争,商场有竞争,竞争无处不在,但面对激烈的竞争,我们应该调整好心态,不一定非要事事争第一,尽职尽责就足够了。

不争第一,还意味着"知足常乐"。没有那么多欲望,自己也就不会有那么多痛苦了。

有这样一个故事:

有一个姓尹的财主,家大业大,可他对雇工极其刻薄,雇工从早到晚都得不到休息。

有个老仆人每天累得精疲力竭,尹家对他的奴役却一点也不减少,苦活累活都让他干,干不好就要挨一顿打。可是,白天他拼命地干活,晚上总是做梦自己当了国王,过着衣食无忧的快乐生活。有人问他,为什么能在尹家干几十年,他说:"人活百年,昼夜各占一半。我白天当奴仆,劳苦是劳苦;夜间做国王,快乐无比,还有什么可怨恨的呢?"

财主苦心经营着,时时刻刻都在

太行晴雪图

想着怎么能让家业更大，弄得身心疲惫，晚上好不容易入睡了，却老是梦见自己给人当仆人，干着苦活累活，还要挨打受骂，只得不停地求饶。财主害怕自己这样下去会垮掉，就向他的朋友寻求解脱之道，朋友说："你的地位高，自身荣耀；你的钱财多，胜过别人。夜间梦到当奴仆也不奇怪，因为安逸和劳苦是循环的。你想要睡梦都和白天那样富贵尊荣，快乐无比，这怎么可能呢？"

财主听了，顿时豁然开朗。他不再一味地想要扩大家业，放宽了对奴仆们的要求，不那么刻薄狠毒了。慢慢地，痛苦也就减少了。

都知道，这世上的诱惑太多了，可是怎么样才能抵挡这些诱惑呢？除了要知道知足常乐，还有自我控制，不把一切看得太重，让自己跳得出利欲这个圈子，不为利欲之争，该放弃时就放弃。

想想看，这世上有多少良辰美景值得我们去欣赏，何必斤斤计较于一时的荣辱得失呢？天际的彩云绚丽万状，可是一旦阳光淡去，满天的绯红嫣紫，瞬间消失，这只是自然规律，是人的力量不能改变的。与其叹息，不如静静地欣赏，坐看云卷云舒。再想想深山中参天的古木不遭斧凿，葱郁蓬勃，虽然很少有人能看到，能领略到它那深厚的生命力，但它自是悠闲岁月，福泽年长。从古到今，有多少高官名宦，曾经一时得势，也曾瞬间失势，但他们都能在失势时自我平衡，自我解脱。这难道不值得我们深思吗？

在我们的生活中，也许就在我们的身边，有人为了豪宅名车，拼命打拼，得到了，还不满足，还想要更大的豪宅，更好的名车，结果，积劳成疾，英年早逝。也有一些人为了谋到一官半职，请客送礼，煞费苦心地找关系、托门路，机关用尽，而结果往往与愿相违，还失了钱财，失了人格；还有些人因未能得到重用，就牢骚满腹，借酒浇愁，甚至做些对自己不负责任的事情。凡此种种，真是太不值得了。他们这样做都是因为太看重名利，甚至把自己的身家性命都压在了上面。其实生命的乐趣很多，何必那么关注功名利禄这些身外之物呢？少点欲望，多点情趣，人生会更有意义，何况，该是你的跑不掉，不该是你的争也白费力。

所以，孔子告诉我们这些后人，不要过于"争"，老子也说："圣人之道，为而不争。"脚踏实地地去做，认真地体会过程，又何必在意结果如何呢？保持淡泊人生、乐趣知足的心态，才能使自己体会出人生无尽的乐趣，达到人生的理想境界。

这个时代，我们无法做到视名利如粪土，视物质为赘物，但我们可以让自已稍为释怀，要知道，第一永远是少数，我们可以快乐的做第二、第三，量力而行，宽待自己，而不是逼迫自己，在简单、朴素中体验心灵的丰盈和充实，那不也是人生的一种大自在吗？

多学多问，事君尽礼

【原文】

子入太庙①，每事问。或曰："孰谓鄹人之子②知礼乎？入太庙，每事问。"子闻之，曰："是礼也。"

子曰："射不主皮③，为力不同科，古之道也。"

子贡欲去告朔④之饩羊⑤。子曰："赐也！尔爱其羊，我爱其礼。"

子曰："事君尽礼，人以为谄也。"

【注释】

①太庙：开国君主的庙，这里指周公庙。

②鄹人之子：指孔子。鄹，读 zōu，春秋时鲁国地名，今山东曲阜东南。

③皮：用兽皮制成的箭靶。

④告朔：古代一种礼仪。天子每年秋冬之际，把第二年的历书颁发给诸侯，告知每个月的初一日。

⑤饩羊：用作祭品的羊。

【译文】

孔子到太庙里去，每件事都要问。有人说："谁说鄹大夫（孔子的父亲叔梁纥）的这个儿子懂得礼呀，他到了太庙里，什么事都要问别人。"孔子听到此话后，说："这就是礼呀！"

孔子说："比赛射箭，不一定都会穿透靶子，因为个人的力气大小不同。这是自古以来的规矩呀。"

子贡提出去掉每月初一日告祭祖庙用的活羊。孔子说："赐呀，你爱惜那只羊，我却爱惜那种礼。"

孔子说："我完完全全按照周礼的规定去侍奉君主，别人却以为这是谄媚呢。"

【解读】

孔子对"礼"的强调可以说是无所不在，甚至把虚心向别人请教也作为一种"礼"。他还把"礼"上升到国家管理层面，提出"君使臣以礼，臣事君以忠"。孔子认为只要做到这一点，君臣之间就会和谐相处。如果君臣可以和谐相处，那对于管理国家来说当然也是重要的。

我们都知道的三国时期的刘备与诸葛亮，可以说是"君使臣以礼，臣事君以忠"最为典型的例证。

诸葛亮原本在隆中躬耕，但他的思想可没有局限在这么个小地方，而是心装天下，总想在政治上成就一番抱负。那时候，天下乱哄哄的，有识之士纷纷投靠自己中意的人物，诸葛亮也在寻觅自己施展抱负的人选。可他是个有个人主见的人。他说："曹操是国贼，孙权也是窃夺汉室政权的人，我不能辅佐他们。"

刘备听说诸葛亮很有才能，就冒着严寒，先后三次到隆中访问诸葛亮，在第三次访问时，才见到诸葛亮。这就是有名的"三顾茅庐"的故事。

刘备见到诸葛亮，立即谦逊地请教："现在汉朝崩溃，天下大乱，权臣控制朝政。我不度德量力，想伸义于天下，完成统一大业，恢复汉朝的统治，但由于才疏德薄，屡遭挫折，至今一无所成。不过，我并未因此而心灰意冷，还想干一番事业，希望先生为我谋划。"

诸葛亮为刘备诚心尽礼的态度和正义的雄图所感动，便决心倾其所能以报知己。于是他毫无保留地对当时天下形势从政治、经济、军事、地理、人事等方面进行了精辟分析，并为刘备具体谋划了战略目标、战略步骤，这就是著名的"隆中对策"。刘备听后赞叹不已，相见恨晚，于是热诚地邀请诸葛亮出山辅佐自己成就大业。诸葛亮慨然应允。

因为刘备有茅庐三顾，才有后来诸葛亮的"鞠躬尽瘁，死而后已"。

赤壁大战后，诸葛亮积极谋划，并不辞劳苦，亲自征战，使刘备出兵占领了荆州以南的地区，继而又占领了益州。建安二十二年，诸葛亮又在定军山大破曹军，使刘备一举占领了汉中。为了稳定社会、革新政治，诸葛亮严格执法，惩处豪强，任人唯贤。刘备得荆州，进益州，据汉中，建蜀汉，都与诸葛亮竭忠尽职分不开。

刘备去世后，诸葛亮又受托辅佐刘禅，尽心尽力，忧劳成疾，最后病死在军营。

诸葛亮追随、报答刘备，充分体现了"臣事君以忠"，当然，这是以刘备"使臣以礼"为前提的。可见，这种双向互动在人际关系中是多么的重要，任何一方的冷漠都有可能引起对方的寒心和无动于衷，那样，就不会出现任何令人感动的情谊，也不可能共同创造出令双方都满意的业绩来。

"君使臣以礼，臣事君以忠"也可以活学活用到现代企业管理中。美国的纽约第七街是美国时装工业的中心，约南露珍服装公司就位于这条街上，这家公司的董事长叫大卫·斯瓦兹。在美国近5000家大服装公司的激烈竞争中，约南露珍服装公司以绝对的优势居于首位，斯瓦兹也因此得到了"时装大王"的美称。他对待每一个人都谦虚谨慎，而且善于用人。

有一天，他看见一位身穿蓝色时装的少妇，衣服非常新颖时尚。他赶紧走上前去问："夫人，您的衣服是谁设计的呢？"这位少妇回答："是我的丈夫为我设计的。"斯瓦兹立即决定要聘请她的丈夫为公司的设计师。

但是这位少妇的丈夫非常倔强，而且高傲暴躁，断然拒绝了斯瓦兹的聘请。但是斯瓦兹知道，这种人往往才能很高，将来的前途不可限量。于是他频频拜访这位先生，以"三顾茅庐"的精神几次登门拜访，真诚地邀请他。最后，斯瓦兹的诚心打动了这位先生，出任了斯瓦兹的设计师。这位叫杜敏的先生一上任，就建议斯瓦兹采用人造丝做衣裙，斯瓦兹毫不犹豫地采纳了他的建议。果然，这种设计一步领先，占尽风头。

封建社会，处理好君臣关系是非常重要的，但是怎么才能处理好呢？首先是双方互相认同，有共同的价值取向，更重要的是双方都要有自律精神，这种"礼"和"忠"的双向伦理关系，对于我们今天的生活依然有重要的启发。君臣关系，可以引申为上下级关系，如果上下级都能以礼相待，关系就会和谐，做事就会顺利。当然，上级要首先取信于下级，关心爱护下级，才能换来下级的忠诚。反过来，下级诚心诚意地为上级考虑，勇于承担责任，肯于负责任，上级也会重用他，提拔他。这也是一种良性的互动关系。

成事不说，遂事不谏

【原文】

子曰："《关雎》①，乐而不淫，哀而不伤。"

哀公问社②于宰我③。宰我对曰："夏后氏以松，殷人以柏，周人以栗，曰，使民战栗。"子闻之，曰："成事不说，遂事不谏，既往不咎④。"

【注释】

①《关雎》：《诗经·国风》的第一篇。

②社：土地神，这里指社主，即为土地神所立的木制牌位。

③宰我：姓宰，名予，字子我，孔子的学生。

④咎：追究罪过。

【译文】

孔子说："《关雎》这篇诗，快乐而不放荡，忧愁而不哀伤。"

鲁哀公问孔子的学生宰我，土地神应该用什么树木做神主，宰我回答："夏朝用松树，商朝用柏树，周朝用栗子树。用栗子树的意思是说：使老百姓战栗。"孔子听到后说："已经做过的事不要议论了，已经完成的事就不要再去劝阻了，已经过去的事也不必再追究了。"

【解读】

孔子认为，"成事不说，遂事不谏，既往不咎"。意思是说，做事情不要被已经发生的相关的事情所困扰，只要是正确的，就要义无反顾地走下去，没有必要因为做错了什么事情而悔恨，眼光要向前看。

每个人都有怀旧的心理，即使嘴里高喊着向前看，眼睛还是会不由自主地瞄向已经过去的日子。绝大多数人对新事物表现出一种欲拒还迎的姿态，直到新事物不再新鲜，再用一种怀旧的或者恍然大悟的口吻来评说，为时已晚。客观地分析，向后看既是对过去的留恋，也是对现实的迷惘和不满。

当匈奴贵族横行北方、西晋王朝面临崩溃的时候，晋朝有一些有志气的将领还坚持在北方战斗。刘琨就是其中的杰出代表。

刘琨年轻的时候，有一个要好的朋友叫祖逖。在西晋初期，他们一起在司州做主簿。晚上，两人睡在一张床上，谈论起国家大事来，常常谈到深更半夜。

一天夜里，他们睡得正香的时候，一阵鸡叫把祖逖惊醒了。祖逖往窗外一看，天边挂着残月，东方还没有发白。祖逖不想睡了，他用脚踢踢刘琨，刘琨醒来揉揉眼睛，问是怎么回事。祖逖说："你听听，这是催人向上的声音呀！它在催我们起床了。"刘琨也兴奋地说："好啊，我们就从今天开始吧！"两个人高高兴兴地起来，拿下壁上挂的剑，走出屋子，在熹微的晨光下舞起剑来。就这样，他们一起天天苦练武艺，研究兵法，二人后来都成为有名的将军。

公元308年，晋怀帝任命刘琨做并州刺史。那时候，并州被匈奴兵抢夺杀掠，百姓到处逃亡。刘琨招募了1000多名兵士，冒着千难万险，转战到了并州的晋阳。

晋阳城里，房屋被焚毁，满地长着荆棘，一片荒凉。偶然见到一些留下来的百姓，已经饿得不像样子了。刘琨看到这种情况，心里很难过。他命令兵士砍掉荆棘，掩埋尸体，重新把房屋城池都修复起来。他亲自率领兵士守城，防备匈奴兵的袭击。他还采取计策，让匈奴的各部落互相猜疑。后来，有10 000多个匈奴人投降了刘琨，连汉主刘渊也害怕了，不敢侵犯。

刘琨把流亡的百姓都召回来耕种荒地。不到一年时间，到处可以听到鸡鸣狗叫的声音，晋阳城渐渐恢复了繁荣的景象。

刘聪攻破洛阳之后，西晋在北方的兵力大多被打散了，只有刘琨还在并州一带坚持战斗。晋愍帝在长安即位后，

梁园飞雪图

派人封刘琨为大将军，要他统率并州的军事。

那时候，汉国大将石勒占据了襄国，他集结了几十万大军，想夺取并州。刘琨南面有刘聪，北面有石勒，前后受敌，处境困难到了极点。可是刘琨没有害怕，没有退缩。他在给晋愍帝的一份奏章里说："臣跟刘聪、石勒势不两立。如果不讨平他们，臣决不回朝。"

刘琨在晋阳的时候，有一次，晋阳被匈奴的骑兵层层包围。晋阳城里兵力太少，没有力量打退敌人。大家都感到惊慌，刘琨仍然泰然自若。到了傍晚，他登上城楼，在月光下放声长啸，声调悲壮。匈奴的骑兵听了，都随着啸声叹息。半夜里，刘琨又叫人用胡笳吹起匈奴人的曲调，勾起了匈奴骑兵对家乡的怀念，伤感得流下眼泪。天快亮的时候，城头的笳声又响了起来，匈奴兵竟自动跑散了。就这样，晋阳之围不战而解。

后来，刘琨联络鲜卑族首领一起进攻刘聪，没有成功。这时石勒进攻乐平，刘琨派兵去援救，被石勒预先埋伏好的精兵打得几乎全军覆没。在这危急之时，传来了长安被刘聪攻陷的消息。刘琨毅然放弃并州，带领剩下的士兵投奔幽州去了。

任何事都有终始点，沉沦于往事之中，就会失去今日之我，能做到忘记过去，争取未来，人生才会希望无限。

在纽约市一所中学任教的保罗博士曾给他的学生上过一堂难忘的课。这个班多数学生为过去的成绩感到不安，他们在交完考卷后总是忧心忡忡，害怕自己不及格，甚至影响了下一阶段的学习。

一天，保罗在实验室里讲课，他先把一瓶牛奶放在桌上，沉默不语。学生们不明白牛奶和课程有什么关系，只是静静地看着老师。保罗忽然站了起来，一巴掌把那瓶牛奶打翻在水槽中，然后转身在黑板上写下一行字："不要为打翻的牛奶哭泣。"接着，他叫学生们围绕到水槽前仔细看一看，说："我希望你们永远记住这个道理，牛奶已经淌光了，不论你怎么后悔和抱怨，都没有办法取回一滴。可是，如果你们事先加以预防，那瓶牛奶可能还可以保住。但是，现在为时已晚，我们所能做的就是忘记过去，向前看，只注意下一件事情。"

是啊！无论你怎样痛惜，牛奶都无法归原于杯中，所以，"哭泣"又是何苦呢！这番道理让我们想到了这样一个故事：

一位老人在高速行驶的火车上不小心把刚买的新鞋从窗口上弄出去了一

只，周围的人都倍感惋惜。不料，那老人立即把第二只鞋也从窗口扔了下去。周围的人都大吃一惊，百思不得其解。老人解释说："这一只鞋无论多么昂贵，对我而言都没有用了，如果有谁能捡到一双鞋子，说不定他还能穿呢！"

这位老人的想法是不是很有道理呢？不要总是盯着打翻的牛奶伤心不已，我们完全可以把家中的猫抱来，就当为其准备的可口晚餐。

我们都经历过某种重要或心爱的东西失去的事情，其大都在我们的心理上投下了阴影。究其原因，是我们并没有调整心态去面对失去，没有从心理上承认失去，总是沉湎于已经失去的东西，没想到去创造新的东西。与其抱残守缺，不如就地放弃。

普希金曾说："一切都是暂时，一切都会消逝，让失去变得可爱。"失去不一定是损失，也可能是获得。终日为过去的错误和失误而悔恨，事业就会停滞不前。它会斩断进取的锐角，磨钝智慧的锋芒，甚至愚蠢地得出这样的结论："我过去失败了，下次恐怕也不行。"因此，畏首畏尾，顾虑重重，很难取得事业的成功。

辛弃疾在一首词中写道："叹人生，不如意事，十之八九。"是的，在生活中，不可能事事顺心，万事如意。下岗，被精简，被老板炒了鱿鱼，不如意；落选，被降职，被顶头上司冷落，不如意；经商亏本，工厂赔钱，路上被窃，也不如意……林林总总，不一而足。一旦遇到这样的事该怎么办呢？如果你哀叹、后悔、捶胸顿足、呼天喊地，如果你不吃饭、不睡觉，这一板上钉钉的事实也不可能改变。聪明的做法就是像扔鞋子的老人那样去做，这才是人生的大智慧。

在当代社会，更应具有这样的生存智慧，因为在社会激烈的竞争中，我们杯中的牛奶可能被打翻。遇到这样不如意的事，不哭天抹泪，不怨天尤人，不消沉颓唐，不心灰意冷；记取教训，挺直腰杆，义无反顾，径直向前。生活中，这样的人，才能出人头地，才能成为强者，才能事业有成，才能品尝到成功的喜悦，才会有鲜花美酒的陪伴。

既然事情已经过去，就不要再耿耿于怀。正所谓"黄河之水天上来，奔流到海不复回"，过去的已经过去，不可能改写。为过去哀伤，为过去遗憾，除了劳心费神，分散精力，没有任何益处。因此，正确的做法是，调整好心态，勇敢地面对现在和未来。要知道，悔恨过去，只会损害眼前的生活。不要让"打翻的牛奶"潮湿了我们的心情，我们还有很多事要做，我们没有理由因为这件事而拒绝这一天的生活。相反，我们应该将这天的生活过得平静而恳挚，这样才会有丰盈的过去，也才能开创未来。

要想发挥自己的潜能，取得事业的成功，必须勇于忘却过去的不幸，重新开始新的生活。正如英国著名剧作家莎士比亚所说："聪明人永远不会坐在那里为他们的损失而哀叹，却用情感去寻找办法来弥补他们的损失。"

做事要有度

【原文】

子曰："管仲①之器小哉！"或曰："管仲俭乎？"曰："管氏有三归②，官事不摄，焉得俭？""然则管仲知礼乎？"曰："邦君树塞门③，管氏亦树塞门。邦君为两君之好，有反坫④，管氏亦有反坫。管氏而知礼，孰不知礼？"

【注释】

①管仲：姓管，名夷吾，春秋时期齐国人，齐桓公的宰相。

②三归：市租。

③塞门：筑于门口以挡视线的屏墙，如同后来的照壁。按礼制，此为天子诸侯所用。

④反坫：土筑的平台，用于国君间会见的仪式上，宾主饮酒后，把空酒杯置于其上。

【译文】

孔子说："管仲这个人的器量真是狭小呀！"有人说："管仲节俭吗？"孔子说："他收取了人民的大量的市租，他手下办事的官员也是一人一职而不兼任，怎么谈得上节俭呢？"那人又问："那么管仲知礼吗？"孔子回答："国君大门口设立照壁，管仲家大门口也设立照壁。国君同别国国君举行会见时在堂上有放空酒杯的设备，管仲家也有这样的设备。如果说管仲懂礼，那么，还有谁不懂礼呢？"

【解读】

管仲是春秋时期的名相，他帮助齐桓公称霸于诸侯，可是，他自己的名声却不怎么好。但孔子对他的评价很中肯，说管仲帮助齐国"称霸诸侯，一匡天下"，给民众带来了很大的实惠，要是没有管仲，恐怕我们还是披头散发、破衣烂衫的蛮夷之人呢。但孔子对管仲也很有意见，说他生活很奢侈，不懂得"礼"。怎么叫不懂"礼"呢？就是奢侈无度，当然，我们也可以引申为欲望无度。

人们总是在追求快乐的生活，而对于快乐的追求是永无止境的，快乐就像一碗盐水，你喝得越多就越饥渴，所以聪明的人懂得适可而止的道理。

田鼠与家鼠是好朋友，家鼠应田鼠之约，去乡下赴宴。

家鼠一边吃着大麦、谷子，一边对田鼠说："朋友，你过的是蚂蚁般的生活，我那里有很多好东西，去与我一起享受吧！"

田鼠跟随家鼠来到城里，家鼠给田鼠看豆子、谷子、红枣、干酪、蜂蜜、果子。田鼠看得目瞪口呆，大为惊讶，称赞不已，并开始悲叹自己的命运。

它们正要开始吃，有人打开门，胆小的家鼠一听声响，赶紧钻进了鼠洞。当家鼠再想拿干酪时，有人又进屋里拿东西，家鼠立刻又钻回了洞里。

这时，田鼠战战兢兢地对家鼠说："朋友，再见吧！你自己尽情地去吃吧！我不愿意担惊受怕地享受这些豆子、谷子，还是平平安安地去过你看不起的普通生活好。"

有一年，美国成功学大师拿破仑·希尔碰到一个在纽约市中心一家办公大楼里开电梯的人。希尔注意到他的左手齐腕断了。希尔问他少了那只手会不会觉得难过，那个司机说："不会，我根本就不去想它。只有在要穿针的时候，才会想起这件事情来。"

形体上有残疾的人，开始总为自己不健全的形体而痛苦。如果获得了正常的生活，这些痛苦就会渐渐淡忘。如果他有了明澈的思想，看透了世界与人生，他就会把别人向他投来的异样的眼光不放在心上。

人的情感就是这样，总是希望有所得，以为拥有的东西越多，自己就会越快乐。所以，这人之常情就迫使我们沿着追寻获得的路走下去。直到有一天，我们忽然惊觉，我们的忧郁、无聊、困惑、无奈及一切不快乐，都和我们的欲望有关，我们之所以不快乐，是我们渴望拥有的东西太多了。不必求全责备，也不要过于追求完美，适可而止最好。

音乐的教化作用

【原文】

子语鲁大师①乐，曰："乐其可知也：始作，翕如②也；从之，纯如也，皦如也，绎如③也，以成。"

仪封人④请见，曰："君子之至于斯也，吾未尝不得见也。"从者见之。出曰："二三子何患于丧乎？天下之无道也久矣，天将以夫子为木铎⑤。"

【注释】

①大师：乐官名。大，通"太"。

②翕如：形容乐声始起的热烈。

③绎如：形容乐声的连绵不断。

④仪封人：仪为卫国邑名。封人，镇守边疆的官员。

⑤木铎：以木为舌的铜铃，古代宣布政教法令时，常摇铃召集众人。这里比喻孔子将传道天下。

【译文】

孔子与鲁国乐官谈论演奏音乐的问题时说："奏乐的道理是可以知道的：开始演奏时，各种乐器合奏，翕翕然和谐；继续展开下去，悠扬悦耳，音节分明，连续不断，最后完成。"

仪这个地方的长官请求求见孔子。他说："凡是到这里来的有道德的人，我从没有不和他见面的。"孔子的随从学生引他去见了孔子。他出来后（对孔子的学生们）说："你们几位何必为没有官位而发愁呢？天下无道已经很久了，上天将以孔夫子为圣人来号令天下。"

【解读】

孔子对音乐有着非常深刻的领悟能力。他曾经和鲁国的大师乐讨论音乐的原理。他非常谦虚地说，音乐的原理是大概可以知道的。接着，他就谈论一首代表国家民族精神的曲子。音响开始的时候，好像含苞待放的花蕾，轻轻地舒展，慢慢地发声。跟着下来，由小而大，但是很纯正。后来到了高潮，激昂慷慨，或非常庄严肃穆，最后这个乐曲奏完了，但还是余音缭绕，后面好像还有幽幽未尽之意。这便是成功的音乐。这些是孔子的客气话，请教的态度，也证明了他深通音乐的修养。

音乐对人有着特别强烈的感染作用，人们在悲伤、难过时会喜欢听一些伤感的音乐，让自己的情绪得到释放；人们在烦躁不安时则喜欢听一些舒缓、平静的音乐，来放松自己的心情；在开心时，人们又喜欢听一些欢快、富有激情、动感的音乐，以此

听阮图

来将我们快乐的情绪达到最大化；而在各种影视作品中配以相适合的音乐，又可以创造出各种情绪氛围，使观众能够更容易地将自身融入剧情，与创作者达到情感上的共鸣。

音乐能够净化人们的心灵，陶冶人们的情操，使人们心情放松，在精神层次上达到某种共鸣，因此，音乐受到了世界人民的喜爱。音乐自产生以来，经历了很长的时间，其中出现了不少伟大的音乐家和音乐作品，他们闪光的名字都被载入了史册，他们的作品至今仍在我们的耳边回响，给我们的生命带来安慰和感动。

孔子有一次在齐国听到韶乐，感觉余音绕梁，3 个月吃肉都不知道肉的美味，可见，一种美好的音乐对人的影响之大。

孔子非常重视音乐的教化作用，认为礼与乐是相同的。自古以来，音乐就不只是娱乐消遣的工具，也是陶冶情操，抒发胸臆的手段。孔子是音乐大师，对音乐造诣颇深，他对音乐的要求也不只是悦耳，同时也要符合做人的道理，从而达到教育人民的作用。所以，他说听一个国家的音乐，就可以知道这个国家的兴衰，如果靡靡之音盛行，必然会影响国民的心态，埋下动乱的种子，如果音乐常有浩然正气，必然会振奋人心，治国兴邦，这个道理正在此处。

不要过于追求完美

【原文】

子谓《韶》①，"尽美矣，又尽善也。"谓《武》②，"尽美矣，未尽善也。"

【注释】

①《韶》：相传是古代歌颂虞舜的一种乐舞。

②《武》：相传是歌颂周武王的一种乐舞。

【译文】

孔子讲到《韶》乐时说："艺术形式美极了，内容也很好。"谈到《武》乐时说："艺术形式很美，但内容却不完善。"

【解读】

孔子在这里讲的韶、武，分别是舜帝和周武王时代的乐曲名；美、善，分别指作品形式和内容达到的境界。

孔子可以说是个大音乐家，在讲到《韶》这一乐舞时说："艺术形式美极了，内容也很好。"谈到《武》这一乐舞时说："艺术形式很美，但内容却不完善。"孔子的这段感慨，给我们留下了一个成语，就是尽善尽美。

追求完美是人之常情。但是，我们应该明白，世上没有绝对的完美。人生总会或多或少的有一些遗憾。我们身边的每一个人、每一件事都不可能完美无缺。过分地追求完美，容不得有半点的不足和缺憾，就会让我们失去自由闲适的心境，也不会有随遇而安的潇洒。

追求完美会让人焦虑、沮丧和压抑。事情刚开始，他们由于担心失败，生怕干得不够漂亮而辗转不安，因而不能全身心地投入。一旦结果失败，他们就会异常灰心，并尽快从失败的境遇中逃避。因此，他们不会从失败中吸取、总结任何经验教训。很显然，背负着如此沉重的精神包袱，不要说在事业上谋求成功，在心理上、家庭问题、人际关系等方面，也不可能取得满意的成就。

龟兔赛跑的故事大家都知道，乌龟取得了最终的胜利。可是有一天，兔子又来找它，要求重新进行一场比赛，乌龟答应了。于是在一个阳光明媚的早上，乌龟和兔子又开始了第二次比赛，结果兔子这回一口气跑到了终点。乌龟则用了很长时间才爬到终点，它很沮丧，苦苦地寻找自己失败的原因。

整个晚上，乌龟都在海滩上爬来爬去，苦苦地思索答案。当太阳升起的时候，它终于想明白了。于是兴冲冲地跑回家去对妈妈说："我之所以会输给兔子，是因为我背上背着这个沉重的壳，怎么可能跑得动呢？而且这个壳子还这么难看！只要脱掉这个龟壳，我就一定能跑赢兔子！"

小婴秋戏图

妈妈对它说："孩子，你这样的想法是不对的。我其实一直不赞成你和兔子比赛，因为我们跑得慢是一个事实，而跑步恰恰是兔子的强项，我们永远也赢不了兔子。可是我们也有优点呀，我们既可以在水里生活，也能在地上行走，这一点兔子是做不到的。背上的这个壳虽然不好看，却可以保护我们不受敌人的攻击，其实我们根本不需要跑那么快。"

可是，乌龟根本听不进去妈妈的话，执意要脱掉自己的龟壳去和兔子再赛一场。但它的龟壳自出生时就牢牢地长在背上，要脱去谈何容易。可乌龟不甘心就此放弃，每天都在大石头上磨，任凭妈妈怎么劝都不听。

终于，一个月以后，它的龟壳被完全磨掉了。于是第三次龟兔赛跑开始了，由于在这一个月中乌龟耗费了大量的体力，它仍然被兔子甩在后面。更不幸的是，在跑下坡的时候，它被一块石头绊了一跤，结果一路摔滚下来，摔得遍体鳞伤，再也爬不起来了。

如果像乌龟一样抱着这种不切实际的苛求完美的态度对待生活和工作，便永远无法使自己感到满足，你会每天都陷入焦灼不安之中。追求完美，害怕失败，只能使你处于瘫痪的境地。

人生不需要太完美，每个人都不可能是完美无瑕的。懂得了每个生命都有缺失的道理，你就不会再对自己苛求完美，就能为自己所取得的成功感到满足。仔细审视一下自己，你会发现自己虽不能把一切做得很完美，但你已尽了自己最大的努力，而缺失的那一部分，只要你勇敢地接受它且善待它，你的人生会快乐许多。

"金无足赤，人无完人"，我们都应该认识到自己的不完美。全世界最出色的足球选手，10次传球，也有4次失误；最出色的篮球选手，投篮的命中率，也只有五成；最棒的股票投资专家，买5种股票也有马失前蹄的时候。既然连最优秀的人做自己最擅长的事都不能尽善尽美，作为普通人的我们，失误肯定更多。

一个绝对的完美主义者的生活会丧失内在的安宁。因为完美的需求将与内在安宁的渴望相互冲突、相互矛盾。当我们坚持己见时，不但无法改善任何事情，而且注定要打一场失败的战争。我们不但不懂得珍惜已经取得的成就，还拼命钻牛角尖找差错，执意要修正它。当我们瞄准差错时，它就暗示了我们不满意，不满足。

一旦我们把焦点放在不完美上，我们就脱离了优雅与平和的目标。这个策略并非教你不要全力以赴，只是教你不要过度地专注生活上的差错。虽然还有更好的方式可以完成某件事，但这并不妨碍你去享受并欣赏事情的现状。

更没有必要为了一件事未做到尽善尽美的程度而自怨自艾。盲目地追求一个虚幻的境界只能是劳而无功。我们不妨问一问："我们真的能做到完美无缺吗？"既然不能，那就彻底打消这样的念头。

其实完美本身也是一种缺憾。太完美的人生会让人觉得空虚，一切事物都失去了本质的意义，任何事的结果都是成功，没有幻想与追求的空间。没有努力与希望的追求，不懂得渴望什么，就失去了一份残缺的美。一段人生经历中，有了残缺，才会使你更多地感受到人生的美。

宽容待人

【原文】

子曰："居上不宽，为礼不敬，临丧不哀，吾何以观之哉？"

【译文】

孔子说："居于执政地位的人，不能宽厚待人，行礼的时候不严肃，参加丧礼时也不悲哀，这种情况我怎么能看得下去呢？"

【解读】

孔子一生都在为自己的政治理想奔波，他的政治理想的核心是"仁"，"仁"是什么？是仁爱、爱人、宽待人。

"洞房花烛夜，金榜题名时"是普通百姓认为最值得庆贺的日子。而深宫中的王侯们，却比百姓更多一些可庆贺的事。

这日，虽已黄昏，酒席犹自兴致正浓。

楚庄王站起身来，举起酒杯："各位功臣，今天本王万分高兴，大家不醉不散！来人哪，掌上灯来痛饮三百杯"！

文武群臣齐声响应。叛乱终于平息，大家都要好好痛饮一番，好好庆贺一番。

依偎在楚庄王身边的嫔妃们也纷纷离座，为功臣们斟酒助兴。

席间，丝竹之声悠扬，舞姿翩然，美酒溢香，佳肴添色，觥筹交错，一派君臣欢宴图。

穿梭在群臣间敬酒助兴的嫔妃中，最引人注目的，当属庄王的美人许姬了。只见她眉秀如蛾，唇红如桃，齿白如玉，腰如柔柳，莺声燕语，我见犹怜。

忽然，一阵疾风劲袭，厅堂之上蜡烛尽熄，霎时间酒席陷入一片漆黑之中，伸手难见五指。

突然一阵骚动，席间一位官员斗胆上前拉了一把许姬的手，许姬挣脱中，被扯断了衣袖，她在不经意间摘下了他的帽缨。

许姬怒气冲冲地回到庄王身边，流泪诉说了自己受辱的经过，并将帽缨交给庄王，让他为自己出气。

庄王装糊涂道："叫我怎样为你出气呢？"

许姬说："点燃蜡烛，发现少了帽缨的那个就处斩嘛！"

庄王听后，命许姬先回后宫，然后传命不要点燃蜡烛，并大声说："寡人今日设宴，誓与诸位尽欢而散。先请大家都除下帽缨，以便更加尽兴饮酒！"

庄王有命，一时间文武群臣都把帽缨取下来。这时蜡烛重燃，君臣直喝得尽兴而散。

酒席散尽，庄王回到后宫，许姬早已知道庄王不但未给她出气，还替那个胆大妄为之人开脱，非常生气。

　　庄王拥着许姬说："此次君臣欢宴，旨在狂欢尽兴，不但庆贺平乱胜利，还要融洽君臣关系。再说酒后失礼，也是人之常情，怎好深究？若真弄个水落石出，加以责罚，岂不大煞风景？"

　　许姬这才破涕为笑，明白了庄王的深意，这就是历史上有名的"绝缨宴"。

　　7年后，庄王亲自率兵攻打郑国，中途被郑军团团围住，情况万分危急。这时一员战将护住庄王，奋起神勇，拼命血战，救庄王安全脱险。

　　后来，庄王大败郑军，回国论功行赏，才知道这位救命勇将叫唐狡。

楚长城

　　唐狡不受封赏，向庄王承认了7年前宴席上那个无礼之人正是自己。这次冒死相救权当报当年庄王不究之恩。

　　庄王大为感叹，便将许姬赐给了他。

　　楚庄王以宽容之心，原谅属下的过失，自然有人愿意为之卖命。可见，学会宽容别人，就是学会宽容自己，给别人一个改过的机会，就是给自己一个更广阔的空间！

　　在我们的一生中，常常因一件小事、一句不经意的话，使人不理解或不被信任。但不要苛求他人，以律人之心律己，以恕己之心恕人，这是宽容，正所谓"己所不欲，勿施于人。"而面对别人的小小的过失，给予包涵、谅解，这更能体现出做人的宽容。

　　宽容是一种修养，一种气度，一种品德。如果我们每个人都有宽容忍让的心态，那么这个社会肯定会变得更加美好，人与人之间的关系也将变得更加和谐。

有人认为宽容是软弱的表现，其实不然，宽容往往能折射出一个人处世的涵养和情操，宽容是人生难得的佳境，一种需要操练、需要修行才能达到的境界。

气愤和悲伤是心胸狭窄者的影子。生气的根源不外乎是异己的力量，人或事侵犯、伤害了自己的利益或自尊心等。难解的怒气在胸，就会有种不明的压力，使你的情绪不稳，心神不安，整天恍恍惚惚。

生气是拿别人的错误惩罚自己，而宽容是自我解放的一种方式，宽容能让自己紧张的心放松。宽容地对待你的对手，在非原则的问题上，以大局为重，你会得到退一步海阔天空的喜悦，化干戈为玉帛的喜悦，人与人之间相互理解的喜悦。

哲人说，宽容和忍让，能换来甜蜜的结果。

人人都有自尊心和好胜心，在生活中，对一些非原则性的问题，我们为什么不显示出自己比他人有容人之雅量呢?!

中国有句俗话叫"得饶人处且饶人"。在生活中，人与人之间难免会出现摩擦和冲突，每个人都有需要别人原谅的时候。不过很奇怪，每个人对待自己的过错，往往不像看他人的错误那样严重。大概是因为我们对自己犯错的各方面了解得很清楚，所以对于自己的过错就比较容易原谅，我们应该"以恕己之心恕人"，对于别人所犯的错误更应给予体谅。

做一个理解、容纳他人的优点和缺点的人，才会受到他人的欢迎，也会因此多一个知心的好朋友。有人说过这样一句话："谁若想在困厄时得到援助，就应在平时待人以宽。"也就是说，相容接纳、团结更多的人，在顺利的时候共奋斗，在困难的时候共患难，进而增加成功的力量，创造更多的成功机会。反之，相容度低，则会使人疏远，减少合作力量，人为地增加阻力。

宽容不仅能给他人带来快乐，也是你获取快乐的巨大源泉。宽容能够消除人为的紧张，包容人世间的喜怒哀乐。学会宽容，将会使你获益终生。

里仁篇第四

仁爱之心

【原文】

子曰："里仁为美①。择不处仁，焉得知②？"

子曰："不仁者不可以久处约③，不可以长处乐。仁者安仁，知者利仁④。"

【注释】

①里仁为美：居住在有仁者的地方才好。里，居住，借作动词用。

②知：同"智"。

③约：穷困，困窘。

④利仁：认为仁有利自己才去行仁。

【译文】

孔子说："跟有仁德的人住在一起，才是好的。如果你选择的住处不是跟有仁德的人在一起，怎么能说你是明智的呢？"

孔子说："没有仁德的人不能长久地处在贫困中，也不能长久地处在安乐中。仁德的人是安于仁道的，聪慧的人则是知道仁对自己有利才去行仁的。"

【解读】

一个人活在这世上，最重要的就是要有仁心，就是孔子一再强调的"仁"。孔子认为，和有仁德的人住在一起，才是最好的。为什么呢？因为我们可以从他身上学到美好的品质。

梁武帝时期，有位官员叫吕僧珍，是开国功臣，功业显赫，却不谋私利，平等待人，谦恭有礼，是个清廉的官吏。

吕僧珍有个朋友叫宋季雅，曾是南康郡守，后被罢官。回到京城后，早年的房屋已经破旧不堪，他就打算买一所新房子。

一连几天，他到处打听房源情况。后来，听到百姓提起吕僧珍的优良事迹。他心想：我这个朋友为人正直不阿，办事情也极为公正，如果能和他住在一起的话，真可以算是一件妙事。于是，宋季雅来到吕僧珍家的附近，打听到恰好有一所房子要卖，就毫不犹豫地买下来了。

吕僧珍看到老朋友成了自己的邻居，非常高兴，顺便问他："宋兄，您这个房子花了多少钱啊？"宋季雅笑着说："一千一百万。"

吕僧珍听了大吃一惊，便问房价为什么这么贵。宋季雅风趣地说："老朋友，我是拿一百万的钱来买这个房子，拿一千万的钱来买和你做邻居的呀，如此算来，我觉得还占了便宜呢！"

想想看，有一个好邻居是多么重要。

好邻居的标准最重要的就是"仁"，就是爱别人，就是比别人付出的更多。付出最多的人，往往获得也最多。《圣经》上有一句话说的是：我们要多多施与他人，要比自己预期的多做一些，要比我们能力所及的多施与一些，要比他人所求于己的多做一些。不要吝啬你的爱，让爱以最大的能量施与别人，因为爱别人就等于是爱自己。

一个女孩走过一片草地，看见一只蝴蝶被荆棘弄伤了。她小心翼翼地为它拔掉刺，让它飞向大自然。后来，蝴蝶为了报恩化作一位仙女，向小女孩说："因为你很仁慈，请你许个愿，我将帮你实现它。"

小女孩想了一会儿说："我希望快乐。"于是，仙女弯下腰来在她耳边悄悄细语一番，然后消失了。

小女孩果真很快乐地度过了一生。她年老时，邻居问她："请告诉我们，仙女到底对你说了什么？"她笑着说："仙女告诉我，我周围的每个人，都需要我的关怀。"

在这个世界上，爱人就会被爱；恨人就会被恨；给予就会被给予；剥夺就会被剥夺。你如果对自己、对他人、对一切美好的事物都充满爱心，你就会收获快乐、幸福、机会、成功。世界上最可爱、最宝贵的东西就是爱心，它是一切美好事物的

踏雪寻梅图

源头。如果把爱拿走，地球就会变成一座坟墓。当你献出心中的爱时，你的心灵就会得到满足，同时还会收获别人的爱与尊敬。爱心是互补的，只要你充满了爱心，你就会被别人的爱心所包围，这样你离成功还会远吗？

当你感动一个人，并被牢牢记住，你要清楚，那不是因为你貌美，不是因为你气质迷人，不是因为你所处的位置高高在上，也不是因为你所做的事情轰轰烈烈，恰恰是因为你竭尽所能地为他付出了爱。要想赢得别人的爱，必须先从关爱别人开始。对爱心吝啬的人，只能因得到别人的冷遇而走向失败。

请记住，爱别人就是爱自己。你在送别人一束玫瑰的时候，自己手中也留下了持久的芳香。

所以，要想成功就必须富有爱心。爱你的上司、爱你的同事、爱你的下属、爱你的顾客、爱你身边的每一个人吧，你将从中得到莫大的益处。

富与贵，贫与贱

【原文】

子曰："富与贵，是人之所欲也；不以其道得之，不处也。贫与贱，是人之所恶①也；不以其道得之，不去也。君子去仁，恶乎成名？君子无终食②之间违仁，造次③必于是，颠沛必于是。"

【注释】

①恶：疑问代词，何，怎么。

②终食：一顿饭时间。

③造次：仓猝，急遽。

【译文】

孔子说："富有和显贵是人人都向往的，但不用正当的方法得到它，君子是不能享受的；贫穷与低贱是人人都厌恶的，但不用正当的方法去摆脱它，就不会摆脱的。君子如果离开了仁德，又怎么能叫君子呢？君子在一顿饭的时间里也不会背离仁德，就是在最紧迫的时刻也必须按照仁德办事，就是在颠沛流离的时候，也要与仁德同在。"

【解读】

现在很多人都在感慨，历史已经进入了一个没有正人君子的时代，看看周围的人，都是一些见利忘义、巧取豪夺、丧尽天良的小人。人们都觉得正人君子的世道已经过去了，又有谁会像孔子说的那样怀有一颗仁爱之心去做事呢？人如果离开仁，心中只有自己，一心想着为自己谋利益，那么不义的行为将会接踵而至，这是毋庸置疑的。

《大学》中说"德者本也，财者末也"，这句话先贬抑了财富的地位，而把"德"放在了榜首。而《论语》、《孟子》又用种种的义利之辨来界定"君子"与"小人"，使人在财富面前总要先对自己取舍的态度加上几分自律，以免成为"喻于利"的"小人"。道家也同样如此，老子主张"不贵难得之货，使民不为盗"，否定了对贵重财物的崇尚与追求；而庄子则"宁愿曳尾于泥涂"，只求自由、不求富贵。

富与贵的诱惑，摆脱贫贱的要求，其力量实在太大了，是许多人想用毕生的努力达到的目的。有了对富与贵的欲望，想要在任何条件下都坚持走正道，是很困难的。近人张潮曾说过："为浊富，不若为清贫。"贫穷而光荣，一直是中国历代哲学家、思想家、小说家、诗人，以至一般民众努力塑造而成的一种观念。目的就是劝导人们避免钱财的诱惑，安贫乐道，维持原则与正义。但很多人就是因为抵挡不住诱惑而走上了犯罪的道路，这样的例子不胜枚举。俗话说，"君子爱财，取之有道"，就是这个道理。

孟子画像

孔子提倡的"安贫乐道"并不是说让人们都去做苦行僧，正当的对物质生活的追求没有错，但绝不能为了成就自己的功名利禄而损害他人的利益。那些通过不义手段而取得的荣华富贵，犹如过眼烟云，昙花一现，如浮云一般来得快，去得也快。要知道，人类在物质生活的满足之外，还有精神生活的层面，在财富所带来的光荣之上，还有"精神生活上的自尊"。

财富可以使人尊荣，但我们也会发现，财富不能给人带来更高层次的尊荣，除非在取舍运用上，能够赋予它更高一层的意义。否则它不但不能使人尊荣，反而使人耻辱，使人耻辱的财富就是张潮所说的"浊富"。"浊富"的生活内容如同一潭污水，令人望而却步。"浊富"是只知追求金钱，聚敛无度，却缺少智慧来善用金钱，使它发挥正面的作用，也缺少能力，使金钱变为源头活水，能流通，有脉络，使它成为一道清流，在提供个人的滋养之外，也能灌溉周围的田园，并且有利舟楫，使财富货畅其流。今天，一些贪官污吏贪赃枉法，获得很多"浊富"，他们最终的结局是什么呢？只能是被绳之于法。从他们身上，我们应该吸取教训，不能为财而不义。

追求个人利益本是人的本性中应有的东西，也是人类得以生存的基础之一，对于这一点，孔子也不反对，因为他的理想社会并不是由禁欲主义者组成的。但是，孔子敏锐地看出如果人人都从个人利益出发，就会产生灾难性的后果。如果有这样一个社会，人们行义必然能带来利，谋利又完全合乎义，这才是最理想的。

朝闻道，夕死可矣

【原文】

子曰："朝闻道①，夕死可矣。"

【注释】

①道：这里指社会、政治的最高原则和做人的最高准则。

【译文】

孔子说："早晨得知了道，就是当天晚上死去也心甘。"

【解读】

"朝闻道，夕死可矣"，是孔子勉励人们追求真理的名言。孔子所说的"道"指事情当然之理，就是真理。这句话的意思是说，早晨明白了道理，哪怕晚上就死去，也是没有什么遗憾的。这句话强烈地表达了孔子渴望认识真理的心情。他愿意以生命交换对真理的透彻认识，由此可见，他追求真理的迫切心情与追求真理而不得时的困惑与苦恼。同样，这句话也是在教导人们，不要认为自己地位低，学什么都没用；也不要认为自己年岁大了，再学也没用了，千万不能有这种想法，学无止境，探索真理更是一个漫长的过程。

晋平公作为一位国君，政绩不凡，学问也不错。70岁的时候，他依然希望多读点书，多长点知识，总觉得自己所掌握的知识还不够。可是70岁的人再去学习，是有很多困难的，因此，晋平公对自己的想法犹豫不决，拿不定主意。徘徊之际，他决定去询问一位贤明的臣子师旷。

师旷回答说："我听说，人在少年时代好学，就如同获得了早晨温暖的阳光一样，那太阳越照越亮，时间也久长；人在壮年的时候好学，就好比获得了中午明亮的阳光一样，虽然中午的太阳已走了一半了，可它的力量还很强，时间也还有许多；而人到老年的时候好学，虽然好像到了日暮时分，没有了充足的阳光，可他还可以借助蜡烛啊。蜡烛的光亮虽然不足够明亮，也很有限，但也总比在黑暗中摸索要好了很多吧？"

晋平公听后恍然大悟，高兴地说："你说得太好了，的确如此！我知道该怎样做了。"

古人对仁德、知识的执著追求，给后人留下了极好的榜样，也表达了历来追求真理的人们的共同感受。

俄国作家契科夫曾经说过："人生的幸福不在金钱，不在爱情，而在于真理。"追求真理的路是漫长的，真理也往往在那无限险峰之处。有的人为了追求真理宁愿牺牲生命，有的人为了追求真理奋斗终生。

公元前212年，罗马人占领了叙拉古城。此时，阿基米德不知城门已破，还在凝视着木板上的几何图形沉思着。当罗马士兵的利剑指向他时，他却用身子护

阿基米德塑像

住木板，大叫："不要动我的图形！"他要求把原理证明完再走，但激怒了那个鲁莽无知的士兵，他竟用利剑刺死了年逾古稀的老科学家。

真理的内容是非常丰富的，实事求是的精神、各种科学知识、学术自由、人格自由，等等，都应该属于真理的范围。

古今中外，不知有多少人为了追求真理奋斗了一生。在今天这个时代，物质利益的诱惑比过去更大了，但依然有那么多人走在追求真理的路上，他们甚至贫穷、孤独或不被理解，但历史最终会证明他们的价值。"朝闻道，夕死可矣"，这就是追求真理的精神。

士志于道，而耻恶衣恶食者，未足与议也

【原文】

子曰："士①志于道，而耻②恶衣恶食者，未足与议也。"

【注释】

①士：士人，读书人。

②耻：羞耻。

【译文】

孔子说："读书人有志于真理，但是耻于穿破衣服，吃粗食的人，对于这样的读书人不值得与他谈论真理。"

【解读】

立志容易，实现志向不容易，因为这往往是一个非常艰难的过程，需要经过不懈的奋斗，特别是在条件不具备之时，要经历不少的艰苦，要克服无数的困难，努力去创造条件。如果没有忍受艰难困苦的思想准备，过多地去追求物质上的利益和享受，那么再远大的志向也不过是一句空话。

很早以前的孔子就教导我们，"士志于道，而耻恶衣恶食者，未足与议也。"孔子所说的"士"是读书人。"恶衣恶食"是穿破衣、吃简陋的食物。"耻"是羞耻。"未足与议"是不值得一说。孔子的话很明白，如果一个人立志追求真理，却又以自己的粗衣粗食为可耻，那就不值得跟他谈论了。

孔子讲的是一个人立了志以后，应该如何去实现自己的志向。这里有一个如何对待自己的物质生活的问题，能不能受得了苦，能不能安于贫贱，能不能放眼大的目标而不计较日常的生活琐事。

一个人要生活，就离不开吃穿，没有起码的物质条件自然是不行的。但人活在世间决不只是为了吃穿而已。如同俗话所说：吃饭是为了活着，但活着决不只是为了吃饭。如果仅仅是为了吃饭，那人不过就是酒囊饭袋而已，人生又有何意义？

既然"士志于道"，也就是说立志追求真理，就不能天天计较吃穿的琐事，不要总是想着锦衣玉食。孟子说得好："天将降大任于斯人也，必先苦其心志，劳其筋骨，饿其体肤，空乏其身，行拂乱其所为，所以动心忍性，曾益其所不能。"意思就是上天将重大使命交给某人的时候，就会先让他内心痛苦，筋骨劳累，肠胃饥饿，身受穷困，他的每个行动都会受到干扰而不能如意。通过这些，使他内心警觉，性格坚忍而不断增长才干。纵观历史，凡是想要成功的人，实现自己志向的人，无不是努力奋斗、经受过艰苦磨练的。哪有靠比吃穿、讲享受而轻易成功的呢？

阮咸是西晋时期著名的文学家，是"竹林七贤"之一。他年轻的时候家里非常贫穷，无论是吃的还是穿的都十分普通，但是他在有钱人的面前却泰然自若，一点也不自卑。

当时有个风俗，就是在每年的六月初六，各家各户都要把自己家的箱子打开，把箱子中的衣服拿到太阳底下晾晒。据说这样衣服不会被虫子咬。

又到了六月初六这一天，许多人家都在晒衣服，那些有钱人家把所有的绫罗绸缎华丽衣服一一晾晒，一时间花团锦簇，粲然耀眼。这既是晒衣服，也是一种变相的比富大赛。有些自卑的穷人就干脆不晒了，因为他们觉得那些破旧衣服很丢人，也有些穷人只挑拣几件能看得上眼的衣服晒晒，阮咸则坦然地将自己的所有破烂衣服都晾出来，这些人见阮咸晾晒自己的旧衣服，都来观看。但阮咸一点也不在意，不自卑，也没有生气，他说："富贵不是炫耀的资本，贫穷也不是耻辱，一个人如果没有知识，没有品德，没有礼貌，那才是最可耻的。"听了他的话，围观的人纷纷散开了。

贫穷困苦是对人的磨练，是一种财富，也正是通过这种磨练，才能最终造就人才。正如古语所说的："自古寒门出才俊，从来纨绔少伟男。"因为只讲吃穿，只讲享受，生活优越，往往使人怠惰，使人满足于安逸，无所成就；相反，贫寒困苦，则使人穷则思变，使人奋起。

当然，并非说有志者就不需要改善生活条件，只能像苦行僧一样，而是不要过于虚荣，不顾客观条件追求物质生活。如果是这样，你的志向和目标就会难以实现。

请记住孔子的教导，树立远大的目标，确立更高的志向，不让生活的琐事困扰你的心灵，阻碍你的脚步，而是朝着你确立的目标坚定地向前进。

君子之行，始于道义

【原文】

子曰："君子之于天下也，无适①也，无莫②也，义之与比③。"

【注释】

①适：读 dí，意为亲近、厚待。

②莫：疏远，冷淡。

③比：亲近，相近，靠近。

【译文】

孔子说："君子对于天下的人和事，没有固定的厚薄亲疏，只是按照义去做。"

【解读】

在这里，孔子提出对君子的基本点之一："义之与比。"有高尚人格的君子为人公正、友善，处世严肃而灵活，不会厚此薄彼。只有以大义为重，应该做的就义无反顾地付诸行动，不应该做的就坚决不做，有所为有所不为，在处理具体事物的时候，灵活变通才能找到正确的方法。虽然操作手段可以变通，但有些东西不能变通，这就是"义之与比"。那么什么情况下非要如此，而什么情况下非不要如此呢？只看如何操作正确。基本的"道"不能变通，基本的价值，如"忠信"不能变通。

春秋时期，晋国、燕国联合出兵攻打齐国，齐国节节败退。齐景公召集文武大臣商量如何挽救危局。

相国晏婴认为，最要紧的是选拔一个得力的统帅。他对齐景公说：“臣举荐一人，名叫田穰苴，他文能服众，武能慑敌，希望大王试一试。”

齐景公立即将田穰苴召来，和他谈用兵之法、退敌之计。田穰苴侃侃而谈。齐景公听后非常高兴，认为他确实是一个难得的帅才，便当场任命田穰苴为齐军最高统帅，由他率领大军抵抗晋燕之师，保卫齐国。

田穰苴受命之后，向齐景公请求说：“我素来卑贱，大王虽然提拔我为大将，位居大夫之上，但恐怕人心不服，人微言轻，请大王派一位您最信任的显贵为监军，才好发兵。”

齐景公立即同意了，任命他最宠爱的贵戚大臣庄贾为监军。田穰苴和庄贾约定，次日正午在军营的大门口相会。说完，田穰苴让人在辕门外立了一根木头，以便观察木头在太阳光下投的影子，看看两人是不是都能按时到达。

第二天上午，田穰苴来到军营，整理队伍，等待庄贾。但庄贾仗着齐景公的宠爱，骄傲自大，根本不把田穰苴放在眼里。这天，亲戚朋友为他送行，他只顾喝酒，把约定的时候忘得一干二净。田穰苴只好独自发布命令，部署军队。

直到天快黑时，庄贾才慢腾腾地赶到。田穰苴责问他：“你身为监军，为何不按时来？”庄贾满不在乎地说：“哎呀！听说我当了监军，亲戚朋友都来送行，留下喝酒啊，结果晚来一步！”田穰苴很严肃地说：“作为一个带兵的将领，接受命令以后就该把个人的事忘掉，才能上阵杀敌。现在敌人就在家门口，国家这么危险，百姓把生命财产都托付给我们，你怎么能只顾喝酒，把军队出发打仗的事忘了呢？”

接着，他又转过头问站在一旁的军法官：“按照军法，约定时间而不能准时到达应当怎么办？”军法官说：“应当杀头。”庄贾一听这两个字，顿时吓出了一身冷汗，赶忙叫人去向齐景公求情。齐景公听到田穰苴要斩庄贾，立即派使臣持符节去营救。可没等求情人回来，田穰苴就把庄贾杀了。

从此，无人敢违军令，军威大震，田穰苴带领齐军抗击燕、晋联军，收复失地，取得胜利。

齐景公闻捷大喜，称赞田穰苴是个治国安邦的栋梁之材。

田穰苴有治军的决心和能力，但同时又请求显贵做监军；他严格执法，但是又不墨守成规，能够根据时间、地点、条件，决定自己该怎样做才能取得最佳效果的做事方法，是永远不会过时的。几千年前的古人已经能运用自如，作为现代人，更应该传承发扬，把它运用到自己的实际生活中去，让我们能够省心省力地做人做事。

不要放纵一己私欲

【原文】

子曰："君子怀①德，小人怀土；君子怀刑，小人怀惠。"

子曰："放②于利而行，多怨③。"

【注释】

①怀：思念。

②放：同"仿"，效法，引申为追求。

③怨：别人的怨恨。

【译文】

孔子说："君子思念的是仁德，小人思念的是乡土；君子关心的是法制，小人关心的是恩惠。"

孔子说："为追求自己的私利而行动，就会招致更多的怨恨。"

【解读】

孔子在这里评论的对象主要是上层统治者。如果统治者行事只为一己私利，而不为百姓着想，那么天下苍生定会遭殃。所以，放于利而行，必招民怨，这是政治层面的解读。但是，儒家内圣外王之道不是割裂开的，而是相互融合的。修身而后能平天下，齐家之道和治国之道也是共通的。儒家不是单纯的政治哲学或者单纯的伦理学，对于个人来说也是有意义的。社会是一个大群体，人是处于人际关系中的。因此，"放于利"是行不通的。正如程子所说："欲利于己，必害于人，故多怨。"

孔子所说的"利义"的本质，就是说一旦义与利出现了非此即彼的尖锐对立时，君子和小人的选择是截然不同的。当然，孔子所希望的是义与利能和谐地统一起来。如果真有这样一个社会，或者有这样一个人，谋利完全合乎义，行义也能带来利，那无疑是最理想的。

一个人有私利是在所难免的。有的时候，你的私利或许不会妨碍他人，但在大多数情况下，对私利的无尽追逐会有害于他人，遭怨也就难免了。人争取利益是可以理解的，但一定要以义为准则，不仅要满足自己适度的生存要求，还要顾及他人的存在。对大多数人来说，完完全全地舍利取义是不大可能的，但是，完全地"放于利"也是万万不可取的。

世界之人，从古至今，从中到外，十之八九都有自私的本性，这本无可厚非。那剩下的十之一二，就成了伟人、巨人、善人，流芳百世，永垂不朽。而那十之八九的人，就成为世间的匆匆过客，过完平淡的一生。

十分之一二的伟人、巨人、善人，也不能说他们就大公无私，全心全意地为人民服务了。但是，他们不损公肥私，不唯利是图，十之五六为了自己，十之四五为了别人，这已经很了不起了。就是十之八九为己，十之一二为人，也是大大的好人、善人，也会受人尊敬，受人爱戴。

自私自利，是人的本性；避害趋利，是人的本能。这是无可厚非的。自私自利，避害趋利，并不危害社会，危害他人，甚或还有利于社会的进步和发展。为吃穿而奔波，为富贵而奋斗，为地位而努力，为改变命运而拼搏，只要手段正当，没有危害他人，何乐而不为？

可怕的是，世界上总有那么万分之一二的恶人、坏人、贪官、污吏，他们不是一般意义上的自私自利，唯利是图，而是鱼肉百姓，无恶不作，危害他人，危害社会。

孔子并不反对追逐个人利益，他认为正当的利益是应该的，即使从事卑贱的工作获得利益也无可厚非，但不能唯利是图。孔子也敏锐地看出，如果每个人都以自己的一己私利为基点来行事，就会产生灾难性的恶果。正是在此意义上，孔子认为，"依照私利而行的人，必定会多受埋怨和怨恨"。

人生来有向往幸福、追求富贵的权利，而有些人为了自己的权利而去侵犯他人的权利，这就变成了罪恶。人性中有一种恶叫做贪婪，而这贪婪就是自私自利的源泉。

因为自私自利，世界上出现了什么"宁要我负天下人，不要天下人负我"之类的极端自私思想；这让我们不得不感叹人性的可怕。这种人缺乏的是宽容，是做人的智慧。

去掉自私自利的不宽容，这个世界会以最真最美丽的形式展现在你面前。人性中有一种更值得你去寻找的伟大，它的名字叫宽容。自私自利是人的原罪之一，既应得到宽恕，也应加以约束。它是一种动物本能，是一种本能的欲望，如果走了极端，失了平衡，就会产生与造物目的相反的效果，甚至给自身带来毁灭性的后果。

以礼让为国

【原文】

子曰："能以礼让①为国乎？何有②？不能以礼让为国，如礼何？"

【注释】

①礼让：守礼谦让。

②何有：全意为"何难之有"，即有什么困难的意思。

【译文】

孔子说："能够用礼让原则来治理国家吗？这还有什么困难呢？不能用礼让原则来治理国家，又怎样来对待礼仪呢？"

【解读】

孔子非常注重礼让的作用，认为人与人之间要讲究礼让，以礼相待，以礼相让，治理国家也需要以礼相让。如果不能礼让治国，那么礼也就不能实现了。

我国上古时代尧舜禹的禅让制，就充分体现了礼让治国的精神，这三人也是孔子极为推崇的大圣人。那个时代，更是孔子最向往的时代。

尧的父亲是黄帝的曾孙，是继黄帝之后又一位圣明的部落首领。他以仁德治理天下，享有着极其崇高的威望，人们都把他奉为神明。

尧以前，部落首领是世袭的。尧去世以后，应该由他的儿子继位。可是，尧心系百姓，总想找一位仁德的人接替他。他在位时间很长，年老的时候，要选择一位继承人，就召开部落会议，说："谁可以继承我的这个事业？"

放齐说："您的儿子丹朱开明。"

尧说："哼！丹朱吗？就是个愚凶，不能用。"

尧又问道："还有谁可以？"

大家都对尧说："有一个单身汉流寓在民间，叫虞舜。"

尧说："对，我听说过，他这个人怎么样？"

四岳回答说："他是个盲人的儿子。他的父亲愚昧，继母嚣张，弟弟傲慢，而舜却能对父母尽孝道，对弟弟友爱，把家治理得很好。"

尧于是考验舜，认为舜孝敬父母，友爱兄弟，治理百官井井有条，这样德才兼备的人，可以继承帝位，于是将帝位禅让给舜。

尧知道自己的儿子丹朱不贤，不配传给他天下，而舜贤德，传位给舜，天下人就都得到利益而只对丹朱一人不利；传给丹朱，天下人就会遭殃而只有丹朱一人得到好处。尧说："我毕竟不能使天下人受害而只让一人得利。"所以最终还是把天下传给了舜。尧这种大公无私的美德，受到了后世的赞美。

舜在位的时候，任用贤人"八恺"、"八元"，除掉了"四凶"，制定了"五刑"，设立了官职，定下了天子巡狩和部落领袖朝觐的制度。在舜的治理下，父义，母慈，兄友，弟恭，子孝，内外平和。

舜在年老的时候，认为自己的儿子商均不肖，就确定了威望最高的禹为继任者，并由禹来摄行政事。故舜与尧一样，都是禅位让贤的圣王。

尧、舜、禹这三代帝王，在帝位的传承上，都没有从自己的私利出发，而是为社稷、为百姓着想，礼让贤人，这是一般人做不到的，所以，孔子才推崇他们为圣人。礼让体现着一种博大的胸襟，不仅是帝王，就是普通人也应该具有礼让的品质，假如我们大家都懂得礼让，并且身体力行，克制内心的私欲，人与人之间的纷争就会减少，人的烦恼也就少了，人生也就会多一点快乐和自足。

不患无位，患所以立

【原文】

子曰："不患①无位，患所以立②。不患莫己知，求为可知也。"

【注释】

①患：担心。

②立："立"和"位"古通用，此处译为"任职的本领"。

【译文】

孔子说："不怕没有官位，就怕自己没有任职的本领。不怕没有人知道自己，去追求足以使别人知道自己的本领好了。"

【解读】

孔子在这里告诫我们，不要忧虑自己没有职位，而应该忧虑自己有没有才能。有才能了，才可以立身于世，如果没有才能，即使凭借一时侥幸，得到了职位，最终也会因为没有能力，不能胜任而使自己陷入尴尬的境地。所以，在现代社会中，我们应该认识到这一点，不论是在社会中，还是在企业里，要通过自我的提升，争取到自己想要的位置，去展现自己的才能。

孔子说"患所以立"，立什么呢？

首先就应该是一个积极向上，不断完善进取的态度，并且朝着目标不懈进取。这就需要我们发扬永不骄躁、永不停步、永不懈怠的精神，把提升自我的重点放在脚踏实地做人、勤奋用心做事上，这样才能有效地避免为其他东西所蒙蔽。

有一位著名的大提琴手，4 岁的时候就被称为音乐神童。有人说他是音乐天才，他坚决地否认，还有人问他，在他的成功之中，天分占了多少比例。他想了想回答说，20% 不到吧，接着他讲了自己小时候练琴的故事。

他小时候非常淘气，总想出去玩。但是母亲为了逼他学琴，把他关在家里，即使号啕大哭也不能改变母亲的决心。正是在母亲的坚持下，他的琴课没有一天落下过。

所以他对访问他的人说："在我那 20% 的天分当中，我那逼我从小学琴的妈妈的作用大概占 15% 以上。我之所以取得现在的成就，与我最初被动地坚持，到后来主动地坚持，是完全分不开的。"

其次是树立高尚的品德，要坚强，自信，有责任感，尤其是要有责任感。古往今来的大人物，之所以能够成就一番事业，和他们的心胸、眼界密切相关。他们无不是心中包罗万象、以天下为己任的人。他们之所以有如此的魄力和勇气去成就一番事业，正是因为他们都是有责任心的人。一个有责任心的人，必是一个对自己负责、对别人尽责的人，也因此才会受到周围人的尊重、信服与支持。

责任指的是分内之事，而责任心指的是对责任发自内心的认同与承担。有责任心的人，承担责任时是心甘情愿的，不需要外力的约束。

美国西点军校就十分强调学员责任心的培养，每个学员无论在什么时候，无论在什么地方，无论穿军装与否，也无论是在担任警卫、值勤等公务，还是在进行自己的私人活动，都有义务、有责任履行自己的职责，而这一出发点不是为了获得奖赏或逃避惩罚，是出自内在的责任感。正是这种严格的要求，使每一个从西点毕业的学员获益匪浅。

立身的最重要的一项本领是培养独特的才能。要专注于专业，才能获得成功。能专心致志者，无往而不胜。不论是工作还是做其他事情，专注都是成功的必要保证。一个人的精力是有限的，你不可能同时去追求多个目标，也不可能同时完成多件事情。

用友软件的总裁王文京是个传奇人物，他 15 岁考上大学，40 岁名列《福布斯》中国富豪榜第八名，人们称他是"知识创造财富"的典范，他曾经说过一句引人深思的话，大意是关键是要"专注"。也就是说，专注创造了财富。

专注是把意识集中在某个特定的欲望上的行为，并且要一直集中精力，坚持找到实现这个欲望的方法，直到成功地将它付诸实施。专注是一种不可小视的力量，它会在你实现成功的过程中，起到不可估量的作用。

蒸汽机的发明者詹姆斯·瓦特，从小就是出了名的心灵手巧的人，他在父亲的造船作坊里迅速掌握了修理航海仪表的技术，工匠们夸他"每根手指头上都刻着好运纹"，事实上，在拥有自己的工作台之前，小瓦特就把自己的课余时间全都消磨在车间里，他观察大人们干活，静静地思考。他是一个非常内向、好静的孩子，只要是他感兴趣的事，无论他准备做、正在做，还是暂时中断，他的心思都在上面，这样的人所取得的成就，是那些三心二意的人望尘莫及的。

瓦特中学毕业后来到格拉斯哥。他想学一门手艺，但是这里竟然没有一个可以当他师父的人，那些工匠所能教的，他早就会了。于是，他不得不来到伦敦，从举世闻名的仪器专家中寻找自己的导师。他幸运地成为数学家、仪器制造专家约翰·摩根的学徒，一年中，他掌握了别的学徒需要 3 至 4 年才能学到的东西。他是这样做的：每周在摩根的车间里工作 5 天，每天从清晨干到晚上 9 点，在休息时间又揽些零星的修理活来干，他用黄铜制作的法式接头的两脚规被评为全行业中最杰出的作品，出师时他告诉父亲："我认为不管在什么地方，我都不愁没有饭吃，因为现在我已经能像大多数工匠那样出色地工作了，尽管我还不如他们熟练。"

对于他这样的人，吃饭绝不是问题。他为格拉斯哥大学修好了一批天文仪器，在校园里得到了一个工作间，也得到了丰衣足食的生活。后来，他又与一名建筑商合伙开了仪器制造修理厂，赚了不少钱。有一次，他得到一台老式蒸汽机模型，他尽力弄清它的缺陷，意识到改进它的可能性，此后，他就从小安乐窝中走了出来，踏上了伟大的探索之路。

他沉浸在对大气压真空、冷凝、传热、冲程、能量、效率等错综复杂的环节的思索中，在工作中、在散步时、在床上……他不停地考虑那些模型和环环相扣的难题，一旦心有所得，就马上到试验室去检验。

他知道他所研制的机器一旦成功，将对工业文明产生不可估量的影响，在此之前人们普遍依赖自然界的不稳定的风力和水力来驱动机械设备，老式蒸汽机由于燃料消耗过大，只能在煤矿里运用，而且它发出的呼哧呼哧、吱嘎吱嘎、扑通扑通的噪音使几英里内不得安宁。瓦特撇开其他事情，一心扑在蒸汽机上，他写信告诉朋友："除了这台发动机之外，我对任何别的事情都可以不加以考虑。"就是这样一个人，在15年的时间里，把60多年中无人改进的震天响的矿井蒸汽机变成了可以牵引轮船和火车的动力，他自己也因此获得了巨大的财富和显赫的社会地位。

"除了这台发动机之外，我对任何别的事情都可以不加以考虑。"这就是瓦特的专注精神。

要专注，当然还要勤学苦练，要通过不断的努力，把自己锤炼成为一个有能力的人。

许振超曾是青岛港一名普通的桥吊司机，他凭借苦学、苦练、苦钻，成为数万人的港口里响当当的技术"大师"，进而成为闻名全国的英雄人物。许振超的"无声响操作"，偌大的集装箱放入铁做的船上或车中，居然做到铁碰铁不出响声，这是许振超的一门"绝活"。其实他所以创造了这种操作方法，是因为它可以最大限度地降低集装箱、船舶的磨损，尤其是降低桥吊吊具的故障率，提高工作效率。实践证明，它是最科学也是最合理的。

有一年，青岛港老港区承运了一批经青岛港卸船，由新疆出境的化工剧毒危险品，这个货种特别怕碰撞，稍有碰撞就可能引发恶性事故。当时，铁道部有关领导和船东、货主都赶到了码头。为确保安全，码头、铁路专线都派了武警和消防员。泰然自若的许振超和他的队友们，在关键时刻把"绝活"亮出来了，只用了一个半小时，40个集装箱被悄然无声地从船上卸下，又一声不响地装上火车。面对这"行云流水"般的作业，紧张许久的船主、货主们发出了欢呼。许振超是位创新的探索者，他的认识很朴素：我当不了科学家，但可以有一身的"绝活儿"。这些"绝活"可以使我成为一名能工巧匠，这是时代和港口所需要的。就是凭借这样一种信念，许振超手里的绝活愈来愈多了。

在企业改制过程中，不少人下岗，其中不乏大专、大学学历者，而许振超以一个初中生的学历，硬是靠关键时刻能打硬仗的绝活儿成为一个大型企业的员工楷模。

所以，必须勤学苦练，培养自己的才能，壮大自己的实力，企业喜欢的，不是那些什么都会一点儿，却又什么都做不好的职员。如果一个人能胜任的事是任何人都可以做的，那就意味着无论什么时候什么人都可以顶替他。

一位父亲这样告诫自己的孩子："无论未来从事何种工作，一定要全力以赴、忠诚敬业，能做到这一点，就不会为自己的前途担心。"不论你立志做什么，你正在从事什么工作，记住了，一定要有立身之本，有了立身之本，你就能走到哪儿都不怕被冷落，更不用担心实现不了自己的人生价值。

夫子之道，忠恕而已矣

【原文】

子曰："参乎！吾道一以贯之。"曾子曰："唯。"

子出，门人问曰："何谓也？"曾子曰："夫子之道，忠①恕②而已矣。"

【注释】

①忠：尽心待人。

②恕：推己及人。

【译文】

孔子说："曾参啊，我讲的道是由一个基本的思想贯彻始终的。"曾参说："是。"

孔子出去之后，同学便问曾子："这是什么意思？"曾子说："老师的道，就是忠恕之道罢了。"

【解读】

孔子主张宽恕，就是对人要宽容，和气，要善待自己，善待他人，这是人的内在美的体现。与人相处，能够容忍别人，宽恕他的过错，容纳他的想法，而不要苛求别人。

忠厚宽恕是人的美德之一，连动物界也知道互相尊重，宽容相待。

一头大象，在森林里行走，不小心踏坏了老鼠的家。大象很惭愧地向老鼠道歉，可是，老鼠却对此耿耿于怀，不肯原谅大象。

一天，老鼠看见大象躺在地上睡觉，心想：机会来了，我要报复大象，至少我可以咬一口这个庞然大物。

但是，大象的皮特别厚，老鼠根本咬不动。这时，老鼠围着大象转了几圈，发现大象的鼻子是个进攻点。

老鼠钻进大象的鼻子里，狠劲地咬了一口大象的鼻腔黏膜。

大象感觉鼻子里一阵刺激，它猛烈地打了一个喷嚏，将老鼠射出好远，老鼠被摔个半死。

半天，老鼠才从地上爬起来，它忍着浑身剧烈的伤痛，对前来探望它的同伴儿们说："你们一定要记住我的惨痛教训，得饶人处且饶人！"

人非圣贤，孰能无过。犯了错误倘若不给他改过自新的机会，就会激化矛盾，造成不良后果。宽以待人是门艺术，掌握了这门艺术，你也许会取得意想不到的收获。面对别人的错误，有时，宽容比惩罚更有力量。

古时，有一人因筑墙和邻居发生纠纷，于是给朝中做大官的哥哥写信，希望哥哥用权势摆平这事。哥哥见信后给弟弟回书曰：

千里寄书为一墙，让他三尺又何妨？

万里长城今犹在，不见当年秦始皇。

弟弟见信后，幡然醒悟，主动礼让对方三尺，对方也礼尚往来让出三尺地方，两家从此和睦相处。这就是流传至今的六尺巷的故事，也是古代礼让三分、睦邻友好的典范。

宽容，能让自己紧张的心情放松。生气，是拿别人的错误惩罚自己，宽容则是自我解放的一种方式。如果一个人始终生活在埋怨、责怪、愤怒当中，那么他不仅得不到本应属于他的快乐、幸福，甚至会让自己变得冷漠、无情和残酷，后果是很可怕的。

曾经有位留美归国的硕士应聘到一家贸易公司上班，他不但学历高，且口才极佳，业务能力也强，公司开会时常常出风头。可每当他听到其他同事提出一些较不成熟的企划案，或是某些时候得罪到他时，他总会毫不客气地冷嘲热讽。在他的观念里，这样没什么不妥。因为这一切都是"师出有名"，如果不是别人有误在先，也轮不到自己开炮。

然而，他的态度却让自己在同事间成了只孤鸟。没过多久，他就选择离开了公司。当然，并不是因为他的能力欠佳，而是迫于人际的压力。一直到他离职前，他还不断地问自己："难道我的观点错了吗？难道我发的脾气是没有道理的吗？"

有一句名言："人不讲理，是一个缺点；人硬讲理，是一个盲点。"在日常生活当中，给对方一个台阶下，少讲两句，得理饶人，否则，不但消减不了眼前这个"敌人"，还会让身边更多的朋友疏远你。留一点余地给那些得罪了我们的人，是我们应有的美德，该培养的"习惯"。

历史上还有一个这样的故事：前面曾提到过的汉代的公孙弘，年轻时家贫，后来成为丞相，但生活依然十分俭朴，吃的饭只有一个荤菜，睡觉盖的仍是普通棉被。大臣汲黯因为他这样，就向汉武帝参了一本，批评公孙弘位列三公，有相当可观的俸禄，却只盖普通棉被，实质上是装模作样、沽名钓誉，目的就是为了骗取俭朴清廉的美名。

授徒图

汉武帝便问公孙弘："汲黯所说的都是真的吗？"公孙弘回答道："汲黯说得一点没错。满朝大臣中，他与我交情最好，也最了解我。今天他当着众人的面指责我，正是切中了我的要害。我位列三公而只盖棉被，生活水准和普通百姓一样，确实是故意装得清廉以沽名钓誉。如果不是汲黯忠心耿耿，陛下怎么会听到对我的这种批评呢？"汉武帝听了公孙弘的这一番话，反倒觉得他为人谦让，就更加尊重他了。

公孙弘面对汲黯的指责和汉武帝的询问，一句也不辩解，还全部都承认，这是一种智慧。汲黯本来就是个性格刚直的人，指责他"使诈以沽名钓誉"，无论他如何辩解，旁观者都已先入为主地认为他也许是在继续"使诈"。

正因为公孙弘深知这个指责的分量，所以他才采取了十分高明的一招，就是不作任何辩解，承认自己沽名钓誉。其实，这是表明自己至少"现在没有使诈"。由于"现在没有使诈"，被指责者及旁观者都认可了，也就减轻了罪名的分量。公孙弘的高明之处，还在于对指责自己的人大加赞扬，认为他是"忠心耿耿"。这样一来，便给皇帝及同僚们这样的印象：公孙弘确实是"宰相肚里能撑船"。既然众人有了这样的心态，那么公孙弘就用不着去辩解是不是沽名钓誉了，因为自己的行为不是什么政治野心，对皇帝构不成威胁，对同僚也构不成伤害，只是个人对清名的一种癖好，无伤大雅。

当对方无理，自知吃亏时，你的"理"明显占过对方，不妨给他留一点余地，他就会心存感激，来日也许还会报答你。就算不会图报于你，也不太可能再度与你为敌。

多一些宽容，人们的心灵就会多一份空间；多一份爱心，人们的生活就会多一份温暖，多一份阳光。当你用宽容换来自己内心的豁达，用宽恕换来敌人的微笑，你难道不是把最好的留给自己了吗？

君子喻于义，小人喻于利

【原文】

子曰："君子喻①于义，小人喻于利。"

【注释】

①喻：知晓。

【译文】

孔子说："君子明白大义，小人只知道小利。"

【解读】

孔子认为"君子喻于义，小人喻于利"，可见，他把"义"和"利"作为区别君子和小人的标准。在孔子的眼里，道德高尚的人重义而轻利，道德低下的人重利而忘义。前者受人尊敬，后者惹人生怨。

"义"是中国传统文化中的一种道德规范，是约束人们行为的规范和原则。孟子曾说"义，人之正路也"，意思是遵从道义，是一个人应当走的正路。孔子在本文中的观点并不是否定利益，只是反对以不正当的手段来谋取金钱和财富。

社会的进步，物质的丰富，离不开人们对物质享受的追求。所以，在今天，我们追求个人利益是合乎道德的。当然，这里的前提是不损害他人对利益追求的权利，即不损人利己，不唯利是图。但是，从个人修养来说，淡漠的物质欲望仍是值得推崇的。一个脱离了庸俗趣味的人，一个有崇高理想和高雅志趣的人，对于物质享受都看得很淡。欲望越大的人，越是得不到满足，越是感到不幸福。孔子对追求利益的鄙视固然不对，但他执著地追求仁，强调个人修养则无疑是正确的，所以他认为"君子坦荡荡，小人常戚戚"，"戚戚"的原因之一就是欲壑难填。

但是，钱的作用是不容置疑的，试想在现实生活中有谁能够离得开钱呢？普通老百姓离不开，政府公务员离不开，领导官员离不开，大腕明星离不开。钱，可以使卑贱的变成高尚的，美的变成丑的，懦夫变成勇士，可以使窃贼得到高位。正所谓"金钱不是万能的，但是没有金钱是万万不行的"，金钱在人们的现实生活中占有重要地位。但是，我们也不能一味地追求利益，义和利应该是统一的，义中有利，利中有义，经商的人更应重视义，不发不义之财，更不能见利忘义。

李嘉诚拥有的第一幢工业大厦、地产大业的基石，让他赢得"塑胶花大王"盛誉的老根据地是北角的长江大厦。

20 世纪 70 年代后期，香江才女林燕妮为她的广告公司租场地，跑到长江大厦看楼，发现长江仍在生产塑胶花。此时，塑胶花早过了黄金时代，根本无钱可赚。当时长江地产业已创出自己的名号，盈利已十分可观，就算塑胶花有微薄小利，对长江实业的利润实在是九牛一毛。为什么仍在维持小规模的塑胶花生产呢？林燕妮甚感惊奇。李嘉诚说是为了给以前的老员工留下一些生计，为了让他们衣食丰足。

曾经有一位在李嘉诚公司工作了 10 年的会计，因为不幸患上青光眼，无法继续在公司上班，而且他早已花完了额度之内的医疗费，生活面临着极大的困难。李嘉诚关心地询问会计太太是否具有稳定的工作可以维持家庭生活，表示支持这位会计去看病，而且说，如果生活不够稳定，他可以担保会计的太太在他的公司工作，使这家人不必再为生活奔波。

这位患病的会计退休后定居在新西兰。本来这件事就应该这样结束，但值得一提的是，每次李嘉诚从媒体上获知治疗青光眼的方法，都会叫人把文章寄给那位会计，希望对他有所帮助。他的行为使会计的全家都十分感动，那个会计的孩子尚处幼年，大概还没到 10 岁，为了表达全家对李嘉诚的感激之情，孩子自己动手画了一张薄薄的卡片，寄给李嘉诚，礼轻情义重。由此可见李嘉诚优秀的人品和对员工的关爱之情。

有人看到李嘉诚如此善待员工，不由得感叹道："终于明白老员工对你感恩戴德的原因了。"李嘉诚认为，一家企业就像一个家庭，他们是企业的功臣，理应得到这样的待遇。现在他们老了，作为晚辈，就该负起照顾他们的义务。别人夸奖李嘉诚精神难能可贵，不少老板等员工老了就一脚踢开，他却没有。这批员工过去靠他的厂养活，现在厂没有了，他仍把员工包下来。李嘉诚急忙否定别人的称赞，解释说：老板养活员工，是旧式老板的观点，应该是员工养活老板，养活公司。相比较而言，日本的企业，在新员工报到的第一天，通常要做"埋骨公司"的宣誓。李嘉诚却从不勉求员工做终身效力的保证，他总是通过一些小事，让员工认为值得效力终身。他自豪地说，他的公司不是没有跳槽，但是公司行政人员流失率极低，可说是微乎其微。

在商战中，利益高于一切，商人不会从事没有收获的事业，毕竟企业不是慈善机构。所以工厂没有效益，关闭也无可厚非，李嘉诚却继续生产，坚持"员工养活企业，企业应该回报他们"的朴素观点，他是把冷漠商场化无情为有情，把"义"作为经商的道德基础。

唐太宗李世民用水和舟来深刻阐述民与君的关系，他说："水能载舟，亦能覆舟。"其实李嘉诚的做法与他很相像，不同的是把这个道理用在企业管理中。李嘉诚说，一支同心同德的军队，身体力行的军队，有凝聚力的军队，才是无坚不摧的军队，才能够出奇制胜。一个光杆司令打不了天下，孤掌难鸣，就像舟和水的关系一样。而且他也是这样做的。他说如果要员工全心全意地工作，就要将心比心，让员工得到他们应该得到的，保证他们的利益。

"君子爱财，取之有道"，对于个人是这样，对于企业更是如此，否则，你的所得便是不义之财，不能长久，甚至还会带来长远的伤害。

追逐财富，期盼发家，这是人之常情。在一个成熟的商业社会里，个人对创造积累财富的努力，也是有益于社会发展进步的。利益是个好东西，谁不喜欢利益呢？"天下熙熙，皆为利来；天下攘攘，皆为利往。"求财可以，但要始终遵循一个原则。面对财富的诱惑，不能动摇，不能利欲熏心。唯利是图必定会招来怨恨。

德国哲学家黑格尔说过："凡一切人间的事物，财富、荣誉、权利，甚至快乐、痛苦……皆有其确定的尺度，超过这个尺度就会招致毁灭。"我们很多人都明白这样一个道理。可见，追求金钱也好，追求荣誉也好，追求权利也好，它们都不是最后的目标，它们不一定能给我们带来幸福和快乐。表面上看起来，钱有了，权有了，荣誉有了，快乐也就到手了。其实不然，金钱、荣誉、权利的追求要得法，不能无视别人的需要，否则就会报应到自己身上，金钱、荣誉、权利反倒成了烦恼的源泉。

在现实生活中，有不少庸俗的人被金钱所奴役，他们用毁坏良心的手段去赚钱，又用毁坏健康的办法去花钱。结果，金钱把他们从灵魂到肉体彻底毁灭掉了。在这个充满竞争的社会，大家在追求利润和财富的过程中，忘却了生命的本来意义，又怎么能享受到生命的乐趣呢？

【国学精粹珍藏版】

◎尽览中国古典文化的博大精深 ◎读传世典籍，赢智慧人生——

受益终生的传世经典

论语

李志敏⊙编著

卷二

民主与建设出版社
·北京·

见贤思齐焉，见不贤而内自省

【原文】

子曰："见贤①思齐焉，见不贤而内自省也。"

【注释】

①贤：有德行的人。

【译文】

孔子说："见到贤人，就应该向他学习、看齐，见到不贤的人，就应该自我反省是否有和他一样的行为。"

【解读】

提高自己的修养，完善自己的为人，除了要"吾日三省吾身"以外，还有一条途径就是向他人学习，学习人家之长，以弥补自己之短。这就是孔子所说的"见贤思齐"的道理。什么叫"思齐"，就是向贤者看齐，想与贤者一样。

孔子在这里谈的是修身之道。孔子提倡"仁"，那么，如何做到仁呢？这里讲的就是具体的方法。生活中有许多有道德、有才能的人，如果与这样的人相处，自然就会受到好的影响。所以，多结交比自己优秀的人，你自己的道德也会不断地提升。

美国有一位名叫阿瑟·华卡的农家少年，在杂志上读了某些大实业家的故事，很想知道得更详细些，并希望能得到他们对后来者的忠告。

有一天，他跑到纽约，也不管几点开始办公，早上 7 点就到了威廉·亚斯达的事务所。

在第二间房子里，华卡立刻认出了面前那体格结实、长着一对浓眉的人是谁。高个子的亚斯达开始觉得这少年有点讨厌，这时，少年问他："我很想知道，我怎样才能赚得百万美元？"他的表情柔和并微笑起来，俩人竟谈了一个钟头。随后，亚斯达还告诉他该去访问的其他实业界的名人。

华卡照着亚斯达的指示，遍访了一流的商人、总编辑及银行家。

在赚钱这方面，他所得到的忠告并不见得对他有所帮助，但是能得到成功者的知遇，却给了他自信。他开始仿效他们的成功做法。

又过了两年，这位20岁的青年成为他学徒的那家工厂的所有者。24岁时，他是一家农业机械厂的总经理，为时不到5年，他就如愿以偿地拥有百万美元的财富了。这个来自乡村粗陋木屋的少年，后来成为银行董事会的一员。

华卡在活跃于实业界的67年中，实践着他年轻时来纽约学到的基本信条，即多与对自己有益的人结交。会见成功立业的前辈，能转换一个人的机遇。

有一些人总想靠自己的真本事打天下，不依靠任何人，其实这样做是行不通的，当然也不是不可以，只是太辛苦，容易走弯路。前人的经验，别人的经验都可以为我们所用，我们为什么不能虚心向别人学习，向"贤人"学习呢？

孔子告诉我们，遇到有德、有才之人，就要向他学习，发现人家的长处，汲取人家的优点，能够这样向贤者看齐，以贤者为榜样，就能不断提高自己。

向贤者学习是一个重要的方面，然而我们接触的人中不可能全是贤者。那么如果是"不贤者"又该怎样对待呢？孔子还从另一方面提出了问题，那就是要把"不贤者"当成一面镜子来对照自己，自我反省，自己身上是不是也有一些不贤之处，因而吸取教训，加以改正。

宋代诗人杨万里说得好："见人之过，得己之过；闻人之过，得己之过。"这就是从别人的过错上，发现自己的过错，从而去改正它，这样也是在完善自己。

事父母几谏

【原文】

子曰："事父母几①谏，见志不从，又敬不违，劳②而不怨。"

【注释】

①几：读 jī，轻微，这里是婉转的意思。

②劳：忧愁、烦劳的意思。

【译文】

孔子说："事奉父母，如果父母有不对的地方，要委婉地劝说他们。自己的意见如果父母心里不愿接受，还是要对他们恭恭敬敬，并不违抗，虽有忧愁却不怨恨。"

【解读】

孔子告诉我们，如果明知道父亲有过错，而父亲还没有意识到，做儿女的没有劝谏，使父亲在错误的泥淖里越陷越深，那也是不孝。《弟子规》中也告诉我们："亲有过，谏使更。"意思就是父母亲有过错的时候，应小心劝导他们改过向善。

魏颗是春秋时代晋国人。他为人明理敦厚，当时是晋国的将军。他的父亲，也就是晋国的大夫魏武子，非常宠爱一个叫祖姬的侍妾。因为魏武子平时身体不好，经常生病，就嘱咐儿子魏颗说："祖姬是我最爱的女子，年纪还很轻，如果我死了，你们一定要让她改嫁。让她有个归宿，不要使她流离失所，这样我在九泉之下也就安心瞑目了。"魏颗答应了父亲的要求。

但是，魏武子临终的时候，又把儿子叫到跟前，对他说："祖姬是我最爱的女子，我死以后，你们就把她殉葬，让他陪我去吧，这样我在九泉之下也有个伴，我就不会孤独寂寞了。"说完，魏武子就去世了。

魏武子死后，魏颗安葬了他的父亲，但并没有按照父亲的遗愿让祖姬陪葬。家

春秋时期节符图

中的仆人对他说："公子，让祖姬殉葬是老爷生前的吩咐，如果不照办的话，别人会骂你不孝的。"

魏颗说："我父亲平日吩咐我要善待此女，给她找个好人家嫁了，终身有所依托。而一个人在病重的时候，难免会神志不清，说胡话。为了不陷父亲于不义，我当然要按照他清醒时候的遗嘱做了，我要帮助父亲成就德泽。"

到3年的孝期期满后，魏颗就帮助祖姬找了一位读书人嫁了。

有一次，魏颗带领军队和秦军作战，当时秦军人多势众，晋军寡不敌众，眼看着晋军就要遭到一场惨败。这时，魏颗突然看见远处有一位老人把战场上的茅草快速地打结，结果秦军主将被绊倒，魏颗见后赶紧上前俘虏擒拿了秦军主将，秦军看到主将被擒，都四散奔逃了。

后来，魏颗才知道，战场上用茅草打结的老人原来就是祖姬的父亲，因为魏颗没有按照父亲的遗愿把他的女儿陪葬，而是将她改嫁，为了报答魏颗，就来结草报德，从而帮助他打败了秦军。

三年无改于父之道，可谓孝

【原文】

子曰："三年无改于父之道，可谓孝矣。"①

【注释】

①已见《学而篇》十一章。

【译文】

孔子说："若是他对他父亲的合理部分，长期地不加改变，就可以称得上是孝道了。"

【解读】

父母不仅生养我们，还教给我们怎样做人，给我们以人格上的影响。父母在世的时候，我们按照父母的教导做个好人，父母不在了，也仍然要发奋努力，做个有道德修养的人，做个对社会有用的人，这就是对父母的安慰了。

东晋时有个著名的孝子叫黔娄，其孝行入选二十四孝，可谓是孝子的楷模。在福建周宁县浦源村的郑氏宗祠二进厅上檐有一"孝迈黔娄"的匾额，它的意思是"孝行可同黔娄相比"，说的是郑氏十四世锡繁公替父送死，尽孝尽义的故事。

明朝灭亡后，清兵大举南下。当时退守福建的郑成功、刘中藻等人打起"抗清复明"的旗号，集合明军数万人。当时，浦源属刘中藻所辖明军管理。方三公毁家纾难，给明军资助钱粮。

1649 年，清军将领白进宝在闽北建瓯剿灭明军余部，回师福州，路经浦源村，得知方三公勤师刘中藻之事，不顾其重病在身，将他押解带走。

当时锡繁公在萌源岳父家作客，

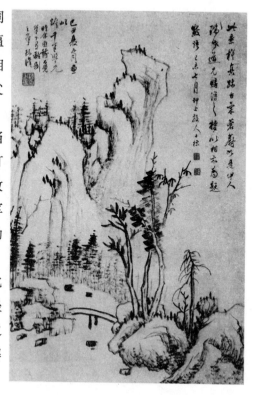

汪之瑞绘《山水图》

知悉父亲被捕，立即带上重金沿路追至梨坪，愿出重金赎回父亲，清军因其是"钦犯"不肯放归。于是锡繁公跪在地上伤心痛哭，愿以自己替父亲，因为有大笔的金银，清军就放了方三公，将锡繁公押走。

押解途中，锡繁公心想，父亲重病在身，无人照顾，如果病死野外，自己更是不孝了，不如寻机逃脱，待孝敬父亲度过晚年后再作打算。于是，行至福安穆洋溪边，他趁清军没防备，突然跳进溪中。奄奄一息之际，传说有一重物将他托起送到对岸。待锡繁公上岸，见溪中有一仙女对他嫣然一笑，化为一尾红鲤鱼悠然而去。

逃难途中，他遇到一个农夫。话语中农夫得知方三公父子遇难，赶紧为他打开镣铐。农夫原是小商贩，客居浦源时得重病，幸得方三公医治并接济银两方得不死，今感恩图报。他将锡繁公带到一座破瓦窑洞藏匿起来，便沿途去找方三公。清军随后追查至洞口见蜘蛛网密布，故未进洞搜索（后为纪念蜘蛛功劳，浦源后人均不打蜘蛛）。锡繁公得以脱难，在农夫家医好了父亲方三公的病。父子俩不敢回村，只好到黄家山（今狮城官山带）隐居。

后来，方三公逝世。锡繁公将父亲安葬后，想起曾经的诺言"替父送死"。为了"义"，他自动到宁德投监。县令李即龙钦慕他的孝行，不忍伤害他，把他关押在狱中，几年后，他死于狱中。李即龙为他题匾"考迈黔娄"存于郑氏祠堂，其岳父家人也送"孝德动天"的匾额。

清朝灭亡后，为了纪念褒扬孝子锡繁公，1918 年，在鲤鱼溪东侧 300 米古道处，建了一座孝子坊，坊旁立有褒扬建坊记，记述孝子锡繁公事略。

自古以来，凡是有孝心的人，都会受到世人的尊重。因为人人都有父母，人人都会做父母，父母给我们生命，又有养育之恩，不孝敬父母，就是忘恩负义，是为人所不齿的。所以说，我们没有任何理由不爱自己的父母，不尊重老人。

父母之年，不可不知

【原文】
子曰："父母之年，不可不知①也。一则以喜，一则以惧。"

【注释】
①知：记忆，记住。

【译文】
孔子说："父母的年纪，不可不知道。一方面为他们的长寿而高兴，一方面又为他们的衰老而担忧。"

【解读】
孔子认为，"父母之年，不可不知"。文字虽浅显，却是意味深长。"年"，望文生义，指的是年纪。对自己父母的年纪，子女当然不可不知，这是一个起码的要求，若连这个都不知道，那就是枉为子女。但这里所说的父母之年，除了指父母的年纪之外，还有更深一层的意义，即作为子女，除了要知道父母的年纪之外，更重要的是要知道父母之年意味着什么，并作出相应的反应，不可对此熟视无睹，麻木不仁。

那么，父母之年意味着什么？意味着年事已高，身体衰弱，而再进一层，则意味着不知什么时辰，就会突然离去，撒手人寰。因此，孔子在"父母之年，不可不知"之后，紧接着说："一则以喜，一则以惧。"所以喜，是因为父母健在享高寿，儿女可以一尽孝心，侍奉膝下；所以惧，是因为忧父母于世很可能已时日无多，害怕"子欲孝而亲不待"。

父母之年背后隐含的于世时日无多这层意味，是无情的，残酷的，但这是客观规律，谁也无法改变和扭转，因而也是让人无奈的。但是不是就只能任其发展，无所作为了呢？答案是否定的。因为子女可以在父母的有生之年，尽力孝顺，多给父母以关心和照料，回报父母的养育之恩。这样，当父母百年之后，我们也就不会因为没有好好孝顺而悔恨不已了。

孝敬父母，尽多地给父母回报，这正是许多孝子的所作所为。他们从不计较在父母身上付出了多少，也不惦记父母的财物和觊觎父母的积蓄；他们关心父母的饮食起居，不信奉所谓的"久病床前无孝子"；他们在意父母隆冬是否冷、酷暑是否热，他们不用父母开口就会给老人置办所用所需；他们总是抽时间陪父母聊天说

仿古山水图

话，他们不仅要父母身体健康还要父母精神愉快，他们尊重老人的意愿而不自作主张，如此等等。总之，他们只有想不到没有做不到，恪尽着作为子女的责任和义务。

但我们看到，世间孝敬父母的子女固然很多，但不孝敬的子女却也为数不少。他们明明知道父母年事已高、体力不支，但却像巴尔扎克笔下的高老头的女儿们一样，只知榨取，不愿奉献。他们自私自利，总是把麻烦事向父母转

嫁，把劳累向父母转移，一而再再而三地把种种劳务加在他们的身上，似乎父母有永远用不完的气力，似乎父母在他们身上有永远尽不完的义务，是他们不必花钱的终生义工。还有一种子女，他们也知道要孝顺父母，也有孝心，但总是因为种种原因而一再推延。想想，我们总是跟父母说的一句话是什么？就是："妈，我最近不回来看你，实在是太忙了。"

忙，有时候是可以忙忘的，但有时候忙是可以取舍的，取重而舍次。什么是重？人们往往觉得事业是重的，朋友的快乐是重的，在这种时候，父母往往是被忽略的。

我们总是能听到父母说这样一句话："你去忙吧，要是太忙就不用着急回家来，打个电话就行了，让我知道你好就行。"而孩子们呢，则往往把这些话当成真话，从没仔细想想父母的真实感受。

"树欲静而风不止，子欲养而亲不待！"这是人世间最悲怆的痛！父母健在就是子女们的福分，所以，当我们的父母还健在，作为子女的我们还有机会报答时，让我们尽量多陪陪父母，多为他们想一点，做一点。

"父母之年，不可不知。"这句话告诉我们，为子女者，要有良心，要有良知，要以尽孝者为榜样，要有尽孝的紧迫感，不可只想着让父母为自己一再付出，而应多想想父母在自己从小到大，成家立业这一漫长过程的恩重如山，多想想"父母之年"所含的残酷意味，在"父母之年"多做反哺回报。

言之不出，耻躬之不逮

【原文】

子曰："古者言之不出，耻躬①之不逮②也。"

【注释】

①躬：自身。

②逮：及，追上。

【译文】

孔子说："古代人不轻易把话说出口，就是怕自己的行动赶不上。"

【解读】

做人除了要有仁者的爱人之心、行事以礼的原则外，诚信也是一个人必备的做人准则，是做人的根本。孔子说："古者言之不出，耻躬之不逮也。"孟子亦曾说："言而有信，人无信而不交。"诚信的重要性毋庸置疑。

季札是春秋时期吴国人，是吴国国君的小儿子。他博学多才，品行高尚，甚至是自己在心里许下的诺言，也要竭尽全力去做到。

一次，季札遵照国君的旨意出使各诸侯国。他中途经过徐国，受到徐国国君的热情款待。两人意气相投，谈古论今，十分投机。

几天后，季札要离开徐国继续赶路，徐国国君设宴为季札送行。宴席上不但有美酒佳肴，而且还有优雅动听的音乐，这一切令季札十分陶醉。酒喝到兴处，季札起身，抽出佩剑，一边唱歌一边舞剑，以助酒兴，表示对徐国国君盛情款待的感谢。

这把佩剑不是一般的剑，剑鞘精美大方，上面雕刻着蛟龙戏珠的图案，镶嵌着上等宝石，在灯光的照耀下显得格外精致。剑锋犀利，是用上好的钢制成的，看起来寒光闪闪，令人不寒而栗，挥舞起来更是银光万道，威力无穷。徐国国君禁不住连声称赞："好剑！好剑！"

访隐图

季札看得出徐国国君非常喜欢这把宝剑，便想将这把剑送给徐国国君作纪念。可是，这是出使前父王赐给他的，是他作为吴国使节的一个信物，他到各诸侯国去必须带着它才能被接待。现在自己的任务还没有完成，怎么能把剑送给别人呢？

徐国国君心里明白季札的难处，尽管十分喜欢这把宝剑，却始终没有说出口，以免让季札为难。

临分手的时候，徐国国君又送给季札许多礼物作为纪念，季札对徐国国君的体谅非常感激，于是在心里许下诺言：等我出使列国归来，一定要将这把宝剑送给徐国国君。

几个月后，季札完成使命，踏上归途。一到徐国，他顾不得旅途的劳累，直接去找徐国国君。然而，出乎意料的是，徐国国君不久前暴病身亡了。

季札怀着沉痛的心情来到徐国国君的墓前，三行大礼之后，对着国君的墓说："徐君，我来晚了，我知道你喜欢这把宝剑，现在我的任务完成了，可以将这把剑送给你了。"然后他解下佩剑，双手敬放到墓前。

站在一旁的随从不解地问："大人，徐国国君已经去世了，你把剑送给他，他也看不到，你这么做有什么用呢？"

季札说："在离开徐国之前，我已经在心里许下诺言，要将这把剑送给徐君，从那时起，这把剑已经不属于我了。这段时间以来，我只不过是借用，现在是来把剑还给徐君的。"

通过这个季札挂剑赠徐君的故事，我们更能理解诚信是做人的根本。要想做到这一点，既需要内心的真诚，又需要落实到行动和具体事情上。在坚守诚信的过程中，一定要能抵制住诱惑，不能因为一些其他因素而放弃诚信的品质。

讷于言而敏于行

【原文】

子曰："以约^①失之者鲜^②矣。"

子曰："君子欲讷^③于言而敏^④于行。"

【注释】

①约：约束。这里指"约之以礼"。

②鲜：少的意思。

③讷：言语迟钝。这里指说话要谨慎。

④敏：敏捷、快速的意思。

【译文】

孔子说："用礼来约束自己，再犯错误的人就少了。"

孔子说："君子说话要谨慎迟钝，而工作要敏捷勤快。"

【解读】

按孔子的说法，我们立身处世要勤做实事，手脚麻利地干；少讲话，三缄其口，谨慎出语。少讲话就持重，给人以一种稳重感，人家也不容易轻慢你；再者，谨慎讲话，还可避免兴头上的轻诺，否则言而无信，说了的事做不到，岂不伤了人格？做事勤敏，既是一种道德，也是一种对事业的责任感。

有人喜欢痴心妄想，总是等待着幸运从天上掉下来，或是光说不练，等待着别人成功之后拉自己一把。要取得成功，不光靠智慧，还要靠行动。如果自己光凭脑子想，永远不付诸行动，那么永远也不会成功。

从前，四川境内有两个和尚，一个很贫穷，一个很富有。

有一天，穷和尚对富和尚说："我打算去一趟南海，你觉得怎么样呢？"

富和尚不敢相信自己的耳朵，认真地打量一番穷和尚，禁不住大笑起来。

穷和尚莫名其妙地问："怎么了？"

富和尚问："我没有听错吧！你也想去南海？可是，你凭借什么东西去南海啊？"

穷和尚说："一个水瓶、一个饭钵就足够了。"

富和尚大笑，说："去南海来回好几千里路，路上的艰难险阻多得很，可不是闹着玩的。我几年前就准备去南海的，等我准备充足了粮食、医药、用具，再买上一条大船，找几个水手和保镖，才可以去南海。你就凭一个水瓶、一个饭钵怎么可能去南海呢？还是算了吧，别做白日梦了。"

穷和尚不再与富和尚争执，第二天就只身踏上了去南海的路。他遇到有水的地方就盛上一瓶水，遇到有人家的地方就去化斋，一路上尝尽了各种艰难困苦，很多次，他都被饿晕、冻僵。但是，他从来也没想到过放弃，始终向着南海前进。

很快，一年过去了，穷和尚终于到达了梦想的圣地：南海。两年后，穷和尚从南海归来，还是带着一个水瓶、一个饭钵。穷和尚由于在南海学习了许多知识，回到寺庙后成为一个德高望重的和尚，而那个富和尚还在为去南海做着各种准备工作。

现实是此岸，理想是彼岸，中间隔着湍急的河流，行动则是架在河上的桥梁。只有行动才会出现结果，行动创造了成功。任何一个伟大的计划和目标，都要靠行动来实现。

人对于自己的一生必须有美好的憧憬，但是，这种憧憬是不可能靠着空谈和等待实现的，功成名就的人都是付出行动解决问题的人，他们依照正确的原则掌握主动，做了需要做的事情，并完成工作目标。

"万事俱备"的确可以降低出错率，使目标更容易达成，但它也更容易让你失去成功的机会。企盼"万事俱备"后再行动，你可能永远都不会有"开始"，因为世界上永远没绝对完美的事。"万事俱备"只不过是"永远不可能做到"的代名词。

有一次，一位中国的企业家这样问杰克·韦尔奇："我们大家知道的都差不多，但为什么我们与你们的差距那么大？"

杰克·韦尔奇回答："你们知道了，但是我们做到了。"

这个答案简单得出人意料，但却道出了一个发人深省的真谛：知道更要做到！否则，再好的计划，再宏伟的目标，都是空谈。

懒惰的人总是抱怨上天不给他机会，其实是他们没有把握住机会。勤劳的人在机会到来时总是立即行动，他们甚至主动寻找机会，主动创造机会。对于勤劳的人来说，行动起来就可以抓住身边的财富。

无论做什么事，行动尤为重要。如果说敢想就成功了一半，那么另一半就是去做。大胆地去做，持续不断地去做，是你战胜挫折的唯一途径。这样，你才能到达理想的彼岸，才能登上成功的列车。

奥格·曼狄诺是美国一位成功学作家，他常常告诫自己："我要采取行动，我要采取行动……从今以后，我要一遍又一遍，每一小时、每一天都要重复这句话，一直等到这句话成为像我的呼吸习惯一样，而跟在它后面的行动，要像我眨眼睛那种本能一样。有了这句话，我就能够实现我成功的每一个行动，有了这句话，我就能够制约我的精神，迎接失败者躲避的每一次挑战。"

人的一生有太多等待，在等待中，我们错失了许多的机会，在等待中，我们白白浪费了宝贵的光阴；在等待中，我们由一个英姿勃发的青年，变成碌碌无为的老人，我们还在等待什么？现在要做的事马上动手，成功属于立即行动的人。

德不孤，必有邻

【原文】

子曰："德不孤，必有邻。"

【译文】

孔子说："有道德的人是不会孤立的，一定会有思想一致的人来亲近他。"

【解读】

孔子的"德不孤，必有邻"这句话含有寓仁义于交往中的意思。孔子在此提出两个关键的概念：一是"德"，一是"邻"。"德"就是美德，是从自己一方讲的；"邻"就是邻居、朋友，就是天底下所有愿意走在一起的人。依照孔子的意思，你是一个有德之人的话，就绝对不会孤苦伶仃，一定有与你同行的人，有你的朋友，有很多拥护你的人。

在一些人的眼里，做个有道德的人当然是好的，但这往往是一种理想的状态，因为生活是现实的，还是得到实惠为好。因此他们总认为谁讲道德，谁就难以合众，就会孤单，真的是这样吗？

战国时期，魏国的信陵君魏无忌为人宽厚，待人诚恳，从不凭自己的权势慢待士人，人们争相投奔他，他门下的食客多达三千人。

信陵君有此贤名，不免招人嫉恨，别有用心的人就在魏王面前诋毁他说："信陵君广施恩德，纳人无数，这对大王可不是一件喜事啊。现在魏国只知有信陵君，而不知有大王，这还不是十分危险的征兆吗？请大王速定对策。"

魏王只一笑道："有信陵君在，他国才对魏国多有忌惮，不敢贸然侵犯，这都是他的功劳。我们是亲兄弟，我十分了解他，他怎会有异心呢？"

有人将此事报告了信陵君，信陵君面上无动于衷，心中却惊骇不已，他对自己的心腹门客说："我位高权重，难免有人说三道四，所以我才不敢恃势待人，让大王猜疑。想不到即使如此，我还是遭人攻击，我该如何应对？"

他的心腹门客沉吟道："公子遍施恩惠，可终有未尽之时。我想定是有人未得公子垂青，这才心怀怨气，借此泄愤。"

信陵君连声叹息道："你说得不错，这当是我的过错了。这件事也提醒了我，我的谦逊和礼遇还远远不够，我当日后再尽全力了。"

信陵君自责过后，更是注意礼待士人，他听说有个隐士叫侯嬴的，富有才学，于是备上一份厚礼，亲去拜访。侯嬴年已七十，穷困潦倒，在魏都大梁的东城门当守门人。和信陵君同去的属下心中不解，他对信陵君说："大人权倾朝野，也该讲究威仪气度，如此下访一个守门人，有失大人尊贵的身份。若大人一定要见他，我等把他带来也就是了，何必大人亲往呢？"

信陵君良久无语，后说："你不在其位，自不知我的难处，凡事不能表面论之。"他见了侯嬴，侯嬴却不肯收下礼物，信陵君更生敬佩，于是他请侯嬴赴宴，让他坐在车上的尊贵座位上。侯嬴不谦不让，经过闹市，他故意下车和他的朋友朱亥站着聊天，信陵君在旁执鞭恭候，神态如常。街上的人都暗骂侯嬴无礼。

宴席之上，侯嬴动情地说："公子贤名，天下皆知，我还是觉得有些欠缺。刚才我让公子为我一个守门人屈尊赶车，又在闹市之上让众人亲见，人们骂我是个得意忘形的小人之时，公子的贤德就增进了许多。公子能做到如此，天下士人哪有还不为公子效命的呢？"

直到这时，侯嬴才真正心甘情愿地佩服信陵君。信陵君能够招揽到侯嬴，当然也获益匪浅。

人际交往中，一个人道德品质和修养的高低，是决定与他人相处得好与坏的重要因素。道德品质高尚，个人修养好，就容易赢得他人的信任与友谊；如果不注重个人道德品质修养，就难以处理好与他人的关系，交不到真心朋友。

"德不孤，必有邻"，即是孔子的人生经验，也可以说是对交友的一种认识。请记住孔子的话，好心会有好报，爱心会被理解。有德之人，不会孤立，身边总会有志同道合的朋友。

事君数，斯辱矣；朋友数，斯疏矣

【原文】

子游曰："事君数①，斯②辱矣；朋友数，斯疏矣。"

【注释】

①数：读 shuò，频频，这里引申为繁琐的意思。

②斯：就。

【译文】

子游说："侍奉君主劝谏太过，就会受到侮辱；对待朋友规劝太多，就会被疏远。"

【解读】

有这样一则寓言：

有一群豪猪，身上长满了尖刺，大家挤在一起过冬，它们老有一种困惑，就是不知道大家在一起以什么样的距离取暖最好，离的稍微远一点，冬天就冷，互相借不到热气，大家就往一起靠，结果一旦靠近了，彼此的刺尖扎着对方了，于是又开始远离对方，但是再远的话大家又觉得寒冷，又想借助别人的体温取暖。就再靠近，看看又受伤了，然后再拉远距离，多少次磨合以后，豪猪们终于找到了一种最恰如其分的距离，那就是在彼此不伤害的前提下，保持着群体的温暖。

《论语》里无处不有哲学，朋友的问题就是哲学的问题。子游说的"事君数，斯辱矣；朋友数，斯疏矣"，向我们传达的就是关于与人相处的哲学。无论对领导还是对朋友，都要保持一定的距离，掌握好亲疏远近的分寸，明白距离和独立是一种人格的尊重，这种尊重在亲人朋友之间也应该保持。无论是亲人还是朋友，一旦没有这种尊重，越过了尺度，过于亲近，亲近得彼此都不独立了，这就潜藏着隐患，就离疏远不远了。

毋庸置疑，朋友是因好而结。他们在事业上相互帮助，生活上互相关心，在关键的时候给了对方莫大的关心和安慰。但朋友毕竟是两个不同的个体，彼此所处环境不同，所受教育不同，因此人生观、价值观再怎么接近，也不可能完全相同，如果没有差异那就是两人同体了，就不存在彼此之间的吸引力了。

人与人之间的差异是必然存在的，交往的次数愈是频繁，这种差异就愈是明显，经常形影不离会使这种差异在友谊上起到不应有的作用。

秦兰与肖艾是同一工厂同一宿舍的好朋友。因为天天工作在一起，吃饭、睡觉也都在一起，渐渐地，她们成了无话不谈的好姐妹。她们戏称宿舍是他们的家庭，所有的东西都没有"标签"，甚至工资也混同一处，两人为这种亲密友好的关系而骄傲，同厂的职工和室友也都向她们投来羡慕的目光。

不久，秦兰有了男友，经常出去逛逛商场，吃顿饭，于是秦兰与肖艾的合作经济出现了危机。起初，秦兰觉得没有什么，肖艾也不在乎。后来肖艾提出了 AA 制，秦兰考虑再三同意了。但后来，还是因为不习惯又放弃了。

事有凑巧，一天，肖艾的母亲病了，当肖艾回宿舍取钱时，面对的却是空空的抽屉。无奈之下，肖艾只好问秦兰："钱都到哪里去了呢？工资才刚刚发了三天。"秦兰说："给我男朋友买了块手表。"肖艾一句话也没有说就走了。她从别人那里借了钱为母亲看了病。但从这以后，两人的友谊不再像以前那样了，慢慢地出现了裂痕。有一天，两人又针对此事进行了一番辩论，结果是两人大吵了一架，最后，不得已分开了。

交友不要过往甚密，因为，一则它影响了双方的工作、学习和家庭。另外，会影响感情的持久。交友应重在以心相交，来往有节，保持一定的距离。

如果你有了好朋友，与其因为太接近而彼此伤害，不如适度保持距离，以免发生碰撞。所以，我们交友时要多参考子游说的那句话。

称得上是朋友的人，是志同道合的人，是容易交流沟通的人，更是坦诚相待直言相告的人。很多人都有这样的认识，所以自以为是朋友，关系很铁很深，每当看到朋友有不妥之处的时候就不由得要发表意见，要求对方改正，以为这才是对朋友负责的表现。但孔子说，在与朋友交往中要很好地把握"度"：对朋友要忠，要及时忠告，还要善于引导，讲求方式方法，尤其要点到为止，不可一意孤行，否则很可能事与愿违而自取其辱。

要知道，任何人都有自己的思想和行为方式，谁也不能代替别人思考，谁也不能代替别人选择什么。我们只能将我们的经验和想法委婉地告诉他，至于接受还是不接受，完全取决于他自己。不要凌驾于他人之上，替他人设计。任何人都是独立的，都具有独立的人格，都有自己选择生活的权利，其对生活的感受都是独特的，不要强人所难，也不要自以为是。

孔子的观点很有道理，因为朋友是两个相互独立而平等的主体，每个人都有自己的价值观和是非观，处于"和而不同"的状态。因此，当发现对方有缺点时，要负责任地为其指出来，开导、引导、启发，帮其改正，但不能包办，因为你不能代替他思考，更不能代替他行动。

庄子说："君子之交淡若水，小人之交甘若醴。君子淡以亲，小人甘以绝，是故亲得以合者，乃得以亲而离。"花一旦全开，马上就要凋谢；月一旦全圆，马上就要亏缺。朋友之间还是保持一定距离好。这样孰是孰非，善恶曲直，易于评判。有错则改，无错则勉，互相监督互相促进，双方都心存敬意，这样才可能长久。

公治长篇第五

知人知己

【原文】

子谓公冶长①，"可妻也。虽在缧绁②之中，非其罪也。"以其子妻之。

子谓南容③，"邦有道，不废；邦无道，免于刑戮。"以其兄之子妻之。

子谓子贱④，"君子哉若人！鲁无君子者，斯焉取斯⑤？"

【注释】

①公冶长：姓公冶，名长，齐国人，孔子的学生。

②缧绁：léi xiè，捆绑犯人用的绳索，这里指监狱。

③南容：姓南宫，名适，字子容，孔子的学生。

④子贱：姓宓，名不齐，字子贱，生于公元前521年，孔子的学生。

⑤斯焉取斯：斯，此。第一个斯字指子贱，第二个斯字指子贱的品德。

【译文】

孔子评论公冶长说："可以把女儿嫁给他，他虽然被关在牢狱里，但那不是他的罪过。"于是，孔子就把自己的女儿嫁给他了。

孔子评论南容说："国家政治清明时，他有官做；国家黑暗无道时，他也可以免遭刑戮。"于是把哥哥的女儿嫁给了他。

孔子评论子贱说："这个人真是个君子呀！如果鲁国没有君子的话，他是从哪里学到这种品德的呢？"

【解读】

漆雕开说他对做官还没有信心，孔子听了非常高兴。漆雕开能够自我认识，认为自己对于做官还不太有把握，于是便实事求是地说了出来，而不是一听老师说让自己去做官，便不管三七二十一，一口答应下来，走马上任去混它一混了事。这说明他很有自知之明。

人贵在有自知之明，什么叫自知之明呢？就是能发现自己的优点与缺陷，认识自我的优势和劣势，从而，根据自己的条件决定去干什么，不去干什么，用理智的方略选择目的或理想，这样，他的人生才会踏实。

汉五年（公元前 202 年），高祖刘邦和诸侯军共同进攻楚军，与项羽在垓下决战，项羽大败，乌江边自刎。长达 4 年的楚汉之争结束了。

正月，诸侯及将相们共同尊请汉王刘邦为皇帝。刘邦辞让再三，说："我听说皇帝的尊号，贤能的人才能据有，空言虚语，不是我所要的，我可承担不了皇帝的尊号。"

大臣们都说："大王从平民起事，诛伐暴逆，平定四海，有功的分赏土地封为王侯，如果大王不称皇帝尊号，人们对大王的封赏就都不会相信。我们这班人愿意以死相请求。"

最后，刘邦实在推辞不过了，才说："既然诸位认为这样合适，那我就为了国家的便利吧。"甲午日，刘邦在汜水北面登临皇帝之位。

随后，刘邦大封诸侯王，韩信为楚王，彭越为梁王，原韩王信仍旧为韩王，吴芮为长沙王，淮南王黥布、燕王臧荼、赵王张敖封号都不改变。

天下全都平定了，刘邦定都长安，诸侯都称臣归从于刘邦。

一日，汉高祖刘邦在长乐宫摆酒庆贺，席上说："各位侯爵将军都不得对我隐瞒，一概说出你们心里的真实想法。我能够得到天下是什么原因？项羽丢掉天下又是什么原因？"

大将高起、王陵回答道："对待投奔来的人，皇上您有点简慢甚至侮辱，项羽却宽厚而且爱护。不过，皇上派人攻打城

鸿门宴

池，开拓疆土，谁打下就归谁统辖，和天下人有福同享。项羽这方面就相反，他嫉妒德行才干比他高的人，有功劳的被他谋害，有贤才的被他怀疑，打了胜仗不给人记功，开疆拓土不给人封地，这就是他失掉天下的原因。"

刘邦说："你们只看到问题的一面，没有看到另一面。要知道在军营里决策定计，遥控千里以外的战事取得胜利，我比不上张良；镇守国家，安抚百姓，供应粮饷，保证运粮的线路畅通，我比不上萧何；统一指挥百万大军，每次作战都打胜仗，每次进攻都拿下预定的目标，我比不上韩信。他们三位，都称得上是人杰，我不过善于任用他们，这才是我能取得天下的根本原因。项羽有一个范增这么有才能的人却不能很好地任用，所以最后败在了我的手上。"

刘邦知人善任，所以最终得到了天下，这是值得我们深思的。

人贵有自知之明，就是要看清自我，摆正位置，不要做那些所谓"心比天高，命比纸薄"的傻事、蠢事、错事。无论别人取得怎样辉煌的成就，不要嫉妒人家，更不要非得向人家看齐。如果别人排挤你，你就用善意化解矛盾。即便是在物欲横流、人心叵测的环境中，也要保持平和的心态，乐观的精神，学会换位思考，活出个性，活出自我。

居功自傲要不得

【原文】

子贡问曰："赐也何如？"子曰："女，器也。"曰："何器也？"曰："瑚琏①也。"

【注释】

①瑚琏：古代祭祀时盛粮食用的器具。

【译文】

子贡问孔子："我这个人怎么样？"孔子说："你呀，好比一个器具。"子贡又问："是什么器具呢？"孔子说："是瑚琏。"

【解读】

子贡是孔子门中的恃才自傲者。他学识渊博，反应敏捷，口才出众，自以为是个全才。他听到孔子夸奖宓子贱是君子，便也想听听老师怎样评价自己。孔子知道子贡有辩才又能尊师，认为子贡以后必成大器。但是他又看到子贡善辩而骄、多智少恕，只能称得上是一块瑚琏。瑚琏是宗庙中盛粮食等祭品的器具，通常用玉做成，是最为华贵美丽的。孔子借此比喻子贡还没有达到最高级别的"器"，还需要继续加强修养。

恃才自傲者通常表现为妄自尊大、自命不凡、肆无忌惮、目中无人。只要有机会标榜自己，他们就会抓住不放大吹大擂、口出狂言，常会给人一种趾高气扬、傲慢无礼的感觉，仿佛周围人都是一些鼠目寸光、酒囊饭袋之辈，全不把他们放在眼下。

然而，正所谓"满招损，谦受益"，那些才华出众又喜欢自我夸耀的人，必定会招致他人的反感，常常是暗中吃大亏却不自知。有锋芒也有魄力，在特定的场合显示一下自己的能量，是很有必要的，但是如果太过，不仅会刺伤别人，也会损伤自己。做大事的人，过分外露自己的才能，只会招致别人的嫉妒，导致自己失败，无法达到事业的成功。更有甚者，不仅会因此失去前途，

岳王庙内岳飞像

还会累及身家性命，所以有才华的人要含而不露，对他人不可过于耿直地指责和批评。

关羽是刘备手下的一员大将，为蜀汉的建立立下了汗马功劳，但他也自视甚高。刘备称帝后，关羽镇守荆州。

当时吴国国君孙权想要联刘抗曹，就派遣使节向关羽提亲，想让关羽的女儿做自己的儿媳妇。这种儿女之事关羽如果不愿意，就当婉言谢绝。谁料，关羽却大发雷霆，怒气冲冲地对吴国使者说："虎女怎能嫁给犬子？"

后来，诸葛亮听说了这件事，说道："荆州，危险了！"

果然，正是由于自己的骄傲，关羽最后败走荆州，身首异处，令后人惋惜不已。

有些人因为顺境连连而甚感欣慰，愉悦之情不时流露在脸上。然而，不能光是高兴，应该想想怎样才能维持好运，永保成功。在运气好时，切莫得意忘形，以免乐极生悲，应该更加积极努力，以使成绩永久不坠。

岳飞的母亲曾在岳飞的背上刺下了"精忠报国"四个字，勉励岳飞要一心报效国家。岳飞从母亲那里接受精忠报国的教育，加上随军征战，见到百姓受金兵蹂躏的悲惨生活，更激发他要杀敌报国、挽救民族危亡的雄心壮志。所以他对儿子岳云的要求也更加严格，把他当成年人一样对待。在接受严格的军事训练时，岳飞也从不给予他特殊照顾，相反，对岳云的要求比对一般士兵的要求还要高。

在一次训练中，岳云违章操练。骑马下坡，本应放慢速度，他却疾驰而下，由于坡陡路滑，连人带马翻进了沟里。

岳飞见了怒气冲冲，训斥道："你难道不记得骑马的要领了吗？若是同敌人作战，你这样岂不坏了大事！训练时如同儿戏，不教训教训你，你怎能记得住？"说完，就要军法处置。

众将见状，一齐过来劝阻。

岳飞大怒，说道："如此简单的训练，他还在逞强好胜，说明他内心已经产生了傲气，心中有了傲气就会轻视敌人，这是兵家的大忌。到时死的就不会是他一个人了，很多士兵就会因为他的骄傲而白白丢掉性命！今天我教训他，就是让他知道这个道理，不然怎么能够进步呢？"说完，坚持打了岳云一百军棍。此举使全军上下皆受震动，将士们训练更加刻苦认真了。

岳云在岳飞的严格要求下，武艺精进，16 岁便成为一位臂力过人、骁勇善战的小将。他双手各持一杆几十斤重的铁锥枪，冲锋陷阵，威震敌胆。

岳飞认为，作为将领，只有严格要求自己，才能要求别人，作武将的，只有身先士卒，才能率领三军前进。在遇到苦战时，他总是要岳云冲锋在前，给大家做榜样。1134 年，岳家军举行第一次北伐，16 岁的岳云参加了攻打随州的战斗。他勇冠三军，手持两杆铁锥枪，第一个冲上城头，立了头功。岳飞因岳云上一年被高宗授以正九品保义郎时，还未立下战功，所以，把岳云的战功如实上报。随后，在攻打邓州时，岳云又第一个登上城楼，立了头功，这次岳飞却没上报。事隔一年，朝廷查明此事，才将岳云升迁为武翼郎。但从此以后，岳飞怕岳云年少居功自傲，凡岳云立下的军功一律不予上报。

1140 年，金兵统帅兀术以优势兵力围困岳家军驻地河南郾城。面对强敌，岳飞令岳云先率骑兵冲击破阵，他严令岳云："不胜，先斩汝！"

岳云以少击多，奋勇杀敌，出入敌阵如入无人之境，直杀得金兵尸横遍野。郾城之战刚结束，岳飞又令岳云火速去颍昌增援部将王贵。岳云连续作战，率八百铁骑长途奔袭，冲入数万敌兵之中，负伤一百多处，人、马都被鲜血染红了。这次战斗，岳云斩了兀术的大女婿，又立大功。以后，岳云在父亲的严格要求下，征战南北，打了无数胜仗，成为"岳家军"中有名的将领。

石油大王洛克菲勒曾经说过："当我的石油事业蒸蒸日上时，在每晚睡觉前，我总是拍拍自己的额头说：'别让自满的意念，搅乱了你的脑袋。'我觉得我的一生中进行这种自我教育，益处很多，因为经过这样的自省后，我那沾沾自喜、自鸣得意的情绪就会平静下来。"

明朝著名思想家王阳明认为，猖狂、傲慢的反面就是谦逊，谦逊是对症之药，虚以处己，以礼待人，不自恃，不居功，择善从之，控狂制傲，这样的人才能成大器。

因此，欲成大事，则遇事多思考，全面分析问题，不可自恃聪明，不可轻视每一个对手，不可错过每一个细节，不可放过每一个机会。

不逞口舌之欲

【原文】

或曰："雍①也仁而不佞②。"子曰："焉用佞？御人以口给③，屡憎于人。不知其仁④，焉用佞？"

【注释】

①雍：姓冉，名雍，字仲弓，生于公元前522年，孔子的学生。

②佞：口才好，能言善辩。

③口给：言语敏捷。

④不知其仁：指有口才者有仁与否不可知。

【译文】

有人说："冉雍这个人有仁德但缺乏口才。"孔子说："何必要能言善辩呢？靠伶牙俐齿和人辩论，常常招致别人的讨厌，冉雍未必仁，但何必要靠口才呢？"

【解读】

冉雍是孔子的弟子，为人敦厚，气度宽宏，以仁义而著称，孔子很欣赏他，说他有仁德，但缺少口才，这里孔子可不是批评冉雍口才不好，因为孔子反对那种靠伶牙俐齿和人辩论的人，认为这样会招致人家的反感，那么冉雍正和孔子之意。

口才太好了，难免会逞一时的口舌之欲。显规则告诉我们"言谈莫论人非"，潜规则将其深化成"言谈莫论人"，少了一个"非"字，照样免不了失言的麻烦。这涉及一个语言艺术的问题。

有的人不知道有些话题可以公开交谈，而有些内容只能私下说。这些人通常都是好人，没有心机，但管不住自己的嘴巴，往往会造成意想不到的后果，甚至断送自己的职业生涯。所以，必须随时为自己竖立警告标示，提醒自己什么可以说，什么不能说。

有人说："造物主让我们长两只耳朵，一个舌头，其意义就在于让我们多听，少说。"这句话实在是太对了。喝酒的人，永远不鉴赏酒；好说话的人，永远不暇思考。喋喋不休的人像一只进水的船，每一个乘客都想赶快逃离它。

所以，在办公室里，一定要少说话，尤其是当比你强的、比你有经验的、比你更了解的人在座时，如果你说多了，你便是同时做了两件对自己有害的事：第一，你揭露了自己的弱点与愚蠢；第二，你失去了一个获得智慧及经验的机会。

自古以来，灾祸多出于口舌。多言为祸害之首，所以古人有"祸从口出"，"缄口自重"之说。牢骚太多会造成心胸狭窄，不利于进取，又可能导致同僚、上下级的关系恶化，所以千万不可多言。

某公司市场经理李畅像往常一样到下属部门指导工作，中午请部门同事一起吃饭。席间谈起一位刚刚离职的副总高洁。刚来公司不久的小张说："那个高总啊，脾气太差了，真不好处。"李畅说："是吗，是不是她的工作压力太大，造成心情不好？"小张说："我看不是，30多岁的女人嫁不出去，既没结婚也没男朋友，老处女都是这样，心理变态。"

小张这么一说，刚才还聊得很热闹的局面立刻冷了下来，王倩的脸上略显尴尬。因为，除了小张，在座的老员工可都知道：王倩也是单身的女强人！好在一位同事及时改换话题，这才免去一场虚惊。

可是，小张并没有改掉这个毛病，常常打听别人难以开口的事情，如薪水、同事之间、同事和老板之间的关系，甚至连别人的夫妻感情也刨根问底，一惊一乍的。刚刚开始的时候，别人还认为是对自己的关心，当成谈资笑料说说，但发现她对谁都一样，还把同事甲的事情拿去和同事乙做比较，大家都因此而后悔不已，从此大家一见她来了，就立即实行"坚壁清野"政策，躲不掉就顾左右而言他，比如天气、新闻等。她哪里会想到，说不定什么时候，一个不经意间的信息就可能成为一件大规模杀伤性武器，被别有用心的人作"恐怖袭击"。

在办公室里，像小张这样的员工还真不少。他们就爱逞一时的口舌之快，不知道约束自己，慢慢地也让身边的同事很烦。办公室里闲言碎语，你最好一只耳朵进，另一只耳朵出，至少不做任何评论，不想说的可以坚决地回避，对有伤名誉的传言一定要表现出否定态度，同时注意言语还要有风度。如果回答得巧妙，就不但不会伤害同事间的和气，而且又回避了自己不想谈论的事情。当然也没有必要草木皆兵，但凡工作之外的问题全部三缄其口，这样便很容易让人以为你这个人不近情理。有时候，拿自己的私人小节自嘲一把，或者配合大家开自己的无伤大雅的玩笑，呵呵一乐，会让人觉得你有气度、够亲切，但一定要把握一个度，玩笑就是玩笑，说过就算了，别认真。

言多必失，这是公认的道理，可言少也不一定没有失误，如果在错误的时间、错误的地点和错误的对象说了一句涉及具体人事的大实话，那后果也是很严重的。

人要有自知之明

【原文】

子使漆雕开①仕。对曰："吾斯之未能信。"子说。

【注释】

①漆雕开：姓漆雕，名开，字子开，一说字子若，生于公元前540年，孔子的学生。

【译文】

孔子让漆雕开去做官。漆雕开回答说："我对做官这件事还没有信心。"孔子听了很高兴。

【解读】

孔子高兴什么？

不是高兴漆雕开对做官还没有信心这事本身，而是高兴他能够说出这样的话。

孔子的理想是"学而优则仕"，意思就是，学到知识，就要去做官。他经常向学生灌输读书做官的思想，鼓励和推荐他们去做官。孔子让他的学生漆雕开去做官，但漆雕开感到尚未达到"学而优"的程度，对于做官还没有把握，他想继续学礼，晚点去做官。"吾斯之未能信"，一方面说明他很有自知之明，谦虚谨慎；另一方面也说明他对做官这事已有所认识，不然他怎么会认为自己离胜任还有所差距呢？除了这两方面之外，还可以看出他并不像一般读书人那样急功近利，汲汲于功名富贵。由于有这些方面的原因，所以孔子对他的回答非常满意。

漆雕开的自知之明，一般人是很难做到的。

老子曾说："知人者智，自知者明。"能够明白别人的优点和弱点，是"知人者智"；知道自己的优点和弱点，则是"自知者明"。一个人就好比是一条船，无论大小，都必须随时知道自己处在什么位置，载重多大，航速为多少。所以说，做人要善于剖析自己。只有当他正确地认识自己的才能和价值时，才能在各种条件下，充分地展示和发挥自己的才能。反之，一味地自高自大，目空一切，只能是一生碌碌无为，毫无建树。

老子画像

中央电视台曾经报道过一个叫张静的"丑女"。几年前，因为她长得很丑，没有哪个招聘单位愿意接收她，并由此引发了一场这个社会是否过于以貌取人的争论。随着各大媒体的报道，这个长相不佳的女孩也有了一定的知名度，原先找不到工作的她，在小有名气了以后要求却高了，觉得自己应该并且可以做更大、更有意义的事情了。但是，事实却并非如此，被用人单位接受后，她才意识到自己在社会上生存缺少必须具备的能力，她还需要锻炼和努力。

世上万物，都有自己的长处和短处，然而，能否知道自己的长处和短处，却不容易。要么，何以自古就有"人贵有自知之明"之说呢！其实，这种自知之明就是能发现自己的卓越和缺陷，认识自我的优势和劣势，从而依照自己的条件决定去干什么，不去干什么。

然而，生活中却常常能够看到没有"自知"的人。他们往往在还不清楚自己的能力、兴趣、经验之前，便一头栽进一个过高的目标——这个目标是盲目追随别人得来的，而不是了解自己之后得出来的，所以每天要受尽辛苦和疲惫的折磨，而最终却不一定获得多大的成效。其实，他们的折磨完全是由他们的不"自知"造成的。

有这么一个故事：森林中，动物在举办一年一度的比"大"比赛。老牛登场表演，动物们高呼："大！"大象走上台，动物们也欢呼："真大！"这时，台下角落里的一只青蛙气坏了，难道我不大吗？它一下子跳上一块巨石，拼命鼓起肚皮，同时神采飞扬地高声问道："我大吗？""不大！"台下传来一片嘲讽的笑声。青蛙不服气，继续鼓着肚皮。突然，"嘭"的一声，青蛙的肚皮鼓破了。可怜的青蛙到死也还不知道它到底有多大。

有一位登山队员，一次，他有幸参加了攀登珠穆朗玛峰的活动，到了7800米的高度，他体力支持不住，停了下来。当他讲起这段经历时，朋友们都替他惋惜，为什么不再坚持一下呢？为什么不再往上攀一点儿，再咬紧一下牙关，爬到顶峰呢？"不，我最清楚，7800米的海拔是我登山生涯的最高点，我一点儿也不为此感到遗憾。"他说。

每个人都不相同，有的人聪明，有的人平庸；有的人强壮，有的人弱小。每个人的性格、能力、经验也各不相同。人如果在生活中总是与别人比较，总是希望获得他人的掌声和赞美，博取别人的羡慕，那么，他就会慢慢地迷失自己。一个人成天期望获得别人的掌声，他的生活必然是空虚的，久而久之，他的生活就变成了负担和苦闷。因此，我们只有了解自己，依照自己的潜能去发展，那才有真正的喜悦，那才有真正的快乐与成功。

宋朝词人柳永，早年追求功名，然而仕途坎坷，生活潦倒，他终于认识到自己的天地不在庙堂，而在民间；自己的最佳身份不是封侯拜相，而是文人。于是他豁然开朗，自称"奉旨填词柳三变"，潜心研究制词、音律，吟风弄月，流连于舞榭歌台，将宋词的温柔旖旎推向极处，成为人们所喜爱的词人。

人贵有自知之明，我们应该认清自己的弱点和短处，而不去做那些力不从心、劳而无功的事情。既不要妄自菲薄，也不要自吹自擂，更不能过高地估计自己的能力和水平。

人贵有自知之明，就是要看清自我，摆正位置，无论别人怎么对待你，怎么说你，你都要用理智这杆秤将自己秤准，找准保持心中天平平衡的砝码。不要拿别人跟自己过意不去。即便是在物欲横流、人心叵测的环境中，也要保持平和的心态，乐观的精神，学会换位思考，"补偿"思考，活出个性，活出自我。

德国哲学家尼采曾经说过："聪明的人只要能够认识自己，便什么也不会失去。"正确认识自己，才能使自己充满自信，才能使人生的航船不迷失方向；正确认识自己，才能正确确定人生的奋斗目标。只有有了正确的人生目标，并充满自信，为之奋斗终生，才能获得想要的成功。

世界上没有两片完全相同的树叶，人也一样，每个人都是上天的宠儿。正确认识自己，既看到自己的长处，也认识到自己的不足，为自己正确定位，这样才能自信地去迎接机遇和挑战，为自己创造更多的成功和欢乐。

虽然生活赋予我们每个人的并不是完全相同的阳光雨露，但上天是公平的，"天生我材必有用"，只要我们正确认识自己，不失自知之明，就能谱写出属于自己的华美乐章。

给自己一个定位

【原文】

子曰："道不行，乘桴①浮于海。从我者，其由与?"子路闻之喜。子曰："由也好勇过我，无所取材。"

孟武伯问子路仁乎? 子曰："不知也。"又问。子曰："由也，千乘之国，可使治其赋也，不知其仁也。"

"求也何如?"子曰："求也，千室之邑②，百乘之家，可使为之宰③也，不知其仁也。"

"赤④也何如?"子曰:"赤也,束带立于朝,可使与宾客言也,不知其仁也。"

【注释】

①桴:竹木制的小筏子。

②千室之邑:有一千户人家的大邑,是卿大夫能有的领地。邑,百姓聚居的地方。

③宰:家臣,总管。

④赤:姓公西,名赤,字子华,生于公元前509年,孔子的学生。

⑤束带:束紧腰带,指整饰衣服。

【译文】

孔子说:"如果我的主张行不通,我就乘上木筏到海外去。能跟从我的大概只有仲由吧!"子路听到这话很高兴。孔子说:"仲由啊,好勇超过了我,其他就没有什么可取的了。"

孟武伯问孔子子路有没有仁德。孔子说:"我不知道。"孟武伯又问。孔子说:"仲由嘛,在拥有一千辆兵车的国家里,可以让他管理兵役的事,但我不知道他是否仁德。"

孟武伯又问:"冉求这个人怎么样?"孔子说:"冉求这个人,可以让他在一个有千户人家的公邑或有一百辆兵车的采邑里做总管,但我也不知道他是不是做到了仁。"

孟武伯又问:"公西赤又怎么样呢?"孔子说:"公西赤嘛,可以让他穿着礼服,站在朝廷上,接待宾客,与他们交谈,但我也不知道他是不是做到了仁。"

【解读】

仲由字子路,是孔子的得意门生。这个人性格直爽率真,有勇力,多才多艺,做事也很果断。子路曾经好几次出去做官,是学而优则仕的典范。他甚至敢于批评孔子,但孔子对他评价很高,《论语》中多次提到子路。

冉求多才多艺,尤其擅长理财。他曾经帮助季氏进行田赋改革,聚敛财富,结果遭到孔子的批评。

公西赤擅长交际,对祭祀之礼,宾客之礼都很精通,曾"乘肥马,衣轻裳"，到齐国活动。

可见，孔子的弟子们真是各有所能。

这天，孔子和孟武伯谈起了这几个学生，于是，孔子给了他们各自的评价，同时也给了自己的评价。用现在的话说，每个人各有所长，一定要有个合适的定位。

在这个多姿多彩的世界，每一个人都有属于自己的位置，有自己的生活方式。你不可能什么都得到，也不可能什么都适合去做，所以一定要找准自己人生的坐标。

一个人怎样给自己定位，将决定其一生成就的大小。志在顶峰的人不会落在平地，甘心做奴隶的人永远也不会成为主人。

一位智者说，即使是最弱小的生命，一旦把全部精力集中到一个目标上也会有所成就。而最强大的生命如果把精力分散开来，也终将一事无成。

你可以长时间卖力工作，创意十足、聪明睿智、才华横溢、屡有洞见，甚至好运连连，可是，如果你无法在人生的道路上给自己正确的定位，不知道自己的方向在哪里，最终将会徒劳无功。

所以说，你给自己怎样定位，就能怎样生活，定位可以改变人生。

一个乞丐站在路旁卖橘子，一名商人路过，向乞丐面前的纸盒里投入几枚硬币后，就匆匆忙忙地赶路了。

过了一会儿，商人回来取橘子，说："对不起，我忘了拿橘子，因为你我毕竟都是商人。"

几年后，这位商人参加一次高级酒会，遇见了一位衣冠楚楚的先生向他敬酒致谢，并告诉商人他就是当初卖橘子的乞丐。而他生活的改变，完全得益于商人的那句话："你我都是商人。"

这个故事告诉我们：你定位于乞丐，你就是乞丐；当你定位于商人，你就是商人。

定位决定人生，定位改变人生。

美国汽车大王亨利·福特从小就在头脑中构想能够在路上行走的机器，用来代替牲口和人力，而全家人都要他在农场做助手，但福特坚信自己可以成为一名机械师。于是，他用一年的时间完成了别人要 3 年才能完成的机械师培训，之后，他花了两年多的时间研究蒸汽原理，试图实现他的梦想，但没有成功。随后他又投入到汽油机研究上来，每天都梦想着能制造一部汽车。他的创意被发明家爱迪生所赏识，邀请他到底特律公司担任工程师。经过10年努力，他终于成功地制造了第一部汽车引擎。福特的成功，完全归功于他的正确定位和不懈努力。

迈克尔在从商以前，曾是一家酒店的服务生，替客人搬行李、擦车。有一天，一辆豪华的劳斯莱斯轿车停在酒店门口，车主吩咐道："把车洗洗。"迈克尔那时刚刚中学毕业，从未见过这么漂亮的车子，不免有几分惊喜。他边洗边欣赏这辆车，擦完后，忍不住拉开车门，想上去享受一番。这时，正巧领班走了出来，"你在干什么？"领班训斥道，"你难道不知道自己的身份和地位？你这种人一辈子也不配坐劳斯莱斯！"

受辱的迈克尔从此发誓："这一辈子我不但要坐上劳斯莱斯，还要拥有自己的劳斯莱斯！"这成了他人生的奋斗目标。许多年以后，他事业有成，果然买了一部劳斯莱斯轿车。试想，如果迈克尔也像领班一样认定自己的命运，也许今天他还在替人擦车、搬行李，最多做一个领班。可见，目标对一个人的一生是何等重要。

在现实中，总有这样一些人，他们或因受宿命论的影响，凡事听天由命；或因性格懦弱，习惯依赖他人；或因责任心太差，不敢承担责任；或因惰性太强，好逸恶劳；或因缺乏理想，混日为生……总之，他们给自己定位低调，遇事逃避，不敢为人之先，不敢转变思路，而被一种消极心态所支配，甚至走向极端。

成功的含义对每个人都可能不同，但无论你怎样看待成功，都必须有自己的定位。

自己把自己不当回事，别人更瞧不起你，生命的价值首先取决于你自己的态度，珍惜独一无二的自己，珍惜这短暂的几十年光阴，然后再去不断充实、发掘自己，相信世界最终一定会认同你的价值，你也会拥有属于自己的一片天空。

不可太狂妄

【原文】

子谓子贡曰:"女与回也孰愈①?"对曰:"赐也何敢望回?回也闻一以知十,赐也闻一以知二。"子曰:"弗如也,吾与②女弗如也。"

【注释】

①愈:胜过,超过。

②与:赞同,同意。

【译文】

孔子对子贡说:"你和颜回谁更好一些呢?"子贡回答说:"我怎么敢和颜回相比呢?颜回他听到一件事就可以推知十件事;我呢,知道一件事,只能推知两件事。"孔子说:"是赶不上他呀,我同意你说的,是赶不上他。"

【解读】

颜回是孔子最得意的学生之一。他勤于学习,而且肯独立思考,能做到闻一知十,推知全体,融会贯通。所以,孔子对他大加赞扬。而且,希望他的其他学生都能像颜回一样,在学业上尽可能地事半功倍。

一个人是否有崇高的品格,大的方面就是看他在大是大非面前的表现;小的方面,则看他在日常生活中与人交往的言行举止。那些智者无论是在大的方面还是细节,都能做到不偏不倚,恰到好处。而一些恃才自傲者通常表现为妄自尊大、自命不凡、肆无忌惮、目中无人。只要有机会标榜自己,就会抓住不放地大吹大擂、口出狂言,常会给人一种趾高气扬、傲慢无礼的感觉,仿佛周围的人都不如他。

这种性格是有百害而无一利的。一个人狂妄与否,完全可以通过他的言行看出来。

东汉时期的祢衡,年少才高,目空一世。建安初年,二十出头的祢衡初游许昌。当时许昌是汉王朝的都城,名流云集,司空掾陈群、司马朗,尚书令荀或以及荡寇将军赵稚长等人都是当世名士。有人劝祢衡结交陈群、司马朗。祢衡说："我怎能跟杀猪、卖酒的在一起。"劝他参拜荀彧、赵稚长。他回答道："荀某白长一副好相貌，如果吊丧，可借他的面孔用一下；赵某是酒囊饭袋，只好叫他看守厨房。"这位才子唯独与少府孔融、主簿杨修意气相投，对人说："孔文举是我大儿，杨德祖是我小儿，其余碌碌之辈，不值一提。"由此可见，他是何等狂傲。

献帝初年间，孔融上书荐举祢衡，大将军曹操才有召见之意。祢衡看不起曹操，抱病不往，还口出不逊之言。曹操求才心切，为了收买人心，还是给他封了个

曹操画像

击鼓小吏的官，借以羞辱他。一天，曹操大会宾客，命祢衡穿戴鼓吏衣帽当众击鼓为乐，祢衡竟在大庭广众之中脱光衣服，赤身露体，使曹操讨了场没趣。

曹操恨祢衡入骨，但又不愿因杀他而坏了自己的名声，心想像祢衡这样狂妄的人，迟早会惹来杀身之祸，便把祢衡送给荆州牧刘表。祢衡替刘表掌管文书，颇为卖力，但不久便因倨傲无礼而得罪众人。刘表也聪明，把他打发到江夏太守黄祖那里去。祢衡为黄祖掌书记，起初干得也不错，后来黄祖在战船上设宴，祢衡说话无礼受到黄祖呵斥，祢衡竟顶嘴骂道："死老头，你少啰嗦！"黄祖急性子，可不像曹操和刘表那样有心计，他脾气暴躁，也不图爱才的虚名，让祢衡这样抢白一番，不由得怒火中烧，盛怒之下把他杀了。可怜才华横溢的祢衡，便这样因夜郎自大的"狂妄"而惨遭横祸，死时年仅26岁。

祢衡文才颇高，桀骜不驯，本有一技之长，受人尊重。但是他没有因为这一技之长而受惠于世。他恃一点文墨才气而轻看天下。殊不知，一介文人，在世上并非有甚不得了，赏则如宝，不赏则如败履，不足左右他人也。祢衡似乎不知道这个道理，他孤身居于权柄高握之虎狼群中，不知自保，反而放浪形骸，无端冲撞权势人物，最后因狂纵而被人宰杀也在预料之中了。

在我们的现实生活中，也不乏"狂妄"之人，他们极端盲目地自高自大，不能正视自己，又不能容纳他人。这种"狂妄"无论对工作还是学习，都没有任何好处。因为"狂妄"不但会给自身造成巨大危害，同时也会给周围的人群和团体乃至社会造成巨大危害。

能够嘉许别人，也能看清自己，既不妄自菲薄，也不自以为是；既不盲目崇拜，也不刻意贬损别人抬高自己；既不妄自尊大，也不自贬身价。这就是做人的智慧，具有超人的器识，是胸襟光明磊落的人，必然也赢得人们的敬重。能够坦然地承认自己不如别人，必然是心胸开阔、有修养的君子。

听其言而观其行

【原文】

宰予昼寝。子曰："朽木不可雕也，粪土①之墙不可杇②也；于予与何诛③？"子曰："始吾于人也，听其言而信其行；今吾于人也，听其言而观其行。于予与改是。"

【注释】

①粪土：腐土，脏土。

②杇：读 wū，抹墙用的抹子。这里指用抹子粉刷墙壁。

③诛：意为责备、批评。

【译文】

宰予大白天睡觉。孔子说："腐烂的木头不能雕刻。粪土一样的墙壁不能再粉刷！对于宰予这样的人，不值得责备呀。"孔子又说："起初我对于人，听了他说的话就相信他的行为；现在我对于人，听了他说的话，却还要观察他的行

山涛画像

为。在宰予身上使我改变了这个态度。"

【解读】

宰予是孔子的学生，他聪明善说，以口才好而著称，但是不够勤奋，有时还不注重修养，所以孔子经常批评他。而这段话就是孔子看到宰予白天睡觉后很生气而说的一段话。

古人一直崇尚日出而作，日没而息；总是提倡"黎明即起，洒扫庭除"。孔子也主张积极的生活态度，他强调勤奋努力，反对懒惰懈怠。所以见宰予白天睡懒觉，就非常生气，认为这是一件很严重的事情。这与我们今天看待的角度就大不一样了。而宰予的表现，让孔子改变了看法，认为看一个人如何，必须是"听其言而观其行"。也就是不仅要听人家说什么，更要看人家做什么。要看这个人的所作所为。这里孔子告诉了人们一条重要的经验：看人更要看行动，行为重于言辞。

三国时期曹魏末年，曹氏集团和司马集团为了争夺国家的统治权而明争暗斗，使得官场异常腐败。

当时的朝廷，表面上是曹操的后代当皇帝，实际上是丞相司马昭把持朝中大权。他为了扩大势力，争取社会名流支持，就请"竹林七贤"出来做官。他首先请亲戚山涛出来做官。山涛不好拒绝，只好答应了。后来，山涛又推荐了嵇康，嵇康非常生气，不但责备山涛，和他绝了交，而且还猛烈地批评了当时的司马氏集团。司马昭因此对嵇康怀恨在心。后来，司马昭随便找个借口把嵇康抓到监狱，并判处他死刑。

临死时，嵇康把自己10岁的儿子嵇绍托付给山涛，山涛爽快地答应了。

山涛的确是个信守诺言的人。嵇康死后，山涛不怕司马氏集团把他和嵇康当作一伙儿的，对嵇康一家老小尽心照顾，把嵇康的儿子更是当作亲生儿子一样看待。

十几年后，改朝换代，司马炎当了皇帝，朝廷的混乱局面有所扭转，山涛就上书给司马炎说："父亲有罪，和儿子没有关系。嵇绍现在已长大成人，并且品德高尚，应该给予重用。"

司马炎采纳了山涛的意见，任命嵇绍为秘书郎。

学会读有字书和无字书

【原文】

子贡曰："夫子之文章①，可得而闻也；夫子之言性与天道②，不可得而闻也。"

子路有闻，未之能行，唯恐有③闻。

【注释】

①文章：泛指诗、书、礼、乐等古代文献方面的学说。

②天道：天命。

③有：通"又"。

【译文】

子贡说："老师讲授的礼、乐、诗、书的知识，依靠耳闻是能够学到的；老师讲授的人性和天道的理论，依靠耳闻是学不到的。"

子路在听到一条道理，还没有能够去做，只怕又听到新的道理。

【解读】

世界上有两本书：一本是现实的无字书，一本是订成本本的有字书。人都是从读有字书开始的。随着年龄的增长，就慢慢地去领悟无字书。学习了无字书，人就会变得能够独立地去生活，去创造了。有字书读多了，对现实的无字书就会有更好的理解。

我们这里所说的有字书和无字书，就是子贡所说的的"夫子之文章，可得而闻也；夫子之言性与天道，不可得而闻也"。

宋朝大诗人陆游曾说："纸上得来终觉浅，绝知此事要躬行。"一个人如果墨守成规地读书，读死书，不躬身实践，不善于变通，在实际生活中是不可能成为大材的。实践出真知，只有躬身于实践，将书本知识融入实践之中，在实践中不断地总结经验，进一步完善书本知识，自己才能提高。有的家长只抓孩子的考试成绩，忽略孩子的社会实践，造就了高分低能的孩子。因为缺乏实践，书本上的知识在现实生活中根本用不上，就会觉得无所适从。这造成了很多人一生的痛苦。万事万物都处在发展变化之中，更多的时候没有成法可守，如果生搬硬套书本知识，难免会闹出笑话，甚至误国伤身。

刘羽冲，沧州人，他性情孤僻、迂腐，喜欢讲求古代的典章制度，强调按典章制度办事。他虽然勤奋，但迷信古书上的学问，而且做起来一丝不苟。

有一天，刘羽冲偶然得到了一部兵书，他如获至宝，闭门苦究，在家中伏案研读了一年。一年后，他觉得自己已经把这本书读得非常明白了，就向周围的邻居炫耀说："我已经把兵书研究得非常透彻了，里面的每字每句我都能倒背如流。如果让我统率10万大军出兵打仗，绝对一点问题也没有。"

刚巧这时发生了士寇变乱，刘羽冲便自告奋勇，训练了一队乡兵，前去平叛。但由于他没有实践经验，全部按照兵书上的兵法生搬硬套，结果整个队伍溃败，他自己也差点被生擒活捉。

刘羽冲侥幸逃回了家里，前思后想，怎么也不明白自己为什么会打败仗。同村的人都嘲笑他："还说自己能统率10万大军呢，带几个乡兵都不行，真是不自量力。"

他对乡人说："那部古代兵书我已经反复看了好多遍了，怎么打起仗来就不行了呢？一定是兵书上有错误，我才会打败仗的。"

后来，刘羽冲又得到一部古代兴修水利的书，他又是如获至宝，闭门静修，在家伏案研读了一年。

一年后，刘羽冲觉得自己已经熟练地掌握了书里的东西，对水利建设已经了如指掌了，便又对乡人说："我已经把这部水利书背得滚瓜烂熟了，按书上说的做，就一定能把千里荒土改造成肥沃的良田。"

杏园雅集图

　　于是，他勾画了水利图纸，列上了各种兴修措施，把图纸呈给了州长官。州长官也是个喜欢多事的人，轻信了他的话，便叫他在一个村子里做试验。刘羽冲指挥乡民大兴土木，挖渠引水。可是天有不测风云，田间的水渠刚刚修完，就下起了大雨，发起了大水。洪水顺着沟渠灌入村子，村子里的人险些被淹死。

　　村民对刘羽冲愤恨不已，纷纷指责他。从此，刘羽冲抑郁不得志，常独自在庭院台阶上走来走去，摇头自语道："古人难道会骗我吗？"就这样，他每天念叨千百次，都只是这一句话。不久，他便发病死了。

　　这个故事告诉我们，书本上的经验固然重要，但实践经验也很重要，因为它不但是产生理论知识的源泉，而且有些精深的技艺是难以从书本上得到的。当然，忽视书本知识，排斥间接经验，盲目地将书本知识一概视为糟粕的观点，也是不可取的。

　　为人处世，真正的诀窍就像酒，随着人的行动一同出现、一同消失，说出来的大概也只能算是糟粕了，无非是闻到一点酒精味儿，让人想象不到什么是酒。这就是书本的真正作用，它只有与实践相结合，才能发挥出应有的作用。

　　有时候，你是否有过这样的感悟：当我们向既定的目标奋进时，内心是多么渴望前面有条航标灯引领我们的航船，有志同道合之士指明方向，有亲切的话语拂去人生征途的劳顿。自然也好，人性也罢，都是极富神秘性的东西。有的东西可以通过读书学习来掌握，但有的东西通过典籍学习是不能够领悟到的，只能听从名师的指点，只能凭自己的实践和悟性慢慢领悟。这就是学习，只有这样的学习，我们才能不断进步。

敏而好学，不耻下问

【原文】

　　子贡问曰："孔文子①何以谓之'文'也？"子曰："敏②而好学，不耻下问③，是以谓之'文'也。"

【注释】

①孔文子：名圉，卫国大夫，谥号文，"子"是尊称。

②敏：敏捷、勤勉。

③下问：问在自己之下的人，如，以能问不能，以多问寡等。

【译文】

子贡问道："凭什么给孔文子一个'文'的谥号呢？"孔子说："他聪敏勤勉而又虚心好学，不以请教地位卑下的人为耻，所以给他谥号叫'文'。"

【解读】

孔子是我国伟大的思想家、政治家、教育家，儒家学派的创始人。人们都尊奉他为圣人。然而孔子认为，无论什么人，包括他自己，都不是生下来就有学问的。

一次，孔子去鲁国国君的祖庙参加祭祖典礼，他不时地向人询问，差不多每件事都问到了。有人在背后嘲笑他，说他不懂礼仪，什么都要问。孔子听到这些议论后说："对于不懂的事，问个明白，这正是我知礼的表现啊。"

那时，卫国有个大夫叫孔圉，虚心好学，为人正直。当时社会有个习惯，在最高统治者或其他有地位的人死后，给他另起一个称号，叫谥号。按照这个习俗，孔圉死后，授予他的谥号为"文"，所以后来人们又称他为孔文子。

孔子的学生子贡有些不服气，他认为孔圉也有不足的地方，于是就去问孔子："老师，孔文子凭什么可以被称为'文'呢？"

孔子回答："敏而好学，不耻下问，是以谓之'文'也。"意思是说孔圉聪敏又勤学，不以向职位比自己低、学问比自己差的人求学为耻辱，所以可以用"文"字作为他的谥号。

从求学问道的角度来看，做学问的方法是多种多样的，也是无穷无尽的，但集中起来说却又离不开"好学"二字，好学而又持之以恒，就能不断地提高自己。

康熙（1654—1722年）是一个十分好学的皇帝，他的御书房里，摆满了各种古今书籍，其中有不少还是他亲自主持编纂的，如《数理精蕴》、《康熙字典》、《律旨正义》等。正如他在《庭训格言》中所言："朕自幼好看书，今虽年自，犹手不释卷。诚天下事繁，日有万机，为君一身处九重之内，所知岂能尽乎！时常看书，知古人事，靡可以寡过。"他读书的目的不是为了附庸风雅，炫耀知识，而是"于典谟训诰之中，体会古帝王孜孜求治之意，即欲使古昔治化，实现于今"。康熙身为一国之君，为求治国之道，使自己少犯过错，常以古今义理自悦，数十年如一日，不知疲倦。

1864 年（康熙二十三年），他到南方巡视，船泊南京燕子矶，已是夜深人静，万籁俱寂。三更过后，康熙座船上依然灯火通明，他此时还在与高士奇兴致勃勃地谈经论文呢！高士奇怕皇上劳累过度，要起身告辞。康熙却笑了笑说："这个问题今天不弄明白，我也睡不着呀。我从 5 岁读书，每天睡晚一点已成习惯。读书可以陶冶人的性情，增长知识，其乐无

康熙皇帝朝服像

穷，就是稍有倦意，也被赶跑了。"巡视期间，不论是官员还是老百姓，只要有学问，他都愿意与他们一起研讨，并因此而发现了不少人才。

康熙的读书兴趣非常广泛，除经、史、子、集外，天文、地理、历法、数学、军事、美术无不涉及。如他主持编纂的《数理精蕴》就是在天文和数学方面，保持我国传统成果、吸收西洋精华的一本高水平学术著作。

康熙是我国历史上一位功业卓著的政治家，文韬武略，运筹帷幄。在统一中国，发展生产，加强民族团结和抗击沙俄侵略中作出过重大贡献。他开创了中国历史上又一个昌盛的时代——"康熙之治"。他的勤奋好学，持之以恒，不仅给了他文治武功的能力，而且陶冶了他的情操。

用知识来充实自己不是一朝一夕就能功德圆满、学有所成的。平时不抓紧时间学习知识，平时不注意时刻为自己充电，指望临时受用是不可能有长久的

效果的。这就说明"闲中不放过，静中不落空"的功用，"临阵磨枪"，"临渴掘井"，是不能从容应付的。所以，一个有作为的人应当养成好学的习惯，知识丰富了，工作才能有一定之规，做事有一定见识。

三思而后行

【原文】

季文子①三思而后行。子闻之，曰："再②，斯可矣。"

【注释】

①季文子：姓季孙名行父，谥号文，鲁国大夫。

②再：两次。

【译文】

季文子每做一件事都要反复考虑多次。孔子听到了，说："考虑两次就行了。"

【解读】

季文子是鲁国的正卿，他执掌着鲁国的朝政和财富，大权在握，一心安社稷。忠贞守节，克勤于邦，克俭于家。他家的妻子儿女没有一个穿绸缎衣裳的，他家的马也只是吃草，而不吃粮食。他修身立德，因而鲁国朝野都崇尚节俭。孔子为此很赞许。季文子担心自己的德行不够，担心做的事不符合国家利益，所以每做一件事，都要"三思而后行"。

《论语》中所说的"三思"意思是反复思考，慎重思考，而不是鲁莽从事，冲动用事。慎重思考是一种能力。慎重思考，可以避免一时冲动所造成的失误。

迄今为止，人类所有的发现都源于思考。所有的进步都依赖于思考。人类如果不思考，便不可能再前进一步。人生的成功也是如此，任何成就的取得，都是思考的结果，都是智慧的结晶。

世界交响乐指挥大赛已进入决赛阶段。

后来在世界上享有盛誉的著名指挥家小泽征尔此时正在专注地指挥乐队，力争在决赛中脱颖而出。

忽然，他发现乐谱上有不和谐的地方，起初，他以为是乐队演奏错了，就停下来重新演奏，但仍不如意。乐谱可是评委会给他的，这不容置疑。

这时，在场的作曲家和评委们都郑重地说乐谱绝对没有问题，这是小泽征尔的错觉。

面对着一大批音乐大师和权威人士，小泽征尔思考再三，突然大声说道：

指挥家小泽征尔

"不！一定是乐谱错了！"

话音刚落，评委席上立即响起热烈而持久的掌声。

原来，这是评委们精心设计的一个陷阱。一位出色的指挥家不但要有高超的指挥才能，还要敢于发现乐谱错误，并在遭到"权威"否定的情况下，仍旧坚持自己的判断，这对于指挥家来说，尤为重要。

前几位参赛的指挥家虽然也发现了错误，但他们趋同权威而遭到了淘汰。

因此，小泽征尔摘取了这次指挥大赛的桂冠。

我们无法预知未来，所以很多事情成功与否常常取决于你是谨慎小心还是鲁莽草率。有些人之所以失败，就是因为缺乏思考。

"先了解你要做什么，然后去做。"对做事草率的人来说，这是很好的座右铭。假如决断和行动力是迈向成熟的必要条件，则表示我们所采取的行动，必须根据良好的分析与判断。

著名发明家爱迪生在谈到自己做事的原则时说："有许多我自以为对的事，一经实践之后，往往会发现错误百出。因此，我对于任何大小事情，都不敢过早草率地做出肯定的决定，而是要经过仔细权衡斟酌后才去做。"

爱迪生的这番话，用我们中国的一句古语来概括，就是"三思而后行"。其实，一切有成就的人，都是善于思考的人。即使在现代职场，勤于思考也是职场人士做事的金科玉律，值得我们遵守。

成功学导师戴尔·卡耐基先生曾访问过哥伦比亚大学的已故院长赫伯·郝克先生。在访问过程中，卡耐基特别提到郝克院长的书桌是多么整洁——因为像他这么一个大忙人，桌上通常会堆满许多资料或文件。

"要处理这么多学生的问题，你一定要随时做出许多决定。"卡耐基先生说道，"但是，你看起来十分冷静、从容，一点都显不出焦虑的样子。请问，你是如何做到这一点的？"

郝克院长回答道："我的方法是这样的——假如我必须在某一天做某一项决定，通常我都事先收集好各种相关资料，并认定自己是'发掘事实的人'。我并不浪费时间去设想该如何作决定，只是尽可能地去研究与问题有关的所有资料。等我研究完毕，决定便自然产生了，因为这都是根据事实而来的。听起来十分简单，是吗？"

澳大利亚的贝弗里奇曾经这样说过："若要不失独创精神和观点的新鲜，对待事物时就必须抱有思考的态度。"

小娜的朋友曾介绍她到一个公司去工作。小娜对她的朋友说："这家公司的情况如何我不大清楚，让我考虑一下好吗？"

在考虑的这段时间里，小娜注意搜集有关这个公司的资料，并在一个聚会上见到了这个公司的总经理。小娜发现这个总经理精神不振，并未显示出事业得意的样子。小娜从这个小细节上，认识到这个公司不景气，于是她重新找了一家公司去工作。之后不久，朋友介绍的那个公司就倒闭了。

当你在工作或者生活中遇到问题时，不要盲目行动，静静心，细细地考虑斟酌一番。我们有自己的头脑，经过它思考出来的东西，才是属于我们自己的，这样的东西才会对我们有用。"三思而后行"的做事原则，虽然不能保证你一做就会成功，但却会使你的成功率达到最高点。

愚不可及才是真聪明

【原文】

子曰："宁武子①，邦有道，则知，邦无道，则愚②。其知可及也，其愚不可及也。"

【注释】

①宁武子：姓宁，名俞，谥号武，卫国大夫。

②愚：这里是装傻的意思。

【译文】

孔子说："宁武子这个人，当国家有道时，他就显得聪明，当国家无道时，他就愚笨。他的那种聪明是别人可以做到的，他的那种愚笨别人就做不到了。"

【解读】

谨慎行事是一个人在纷扰的社会里立足必须注意的问题。小心行得万年船，千万不能自恃有某一方面的才能，就锋芒毕露，到处显摆。现代社会，各种关系复杂多变，稳中求实是难能可贵的，有才能的人最易遭人忌妒。因此，在适当的时候，表现得"愚"一些，态度隐忍一些，采取平和的心态去面对一切，就可以避开危险。

宁武子是春秋时期卫国很有名的大夫，他经历了由卫文公到卫成公两代，虽然这两个朝代完全不同，但宁武子却相安无事地做了卫国的两朝元老。

卫文公时，国家步入正轨，政治、经济和文化蒸蒸日上。宁武子发挥自己的聪明智慧和超人的能力，为卫国做出了很大贡献，深得卫文公的赏识。

宁武子的外交才能是非常出色的。卫文公四年（公元前 656 年），宁武子到鲁国聘问，鲁文公设宴招待他，并且与他对饮。席间，鲁文公亲自为宁武子朗诵《湛露》和《彤弓》两首诗歌。朗诵完毕，宁武子不言不语，既不说感谢的话，也不赋诗回答。文公感到很纳闷，就派人私下问："文公为您朗诵诗歌，您怎么不说声谢谢，也不赋诗回答一下呢？这不是对人不尊重吗？"

宁武子回答："我还以为这次是在练习演奏呢！从前诸侯在正月里去京师向天子朝贺，天子设宴奏乐，在这个时候赋《湛露》这首诗，那就表示天子对着太阳，诸侯听候命令为国效劳。诸侯把天子所痛恨的人作为敌人，为帮助天子平定天下而贡献出自己的力量。天子因为这样而赐给他们红色的弓一把、红色的箭一百枝、黑色的弓十把、黑色的箭一千枝，用以表彰功劳，还用设宴奏乐作为报答和奖赏。现在，下臣前来拜访贵国，来巩固过去的友好关系，承蒙君王赐宴，哪敢触犯大礼来自取罪过？"

春秋时期莲鹤方壶

宁武子靠自己的聪明才智，不卑不亢地在外交过程中为卫国争得了面子，从此其他国家不再敢小视卫国，卫国的政治、经济得到了稳固的发展。

后来到了卫成公的时候，由于卫成公治国无道，导致卫国的政治、经济等多方面都很混乱，人人相互攻击弹压，形势十分险恶。为了保护自己于危难，以苟存微薄之躯来挽救国家和人民，宁武子表现得与卫文公时完全不同。他装出愚钝无能的样子，以掩盖自己的锋芒，让别人觉得自己无知，对别人没有任何威胁，别人也不会加害于自己，从而保护了自己。可是，他一点也不笨，他施展自己的聪明才智，巧妙地与各种势力周旋，终于平定了内乱，挽救了卫国，并为百姓做了不少有益的事，受到国人的敬畏和拥戴。

在现实生活中，人际关系错综复杂，盘根错节，有很多事情是不能太认真、太较劲的。做人太认真，不是扯着胳膊，就是动了筋骨，越搞越复杂，越搅越乱乎。因此，顺其自然，必要时装一次糊涂，不丧失原则和人格，或为了公众，或为了自己的长远目标，哪怕暂时忍一忍，受点委屈，也是值得的。

装"糊涂"有时候也是一种无奈之举，特别是当弱者面对强大的敌人时，装糊涂就成为一种重要的智慧了。

成功的道路并不是笔直平坦的，它是由许多曲折和迂回铸成的。聪明的人在不能直达成功彼岸的时候，就会采取迂回前进的办法，不断克服困难，最终走向成功。当我们面临困难，面对无可奈何的局面时，不妨学着糊涂一点，只有这样，才能摆脱暂时的困境，走向成功的彼岸。

懂得节制自己

【原文】

子在陈①曰："归与！归与！吾党②之小子狂简③，斐然④成章，不知所以裁⑤之。"

【注释】

①陈：古代国名。

②党：古代户籍编制单位，500家为党。这里是家乡的意思。

③狂简：志向远大但行为粗率简单。

④斐然：有文采的样子。

⑤裁：裁剪，这里指对人才的教育培养。

【译文】

孔子在陈国时说："回去吧！回去吧！家乡的学生有远大志向，文彩又都斐然可观，我不知道怎样去指导他们。"

【解读】

富兰克林是美国近代著名的实业家，政治家，年轻的时候，他曾经做排版工作。当时，有位管理员对富兰克林一个人在排版间工作很是不放心，所以他就把屋里的蜡烛全部收了起来，这种情况一连发生了好几次。有一天，富兰克林到库房里排版一篇准备发表的稿子，却怎么也找不到一支蜡烛。

富兰克林知道除了那个管理员以外没人这么做，他忍不住跳起来，奔向地下室去找他。当富兰克林来到地下室时，发现管理员正忙着烧锅炉，同时还在吹着口哨，仿佛什么事情也没发生过。

富兰克林抑制不住愤怒，对着管理员就破口大骂，5 分钟后他停了下来。这时，管理员转过头来，脸上露出开朗的微笑，并以一种充满镇静与自制的声调说："呀，你今天有些激动，是吗？"

他的话就像一把锐利的短箭，一下子刺进了富兰克林的心里。

想想看，富兰克林听了这句话会是什么感觉，他就像在这场"战争"中打了败仗。更糟糕的是，富兰克林的做法不但没有为自己挽回面子，反而增加了他的羞辱。他开始反省自己，认识到了自己的错误。

富兰克林画像

富兰克林知道，只有向那个人道歉，内心才能平静。于是他对那位管理员说："我为我的行为道歉，如果你愿意接受的话。"

管理员笑了，说："你不用向我道歉，没有别人听见你刚才的话，我也不会把它说出去的。你当然也不会，我们就把它忘了吧。"

听到这些话后，富兰克林抓住管理员的手，使劲握了握。他明白，自己不是用手而是用心和他握手。

在走回库房的路上，富兰克林心情十分愉快，因为他化解了自己做错的事。

从此以后，富兰克林下定决心，以后做事情绝不再失去自制，因为凡事以愤怒开始，必将以耻辱告终。

自制是一个人一生中最难得的美德，是一个人成功道路上的平衡器。自制体现了人类的勇气，是人类所有高尚品格的精髓，也是取得事业成功的前提。

失去自制的后果是可怕的。曾有人对美国监狱里的 16 万名成年犯人做过一项调查，调查发现这些人之所以沦落到监狱中，有 90% 是因为他们缺乏必要的自制。当然，犯罪只是缺乏自制的极端表现，缺乏自制更可能使我们失去工作、失去成功的机会、失去好人缘、失去好口碑……一位哲人说得好："上帝要毁灭一个人，必先使他疯狂。"

拿破仑·希尔曾说，在前进的道路上，最大的敌人不是缺少机会或是缺乏经验，而是失控的情绪。

我们生活在一个用道德和规则规范的社会，事业上的成功在很大程度上依赖于情绪控制和严格自律。在这种情况下，自制对成功就具有至关重要的意义。因为唯有自制才能使一个人有效地控制自身，把握好自我发展的主动权，驾驭自我。自制能使成功的道路变得更加平稳，能避免一些不必要的麻烦，从而增加成功的几率。

所以，别对你的朋友发火，也不要因为有人问了一些没深度的问题就一脸的不耐烦，即使你被冤枉、受了委屈也别用愤怒、赌气，甚至破口大骂来对抗，你必须控制你自己，提高自制力。正如富兰克林所说："一个人除非先控制自己，否则他将无法成功。"

一个人如果有了自制力，就很有可能抓住让你成功的机会，从而体现你本身的更大价值。

防人之心不可无

【原文】

子曰："巧言、令色、足恭①，左丘明②耻之，丘亦耻之。匿怨而友其人，左丘明耻之，丘亦耻之。"

【注释】

①足恭：一说是两只脚做出恭敬逢迎的姿态来讨好别人；另一说是过分恭敬。这里采用后说。

②左丘明：姓左丘，名明，鲁国人，相传是《左传》一书的作者。

【译文】

孔子说："花言巧语、装模作样、低三下四，左丘明认为这种人可耻，我也认为可耻。把怨恨装在心里，表面上却装出友好的样子，左丘明认为这种人可耻，我也认为可耻。"

【解读】

孔子反感"巧言令色"的做法，他提倡人们正直、坦率、诚实，不要口是心非、表里不一。这种思想在我们今天仍有一定的意义，对那些人前一套、背后一套的人有很强的针对性。

儒者对伪君子的鄙夷之情溢于言表，仅孔子对"巧言令色"的斥责，在《论语》中就有多次记载。曾子也曾说："胁肩谄笑，病于夏畦。"意思是说，耸起两个肩头，做出一副讨好人的笑脸，这真比顶着夏天的毒日头在菜地里干活还要令人难受。然而，古往今来，这种巧言令色、胁肩谄笑的人却并不因为圣人的鄙夷而有所减少。所以，直到今天，我们仍然要牢记圣人提醒我们的话，时时警惕那些花言巧语、满脸堆笑的伪君子。

俗话说："画虎画皮难画骨，知人知面不知心。""人心隔肚皮"，在茫茫人海，我们很有必要练就"一语识破"、"一眼看穿"的识别人心的技巧。

对人心的识别，是"横看成岭侧成峰，远近高低各不同"。花言巧语，给人戴高帽子，一般是对有权有势的人而言。

唐玄宗时的宰相李林甫，他陷害人时并不是一脸凶相，咄咄逼人，而是吹捧，就是所说的"口有蜜，腹有剑"。当然，在当代也不乏口蜜腹剑的阴谋家。他们就在我们的周围，有时，他们看到你直上青云就会逢迎拍马专拣好听的话讲；有时，他们看到你事事顺心、进展神速就在背后造谣生事向上级进谗言；有时欺骗、谎言、圈套从他们头脑中酝酿成"捆精绳"套在你身上，使你翻身落马。所有的这些，我们岂能不防？

具有识人的本领，就意味着你可以在瞬息万变之间看透周围发生的人与事，谨防被小人暗算。有些人表面上装着非常友好的样子，但暗地里却隐藏着阴险的人心。对这样的人，定要强加防范。只有这样，才能使自己免于陷入危难的困境之中。

孙膑和庞涓都跟随鬼谷子学习兵法，他们两人既是同窗好友，又是八拜之交的兄弟。但孙膑为人憨厚老实，心地善良，而庞涓则为人刻薄，有着极强的嫉妒心。

有一年，庞涓听说魏王要招纳贤士，就辞别师父去了魏国。临走前，他对孙膑信誓旦旦地说："只要有朝一日讨得一官半职，一定不会忘了我们同门师兄弟的情谊。"

庞涓到了魏国，魏王见他有出众的文韬武略，就命他做军师。在随后的战争中，庞涓帮助魏王屡克强敌，名震诸侯，深得魏王的赏识。但他并没有实现自己先前许下的诺言，将孙膑引荐过来。因为他知道，孙膑无论在哪方面都比自己强，他不允许孙膑抢占了他的风头。

孙膑画像

有一次，墨子去拜访好友鬼谷子，见到孙膑后，对他的才华赞叹不已。后来，墨子来到魏国，魏惠王对墨子待如上宾，为了答谢惠王的厚待，墨子就向他举荐了孙膑。魏王知道孙膑和庞涓是同窗，就叫庞涓修书一封，请孙膑到魏国来。庞涓深知孙膑一来，自己必然失宠，但他又不敢公然违背魏王的命令，只得硬着头皮给孙膑写了封信。就这样，孙膑来到了魏国。

魏惠王见孙膑才华出众，便任命他为庞涓的副手。对于自己能在魏王手下做事，孙膑一直以为是庞涓的提携，对此，他对庞涓很是感激。庞涓对孙膑表面上称兄道弟，看上去十分亲热，而内心却妒火熊熊。庞涓嫉妒孙膑智高一筹，更恨他分享自己的地位和权势，因此，他一直暗中寻找机会干掉孙膑。

庞涓开始在魏王面前说孙膑虽然身在魏国，而心却还向着齐国。魏王一听大怒，遂将孙膑削职，并要庞涓监视他。庞涓乘机说孙膑有私通齐国之罪，应砍掉他的双脚，让他成为一个废人，永远都不让他回齐国。

魏王听从了庞涓的建议，砍掉了孙膑的双脚，并在他的脸上刻上"私通外国"四个字。这个时候，庞涓仍假惺惺地对孙膑说："魏王本来是要我将你处死，但我竭力劝阻，再三保奏，魏王才决定免你一死。"孙膑不知真相，对庞涓仍然万分感激。

其实，庞涓之所以不杀孙膑，有自己的用意，他就是想得到孙膑的《兵法》。但孙膑并不知道庞涓的想法，为了感激庞涓对自己的照顾，还每天拖着残废之躯为庞涓写兵法。后来，庞涓的仆人可怜孙膑，就把真相告诉了他。孙膑得知真相后，就开始装疯，以此来消除庞涓对他的防范。不久，事情有了转机，一次，墨子的弟子禽滑里去魏国时知道了孙膑的不幸，于是向墨子诉说了孙膑的遭遇。墨子又将孙膑的事通知了齐王，齐王于是派人将孙膑接回了齐国。

回到齐国后，孙膑做了田忌的军师，在后来的"围魏救赵"的计策中大败庞涓，又在韩魏战役中，以"增兵减灶"的计谋，诱敌深入，将庞涓射死在马陵道。

庞涓本来也是个很有才学的人，但他嫉妒心强，并且心狠手辣。对于孙膑来说，庞涓就是一个不折不扣的小人，但他因为缺乏警惕之心，所以险些被庞涓害死。

由此可见，虽然小人的内心可耻，但他们的面孔却很难辨认，因为他们都戴着一副假面具。因此，我们必须透过这副假面具，才能看清他的本质。

唐太宗李世民不可谓不圣明，但这一代明君在魏征死后很快就被"巧言令色"的小人包围。太子李承乾发动政变，事败被杀。因魏征曾是太子师傅，唐太宗听信谗言，命人将御笔亲书的魏征墓碑推倒并砸碎。直到东征高丽失败，狼狈而归，李世民才又想起了魏征，他长叹道："魏征若在，不使我有是行也！"不久，他命令去魏征墓前悼念一番，并将当初推倒的墓碑又立了起来。

"巧言令色"编织的无形之网不仅能网住帝王，也会随时把我们纳入其中。这就更需要我们谨记孔子的这句话了。

学习是一辈子的事

【原文】

颜渊季路侍①。子曰："盍②各言尔志？"子路曰："愿车马，衣轻裘，与朋友共。敝之而无憾。"颜渊曰："愿无伐善，无施劳。"子路曰："愿闻子之志。"

子曰："老者安之，朋友信之，少者怀之③。"

子曰："已矣乎，吾未见能见其过而内自讼④者也。"

子曰："十室之邑，必有忠信如丘者焉，不如丘之好学也。"

【注释】

①侍：服侍，站在旁边陪着尊贵者叫侍。

②盍：何不。

③少者怀之：使年轻人怀念他。

④讼：责备。

【译文】

颜渊、子路两人侍立在孔子身边。孔子说："你们为何不说说各自的志向呢？"子路说："愿意拿出自己的车马、衣服、皮袍，同我的朋友共同使用，即使用坏了也不抱怨。"颜渊说："我愿意不夸耀自己的长处，不张扬自己的功劳。"子路问孔子说："希望听老师您的志向。"

孔子说："我的志向是让年老的安心，让朋友信任，让年轻人怀念我。"

孔子说："算了吧！我还没有看见过能够看到自己的过失并且能从内心反省自己的人。"

孔子说："即使只有十户人家的小村子，也一定有像我这样讲忠信的人，只是不如我那样好学罢了。"

【解读】

孔子是古代的大思想家，教育家，一辈子都勤奋好学，他在 68 岁的时候，结束了多年的周游列国的生涯，回到了鲁国。此后，他把所有的精力都花费在删定文献上，他整理修订了《易》、《礼》、《乐》、《尚书》、《诗经》，又删修了一部《春秋》。

孔子尤其喜欢钻研《周易》，他详细解释了《象辞》、《系辞》、《卦》、《文言》等。孔子读《周易》刻苦勤奋，以致把编穿书简的牛皮绳子也弄断了多次。他还说："再让我多活几年，这样的话，我对《周易》的文辞和义理就能够充分掌握理解了。"这就是"韦编三绝"的故事。

像孔子这样的大学问家，大圣人，还要一辈子坚持学习，我们生活在今天这个时代，科学知识日新月异，更要坚持学习，这样才不会被淘汰。

学习知识是重要的，所以，世界上有很多人一生都在学习——从小上学学习，一直到大学毕业，工作后继续努力深造，考研；也有老来上大学，补知识的；在科学事业上刻苦钻研，更上一层楼的……这些人对自己的人生、对待学习总是抱有一种不知足的心态，而这种"不知足"，却是值得我们学习借鉴的。

人们常说的"百尺竿头，更进一步"，也是比喻在取得很高的成就后争取更高的成就。倘若取得成就之后就骄傲自满，那是不会再有更深造诣的。

在美国东部的一所大学里，期终考试的最后一天，一群即将毕业的学生们挤在教学楼的台阶上，正在讨论着即将进行的考试，几年的刻苦学习使他们充满了自信，毕竟这是他们毕业与工作之前的最后一次测验了。

其中，一些人在谈论他们现在已经找到的工作；而另一些人则谈论他们将会得到的工作。带着通过4年的大学的学习所积攒起来的自信，很明显地他们感觉自己已经准备好了，甚至觉得自己有足够的能力和知识来征服这个社会。

这些年轻人一点也不紧张，因为这场即将到来的测验将会很快结束——教授曾经说过，他们可以带任何书籍或笔记作参考。唯一的限制，就是他们不能在测验的时候交头接耳。

时间终于到了，他们兴高采烈地冲进教室。教授把试卷分发下去。当学生们注意到只有五道评论类型的问题时，更加掩饰不住他们内心的兴奋。

3个小时过去了，教授开始收试卷。然而，这些年轻人看起来不那么自信了，没有一个人说话。教授手里拿着试卷，面对着整个班级。他俯视着眼前那一张张焦急的面孔，然后问道："完成五道题目的有多少人？"

没有一只手举起来。

"完成四道题的有多少？"

仍然没有人举手。

"三道题？两道题？"

学生们开始有些不安，在座位上扭来扭去。

"那一道题呢？当然有人完成一道题的。"

但是整个教室仍然很沉默。教授放下试卷，"这正是我期望得到的结果。"他说。

"我只想给你们留下一个深刻的印象——即使你们已经完成了四年的'修行'，关于学习的事情仍然有很多是你们所不知道的。这些你们不能回答的问题是与每天的普通生活实践相联系的。"然后他微笑着补充道，"你们都会通过这个课程，但是

鲁公写经图

记住——即使你们现在已是大学毕业生了，你们的教育仍然还只是刚刚开始。"

教授并非真的想用五道难题来打击学生们的自信心，他的目的仅仅是希望这些学生能够在以后的工作和生活中，以一种低姿态学到更多的东西罢了。

世界上还有一些人之所以不能"更上一层楼"，不是因为过于自高自大，而是因为信心不足——他们总是以时间、年龄、精力等一系列的借口，将自己束缚在一个不能继续学习、修行的位置上。正是因为他们从内心里就认为自己不能学习了，他们才学习不到任何东西。

活到老，学到老。每个人若要跟上时代的步伐，就必须不停地学习。因为在现代社会中，知识的更新速度越来越快，不努力学习，就会被淘汰。因此，即使是百岁老叟，只要付出，就会有收获。即使比不上别人，但跟自己比未尝不是一种超越。只要行动起来，就比原地踏步要强得多。

对于别的事情我们应该多一些知足常乐的心态，然而对于学习的事情，我们最好永远都不知足。因为知识是无穷尽的，学习也是无止境的。在这样一个多变的世界里，任何故步自封、因循守旧、缺乏远见、不求上进的人最终都会走向失败，所以不论我们曾经受到过多么高的教育，取得过多么辉煌的成就，拥有多么巨大的财富，都不要忘了，学习应该伴随终生。

雍也篇第六

居敬而行简

【原文】

子曰："雍也可使南面①。"

仲弓问子桑伯子②。子曰："可也简。"仲弓曰："居敬而行简，以临其民，不亦可乎？居简而行简，无乃③大简乎？"子曰："雍之言然。"

【注释】

①南面：古代以坐北朝南为尊位，帝王、诸侯、卿大夫听政皆面南而坐。这里指诸侯之位。

②子桑伯子：鲁国人，事迹不详。

③无乃：相当于"不是"。

【译文】

孔子说："冉雍这个人，可以让他去做官。"

仲弓问子桑伯子这个人怎么样。孔子说："此人还可以，很简单。"仲弓说："居心恭敬严肃而行事简要，像这样来治理百姓，不是也可以吗？但是自己马马虎虎，又以简要的方法办事，这岂不是太简单了吗？"孔子说："冉雍说得对。"

【解读】

孔子认为，治理国家要立身恭敬，严格以礼办事。这里所说的居敬，就是居心诚敬的意思。行简，就是行事简约不扰民。简，就是简要，不烦琐。临，就是面临、面对。此处有"治理"的意思。把孔子的思想推而广之，就是做事要认认真真，而不能马马虎虎。

野田圣子是一个年轻美丽的日本女孩子，她离开学校后找到的第一份工作，是在帝国酒店当白领丽人。

在酒店受训期间，酒店安排她打扫厕所。从小娇生惯养的她从来没有干过这样的活，在第一次触及马桶的时候，她差一点吐出来。

野田圣子明白，要当白领丽人，就必须从最基层的粗活开始干起。她每天强制自己打扫厕所，把马桶擦得干净、光洁，她觉得自己做得蛮像一回事，应该是无可挑剔了。

可是有一天，一件野田圣子从未料到的事情使她的身心受到了强烈的震撼。野田圣子打扫干净自己负责的厕所以后，偶然走进另一个厕所。负责打扫这间厕所的是一个蓝领清洁工，从外表看，野田圣子觉得清洁工打扫的厕所和自己打扫的没有什么两样。但清洁工打扫完厕所以后，从容地从马桶里舀了一杯马桶水，当着野田圣子的面竟"咕噜咕噜"地喝了下去。野田圣子看呆了，她简直不敢相信自己的眼睛。然而这一切都是真的。

清洁工以她的行动表明，她负责打扫的厕所有多么干净，干净到连马桶里的水也可以喝。

心灵受到震撼的野田圣子感到十分惭愧，与清洁工打扫的厕所相比，她打扫的厕所的清洁度还差得远呢。她暗暗对自己说："连厕所也打扫不干净的人，将来是没有资格在社会上承担起重要责任的。如果让自己一辈子打扫厕所，也要做个打扫厕所最出色的人。"

从此，野田圣子打扫厕所异常认真。有一天，在打扫完厕所、洗完马桶以后，她也很坦然地从马桶里舀了一杯马桶里的水"咕噜咕噜"地喝了下去。

喝马桶里的水的经历使野田圣子终身难忘，正是这次经历成为她今后向上拼搏的精神力量，她一步一步地走向成熟，走向成功。

多年以后，野田圣子成了日本邮政大臣，而且是日本内阁中最年轻的阁员，也是唯一的一个女性阁员。

一个人要想有所作为，一定要从小事做起，如果连最简单的事情都做不好，就不可能做好大事，也不可能成就大业。即使是最简单的事情，也要做到最好。只有这样，才能为以后事业的成功打下良好的基础。

不迁怒，不贰过

【原文】

哀公问："弟子孰为好学?"孔子对曰："有颜回者好学，不迁怒，不贰过。不幸短命死矣，今也则亡，未闻好学者也。"

【译文】

鲁哀公问孔子："你的学生中谁是最好学的呢？"孔子回答说："有一个叫颜回的学生好学，他从不迁怒于别人，也从不重犯同样的过错。不幸他短命死了。现在再也找不到这样的人了，没有听说谁是好学的。"

【解读】

要做到"不迁怒"是很难的，需要人有很高的道德修养。清人傅山就说过：愤怒正到沸腾时，就能铲除并停止住，这一点不是一般人所能做到的。能够做到"不迁怒"，就成为道德完善的一个外在标志。如果你想和对方一样发怒，你就应想想这种爆发会产生什么后果。如果发怒必定会损害你的身心健康和利益，那么你就应该约束自己、克制自己，无论这种自制是如何的费力。

张良是西汉初期的一位大臣。秦朝末年，张良在博浪沙谋杀秦始皇没有成功，便逃到下邳隐居起来。

有一天，张良在下邳桥遇到了一位白发、长胡须的老人。他坐在桥栏上，跷起一只脚，哼哼呀呀地拍打着鞋子唱着小曲儿。

张良走过老人身边时，老人忽然一抖脚，故意把自己的鞋子脱落，掉在桥下，然后指着张良说："小伙子，下去给我把鞋捡上来！"

听着这无礼的要求，张良一股怒火直往上蹿，但当他想到老人年岁已大，身体不灵便，下桥取鞋确实有困难时，便强压着怒火，到桥下为老人取来了鞋子。

看着张良拿着鞋子走上桥来，老人脸上露出了一丝笑容。张良毕恭毕

张良画像

敬地把鞋子递过去，谁知这位老人不仅不道谢，反而大咧咧地伸出脚来说：

"替我把鞋穿上!"张良心底大怒,可又一想:既然已经为他拾了鞋,就好人做到底吧!于是,他跪在地上,小心地把鞋给老人穿上。

最后,老人看着张良哈哈大笑但没走多远又返回来,对张良说:"你这个小孩子还可以教育,5 天后的黎明,到这里来见我!"5 天后,张良在黎明准时到了桥上,但那老人早已站立桥上多时,他见到张良就说:"与老人约会,为什么后到?"并要他再过 5 天后来。第二次,张良早早起来,但还是落到了老人的后边。第三次,张良不到半夜就来到桥上,过了一会儿,老人才到。这次,他高兴地说:"理当如此!"然后将一部《太公兵法》交给张良,并说 10 年后他可以辅佐帝王成就帝业。张良得到这本奇书,日夜诵读研究,很快就成为一个满腹韬略、智谋超群的人物。后来,他辅佐刘邦建立了汉朝,被列为"汉初三杰"之一。

老人之所以几次为难张良,就是看他有没有遇辱能忍、不迁怒于人的自我克制的修养。有了这种修养,今后才能担当大任,才能处理各种复杂的人际关系和艰巨的事情;遇到事情才能冷静,知道祸福所在,不意气用事。我们在平时要注意培养这种修养,克制、忍耐地处理好所遇到的人和事。

人皆有七情六欲,遇到外界的不良刺激时,难免情绪激动,发火,愤怒。迁怒于人,谁都知道是不应该的,但是却没几个人能杜绝。贰过也是如此,虽然"吃一堑长一智"、"闻过即改"都是常挂在人们嘴边上的话,但是积习难改呀。总按同样的方式做事,就不免总是犯同样的错误。因此,我们在遇到事情时,在面对人际矛盾时,要学会克制,学会忍耐,而不要像炮捻子,一点就着。

孔子说只有颜回才能做到"不迁怒,不贰过",所以对他褒奖甚高,再三赞叹。从孔子赞许颜回的态度上,我们可以看出,心态平和不迁怒于别人,同时也在一定程度上保证了人们能够不重复犯错。也即是说,良好的心态是增强人们学习和工作效率的有益调合剂。倘若一个人能够制怒,既不对别人,也不对自己发脾气,那么,他必然能够不惹祸端、不受干扰地一路走好。

君子周急不济富

【原文】

子华使于齐，冉子为其母请粟。子曰："与之釜①。"请益。曰："与之庾②。"冉子与之粟五秉③。子曰："赤之适齐也，乘肥马，衣轻裘。吾闻之也：君子周急不继富。"

原思④为之宰，与之粟九百，辞。子曰："毋！以与尔邻里乡党乎！"

子谓仲弓，曰："犁牛之子骍⑤且角⑥，虽欲勿用⑦，山川其舍诸？"

【注释】

①釜：古代量名，一釜约等于六斗四升。

②庾：古代量名，一庾等于二斗四升。

③秉：古代量名，一秉为十六斛，一斛十斗。

④原思：姓原，名宪，字子思，鲁国人，生于公元前515年，孔子的学生。

⑤骍：赤色。周朝尚赤，用作祭品的牲畜也要赤色。

⑥角：意思是牛的两角长得周正。

⑦虽欲勿用：古代祭祀不用耕牛作为祭品，因此认为耕牛之子也不可用作祭品。

【译文】

子华出使齐国，冉有替他的母亲向孔子请求补助一些谷米。孔子说："给他六斗四升吧。"冉有请求再增加一些。孔子说："再给他二斗四升。"冉求却给他八十斛。孔子说："公西赤到齐国去，乘坐着肥马驾的车子，穿着又暖和又轻便的皮袍。我听说，君子只是周济急需救济的人，而不是锦上添花。"

原思在孔子家当总管，孔子给他俸米九百，原思推辞不要。孔子说："别推辞。如果有多余的，就给你的乡亲们吧。"

孔子在评论仲弓的时候说："耕牛产下的牛犊毛色纯赤，角也长得整齐端正，即使人们不想用它做祭品，但山川之神难道会舍弃它吗？"

【解读】

人有困难，我们应当伸出援手，予以帮助，但是如何帮助，也是有原则的。

在这段话里，孔子提出了一个原则，就是"君子周急不济富"。意思是对待贫穷或者有困难的人，应该是救人家之急，要雪中送炭，而不是去给并不困难的人锦上添花。像公西赤（即子华）并不困难，他"乘肥马，衣轻裘"正说明他生活的富有，而冉有却只凭着朋友的情谊，没有原则地给以帮助，实际上是锦上添花。孔子并非吝啬，而是在这方面讲究实事求是。

这个原则对于我们今天依然很有现实意义。像如何对待弱势群体，如何考虑社会保障，都应该运用这个原则。对待有困难的人应该是急人之急，雪中送炭。这样能确实帮人解决急需解决的问题。

2003 年 7 月 21 日凌晨 4 点半左右，一辆满载着陶制瓦片的卡车撞进南京下关区上元门的三间民房里。顷刻间，瓦砾四溅、房屋倒塌，卡车内的几个人当场死亡，房屋里也埋下了 5 个人。

由于是凌晨时分，大多数人都在睡梦中，惨祸发生后，被惊醒的为数不多的附近居民面对惨祸束手无策。在等待救助人员到达期间，人们发现在倒塌的房屋废墟里，有一个人头露在外面，身子埋在废墟里。也许是因为失血过多，他的呼吸越来越微弱，眼睛也睁不开了。

这时候，一个青年男子俯身对那露在外面的头喊道："不要闭上眼睛！要坚强，你可以和我说说话，但千万不要闭上眼睛。"那个被埋者的眼睛睁开了，眼神中隐藏着一丝恐惧和一丝谢意。

年轻男子和那个被埋着的人说着话，问他：你今年多大年龄了？在哪里工作啊？做什么工作啊……

可没过多久，被埋的人又一次闭上眼睛，那个年轻男子又一次喊道："不要闭上眼睛！睁开你的眼睛！"可被埋的人似乎没有听到，一点反应也没有。喊话的年轻男子找来了医生，被埋者输入了氧气后眼睛再一次睁开了……

救援人员终于赶到了，被埋的男子送往医院抢救。有人问喊话的年轻男子和被埋者是什么关系，喊话的年轻男子说道："我不认识他，我开出租车路过这里。"

这个世界是非常现实而又功利的，有些人就是不愿意帮助那些处于穷困境地的人，却总是寻找机会攀附富人的机会。虽然前者体现的是高尚的美德，后者显露的是卑琐的媚态，但是，人们却仍旧抱有这样的心态。俗话说得好，"济人须济急时无"。让我们在做善事，在帮助他人之时，记住孔子提出的这一原则。

一箪食，一瓢饮，在陋巷，人不堪其忧，回也不改其乐

【原文】

子曰："回也，其心三月①不违仁，其余则日月至焉而已矣。"

季康子问："仲由可使从政也与？"子曰："由也果，于从政乎何有？"曰："赐也可使从政也与？"曰："赐也达，于从政乎何有？"曰："求也可使从政也与？"曰："求也艺，于从政乎何有？"

季氏使闵子骞②为费宰。闵子骞曰："善为我辞焉！如有复我者，则吾必在汶上③矣。"

伯牛④有疾，子问之，自牖执其手，曰："亡之，命矣夫！斯人也而有斯疾也！斯人也而有斯疾也！"

子曰："贤哉回也！一箪⑤食，一瓢饮，在陋巷，人不堪其忧，回也不改其乐。贤哉回也！"

【注释】

①三月：泛指长久。

②闵子骞：姓闵，名损，字子骞，鲁国人，孔子的学生，以孝顺而著名。

③汶上：即汶水以北，这里暗指齐国。汶，水名，在齐、鲁两国交界处。

④伯牛：姓冉，名耕，字伯牛，鲁国人，孔子的学生。

⑤箪：盛饭的竹器。

【译文】

孔子说："颜回这个人，他的心可以在长时间内不离开仁德，其余的学生

则只是在短时间内偶然想起一下罢了。"

季康子问孔子："仲由这个人，可以让他管理国家政事吗？"孔子说："仲由做事果断，对于管理国家政事有什么难的呢？"季康子又问："端木赐这个人，可以让他管理国家政事吗？"孔子说："端木赐通达事理，对于管理政事有什么难的呢？"又问："冉求这个人，可以让他管理国家政事吗？"孔子说："冉求有才能，对于管理国家政事有什么难的呢？"

季氏派人请闵子骞去做费邑的长官，闵子骞对来请他的人说："请你好好替我推辞吧！如果再来找我，那我一定逃到汶水那边去了。"

伯牛病了，孔子前去探望他，从窗户外面握着他的手，说："不行了，这是命里注定的啊！这样的人竟会得这样的病啊！这样的人竟会得这样的病啊！"

孔子说："颜回的品质是多么高尚啊！一箪饭，一瓢水，住在简陋的小屋里，别人都忍受不了这种穷困清苦，颜回却没有改变他好学的乐趣。颜回的品质是多么高尚啊！"

【解读】

在孔子的众多弟子中，颜回是孔子屡加赞扬、倍感得意的学生。虽然吃的是粗陋的食物，住的是偏僻的地方，颜回却不改其乐，安贫乐道，以道德修养所带来的内心的愉悦为最高快乐，丝毫不受外界物质的困扰，因此被后人尊为"复圣"。

人应当能够承受物质生活对人的身心所产生的影响。现代社会，一些"俗人"为了追求生活上的享受，竟然丢掉最重要的精神信念，变成了俗不可耐的物欲的奴隶，导致道德沦丧；但聪明的智者，却能随遇而安或穷益志坚，不受任何影响地充分享受人生，并且能做出一番不平凡的事业来。

东晋著名的文学家陶渊明，又名陶潜，是我国最早的田园诗人。他之所以能创作出许多以自然景物和农村生活为题材的作品，与他的经历和处境有着密切的关系。

陶渊明小时候家里很穷，靠很少的农田维持生计。但他非常喜欢读书，颇有"济世救民"的志向。长大后，由别人推荐，他陆续做了几任"参军"之类的小官，也就是给大官做助手。但因为不满官场的黑暗腐败，所以在仕途中辗转13年以后，一腔热情便冷却了，几次辞官回家。他不贪图荣华富贵，喜欢过清静悠闲的田园生活。在耕作之余，勤奋读书。

公元 405 年秋，他为了养家糊口，来到离家乡不远的彭泽当县令。这年冬天，郡的太守派出一名督邮，到彭泽县来督察。督邮的官职很低，却有些权势，在太守面前说话好歹就凭他那张嘴。这次派来的督邮，是个粗俗而又傲慢的人，他一到彭泽的旅舍，就差县吏去叫县令来见他。

陶渊明平时蔑视功名富贵，不肯趋炎附势，对这种假借上司名义发号施令的人很瞧不起，但也不得不去见一见，于是他马上动身。

不料县吏拦住陶渊明说："大人，参见督邮要穿官服，并且束上大带，不然有失体统，督邮要乘机大做文章，会对大人不利的！"

这一下，陶渊明再也忍受不下去了。他长叹一声，道："我不能为五斗米向乡里小人折腰！"

说罢，他索性取出官印，把它封好，并且马上写了一封辞职信，随即离开只当了 80 多天县令的彭泽。

渊明醉归图

回家以后，陶渊明开始务农，劳动比较辛苦。但是，他善于用诗歌来排解自己的心绪。他在《归田园居五首》中写道：

种豆南山下，草盛豆苗稀。

晨兴理荒秽，带月荷锄归。

道狭草木长，夕露沾我衣。

衣沾不足惜，但使愿无违。

其实，一个人的思想，一旦升华到追求崇高理想上去，能够放宽心境，不为物累、心地无私、无欲，随时随地去享受人生，也就苦亦乐、穷亦乐、困亦乐、危亦乐了！只有颤抖于寒冷中的人，最能感受到太阳的温暖；也只有从痛苦的环境中摆脱出来，才会深深感受到这个世界的美好。真正有修养、有品位的人，他们活得快活，能享受到那种不受物役的"知天""乐天"的精神境界。

文质彬彬，然后君子

【原文】

子曰："质①胜文则野，文胜质则史②。文质彬彬③，然后君子。"

【注释】

①质：朴实。

②史：指文辞繁多浮夸。

③彬彬：形容交杂而均和的样子。此处形容人既文雅又朴实，后多指人文雅有礼貌。

【译文】

孔子说："质朴多于文采，就像个乡下人，流于粗俗；文采多于质朴，就流于虚伪、浮夸。只有质朴和文采配合恰当，才能成为君子。"

【解读】

"文质彬彬"这个成语我们今天经常用，但什么是文什么是质，好像却不大容易弄明白。从大的方面说，"质"是指人类朴素的本质，"文"则指文化的累积，所以，"质胜文则野"就是指人没有文化，就会很粗俗；"文胜质则史"就是指一个人过于文雅而繁文缛节，就会失去了原来朴素的本质，所以要"文质彬彬"才好。这种"质"应该是来自内在，而不是孔子所说的"文"，各种礼节仪文。因为它不是毫无主见的模拟，而是包含着个人的选择与认定。

辛弃疾，南宋词人。幼年的时候跟随大学士刘瞻学习，是刘瞻最得意的门

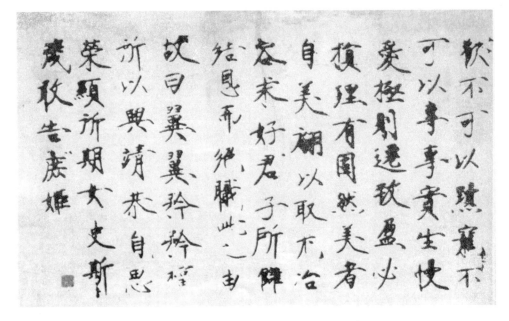

金章宗书法

生弟子之一。绍兴三十一年（1161 年），金主完颜亮大举南侵，在其后方的汉族人民由于不堪金人严苛的压榨，奋起反抗。辛弃疾率两千民众参加北方抗金义军，次年奉表归南宋。

当金人内部矛盾爆发，完颜亮在前线为部下所杀，金军向北撤退时，辛弃疾奉命南下与南宋朝廷联络。在他完成使命归来的途中，听到耿京被叛徒张安国所杀、义军溃散的消息，便率领 50 多人袭击敌营，把叛徒擒拿带回建康，交给南宋朝廷处决。

辛弃疾惊人的勇敢和果断，使他名重一时，"壮声英概，懦士为之兴起，圣天子一见三叹息"。宋高宗便任命他为江阴签判，从此开始了他在南宋的仕宦生涯，这时他才 25 岁。

辛弃疾一向羡慕笑傲山林的隐逸高人，闲居乡野同他的人生观并非没有契合之处。所以，他常常一面尽情赏玩着山水田园风光和其中的恬静之趣，一面心灵深处又不停地涌起波澜，时而为一生的理想所激荡，时而因现实的无情而愤怒和灰心，时而又强自宽慰，作旷达之想，在这种感情起伏中度过了后半生。他一生的起伏跌宕，也都体现在他的诗词中。辛弃疾的词不受成法的拘束，自成一格，别人是模仿不了的。

辛弃疾的词能刚能柔，奔放处不见狂傲，细腻处不见矫揉，处处洋溢着男子汉大丈夫的真性情、真胸怀。他的词作"大声镗鞳，小声铿鍧，横绝六合，扫空万古，自有苍生所未见"，已成为中国文学史上的瑰宝。

明月别枝惊鹊，清风半夜鸣蝉。

稻花香里说丰年，听取蛙声一片。

七八个星天外，两三点雨山前。

旧时茅店社林边，路转溪桥忽见。

这首《西江月》，喜悦之情跳跃在字里行间，而这份喜悦同样不是为了自己得了什么好处。由此看来，辛弃疾真正做到了文质彬彬，心怀天下。体现在诗词上，便正是孔子所说的"哀而不伤，乐而不淫"的境界。

可见，要想成为文质彬彬的君子，就得文质兼修，既要有文化修养，也不要迷失了本性才好。

人之生也直，罔之生也幸而免

【原文】

子曰："人之生也直，罔①之生也幸而免。"

【注释】

①罔：枉曲，不正直。

【译文】

孔子说："一个人活在世上应该正直，而不正直的人活在世上，他只是侥幸地避免了灾祸。"

【解读】

仁德的人遵礼守节，却往往为此吃亏上当，蒙受损失。这种现象许多人抱怨不休，而仁德的人却不因此有所改变。好人难做，方能显出好人的可贵，而好人的信念是不能因得失轻易动摇的。不欺骗自己的思想，有时是件很难的事，人会有各种理由和借口，让自己口不对心，言不由衷。这样做平常人习以为常，不以为患，而在仁德的人看来，这却是最大的缺失，是一定要禁止的。

宋真宗时，鲁宗道身为太子的老师，时刻以仁德无欺、勤政爱民教育太子。一次，太子问他说：

"自古朝堂仁义有失，欺瞒盛行，莫非这都是失之教化之故？人们既知仁德的珍贵，为何又少有践行呢？"

鲁宗道一脸严肃地告诫太子说：

"俗人见利忘义，虽知书却忘却礼仪，这是他们不能致远之故啊，要想真正有所作为就不该学他们那样。目标远大，仁德恒有，是古来君子的立身之本，他们不为俗利所惑，所以超群出众，其名不朽。"

鲁宗道家住京城东门外，他常去邻近的一家酒馆喝酒。一天，他在酒馆之时，不想宋真宗有事派太监找他。太监在他家等了很久，鲁宗道回来自责不已，急忙换上官服，随太监进宫。

宋真宗画像

太监见鲁宗道一路惶急之状，便有心难为他说：

"你此时面见皇上，皇上必然怪你姗姗来迟，你如何解释呢？"

鲁宗道摇头叹道：

"是我不好，我自请皇上责罚。"

太监心知鲁宗道的为人，对他素有敬佩，见鲁宗道这样难过，于是开口劝他说：

"事情突然，皇上也未必会怪罪你的。为了不致受罚，你还是说点谎话吧，此事你知我知，我为你保密便是。"

鲁宗道停下脚步，一脸的不高兴，他对太监说：

"为人者当以诚信为本，为臣者当以忠直为要，我身为太子之师，若为免罪欺君，岂不罪上加罪？此事我想都不敢想，你为何要害我呢？"

太监想他误解了自己的好意，接着马上低声说：

"你喝酒误事，这个罪名已然犯下，只有闭口不说才能无事。我这是为你着想，岂有害你之意？"

鲁宗道口气稍缓，他训诫太监说：

"这只是你的迂腐之见，你以后不要自恃聪明了。你以为自欺欺人会有许多好处，其实不然。自欺者良心有失，日夜不安，被欺者终有察觉之日，到头来要吃大亏的就只能是自己了。凡事不要心存侥幸，一旦有了欺人的想法，错处就会越犯越大。"

见了宋真宗，鲁宗道先是请罪，后将实情一一相告，没有丝毫隐瞒。宋真宗默默听之，脸色渐渐缓和下来，又问他：

"身为朝廷大臣，不该去私家酒馆饮酒误事，你一向自律严谨，为何犯下此过？"

鲁宗道老实说：

"臣贫寒，家中没有器皿，而那酒馆价廉物美，百物齐备，是以常去。今日又恰巧有远方亲戚造访，臣就请他喝了几杯。"

经过此事，宋真宗见识了鲁宗道的忠实耿直，不禁感叹他的君子之风。他不仅没有降罪于他，却认为鲁宗道正可做太子的师表，对他给予了极大的信任。

好之者不如乐之者

【原文】

子曰："知之者不如好之者，好之者不如乐之者。"

子曰："中人以上，可以语上也；中人以下，不可以语上也。"

【译文】

孔子说："懂得它的人，不如爱好它的人；爱好它的人，又不如以它为乐的人。"

孔子说："具有中等以上才智的人，可以给他讲授高深的学问，在中等水平以下的人，不可以跟他讲授高深的学问。"

【解读】

孔子认为"知之者不如好之者，好之者不如乐之者"，这里没有具体指懂得什么，是泛指，包括学问、技艺等。孔子这句话为我们揭示了一个怎样才能取得好的学习效果的秘密，那就是对学习的热爱。

不同的人在同样的学习环境下学习效果不一样，自身的素质固然是一方面，更重要的还在于学习者对学习内容的态度或感觉，正所谓"兴趣是最好的老师"，当你对一门科目产生了兴趣之后，自然会学得比别人好。

要做好一件事情，首先要有对此事的认知，否则就无从下手。但单纯的认知并不能激发人们的主动精神。因此，孔子提出应在"知"的基础上加入"好"，也就是有充分的兴趣。这样不仅完成的效果会大不一样，而且做的人也可以在这个过程中有所收益。当然，这种收益不一定是物质利益，所以，孔子更进一步地指出，做事的最高境界是把它本身当成一种乐趣。

研究表明，对自己感兴趣的事物，人们都会产生强烈的积极进取的意念，总是要做得更好一些；而对讨厌的事情，则犹恐避之不及。解决一个很感兴趣的问题时，灵感会源源不断地涌现；而从事一件讨厌的工作时，灵感几乎等于零。

从生理学上分析，思考某件令人讨厌的事情时，会发生胃痛或头晕的现象，人类与生俱有的生命力会对本身的喜恶加以控制，当它急着要把讨厌的事情排除时，表现在身体上的就是对一种刺激反应速度放慢。

当你做自己感兴趣的事情时，体内的血压和荷尔蒙的分泌会很均衡正常，这是生命力的作用，会促使你产生好的印象，思考自己喜欢的问题，即使不能立刻寻到答案，也会继续不厌倦地思考。

对于某件事来说，求知者不如爱好者，爱好者不如乐之者。因为"乐之者"是做人做事的最高境界，快乐的心态让人充满智慧，使人直接走向成功。

亨利·福特从小就喜欢研究机械，经常免费帮助邻居们修理钟表和农具，既积累了不少修理经验，也获得了大量机械方面的知识。13 岁那年，他和父亲一起去了趟底特律市。在那里，他初次见识了蒸汽机。

这次经历对未来的汽车大王影响极其重大。蒸汽机使他懂得了热能如何转化为机械动力的原理，使他制造引擎、引动车辆行走的热情从此被激发起来，并一发而不可收拾。最后，他成为汽车巨头——"把美国带到轮子上的人"。

沃尔特从小就喜欢在农场中与动物相处，并把它们画出来。一头叫"波克"的小猪，日后还荣幸地成为他卡通片中的原型。他后来一直以动物为原型，创造了米老鼠等世界闻名的卡通，创造了迪斯尼梦幻乐园，与此有十分密切的关系。

魔幻现实主义的作家代表之一的加西亚·马尔克斯，小时候住在外祖父家，听了许多怪诞、离奇的民间传说和各种故事。而外祖父家的房子也同小镇的命运一样，经历了从繁华走向衰败的过程。这一切都深深地影响着幼小的加西亚·马尔克斯。童年的经历深深地影响了他后来的创作，尤其是其代表作《百年孤独》，更是奠定了他在世界文坛的杰出地位。

一个人之所以有时做不好事情，就是因为他还没有真正地成为"乐之者"。如果我们真正地乐于做某件事，我们就会成就你要做的事，事情本身也会成就我们。只有真心喜欢一件事情，我们才会成功。

古希腊瓶画

从前，有个闲适的有钱人问古希腊智者西塞罗："你愿意坐下来和我一起探讨真理吗？"

西塞罗回答："与其与一个一无所知的普通人一起探讨真理，还不如与柏拉图一起犯错误呢。"

他的意思是：知识上的探讨我已不感兴趣，现在我只关心精神上的愉悦。精神上的愉悦者就是孔子所说的"好之者"，一个从心里喜欢的人。

冬天的时候，河里都快结冰了。有人看见希腊智者米松光着身子在河里捉鱼。人们惊异地问道："米松先生，您不穿衣服难道不冷吗？"米松举着手里的鱼笑道："它们不也没穿衣服吗？"

米松多么天真，说鱼"也没穿衣服"。也许有些人会说米松的这个行为根本不明智，更可以说是愚蠢，不能叫智者。而见此能会心微笑的人明白米松为什么会这样做：他快乐呀，他懂得自然之道，这就是智者。

中国魏晋时期著名的竹林七贤之一的阮籍喜欢喝醉了倒地就睡，经常睡在酒店老板娘的身旁。酒店老板开始以为二人有染，日久细看根本没这事，阮籍只不过是喜欢这样罢了。

现在，像阮籍这样的"好之者"已经不多了，而像孔子这样主张人生快乐的智者也越来越少了。

"好之者不如乐之者"，做一件事只有爱好还不行，还必须不断收获快乐才能成功。这时，人是忘我的、天真的、自然的、活泼的。

要问世界上究竟有多少种快乐？恐怕没有人能说得清楚。一个人之所以活着，就是为了让自己身心愉悦。当然，快乐和快乐之间也是有区别的。有眼前的、短暂的快乐，也有无形的、精神上的快乐。为了得到快乐，我们要把心灵开放出去，接收进来，用心聆听先哲的启迪。

敬鬼神而远之，可谓知；先难而后获，可谓仁

【原文】

樊迟问知。子曰："务民之义，敬鬼神而远①之，可谓知矣。"问仁。曰："仁者先难而后获，可谓仁矣。"

【注释】

①远：疏远，不去接近的意思。

【译文】

樊迟问孔子怎样才算是智。孔子说："专心致力于老百姓应该遵从的道德，尊敬鬼神但要远离它，就可以说是智了。"樊迟又问怎样才是仁。孔子说："仁德的人先付出后收获，这就可以说是仁了。"

【解读】

一提到范仲淹，可能大家首先就会想到"先天下之忧而忧，后天下之乐

而乐"这句话，这是一句闪耀着朴素的大公无私的思想光辉的话。但是，为人所不知的是，范仲淹的这种思想早在孔子那里就出现了。樊迟问孔子怎样才算是做到了仁，孔子回答说："仁者先难而后获，可谓仁矣。"言语朴素，却道出了仁爱的道理。

在今天四川省都江堰市，有一座二王庙。这里的二王，指的是那位名垂后世的秦朝蜀太守李冰，还有他的儿子李二郎。为了制服岷江的洪水，李冰父子在岷江上修建起一座福荫万代的水利工程——都江堰，成都平原从此成为"天府之国"。

都江堰位于成都平原西部灌县岷江上。岷江是长江的支流，发源于四川西北部，上游高山深谷，水流湍急，一到成都平原，流速突然减慢，所夹带的泥沙石子随即沉积下来，淤塞河道。每年夏秋水势骤涨，灌县以下常常泛滥成灾。雨季过后，又会造成干旱。李白在《蜀道难》这篇著名的诗歌中"蚕丛及鱼凫，开国何茫然"、"人或成鱼鳖"的感叹和惨状，就是那个时代的真实写照。这种状况是由岷江和成都平原"恶劣"的自然条件造成的。

正因为如此，在战国时期，秦国国君秦昭王委任知天文、识地理、隐居岷峨的李冰为蜀国郡守。李冰上任后，首先下决心根治岷江水患，发展川西农业，造福成都平原，为秦国统一中国创造经济基础。

在水流湍急的岷江中流，修筑堤堰，工程十分艰难。李冰集思广益，想出了好办法。他让民工从山上砍来竹子，编成竹笼，里面装满鹅卵石，在江中层层相叠，把分水堤修筑起来。在没有炸药的战国时期，凿穿玉垒山，难度也是很大的。李冰就让民工把木柴堆积在岩石上，放火点燃，烈火把岩石烧得滚烫，趁热浇上冷水，顽石便在冷热的急骤变化中炸裂。

都江堰的创建，以不破坏自然资源，充分利用自然资源为人类服务为前提，变害为利，使人、地、水三者高度协和统一，既解除了岷江水患，又便利了航运，灌溉农田 300 万亩，使成都平原成为"水旱从人，不知饥馑"旱涝保收的"天府之国"。都江堰也是全世界迄今为止仅存的一项伟大的"生态工程"。

在两千多年前的战国时期，李冰父子为解除水患，造福人民，凭着他们的智慧，终于修建成造福子孙万代的"都江堰"工程，千年水患得以根除，老百姓安居乐业，国家也因此受益。李冰为蜀地的发展做出了不可磨灭的贡献，

都江堰水利工程

人们永远怀念他。两千多年来，四川人民把李冰尊为"川主"。

唐代诗人高适说过："男儿本自重横行。"主张有志男儿要为国效劳，奔走四方。前人能够做到，我们后人为什么做不到呢？我们应该心怀祖国，放眼世界，树立公而忘私的世界观，为人民、为祖国贡献毕生的精力。这不能仅仅是一句空谈，更需要做到"言必行，行必果"，付诸行动才行。

知者乐水，仁者乐山

【原文】

子曰："知者乐水，仁者乐山。知者动，仁者静。知者乐，仁者寿。"

【译文】

孔子说："聪明人喜爱水，有仁德者喜爱山；聪明人喜欢动，仁德者喜好静。聪明人快乐，有仁德者长寿。"

【解读】

将山水意识和智、仁联系起来，实际上是将山水与人的思想修养、气质德行、个性品格联系起来，使山水人格化、气质化。孔子是一个既爱山又爱水，既主张智慧又注重仁义的人。在孔子眼里，这两种品德并不矛盾，都是值得大力赞美的。

有一天，孔子对他的学生们说："聪明的人喜爱水，有仁德的人喜爱山。聪明的人性格就像水一样活泼，有仁德的人就像山一样安静。聪明的人生活快乐，有仁德的人会长寿。"

子张便问孔子说："为什么仁人乐于见到山呢？"

孔子说："山，它高大巍峨，为什么仁者就乐于见到它呢？这是因为山上草木茂密，鸟兽群集，人们生产、生活所用的一切东西山上都会出产，并且取之不尽，用之不竭。山出产了许多对人们有益的东西，可它自己却从来不会从人们那里索取任何东西，四面八方的人来到山上取其所需，山都慷慨给予。山还兴风雷做云雨以贯通天地，使阴阳二气调和，降下甘霖以惠泽万物，万物因此得以生长，人民因此得以饱暖。这就是仁人之所以乐于见到山的原因啊！"

子贡接着问道："为什么智者乐于见到水呢？"

孔子回答说："水，它富有一切生命的物体而出乎自然，就像是人的美德；它流向低处，蜿蜒曲折却有一定的方向，就像正义一样；它汹涌澎湃没有

高松远涧图

止境，就像人的德行。假如人们开掘堤坝使其流淌，它就会一泻千里，即使它跌进万丈深的山谷，也毫不畏惧，就像勇敢无所畏惧。它柔弱，但是却又无所不达，万物出入于它，而变得新鲜洁净，就像善于教化一样。这不就是智者的品格吗?"

固然，仁者、智者性情各不相同，正如山水存在着差异。但是，山水各有千秋，所以仁、智都是我们追求的目标，即使力不能及，也要心向往之。正如北宋词人王观所言:"水是眼波横，山是眉峰聚。欲问行人去哪边，眉眼盈盈处。"因此，我们既要乐山，又要乐水。既要追求知识，增长智慧;又要仁义诚信，仁民爱物。

君子博学于文，约之以礼

【原文】

子曰:"齐一变，至于鲁;鲁一变，至于道。"

子曰:"觚①不觚，觚哉! 觚哉!"

宰我问曰:"仁者，虽告之曰:'井有仁焉。'其从之也?"子曰:"何为其然也? 君子可逝也，不可陷也;可欺也，不可罔也。"

子曰:"君子博学于文，约之以礼，亦可以弗畔②矣夫。"

【注释】

①觚:读 gū，古代酒器，上圆下方，有棱，容量约有二升。后来觚被改变了，所以孔子认为觚不像觚。

②畔:通"叛"。

【译文】

孔子说:"齐国一改变，可以达到鲁国这个样子，鲁国一改变，就可以达到先王之道了。"

孔子说:"觚已经不像觚了，这还算是觚吗? 这还算是觚吗?"

宰我问孔子:"对于有仁德的人，别人告诉他井里掉下去一位仁德的人啦，他会跟着下去吗?"孔子说:"为什么要这样做呢? 君子可以让他远远地离开，却不可以陷害他；君子可能被欺骗，但不可能被迷惑。"

孔子说："君子广泛地学习古代的文化典籍，又以礼来约束自己，也就不会离经叛道了。"

【解读】

学礼是为人处世的基本要求，是人在社会立足的基础。如果不学礼就会有许多弊端，要么令自己烦恼，要么致使他人受伤害。可见礼在日常生活中的地位是多么重要。正因为重要，它也成为评价人品高下的一个标准。孔子告诉我们："君子广泛地学习古代的文化典籍，又以礼来约束自己，也就不会离经叛道了。"为人如果能以礼行事，人们或许就会刮目相看，觉得这个人有一定的水平，因为他知道什么是礼。

陶行知的父亲是一个穷秀才，虽然满腹经纶，却不愿趋炎附势，所以一直处于贫穷之中。眼看儿子到了读书年龄，有钱人家的孩子都进了学堂，父亲开始为儿子着急了。父亲找到邻村小学的方老师商量。方老师博古通今，经常到陶家来串门，与陶行知的父亲很聊得来。父亲希望方老师先收下陶行知，学费日后再交。方老师知道陶家的难处，也很喜欢陶行知的聪明礼貌，答应收他为徒，免收学费。

方老师的教育方法很不一般，他先从自然知识讲起，尽量符合学生的口味，以引起学生的兴趣。

10岁时，父亲在外地找到了一份差事，陶行知只得告别方老师，跟着父亲来到一个陌生的地方安家。当地有一个姓许的老先生，学问、人品都不错。这天，陶行知换上干

教育家陶行知

净的衣服，拿着一些礼品去许老师家拜师。来到许老师家门前，他恭恭敬敬地站在门外，先报上自己的名字，再说明来意。见到老师后，他又深深地行了一

个大礼。许先生见他年纪尚少，却很懂礼节，便问："你这么小就跑这么远的路来求学，不怕辛苦吗？"陶行知说："只要能学到知识，路再远也没问题。"许先生点点头，连考了一些难题，都被陶行知又快又圆满地回答上了，心里非常高兴地答应免费收陶行知为徒。这使得一直担心孩子学业的父亲感到非常快慰。

但是，许先生的学馆比较远，离家有 15 里路，陶行知只能隔 3 天去一次，剩下的时间在家里自学。但他对此从来没有怨言，他知道自己能读得上书已经很不容易了，心里只有感恩。开始，许先生担心陶行知坚持不下去，后来渐渐发现他没旷过一次学，无论刮风下雨都能到馆，而且每次布置的作业都完成得很好。有一次下大雪，当他赶到塾馆时，老师已经开讲，为了不影响老师讲课，他硬是站在门外听老师把课讲完。这种学习精神感动了塾馆里的每一个人。老先生私下对行知的父亲说："这个孩子又懂礼貌又好学，我教这么多年书也是第一次看到。你一定不能耽误了他啊。"

父亲高兴地说："老先生，你放心。只要他能考得上学，我拼出老命也不耽误他。"

15 岁时，陶行知进入教会学校崇一学堂读书，在那里学习英文、数学、理化等课程，开始接受西方资产阶级的新教育。23 岁时，他又以名列第一的优异成绩在南京金陵大学文科毕业，远渡重洋赴美国留学。他选择了教育专业，期望通过教育来救国救民。

陶行知拜师有礼貌，讲礼节，给老师的第一印象就很好，加上他聪明好学，成绩优秀，更增加了形象分。如果他是一个胆怯没有礼貌的孩子，他还能受到老师的青睐，并能够接受免费教育吗？

所以说，我们在为人处世的时候，一定要坚持自己的"礼"，因为"礼"不仅是自己的事情，也能让别人更好地了解你。

述而篇第七

学而不厌，诲人不倦

【原文】

子曰："述而不作，信而好古，窃比于我老彭①。"

子曰："默而识②之，学而不厌，诲人不倦，何有③于我哉？"

【注释】

①老彭：商朝贤大夫，名见《大戴礼记》。

②识：记住。

③何有：古代一常用语，在不同场合表示不同意义。此表示"有什么"的意思。

【译文】

孔子说："只阐述而不创作，相信而且喜好古代的东西，我私下把自己比作贤大夫老彭。"

孔子说："把所见所闻默默地记在心里，努力学习而不厌弃，教导别人而不疲倦，这些事情我做到了哪些呢？"

【解读】

"默而识之"，学问要靠积累知识而得来，这里的"识"在古代文字中是与"志、记"通用的，所以，这句话的意思就是，做学问要宁静，不可心存外物，更不可力求表现，要默默地领会在心，这是最重要的。

"学而不厌"，是指做学问永远不能厌倦、满足，学而不厌，说起来容易做起来难，长久地坚持做更难。知识是无限的，学习是一个日积月累的过程，也是一个需要静下心来默默坚持的过程，所以，要想做好学问，必须永不满足，终生学习。

有一个徒弟跟随师傅学艺 3 年后，自觉把师傅的本领都学到了，就对师傅说："我已经把您的手艺全学会了，可以出师了吧？"

师傅望着得意洋洋的弟子问："什么是全部学到了呢？"

徒弟说："您传授我的，我都学会了。我觉得我的知识已经满了，再也装不下了。"

师傅笑了笑，说道："好吧。不过，你得先为我做一件事情。拿一个大碗来，找些石子把它装满。"

徒弟虽然不明白师傅的意图，但还是照师傅的吩咐做了。

"装满了吗？"师傅问道。

"满了！"徒弟回答。

师傅笑着走过来，捧了一把沙子，撒入已经装满了石子的碗里，但沙子并没有溢出来。

"这回满了吗？"师傅再问。

"满了！"徒弟很干脆地回答。

师傅又向碗里倒入一杯水，水仍然没有溢出来。

"你不是说满了吗？"师傅看着徒弟的眼睛温和地责问。

徒弟的表情充满了困惑，两眼直勾勾地看着那个总也装不满的大碗，一句话也说不出来。

知识是无止境的，一个人永远不可能穷尽所有的知识。知道自己能够掌握的知识有限，才能在不满中去追求更多的知识。可惜，更多的人学到了点知识，取得了一些成就，就以为自己了不起了，自满了，停止了追求知识的脚步。

追求学问贵在坚持，要持之以恒，没有这样的毅力和恒心，很难学到真知。孔子教导他的弟子要"学而不厌，诲人不倦"，实际上也是在教导我们这些子孙后代，学习不是一朝一夕的事儿，要努力啊。

举一隅不以三隅反，则不复也

【原文】

子曰："志于道，据于德，依于仁，游于艺①。"

子曰："自行束脩②以上，吾未尝无诲焉。"

子曰："不愤③不启，不悱④不发。举一隅不以三隅反，则不复也。"

【注释】

①艺：指古代教育学生的科目，即礼、乐、射、御、书、数六艺。

②束脩：十条干肉。脩，脯，即干肉。十条脯为一束。这是古人入学拜师的薄礼。一说束脩指束带修饰之礼。

③愤：心欲求通而未能做到的意思。

④悱：口想说而不能说出来的样子。

【译文】

孔子说："以道为志向，以德为根据，以仁为凭藉，游乐于礼、乐、射、御、书、数六艺之中。"

孔子说："只要是主动地给我一点见面薄礼，我从来没有不给他教诲的。"

孔子说："教导学生，不到他百思不解的时候，不去开导他；不到他想出来却说不出来的时候，不去启发他。教给他一个方面的东西，他却不能由此而推知其他三个方面的东西，那就不再教他了。"

【解读】

孔子是全天下人的老师，这是因为他在教育上有许多真知灼见，例如他主张面对资质不同的学生就要因材施教；而当学生在得到启发之后，就该告诉他正确的思考方向，为他奠定独立思考的能力。在这一方面的教导，孔子是十分严厉的，他说："举一隅不以三隅反，则不复也。"意思是：一件东西有四个角，教给他一个角，他若不能由此推导出其他三个角，那么我将不再教他了。后人由此引申出举一反三这个成语，鼓励学生凡事多做思考，可以从一件事类推其他许多同类事理。

人类思维往往容易陷入某种定势。仔细看一下我们周围的人，你就不难发现，有才华的人到处都是，但真正能够打破常规思维，能创新思维的人却是少之又少。有些人虽然知识不多，但初生牛犊不怕虎，思想活跃，敢于奋力拼搏，反而增加了成功的希望。权威人士常因为头脑中的思维定势，甚至是自己苦心研究得到的有效成果，因而紧紧抱住不放，遇到同类事项总是以习惯为标准去衡量，而不愿去参考别人的意见，哪怕是更好更有效的办法。结果，曾经先进过的东西或习惯有时反而会成为创新的障碍。

将一杯冷水和一杯热水同时放入冰箱的冷冻室里，哪一杯水先结冰？很多人都会毫不犹豫地回答："当然是冷水先结冰了！"非常遗憾，是热水。发现这一错误的是一个非洲中学生姆佩姆巴。

1963 年的一天，坦桑尼亚的马干马中学初三学生姆佩姆巴发现，自己放在电冰箱冷冻室里的热牛奶比其他同学的冷牛奶先结冰。这令他大惑不解，他立刻跑去请教老师。老师则认为，肯定是姆佩姆巴搞错了。姆佩姆巴只好再做一次试验，结果还是与之前完全一样。

不久，达累斯萨拉姆大学物理系主任奥斯玻恩博士来到马干马中学。姆佩姆巴向奥斯玻恩博士提出了自己的疑问，后来奥斯玻恩博士把姆佩姆巴的发现列为大学二年级物理课外研究课题。后来，许多新闻媒体就把这个非洲中学生发现的物理现象，称为"姆佩姆巴效应"。

很多人认为是正确的，并不一定就真的正确。像姆佩姆巴碰到的似乎是常识性的问题，我们稍不留心，便会像那位老师一样，做出自以为是的结论。著名的实用主义哲学家威廉·詹姆斯，曾经谈到那些从来没有发现他们自己的人，他说一般人只发展了 10% 的潜在能力，"他具有各种各样的能力，却习惯性地不懂得怎么去利用。"

有胆识的人思想上不守旧，行动上敢为先，机会越多，成功的概率自然就越大，成功的速度也就越快。

洛威尔说："茫茫尘世、芸芸众生，每个人必然都会有一份适合他的工作。"

卡耐基曾说："我无法写出能与莎士比亚相媲美的书，但我可以写出一本完全由我自己写成的书，我要做我自己。"

富而可求也，如不可求，从吾所好

【原文】

子曰："富而可求也，虽执鞭之士①，吾亦为之。如不可求，从吾所好。"

子之所慎：齐②，战，疾。

【注释】

①执鞭之士：古代执鞭有两种人，一是为高官开道的差役，一是市场的守

门人，这里指地位低贱的职务。

②齐：同"斋"，古人在祭祀或重要典礼前整洁身心，表示庄敬，称为"斋"或"斋戒"。

【译文】

孔子说："如果财富合乎于道，那就可以去追求；虽然是给人执鞭的下等差事，我也愿意去做。如果富贵不合于道就不必去追求，那我还是按我的爱好去事。"

孔子所谨慎小心对待的是斋戒、战争和疾病这三件事。

【解读】

孔子并不一味地排斥财富，他认为通过正常手段获得的财富，没有什么可以指责的，但是，如果财富不符合道义，那还不如去做点自己喜欢做的事，这就是后世所说的君子爱财取之以道。

遗憾的是，在现实社会中，人们往往为了利益丧失了自己做人的气节。利益驱使着人们做出种种意想不到的事来，甚至以身试险，不择手段。对利益的追求无可厚非，问题是如果偏离了正常轨道，只是就利言利，见利就争，什么利都想占为己有，势必会违法乱纪，多树强敌，使自己陷于孤立和有罪的泥潭不能自拔。在利的诱惑下，人们如果丧失理智，心存贪念，就会步步走向沉沦。

东汉有位隐士，叫申屠蟠，他年轻的时候家里非常贫困，他受人雇用做了漆工。每天辛勤劳作之余，他还刻苦读书，从不间断。同郡人蔡邕对申屠蟠十分看重，在州府征召时，他便极力推荐申屠蟠，上书说：

"俗人为小利奔忙，看似聪明却无大志，于国并无帮助。申屠蟠少小志大，即使身陷困境，亦能发愤苦读，可见他乃不俗之人。

东汉石兽

父亲去世，他孝心动天，几乎毁形灭身。他体察道理，保持自然本性，不因外界改变自己的形体，也不因穷困和显达而改变自己的节操，这绝不是一般人所能做到的。"

朝廷征召申屠蟠做陈留郡的主簿，他的亲友闻讯都来向他表示祝贺，申屠蟠热情招待众人，却对他们说：

"为朝廷做事，本来是每个臣民应尽的责任。我自愧德识不够，担不起大的责任，所以我是不想应召赴任的。"

此话令他的亲友大惊失色，他们纷纷劝他，有的还责备他说：

"征召为官，这是多少人羡慕的事啊，你怎会轻易放弃呢？一为官吏，身份立变，利益多了，这是无论如何都不该推辞的。你读书修习，苦熬多年，还不就是为了这一天吗？你太让人莫名其妙了。"

申屠蟠避开众人，索性隐居起来，研习"五经"和图谶之学。有一次，他的好友和他恳谈，旧事重提，申屠蟠意味深长地说：

"我看天下已有乱象，朝廷又是昏暗迂腐，这才醉心治学，以避其祸。人们只见当官为吏有多少好处，却不知身处官场的风险，他们怎会理解我呢？从古到今，不明晓这一点的人，又有几个能保全自己呢？我不便当众说明，只怕他们的误解永难消除了。"

太尉黄琼征召他到京师做官，他一口回绝。黄琼去世后，遗体被运回江夏郡埋藏，申屠蟠却不请自来，以表敬意。当时参加丧礼的名豪富绅有六七千人之多，只有南郡的一个儒生和他攀谈。申屠蟠和他分手的时候，那个儒生却说：

"你没有被聘请，竟来此祭悼太尉，想不到却让我们有缘相会，希望下次还能见到你。"

申屠蟠闻言色变，马上说：

"我不屑与俗人交往，这才和你交接。想不到你貌似不俗，却也是个拘于礼教，喜欢攀附权贵的人。"

他从此再也没和那人说话，他就此对家人感慨地说：

"利让人迷失本性，实在是害人的东西。人们都想从中捞取实惠，却不知不觉把自己的人格和尊严都赔进去了，到头来他们又能得到什么呢？我真是无法理解啊！"

在京师游学的汝南郡人范滂非议朝政，名声很大，一时人人效仿。很多公卿不惜降低身份居于他的门下，太学生对他也极为崇拜，有人就此事对申屠蟠说：

"时下崇尚学问，文章将兴，先生何不仿效范滂呢？这是有百利而无一弊的好事，切不可错过了。"

听罢此言，申屠蟠哀声一叹，目光向天，缓缓道：

"今日之利，未必是他日之福。在此目光短浅，随波逐流，又怎保无失无损呢？战国时代，文士议论无忌，争鸣不断，各国君王为己之利，恭敬待之。最后，坑杀儒生，焚烧书籍的祸患却发生了，依我看来，这样的事不久就要重演了。"

人们都笑他不识时务，出口相讥。申屠蟠于是隐居在梁国砀县一带。两年之后，范滂等人纷纷遭祸，被处死和下狱的人有几百人之多，人们不禁对申屠蟠的先见之明叹服不已。

不图为乐之至于斯也

【原文】

子在齐闻《韶》，三月不知肉味，曰："不图为乐之至于斯也。"

【译文】

孔子在齐国听到了《韶》乐，竟然三个月尝不出肉的滋味，他说："想不到《韶》乐的美达到了这样迷人的境界。"

【解读】

《韶》是什么，能让孔子这么如醉如痴呢？传说，《韶》是上古帝王舜所制的乐曲，孔子是非常崇敬舜的，认为那个时代是一个很美好的时代，对那时候的音乐也很赞赏。为什么这么赞赏呢？孔子认为，《韶》是尽善尽美的，可以陶冶人的德行操守。

自古以来，音乐就是我们生活的一部分，我们常常说，没有音乐的世界是灰白色的，有了音乐的世界是色彩斑斓的。我们智慧的古人早在两千多年前就认识到了音乐对人生的愉悦。

我们都知道竹林七贤,其中的嵇康是"竹林七贤"的领袖人物。他生在魏晋易代之际,不仅是一位文学家、思想家,还是一位音乐家,善于音律。他创作的《长清》、《短清》、《长侧》、《短侧》,合称"嵇氏四弄",与东汉的"蔡氏五弄"合称"九弄"。隋炀帝曾把"九弄"作为科举取士的条件之一。

嵇康最擅长弹《广陵散》。《广陵散》是从《聂政刺韩王》发展而来的。《聂政刺韩王》主要是描写战国时代铸剑工匠之子聂政为报杀父之仇,刺死韩王,然后自杀的悲壮故事。关于此事,蔡邕在他的《琴操》中记述得较为详细。后来人们感到名字有些刺耳,便把《聂政刺韩王》改名为《广陵散》。

《广陵散》旋律激昂、慷慨,是我国现存古琴曲中唯一的具有戈矛杀伐战斗的乐曲,直接表达了被压迫者反抗暴君的斗争精神,具有很高的思想性及艺术性。

嵇康一直对司马氏采取不合作的态度,最终司马氏将他杀害。据说,嵇康临刑前索弹《广陵散》,使这首古典琴曲名声大振,遗憾的是,《广陵散》随着嵇康的被杀而变成绝响。

可以想见,嵇康正是用音乐抒发内心不平和愤怒。

不同的音乐会带给我们不同的感受。清幽、曼妙的音乐带给我们悠闲,宁静,舒适,满足,安逸,幸福,听觉享受的同时,还可以治疗身心的"伤口"。

音乐存在于我们生活中的各个角落,人的心脏跳动、脉搏、呼吸、走路、跑步都有音乐的节奏;大自然的鸟鸣、河流、风声、雨声也充满着音乐的旋律。人类既需要用音乐来描绘生活,表达情感,音乐也反作用于人类,为人类带来享受。

音乐的力量是无穷的,它可以给人以鼓舞和力量,也可以提高记忆,音乐还可以治病。

音乐对青少年右脑的开发有积极作用。适宜的音乐,能够对右脑产生刺激,使其发挥创造力,拓展思维,使人进入一种高效率的学习状态。

有学者做过实验,青少年在学习中经常出现注意力不集中,记忆力差的情况,想象力缺乏,解题思路狭窄,东西记不住,如果在学习时能坚持听一些适宜的音乐,就可以避免这种情况,提高学习效率。

我们很多人都有这样的情绪体验：当听到雄壮激昂的《命运交响曲》时，会受到鼓舞，因此热情奔放，斗志昂扬。而当听到《月光交响曲》时则会感到明月冉冉升起，森林和原野一片静谧。

不同的音调对人的情绪造成的影响也会不同，对此，古希腊人早就有认识。比如当时的人们认为 A 调高扬，B 调哀怨，C 调和爱，D 调热烈，E 调安定，F 调淫荡，G 调浮躁。亚里士多德最推崇 C 调，他认为 C 调最能陶冶人的情操。

20 世纪中叶以来，音乐已被看作是一种医疗手段在临床中应用。音乐对人体能够产生很多奇妙的作用——镇静、镇痛、降压、安定、调整情绪等。

高血压患者听小提琴协奏曲，可使血压下降。

临产的产妇听听轻松静谧的音乐，能够消除紧张焦虑的情绪，有利于分娩。

老年人听优美的音乐，还可以推迟大脑的衰老。

但是，并非所有的音乐都对身体有利。音乐节奏过快，人就会感到紧张、焦虑，过慢又会使人昏昏欲睡。

音乐可以陶冶人的灵魂，培养高尚的情操。君子说：人片刻也不能离开礼乐。

从事音乐活动，提高内心修养，慈爱、正直之心自然就会产生。有了慈爱、正直之心，内心就会安和，这样，生命才能长久。

不义而富且贵，于我如浮云

【原文】

冉有曰："夫子为①卫君②乎？"子贡曰："诺，吾将问之。"入，曰："伯夷、叔齐③何人也？"曰："古之贤人也。"曰："怨乎？"曰："求仁而得仁，又何怨？"出，曰："夫子不为也。"

子曰："饭疏食④饮水，曲肱而枕之，乐亦在其中矣。不义而富且贵，于我如浮云。"

【注释】

①为：动词，帮助，这里译为"赞成"。

②卫君：指卫出公辄，卫灵公的孙子，太子蒯聩的儿子。蒯聩因得罪卫灵公的夫人南子而逃往晋国。灵公死后，即立蒯辄为君。晋国把蒯聩送回卫国，欲借此侵略卫国，因而卫国拒绝蒯聩回国。

③伯夷、叔齐：前已有注。其父孤竹君死，两人为互让王位而出逃，这与卫国父子争君位的情况正成对照，因此子贡借此事了解孔子对卫出公的态度。

④疏食：粗粝的饭食。

【译文】

冉有问子贡说："老师赞成卫君吗？"子贡说："嗯，我去问他。"于是就进去问孔子："伯夷、叔齐是什么样的人呢？"孔子说："古代的贤人。"子贡又问："他们有怨恨吗？"孔子说："他们求仁便得到了仁，又有什么怨恨呢？"子贡出来说："老师不会帮助卫君。"

孔子说："吃粗粮，喝冷水，弯起胳膊当枕头，乐趣也就在这中间了。用不正当的手段得来的富贵，对我来讲就如天上的浮云一样。"

【解读】

吃着粗劣的食物，喝着冷水，弯着胳膊肘作枕头，其中也充满了欢乐。孔子为什么会这样呢？

贤母图

生活如此贫寒如此简单有什么快乐可言呢？这里还有一个深层的意思，就是对他来说，孔子感到快乐的不是贫寒、简单的生活，而是在贫寒、简单的生活中坚持履行道义，坚持做自己想做的事。

"不义而富且贵，于我如浮云"，是我们常常引用的孔子的一句话，这句话在后世的影响非常大，它内化成了有道君子的人格精神，影响着几千年来中国人的人格和价值取向。

我们常说，做人要有浩然正气，有了它就富贵不淫，贫贱不移，威武不屈，人品就能更加清高。清高不是对人，而是对物，对物多一分清高，做人就少一分俗气。

孔子并不排斥财富，但他反对拿取不义之财，君子爱财，取之有道，富而无义，不如安于贫穷。予取与求，当以道义为先。无义，虽得之何益？守道，虽不取何惜？天下事有可为、不可为之分，人生也会遇到不知如何抉择而处于两难之间的时候。这时，就看你自己的了。

战国时期，田稷任齐国宰相，很多人都找机会给他送礼，巴结他。有一天，他的属下送给他很多金子，说是孝敬田稷的母亲，实际上是想为自己谋取一份官职。田稷回家后把金子交给母亲，母亲看到这些金子后却一点儿都不高兴，反而严肃地对儿子说："儿子，有些人做官，将财物孝敬父母，做父母的只知道高兴，却不问这些财物是从哪里来的。如果这些财物是正当得来的，固然是好事，但若是不义之财，不是比盗贼行窃、抢劫还可耻吗？你做官有3年了，俸禄从来没有这么多，今天这些金子，到底是从哪里来的呢？"

田稷说了实话，母亲听了非常生气，全身颤抖地说："宣王让你做宰相，给你俸禄，你的一言一行都不应该辜负他啊！人臣事君，就如同人之事父，要忠信不欺廉洁公正。为人臣不忠，就是不孝，不孝的儿子就不是我的儿子！"

田稷听了母亲的话面红耳赤，立刻带着这些金子去见齐宣王，将事情一五一十地禀奏，并请齐宣王治罪。齐宣王不但没有治他的罪，还认为他的母亲德行高尚，而田稷为人诚实，也值得表扬，宣王赏赐了很多金子给他的母亲，但田母没有接受。

人活一世，难免沉沉浮浮，起起落落，人为财死鸟为食亡的悲剧也一再地上演着。想想看，人这一辈子到底需要多少物质利益才能满足呢？也许一百个人就有一百种答案。但是我们应该谨守一点，那就是千万不要想着用卑劣手段获取财富，否则后悔晚矣。

发愤忘食，乐以忘忧

【原文】

子曰："加我数年，五十以学《易》①，可以无大过矣。"

子所雅言，《诗》、《书》、执礼，皆雅言②也。

叶公③问孔子于子路，子路不对。子曰："女奚不曰，其为人也，发愤忘食，乐以忘忧，不知老之将至云尔。"

子曰："我非生而知之者，好古，敏以求之者也。"

子不语怪，力，乱，神。

【注释】

①《易》：指《周易》，古代一部用来占卜的书。

②雅言：指当时中国通行的语言，与方言相对。

③叶公：姓沈，名诸梁，字子高，楚国大夫，为叶县尹。

【译文】

孔子说："再给我几年时间，到五十岁时去学习《易经》，我便可以没有大的过失了。"

孔子有时讲雅言，读《诗》、念《书》、赞礼时，用的都是雅言。

叶公向子路问孔子是个什么样的人，子路不答。孔子对子路说："你为什么不这样说，他这个人，发愤读书，连吃饭都忘了，快乐起来就把一切忧虑都忘了，连自己快要老了都不知道。"

孔子说："我不是生来就有知识的人，而是爱好古代的东西，勤奋敏捷地去求得知识的人。"

孔子不谈论怪异、暴力、变乱、鬼神。

【解读】

博大精深、万古师表的孔子一辈子都在学习，在自觉地学习，他不认为学习是一种苦事，反而乐在其中。其实，不只是孔子，任何人，终其一生，所取得的成就，所获得的名声，无不与其一生的刻苦精神密切相关。刻苦而自觉苦者为下品，刻苦而自得其乐者为上品，因为成就每每在理想追求之中。

《西京杂记》记载了匡衡凿壁借光的故事。匡衡是西汉时期的人，小时候家里穷，没钱上学。后来，他跟一个亲戚学认字，才有了看书的能力。

匡衡买不起书，只好借书来读。那个时候，书是非常贵重的，有书的人不肯轻易借给别人。匡衡就在农忙的时节，给有钱的人家打短工，主人问他要多少钱，他就说，不要工钱，只求借书给他看。主人钦佩匡衡，尽量把书借给他读。

匡衡长大后，承担了养家的责任。他一天到晚在地里干活，只有中午休息的时候，才有工夫看一点书，所以一卷书常常要十天半月才能读完。为了多看书，匡衡就想利用晚上的时间。可是，匡衡家里很穷，买不起点灯的油。一天晚上，匡衡看到壁缝里透过来了邻居的灯光，就赶紧拿了一把小刀，把墙缝挖大了一些。这样，透过来的光亮也大了，他就借着透进来的灯光读起书来。

匡衡就是这样刻苦地学习，后来成为一名大经学家，以研读《诗经》而著名。汉元帝十分喜好儒术文辞，尤其喜爱《诗经》，曾多次亲自听匡衡讲《诗经》，对匡衡的才学十分赞赏，便任匡衡为御史大夫。公元前 36 年，丞相韦玄成病逝，匡衡又代为丞相，封乐安侯，辅佐皇帝，总理全国政务。

在我国古代，像匡衡这样发愤苦读，最终功成名就的例子非常多。我们都知道的大书法家王羲之，之所以能写得那么出神入化，也是长期苦练的结果。他 7 岁就开始练习书法，勤奋好学。17 岁时，他把父亲秘藏的前代书法论著偷来阅读，看熟了就练着写。他每天坐在池子旁边练字，一天又一天，不知写完了多少墨水，写烂了多少笔头，每天练完字就在池水里洗笔，时间久了竟将一池水都洗成了墨色，这就是人们今天在绍兴看到的传说中的墨池。

怀素是唐代大书法家，10 岁的时候，他"忽发出家之意"，父母想拦也拦不住。出家以后，他就一心一意地诵经读文，还苦练书法。

怀素对书法的追求达到了惊人的程度。练书法需要大量的纸张，因为买不起纸张，他就在寺院附近的一块荒地，种植了一万多株芭蕉树。芭蕉长大后，他就摘下叶子，铺在桌上，临帖挥毫。由于他没日没夜地练字，老芭蕉叶被剥光了，小叶又舍不得摘，他就干脆站在芭蕉树前，对着鲜叶挥洒。写完一处，再写另一处，从未间断。这就是有名的怀素芭蕉练字。

没有芭蕉叶时，怀素就把一块板放在膝上书写，最后因书写的时间太长了，板都被写穿了。练字非常艰苦，但怀素自得其乐，最终练成了下笔惊天的狂草，怀素也被称为"草圣"。

孔子这样伟大的哲人尚终生学习，废寝忘食，像前边我们说到的几位成就卓著的大家，也都是"发愤忘食，乐以忘忧"，锲而不舍地去追求。如果我们都有这样的精神，我们就能够学到更多有用的知识。

三人行，必有我师

【原文】

子曰："三人行，必有我师焉。择其善者而从之，其不善者而改之。"

【译文】

孔子说："三个人一起走路，其中必定有人可以做我的老师。我选择他善的品德向他学习，看到他不善的地方就引以为鉴，改掉自己的缺点。"

【解读】

"三人行，必有我师焉。择其善者而从之，其不善者而改之"，这句话表现出孔子自觉修养、虚心好学的精神。它包含了两个方面的内容：一方面，择其善者而从之，看到别人的优点就向他学习，是虚心好学的精神；另一方面，其不善者而改之，看到别人的缺点就引以为戒，改正自己，是自觉修养的精神。这样，无论同行相处的人善与不善，都可以为师。

老师到处都有，只要你用心就会发现。学而不厌的人，在每一个人的身上都会发现值得自己学习和借鉴的知识、能力，这就是博采众长。拥有这样学习热情的人，才会体会到"春城无处不飞花"的境界；同样的，也会知晓"人间到处有禅机"的道理。

徐光启是明朝人，他聪明好学，积极上进，博采众长，多方拜师学艺，学会了很多知识。

一次，徐光启听说南京来了个欧洲传教士利玛窦，经常向南京的一些读书人讲授西方的科学知识，徐光启就多方找渠道，想跟利玛窦交流。后来经过别人介绍，徐光启认识了利玛窦。利玛窦讲的科学道理和知识，都是徐光启过去在古书上没有读到过的。这激发了他研究西方科学的兴趣。他认为学习西方的科学，用到国家建设上来，对国家是大有好处的。他对利玛窦说："知识没有国界，我愿意学习你们西方的科学知识，希望您能教我。"

利玛窦也非常欣赏徐光启的进取心，就痛快地说："好啊，我就收下你这个中国学生了！"从此，徐光启就拜利玛窦为师，跟他学习天文、数学、测量、武器制造等各方面的科学知识。

有一次，徐光启到利玛窦那

意大利耶稣会传教士利玛窦

儿去学习。利玛窦对他说："我这里有一本西方数学著作叫《几何原本》，是古希腊数学家欧几里得写的一本重要著作，可惜要翻译成汉文很困难。"

徐光启听了非常高兴地说："既然有这样的好书，只要您愿意指教，再困难我也要把它翻译出来。"

从那天起，徐光启就利用每天下午离开翰林院的时间，到利玛窦那儿，跟利玛窦合作翻译《几何原本》。利玛窦讲述，徐光启笔译。经过一年多逐字逐句地反复推敲，再三修改，徐光启终于把《几何原本》的前六卷翻译完成。

除此之外，徐光启还跟人合作翻译过测量、水利方面的科学著作。他又将我国古代历法与欧洲天文方面的最新科学知识相结合，使自己对天文历法的研究达到了很高的水平。

徐光启对农业也很感兴趣。有一年夏天，江南水灾，农田颗粒无收。徐光启想，有没有别的可以补种的庄稼，来弥补农民的损失呢？正在这个时候，有个朋友从福建带来了一批甘薯的秧苗。徐光启就运用自己的一些农业知识，在荒地上试种起甘薯来，没想到长势非常好。后来，他推广种甘薯的办法，使本

来只在福建沿海种植的甘薯，在江
浙一带安家落户了。

徐光启在军事上也非常有研究。
身为翰林院官员的他，曾一连上了
三道奏折，劝明神宗加强军事，精
选人才，训练新兵，他还亲自担任
练兵的工作。

受先进科学技术的影响，徐光
启对机械制造也充满了兴趣，曾竭
力主张要多造西洋大炮。为了这件
事，他跟兵部尚书发生矛盾，被排
挤出朝廷。

无官一身轻的徐光启回到了上
海，他不顾自己已年近古稀，亲自
参加劳动，做农业试验。后来，他
把自己平日的研究成果，写成了一
部著作，就是被后人誉为古代农业
百科全书的《农政全书》。这本书对
我国的农具、土壤、水利、施肥、
选种、嫁接等农业技术，都做了详
细的记载，为后人研究农耕，发展
农业提供了科学的依据。

徐光启像

《论语》中有这样一段记载：一次卫国公孙朝问子贡，孔子的学问是从哪
里学的？子贡回答说，古代圣人讲的道，就留在人们中间，贤人认识了它的大
处，不贤的人认识它的小处；他们身上都有古代圣人之道。"夫子焉不学，而
亦何常师之有？"（《论语·子张》）孔子随时随地向一切人学习，谁都可以是
他的老师，所以说"何常师之有"，没有固定的老师。徐光启就是这样的人。
他博采众长，广泛地向别人学习，所以在天文、数学、水利、农业、军事等方
面都取得了显著的成就。

"三人行，必有我师焉"，这句话虽然出自两千多年前的孔子之口，但在

今天仍有教育意义。

孔子的"三人行，必有我师"受到后代知识分子的极力赞赏。他虚心向别人学习的精神十分可贵，但更可贵的是，他不仅可以向善者学习，也可以向不善者学习，这其中包含着极为深刻的道理。

现在，我们理解"三人行，必有我师焉"为：能者为师。在我们的日常生活中，每天都要接触到许多人，而每个人都有许多长处值得学习，可以成为我们的良师益友。例如，有的人擅长书法；有的人绘画很好；有的人通晓中外地理；有的人富有数学家般敏捷的思维……多向这些人学习，博采众长，不就可以使我们学到更多的知识吗？

"三人行，必有我师，择其善者而从之，其不善者而改之"的态度和精神，也体现了与人相处的一个重要原则。时时注意学习他人的优点，时时以他人的缺点引以为戒，改正自己，久而久之，自然就会多看他人的优点，与人为善而严格要求自己。这不仅是修养、提高自己的最好途径，也是促进人际关系和谐的重要条件。另外，这对于指导我们处世待人、修养心性、增长知识，都是很有裨益的。

"三人行，必有我师焉"在中国可谓家喻户晓，妇孺皆知。但是，能经常做到的又有多少人呢？人们常犯的一个通病，就是往往看自己的优点和他人的缺点多，看自己的缺点和他人的优点少；或者只看到自己的优点和他人的缺点，却看不到自己的缺点和他人的优点；或者喜欢拿自己的长处与他人的短处比较。在与人相处中，就表现为对比自己优秀、比自己强的人不服气；对有缺点和错误的人鄙视、看不起。这样做，既阻塞了向他人学习提高自己的道路，也难免造成人际关系的不和谐，有的甚至会发生冲突。

所以，重温"三人行，必有我师焉。择其善者而从之，其不善者而改之"，认真领会它的深刻内涵，并且努力去做，还是很有现实意义的。

高山之所以雄伟、绵延，是因为它不排斥每一块小石头；大海之所以壮阔无边，是因为它聚集了千万条小的溪流。如果你想具有高山般的情怀和大海般渊博的知识，就应该善于从生活中寻找良师益友，吸取他们的点滴长处。

择其善者而从之，多见而识之

【原文】

子钓而不纲①，弋②不射宿③。

子曰：“盖有不知而作之者，我无是也。多闻，择其善者而从之；多见而识之；知之次也。”

互乡④难与言，童子见，门人惑。子曰：“与其进也，不与其退也，唯何甚？人洁己以进，与其洁也，不保⑤其往也。”

【注释】

①纲：网上的大绳。这里指捕鱼的方式，即以纲系住网截断水流，并在绳子上挂钩以取鱼。

②弋：用带丝绳的箭来射。

③宿：指栖息在巢中的鸟。

④互乡：地名。据说其地民风不善。

⑤保：死记住。

【译文】

孔子只用钩钓鱼，但不拉大网。只射飞鸟，但不射巢中歇宿的鸟。

孔子说：“有这样一种人，可能他什么都不懂却在那里凭空创造，我却没有这样做过。多听，选择其中好的吸收进来；多看，然后记在心里，这是次一等的智慧。”

互乡那个地方的人难与交谈，但互乡的一个童子却受到了孔子的接见，学生们都感到疑惑。孔子说：“我是肯定他的进步，不是肯定他的倒退。何必做得太过分呢？人家改正了错误以求进步，我们肯定他改正错误，不要死抓住他的过去不放。”

【解读】

孔子非常注重道德修养，那么，怎么加强道德修养呢？孔子告诉我们要多听，多看，“择其善者而从之”，就是要仔细听取别人的意见，多做有益的事。

此外，还要对周围事物多多观察，把其中的有益启示，记在心里。

多用眼睛观察，多用耳朵倾听，就可以对周围事物和你要做的事，有个大致的把握和了解。

叶桂，字香岩，号天士，清江苏吴县人。由于家族世代行医，叶桂受家庭熏陶，很年轻时就开始继承家族的医术了。但是叶桂并没有固步自封，为了吸取各家之长，曾先后 17 次拜师学艺，成为清代著名的医学家。

叶桂年轻时，在同一条街上有一个叫薛雪的同行。俗话说：同行是冤家，年轻气盛的叶桂对薛雪一点也不服气。

有一次，一位病重的患者来到了叶桂的医馆就医。患者说："我在薛雪医生那里治疗了一段时间，可是总也不见好，他说我的病不能好啦！有病乱投医，我再到您这里试试吧！"

叶桂问："薛雪医生真的是这么说的吗？"

患者苦恼地回答："是啊，他说我这个病是个不治之症。"

叶桂听了，默不作声，细心把脉，详细问了患者平时的饮食起居情况，然后按照自己诊治的结果开了药方。此外，叶桂还对患者做了一些注意饮食起居的叮嘱，然后告诉他："你按照我说的去做，按时吃饭，会好起来的。"

患者吃了叶桂开的药，并按叶桂的叮嘱注意饮食起居的规律，过了一段时间，真的好了起来。薛雪听说后，非常不服气，一怒之下把自己的住宅称为"扫叶庄"，意思是要扫尽叶桂的威风。叶桂听说后，非常生气，马上回敬，把自己的住宅改名为"踏雪斋"，意思是要把薛雪踩在脚下。从此，两个人就结下了梁子。

后来，叶桂的母亲患了重病，叶桂心急如焚，用尽浑身解数，为母亲内服外调，可就是不见有效果，急得他不知如何是好。这件事被薛雪知道后，他大笑道："连这种小病都医不好，还敢叫'踏雪斋'？看来叶桂的本事不过如此。像这种病，服上几剂'白虎汤'，保证药到病除。"

叶桂听了传言，气得咬牙切齿，但他又没有别的办法，有病乱投医，就果真给母亲开了几剂"白虎汤"服了下去。哪成想居然药到病除，叶母的病完全好了。

这件事对叶桂触动很大。他想：薛雪的医术真是非常高明，我以前实在是太骄傲了。我应该登门去拜他为师，多向他学习才是，这样才有利于医术的提高，以后我可再也不能嫉妒人家了。

于是，他带着礼品，亲自登门到"扫叶庄"拜师求教。

薛雪听明叶桂的来意，脸红到了脖子根，非常不好意思地说："我的医术实在不高，怎么敢担当你的老师呢，以后我们两个互相交流共同进步吧。"

叶桂听了，非常高兴地说："那以后我们就结为好朋友，遇到棘手的问题一块商量，这样，我们就能更好地为这一方百姓服务了。"

这个想法与薛雪一拍即合，薛雪说："以前是我太骄傲，总以为自己的医术高明，可是上次你医好的那个患者，实在是一个很好的证明。我对他是束手无策了，没想到你那么快就治好了他。我需要向你学习才是啊！"

叶桂也红着脸说："我以前也是太骄纵了，对你的才华也非常的嫉妒，这下好了，以后我们共同切磋，取长补短，医术一定都会大有进步！"

就这样，两个相互嫉妒的同行冤家，变成了互相切磋、取长补短的同道中人。

后来，叶桂只要听说医术高明的人，就拿下

北京故宫大殿前石狮

"医牌"，隐姓埋名，拜师学艺，终于集众家之所长，自成一家，成为清代著名的医学家。

人这一辈子会遇到很多事，有善事，也会有不好的事，怎么办呢？当然是记取前人的教诲，选择善良的去做。可是，有些人听不进别人任何有益的见解，常常命令别人保持沉默，而自己却张扬自负，听不进别人的不同意见，有了点成绩更是不可一世。

历史告诉我们，自古以来，一意孤行、刚愎自用的人很难有好结局。读过《三国演义》的读者都知道关羽"大意失荆州"的故事，其实，关羽并不是疏忽大意而丢了荆州，而在于他不能兼听不同意见的弱点上。

当时，吴国大都督吕蒙早就有抢回被刘备骗去的荆州的打算，但他心知强攻硬取只会使自己吃亏，于是想办法从关羽的弱点上开刀。正巧，关羽没有亲自守荆州，正在外面带兵攻打樊城，吕蒙一见机会难得，便表面上主动与关羽搞好关系，暗中用计蒙蔽关羽。

吕蒙放出口风，说要回南京休养，中途却偷偷拜访了陆逊。陆逊说："关羽总是夸耀自己勇猛强悍，欺凌别人，刚刚获得胜利，心中就骄傲放纵，一心北进。现在听说您病了，一定更加麻痹大意。如果我们出其不意，一定能将他擒拿住。您回京都一定和主上好好谋划。"

吕蒙回建业面见孙权，就向孙权推荐陆逊，结果，陆逊代替吕蒙担任大都督。

陆逊一到任，马上给关羽写了一封信，信中说："您刚刚攻击敌寇，大获全胜。您的功勋，何其伟大！敌国溃败，盟友获益，我们听到喜讯，不禁击节称贺。想到您即将席卷中原，共抚王室，我是多么高兴啊！"又以极大的善意提醒关羽："曹操是个狡猾的敌人，愤怒起来不计后果，恐怕他会暗中增加军队，您可不要掉以轻心啊！"最后，

关羽画像

陆逊谦虚地说："我是个书生，对这个位置是不胜任的，幸亏和您这样一位功勋卓著的将军为邻。我对您是那样的仰慕，希望将军您洞察。"

关羽接信后飘飘然，麻痹了。谁知，陆逊却偷偷地向孙权汇报关羽的情况，孙权就在暗中向西派兵，以陆逊、吕蒙为先锋，直奔荆州。

吕蒙到达浔阳，把精锐士卒都埋伏在船中，让百姓摇橹，穿商人的衣服，

昼夜兼程，将关羽设置在江边守望的官兵全都捉住，关羽对此一无所知。关羽手下将领糜芳、傅士仁一直都不满意关羽轻视自己，关羽率兵在外，糜芳、傅士仁故意不给关羽提供足够的军用物资，关羽说："回去后，一定治你们的罪。"糜芳、傅士仁都害怕了。于是吕蒙命令原骑都尉虞翻写信游说傅士仁，向他分析成败得失，傅士仁得到虞翻的信就投降了。吕蒙带着傅士仁到了南郡。糜芳守城，吕蒙要傅士仁出来与他相见，糜芳也开城出来投降了。这时，曹操又派大将徐晃救援曹仁，关羽无法攻破樊城，只好领兵撤退。与此同时，吕蒙已经进入江陵，把被囚的于禁释放，俘虏了关羽及其将士们的家属，荆州的文武官员都归附吕蒙。关羽的军队立刻溃散。

直到此时，关羽对荆州已失守的消息仍不相信，当军中有人私下传言荆州失守时，他听后愤怒地制止道："此是敌方讹言，以乱我军心！东吴吕蒙病危，孺子陆逊代都督之职，不足为虑！"

关羽是何等的目空一切，后来探马报知实情后，他才相信荆州真的丢失了。关羽大惊失色，不得已投奔荆州属地公安，岂知公关也已被吕蒙夺取了。在这进退无路之际，关羽似乎有一丝觉醒，他对身边的司马王甫深深叹道："悔不听足下之言，今日果有此事！"

如果说，荆州是关羽大意才丢失的还说得过去，那么，关羽败走麦城则是不听建议所致。

当困守麦城，内无粮草，外无援兵之际，关羽决定抛弃麦城，突围去西川。可是去西川如何取道他又拒绝了王甫的正确建议。去西川本有两条路可走，一条是大路，一条是偏僻小路，关羽打算从小路去西川，王甫听后唯恐吴、魏在小路设下埋伏，连忙建议部队取道大路。这时，关羽又犯下了一意孤行的老毛病，他固执地不肯听王甫的话，还自信地扬言："纵有埋伏，有何惧哉！"坚定不移地要走小路。王甫料定关羽此去凶多吉少。纵百般劝阻仍无济于事，结果呢？父子双双遭擒身死。一代英雄豪杰因不能兼听不同的意见而酿成悲剧。

千百人俯首顺从，不如一人诤言争辩对事有益。连唐太宗李世民都能从谏如流，能够听取不同意见，并鼓励别人讲不同意见，何况普通人呢？做事能经常听到不同意见，于己于人都有好处。

钱学森对周总理有一段回忆："我感受最深的是总理确实肯花时间认真听

我们的意见，这是总理一贯的作风。每次开会来的人很多，把不同意的人也请来，总理反复问：'有什么意见没有？'听了我们的意见，他最后决定怎么办。"

我们在平时的工作中会发现，总有一些领导，表面上看决定问题比较慢，遇到大一点的事情，他总是先和身边的人有意无意地打个招呼，或商量一下，然后再决定。有些人也许会认为这样的领导没有魄力，实际上，他们办起事情是非常稳妥的。自己要三思而后行，也要多听听别人的意见，养成听取别人意见的习惯；可以避免偏听偏信。宋代范仲淹的儿子范尧夫曾劝告司马光："愿公虚心以近众论，不必谋自己出。谋自己出则谄谀乘间迎合矣。"因为司马光就是性情刚直的人，在官场上也难免会遭遇挫折。

仁远乎哉，我欲仁，斯人至矣

【原文】

子曰："仁远乎哉？我欲仁，斯仁至矣。"

陈司败①问昭公②知礼乎，孔子曰："知礼。"孔子退，揖巫马期③而进之，曰："吾闻君子不党，君子亦党乎？君取于吴，为同姓④，谓之吴孟子⑤。君而知礼，孰不知礼？"巫马期以告。子曰："丘也幸，苟有过，人必知之。"

子与人歌而善，必使反之，而后和之。

【注释】

①陈司败：陈，国名；司败，官名，即司寇。或说陈司败是人名。

②昭公：鲁昭公，名裯，谥号昭。

③巫马期：姓巫马，名施，字子期，孔子的学生。

④为同姓：鲁国是周公后代，吴是太伯后代，都是姬姓。根据礼制，同姓不能通婚。

⑤吴孟子：鲁昭公夫人。春秋时代，国君夫人的称号，一般是她出生的国名加上她的姓，但因她姓姬，故称为吴孟子，而不称吴姬。

【译文】

孔子说："仁难道离我们很远吗？我想要它，它就来了。"

陈司败向孔子问鲁昭公懂不懂礼，孔子说："懂礼。"孔子出来后，陈司败向巫马期作了个揖，孔子走近他，对他说："我听说，君子不偏袒，难道孔子还包庇别人吗？鲁君在吴国娶了一个同姓的女子做夫人，是国君的同姓，称她为吴孟子。如果鲁君算是知礼，还有谁不知礼呢？"巫马期把这句话告诉了孔子。孔子说："我真是幸运。如果有错，人家一定会指出来。"

孔子与别人一起唱歌，如果唱得好，一定要请他再唱一遍，然后再跟着他唱。

【解读】

善与恶之间，好与坏之间，其实就是一闪念的过程。儒家"亚圣"孟子认为人的德行是"求则得之，舍则失之，是求有益于得也，求在我者也"。仁心是德行的根据，它是自己的本心，是与生俱来的，但是需要你去开发。

生活中，我们看到一些令人感动的好人好事时，内心也会不禁产生敬慕之心，但同时又觉得自己很难做到；而有了志向，有时又感觉真正要实现起来困难重重，总觉得有些遥远，缺乏自信。其实，这都是误区。如果真正想要实现自己的志向，想做好事、做善事，关键还在自己，还在于你有没有决心和行动。

如何才能成为一个有仁爱之心的人呢？很多人觉得这是一种美好的理想，离现实生活很遥远。那是圣贤的事，一般人是高不可攀的。孔子说，仁是很高远的目标，但只要自己时时处处身体力行，也就达到仁了。所以，达到仁的境界，全靠自己。就像堆土成山，只差最后一筐土，你懒得去加，失败是你自己造成的；相反，即使才刚倒下了一筐土，只要你能坚持不懈，最后那座山就是用你自己的力量建造的。就以"仁"来说，你并不是只能仰望它，只能羡慕圣贤而自己无法做到，所以孔子就说了"仁远乎哉？我欲仁，斯仁至矣"这段话。他强调"仁"这种道德的实现，全在于自己。

孟子曾说，仁、义、礼、智、信这些美好品质，每个人都天然有一点，像同情心、求知心等就是明证，这些都是善端，有了这些善端，还要看是不是能很好地利用。从自己先天的那点端倪出发，孜孜以求，达到目标也就不难了。要做到仁，首先你自己就要有这个主观愿望，而且这愿望不是空想、空说，而是要付诸实践。也就是说，你要时时刻刻去做仁爱之事。如果你注意你的实践、你的言行，都按照"仁"的标准，那你离"仁"也就不远了。日久天长，你就会成为一个仁爱之人。

东晋时期，有一个叫戴渊的人，年轻时游手好闲，不爱学习，还经常纠集一伙人打群架，父亲气得将他赶出了家门。没有管束，导致他更加无法无天。他纠集了一群和他一样的无赖少年，流窜长江、淮河一带，干起了打家劫舍、拦劫来往舟车的罪恶勾当。

有一天，他们劫持了陆机的船。戴渊发现陆机是个知书达理的人，而且气度不凡，心中便油然升起几分敬畏。当他得知眼前的这位就是远近闻名的学者陆机时，立即拜倒在地。陆机说："大丈夫应当尽忠报国，你为什么要在江湖上鬼混，干那些伤天害理的事呢？"

戴渊哭着说："我从小不读诗书，不明事理，干了不少坏事，被父亲赶出家门，从此我就自暴自弃，现在我不做这些事还能做什么呢？再说，我已经是声名狼藉，谁还会收留我呢？"

陆机见他良心还未泯灭，就决定当他的老师，戴渊也真心诚意地跟随陆机学习，终于成为一个正派、言谈举止严肃认真的人。后来，陆机把他推荐到军队任职，很快，戴渊就成为一个为人谦和、深受官兵爱戴的大将军。

人心本善，而对仁的开发，别人的帮助是次要的，主要是自己能够主动开发。从戴渊接受陆机的批评来看，这种转变几乎是在一念之间。这正应了孔子的一句话："我欲仁，斯仁至矣。"在

陆机书法《平复帖》

条件许可的情况下，一件一件地去做，你那助人的愿望哪会不能实现呢？只要你踏踏实实地去做，你的愿望、目标就一定会实现。

然而，我们也常见到这样的现象：不少人也都赞美仁爱、呼吁仁爱，对不仁爱之事义愤填膺，然而一旦落到自己身上，却往往缺乏仁爱。究其原因，他可以说出一大堆，但唯独缺少对自己的反思。如果每个社会成员都能真正"欲仁"，从自己做起，也会出现一个充满仁爱的氛围。所以关键还在于自己去做，去身体力行。

从自己做起吧，从现在起就立下"我欲仁"的目标，立志做一个高尚的人，做一个仁德之人，并付诸实践，脚踏实地地朝着仁的方向前行，你就会离这"仁"的目标越来越近，你的道德水平就会越来越高。

奢则不孙，俭则固。与其不孙也，宁固

【原文】

子曰："文，莫①吾犹人也。躬行君子，则吾未之有得。"

子曰："若圣与仁，则吾岂敢？抑为之不厌，诲人不倦，则可谓云尔已矣。"公西华曰："正唯弟子不能学也。"

子疾病②，子路请祷。子曰："有诸？"子路对曰："有之；《诔③》曰：'祷尔于上下神祇。'"子曰："丘之祷久矣。"

子曰："奢则不孙，俭则固④。与其不孙也，宁固。"

【注释】

①莫：表示揣测，或许，大概。

②疾病：重病。轻者称疾，重者称病，二字连用表示重病。

③诔：本应作"讄"，为生者所作的祈祷文。不同于哀悼死者的"诔"。

④固：固陋。

【译文】

孔子说："就书本知识来说，大约我和别人差不多。做一个身体力行的君子，那我还没有做到。"

孔子说："如果说到圣与仁，那我怎么敢当呢？不过是学习和工作总不厌倦，教导别人总不疲劳，就是如此罢了。"公西华说："这正是我们学不到的。"

孔子病情严重，子路向鬼神祈祷。孔子说："有这样做的吗？"子路说："有的。《诔》文上说：'为你向天地神灵祈祷。'"孔子说："我很久以来就在祈祷了。"

孔子说："奢侈了就会越礼，节俭了就会寒酸。与其越礼，宁可寒酸。"

【解读】

财富是慢慢累积起来的，倘若没有聚积财富的想法和能力，就永远成不了富翁。有的人本来不富裕，花起钱来却大手大脚，毫无计划地购物消费，最后可能造成入不敷出。

没有聚积财富的想法和能力，永远不能成为富人。

实现财富目标必须从一点一滴做起，从每一分钱攒起，要重视每一分钱的价值。

一天，李嘉诚从兜里掏汽车钥匙时，不小心把一块钱硬币给带了出来，掉在了汽车底下。当他正准备弯下腰去捡的时候，一个人走过来，钻进车底帮他取出了硬币。当他把硬币交给李嘉诚时，李嘉诚从公文包里抽出 100 元交给了他。这个人当时一愣，问道："您这是什么意思？"李嘉诚笑着说："这是你应该得到的，因为我能有今天的成就，就是从每一块钱开始的，如果失去了这一块钱，就等于我失去了办事的原则。"

要累积财富，就要养成节俭的习惯。

节俭是精明能干、富有远见和自我克制的体现。节俭既不需要超人的勇气，也不需要卓越的美德，而只需要一般的力量和普通人的能力；节俭意味着统筹安排、合乎规则、精打细算和避免浪费；节俭意味着为了将来的利益得到保障，要有抵御眼前诱惑的能力；节俭可以被称为"精明的女儿"、"克制的姊妹"和"自由的母亲"。

洛克菲勒是美国的富豪之一，他用自己的聪明才智驰骋石油市场，成为富甲天下的巨子，但他在如此富有的情况下，依然过着俭朴的生

福禄寿图

活，不花费一分毫无意义的金钱，保持着令人惊讶的俭朴作风，一套旧服装直到磨得发亮才换；最喜欢吃的食物只是面包和牛奶；几个孩子共同使用一辆三轮车，而别的富豪子弟都有男仆陪同，马车接送。

在钱财方面，量入为出，斟酌考虑，这种对收入和支出的简单运算，有着极大的价值。市场上琳琅满目的商品对于每个人都是一种诱惑，但是，要对欲望合理而有效地控制，结合自己的收入情况理智消费，否则就可能导致收支失去平衡。

无论你拥有什么，消费的时候都不能倾其所有。贪图一时的安逸享乐，花天酒地、挥霍无度，结果不得不提前支取存款，提前领取工资，拆东墙补西墙，寅吃卯粮，最后必然会债台高筑，陷入生活的困境。

当然，累积财富也不能像一个一毛不拔的铁公鸡，否则，就会在生活中心胸狭窄、斤斤计较，成为一个可怜的守财奴。

每个家庭都是在赚钱与花钱中度过的，人从独立生活起，就面临着理财的挑战。随着社会保障体系的健全，每个家庭正在从单位人向社会人过渡，每个家庭必须作财务上的预算与策划。

1. 一生挣多少钱才够花

假设你不买漂亮衣物，不下馆子，不旅游，不买房，不看电影，不听音乐，不玩电脑，不交际，不赡养老人，不结婚，不生孩子，当然也不生病，等等，一切生活所必需的东西都作为奢侈品摒弃掉，只有一日三餐、一间小屋，几件为保暖和遮羞的换季衣物，你认为每月 400 元人民币够不够？

从出生到成年这 18 年中，我们有长辈关照；如果我们幸运地能一直干到 60 岁，那么这 42 年是为将来做准备的；60～80 岁这 20 年里，如果以前面说的每月 400 元的生活水准计算的话，应该有 9.6 万元的养老准备金，还不算上超过 80 岁的用钱期。这样一来，我们就知道了自己挣多少钱才够用。在货币价值稳定、没有通货膨胀的前提下，我们仅为生存，挣 1000 元就够了。其中 400 元用于现在的支出，400 元留作养老，另外 200 元用于年老时的医疗，因为那时疾病会频繁地光顾你。

如果你对 400 元的生活水准充满恐惧，如果你现在每月挣 2000 元还觉得不够花，那么你将来的生活就要设定在这个基础之上，现在你每月就得挣 4000 元、5000 元；如果你打算出国深造、打算投资、打算旅游，那么这个数目就远远不够了。

2. 建立一生理财的理念

每个家庭都要储蓄理财，为将来创业或结婚做准备，为人父母者要负担全家人的生活来源和子女的教育费用。然而，很多人为了生存而辛苦努力，赚了钱又不会算计，盲目懵懂，得过且过，这样又怎能创造幸福的人生呢？所以建立家庭理财计划，有计划地检视自己的理财状况，量入为出，遇到风险时有较大的承受力，以便安全地走过低潮期；无生活计划的人则容易纵情于自己即兴的欲望，在不知不觉中花掉金钱而不容易有所储蓄；学会家庭理财，最好能够储存一笔创业基金，完成自己创业的理想，从而创造更幸福的生活。

3. 根据年龄进行投资

大体上可遵照一个"100减去目前年龄"的经验公式。这一公式意味着，如果你现年60岁，至少应将资金的40%投资在股票市场、股票基金或其他投资种类；如果你现年30岁，那么至少要将70%的资金投资。为什么呢？在20岁到30岁时，由于距离退休的日子还远，风险承受能力是最强的，可以采用积极成长型的投资模式。尽管这时期由于准备结婚、买房、置办耐用生活必需品，要有余钱投资并不容易，但你仍需要尽可能地投资。按照"100减去目前年龄"这个公式，你可以将70%至80%的资金投入各种渠道，以便让钱换来更多的钱。

有容乃大

【原文】

子曰："君子坦荡荡，小人长戚戚。"

子温而厉，威而不猛，恭而安。

【译文】

孔子说："君子心胸宽广坦荡，小人经常忧愁烦闷。"

孔子温和而又严厉，威严而不凶猛，庄重而又安详。

【解读】

孔子认为，"君子坦荡荡，小人长戚戚"。作为君子，应当有宽广的胸怀，可以容忍别人，容纳各种事情，不计个人利害得失。心胸狭窄，与人为难，与己为难，时常忧愁，局促不安，就不可能成为君子。

"大肚量"的宰相史上不乏，狄仁杰就是一个心胸宽广的人，堪称中国古代宰相的楷模。

狄仁杰治国治民轻车熟道，能力非凡，最难得的还是他能容忍别人，公私分明，以德报怨。他总是不遗余力地推荐有才之士，使国家社稷、黎民百姓受益匪浅。位居"一人之下，万人之上"的宰相如此宽宏大量，卓有远见，凡夫俗子们是否也应作些思考呢？

公元 688 年，越王李贞叛乱，宰相张光辅领兵讨伐。因军队纪律涣散，官兵肆无忌惮，大肆搜刮百姓，一时间，百姓苦不堪言。这时，身为刺史的狄仁杰挺身而出，指责宰相张光辅治军无方。叛乱平息后，受越王株连的有六七百人在监，籍没者达 5000 多人。狄仁杰深知大多数黎民百姓都是被迫在越王军中服役的，便冒着杀身之危，向武则天进言。武则天听从了他的建议，特赦了这批死囚。

武则天认识到狄仁杰确实是个人才，便连续提升他。有一次，武则天单独召见狄仁杰说："卿在汝南，甚有善政，卿欲知谮卿者乎？"狄仁杰谢曰："陛下以臣为过，臣当改之；陛下明臣无过，臣之幸也。臣不知谮者，并为善友。臣请不知。"武则天对他坦荡豁达的胸怀深为叹服。

狄仁杰好面折廷诤，常常违背武则天的旨意，武则天也曾动怒，使狄仁杰遭到贬官。日久见人心，经过几件事情之后，武则天既看出了他的才能，也看出了他的忠心，以后每当他们政见不一时，武则天总是给他支持。

在狄仁杰遭到左迁时，将军娄师德曾在武则天面前竭力保荐他，狄仁杰并不知道这件事，他觉得娄师德只不过是一介武夫。

狄仁杰画像

回到京城以后，有一天，武则天问狄仁杰："你看娄师德是否有知人之明、荐人之德？"

狄仁杰说："娄将军谨慎供职，还没听说过他荐举人才！"

武则天笑着对狄仁杰说："朕之所以起用你，全是因为娄将军的极力推荐！"

这件事使狄仁杰很受感动。自己与娄师德非亲非故，他秉公荐贤，并不是为了使人感恩戴德，实在是高出自己很多。从此，狄仁杰特别留意物色人才，随时向朝廷推荐。

当时契丹国经常侵扰唐朝边境，其名将主要是李楷固与骆务整，他们屡次打败唐军，杀死很多唐军将士。后来，他俩归降，朝中许多大臣纷纷上书武则天，请求处斩二人。

狄仁杰不同意处斩他们，他认为李楷固有骁将之才，若恕其死罪，必能感恩效节，于是奏请授其官爵，委以专征。

和这两个人作战被杀死的唐军将士与朝廷上许多大臣非亲即故，这些大臣极力主张要杀死这两个契丹将领。狄仁杰针锋相对地说："处理政事应以国家为重，岂能由个人恩怨决定！"并坚持为这两个人请求官职。最后，武则天接受了他的建议。

武则天封李楷固为左铃卫将军，封骆务整为右武威将军，命他们讨伐契丹余众，结果凯旋而归，使边疆得到了暂时的安宁。

大度宽容是做人的一门艺术，宽容精神是一切事物中最了不起的行为。古语有"宽以济猛，猛以济宽，宽猛相济"、"治国之道，在于猛宽得中"的宽容之说，古人就以此作为治国之道，说明宽容在社会中所起的重要作用。宽容，是自我思想品质的一种进步，也是自身修养，处世素质与处世方式的一种进步。

宽恕不是一件简单的事，容纳异己，凡受过刻骨伤害的人，均知道宽恕的难。每个人的心里，都或多或少存有自私兼固执的想法，尤其是心胸狭窄的人，要想将心里对某人存着的芥蒂和憎恨彻底除去，更是一件难上加难的事。俗话说，"宰相肚里好撑船"，大概是指能做大事的人，都有其原谅、宽恕别人的度量。当你宽恕了别人的同时，也等于宽恕了自己，因为，你已将心中那化不开的郁结解开了，换来的是一片安详、和平与恬静。

泰伯篇第八

战战兢兢，如临深渊，如履薄冰

【原文】

曾子有疾，召门弟子曰："启①予足！启予手！诗云：'战战兢兢，如临深渊，如履薄冰。②'而今而后，吾知免夫！小子！"

【注释】

①启：通"啟"，视。

②"战战兢兢"三句：见《诗经·小雅·小旻》。

【译文】

曾参有病了，把他的弟子召集到身边来，说道："你们看看我的脚，看看我的手！《诗经》上说：'小心呀！谨慎呀！好像站在深渊旁边，好像踩在薄冰上面。'从今以后，我知道我的身体是不再会受到损伤了，弟子们！"

【解读】

"战战兢兢，如临深渊，如履薄冰"，这本是《诗经》里的一首政治讽刺诗。诗人揭露和讽刺周幽王的政治昏庸，最后导致国家危亡。诗人写这首诗表达了忧虑国事的深沉心情，也含蓄地希望君王临崖勒马，改邪归正，挽救危局。曾子生病的时候，把弟子们叫到身边，引用《诗经》里这句话，意在告诫弟子们，身体发肤，受之父母，一定要珍惜。怎么珍惜呢？不仅要珍惜身体，也要珍惜自己的名声、名誉，不要做出有违于国家，有违于个人清名的事。

朱建曾是淮南王黥布的相国，黥布准备谋反时，朱建一再劝他说："汉皇帝刘邦待你不薄，我们的实力又远比不上朝廷大军，成功的希望太渺茫了。大王一旦反叛，不仅会落下不仁不忠的名声，还会有性命之忧。"

黥布不听，说："刘邦步步紧逼，无端猜忌，我现在的处境越来越困难了。与其坐以待毙，何如倒戈相击。"

朱建流泪说："正因我们处境艰难，大王才要事事慎重，勿起反念。倘若大王举旗造反，不是正中了刘邦的圈套？大王若能请罪表忠，刘邦便没有了剪除我们的借口，这对我们更有利啊。"

黥布执意反叛，结果兵败身死。

朱建因为劝谏在先，汉高祖刘邦便没有治罪于他，反而封他为平原君，让他迁至长安居住。

朱建有职无权，是个闲差，又兼他为人正直，不置家财，所以日子十分清苦。一日，朱建的亲友从家乡到长安来看他，见他每日食粥，惊讶地说："我以为你当了大官，必定是锦衣玉食，怎会是这个样子呢？"朱建回答说："官与官不同，你用不着大呼小叫的。我能大难不死，已属万幸，还求什么呢？"朱建的亲友说："既然为官，总要讲究体面，否则会让人笑话。"朱建叹口气说："我也有过不好的念头，但一想关乎名声，牵扯乱法，我便只能不敢为之了。穷困可以捱过，犯罪却是难逃，还是平安无事的好。"

朱建的母亲死时，由于家贫，竟无钱发丧。他对天大哭，自责不已。

辟阳侯审食其同情他的遭遇，送他黄金百斤，让他为母亲治丧，且说："你穷不丧志，不贪不占，这样的人又有多少呢？我敬佩你的君子之风，请务必收下我的一点心意。"

审食其是吕后的宠臣，名声并不好，朱建有些犹豫，咬牙说："谢谢大人的关心，我虽穷，但终有办法的。"

朱建不要审食其的馈赠，审食其有些急了，大声说："我并不有求于你，也无一点私心，你为何拒人于千里之外呢？你是大孝之人，难道忍心不为老母亲办丧

汉长安图

吗?"朱建见他至诚,遂打消疑虑,接受了他的黄金。

这件事让朱建永不敢忘,他常对家人感叹说:"我安于贫穷,不想欠下了辟阳侯的人情,我们不能不还啊!辟阳侯人多非议,可这件事我们能不感谢他吗?"

后来,审食其和吕后的奸情被人告发,汉惠帝大怒,准备杀掉他。危急时刻,审食其派人来见朱建,求他设法相救。

朱建不肯与来人相见,却登门求见汉惠帝的宠臣闳籍儒,说:"皇上宠幸于你,天下皆知,如今太后的宠臣审食其下狱,都说是你进谗言的结果。如果审食其被杀,太后会饶了你吗?倘若你主动出面营救,太后必会感激你,如此,皇上、太后都对你垂爱,你就再无忧虑了。"

闳籍儒一听有理,连忙去向汉惠帝说情,审食其得救了。

审食其当初听说朱建不与他派去的人相见,曾骂朱建忘恩负义。后来他知道朱建用计将他救出,顿感羞愧。他亲自登门向朱建致谢,问道:"先生做事如此神秘,为什么呢?"

朱建沉重道:"我一个穷困之人,若让人知和大人结交,岂不让人猜疑?我救你是报恩,我是不想救你不成,反遭灾祸啊!"

托六尺之孤,寄百里之命

【原文】

曾子曰:"以能问于不能,以多问于寡;有若无,实若虚;犯而为校——昔者吾友①尝从事于斯矣。"

曾子说:"可以托六尺之孤②,可以寄百里③之命,临大节而不可夺也——君子人与?君子人也!"

【注释】

①吾友:前人多以为指颜回。

②六尺之孤:指未成年的孤儿。古代尺短,身长六尺一般指十五岁以下

孩童。

③百里：指诸侯国。

【译文】

曾参说："自己有才能却向没有才能的人请教，自己知识多却向知识少的人请教，有学问却像没有学问一样；知识很充实却好像很空虚；被人侵犯却也不计较——从前我的一位朋友就做到了。"

曾参说："可以把年幼的君主托付给他，可以把国家的政权托付给他，面临生死存亡的紧急关头而不动摇屈服。这样的人是君子吗？是君子啊！"

【解读】

中国历史上托孤寄命的事不少，比如，尹伊、周公、霍光、诸葛亮，等等。但是成功的少，失败的多。如果说有成功的先例的话，那他们身上，也都有共同的特点，就是才德兼备，忠贞不渝。就像曾参所说，"自己有才能却向没有才能的人请教，自己知识多却向知识少的人请教，有学问却像没有学问一样；知识很充实却好像很空虚；被人侵犯却也不计较"，这些辅佐幼主成功的政治家身上，都具备这些优点。

孟 获

公元 219 年，关羽所守的荆州被吴国攻占，关羽也兵败被杀。刘备听到这个消息，不顾诸将的劝阻，举全国之兵力去讨伐吴国，为关羽报仇，结果大败，自己也病倒在白帝城的永安宫。刘备知道自己的病难以治好，命诸葛亮辅佐太子刘禅，让尚书令李严作诸葛亮的副手，并派人日夜兼程赶到成都，请诸葛亮来嘱托后事。

汉王刘备对诸葛亮说："你的才干胜过曹丕十倍，必定能安定国家，完成大业。如果刘禅还可以辅佐，你就辅佐他；

如果他没有才德，你可取而代之。"诸葛亮已泣不成声，立即跪倒在地，说："亮定当竭尽全力，鞠躬尽瘁死而后已！"

汉王刘备又下诏给太子："人活五十而死不能称为夭折，我已经活了六十多岁，还有什么遗憾，只是牵挂你们兄弟。要努力，再努力啊！不要因坏事很小就去做，也不要因为好事很小就不去做！只有贤明和德行，才会使人折服。父亲德行浅薄，不值得你们效法。你与丞相共事，对待他要像对待自己的父亲一样。"

公元 220 年四月，刘备在永安宫辞世，谥号为昭烈皇帝。

丞相诸葛亮护送灵车回到成都，由李严作中都护，留下镇守永安。

公元 223 年，刘禅登基，改元为建兴，封诸葛亮为武乡侯，领益州牧。这时，刘禅不过 10 多岁，对国家政事一窍不通，从此，诸葛亮就开始了自己忙碌的辅政生涯。

他亲自检查各种文书、审理案件，只要是大臣呈上来的奏折，他都会一一批阅。事情不论大小，他都要一一过问。

就这样过了一段时间，诸葛亮被大大小小的事务弄得焦头烂额，即使到了吃饭时间，只要有人来禀报事情，他立刻就扔下碗跑出去，晚上常常深更半夜也不能休息，偶尔躺下睡一阵，很快又被惊醒，最后竟然常常失眠了。

在诸葛亮的管理下，蜀国一度呈现安乐太平的好景象。

但诸葛亮万事躬亲，刘禅一直不过问国家大事，终日躲在后宫，直到蜀国灭亡。世人都说他是"扶不起来的阿斗"，但实际上，诸葛亮也要为刘禅的懦弱昏庸担上一部分责任。

蜀国在三国之中一直是最弱小的。为了保住蜀国政权，诸葛亮做出了巨大的努力。刘备死后，诸葛亮断然决定派使臣到东吴去讲和，恢复吴蜀联盟，巩固三国鼎立的局面。

然后，诸葛亮亲自率兵南征，平定了南中叛乱，"七擒孟获"使孟获心悦诚服，说："丞相天威，我们再也不反叛了！"

最后，诸葛亮要实现自己"隆中对策"的目标——北伐曹魏，统一中原。

从公元 228 年开始，到公元 234 年诸葛亮病死在魏境，先后七次与魏军作战。但是，蜀国的力量并不足以实现他的目标。所以，诸葛亮最后还是失败了，败给了他的老对头司马懿。

司马懿无时不在派人打探诸葛亮的动向。

当他听说诸葛亮的情况后，不禁说道："孔明的饮食睡眠越来越少，而要处理的事情越来越多，我看，他支撑不了多久了。"

果然，没多久，诸葛亮就因劳累过度死在五丈原军中，死时年仅 54 岁，比刘备和曹操的寿命都短。

诸葛亮足智多谋，胸怀天下，忠良守信，仁义兼备，正是曾参所倡导的理想的辅佐人君的良才，所以两千年来一直受到人们的尊敬。

【原文】

曾子曰："士不可以不弘①毅②，任重而道远。仁以为己任，不亦重乎？死而后已，不亦远乎？"

【注释】

①弘：心胸宽广。

②毅：坚毅。

【译文】

曾参说："士不可以没有宽阔的胸怀和顽强的毅力，因为他责任重大，道路遥远。把实现仁作为自己的责任，难道还不重大吗？奋斗终身，死而后已，难道不是路程遥远吗？"

【解读】

我们先来看看曾子说的这段话："士不可以不弘毅，任重而道远。仁以为己任，不亦重乎？死而后已，不亦远乎？""士不可以不弘毅，任重而道远"，读书人（知识分子）不能不心胸宽广，意志坚定，因为承担的责任重大，路途遥远。仁以为己任，不亦重乎？将爱作为自己的责任，这不是责任重大吗？"死而后已，不亦远乎"，到死才能终止，这不是路途遥远吗？

这段话围绕"责任"这个关键词展开。没有责任，谁可"仁以为己任"，"死而后已"呢？翻阅历史，那些事业有成的人士，无不具有勇于负责的品质。阿尔伯特·哈伯德为此曾说："所有成功者的标志都是他们对自己所说的和所做的一切负全部责任。"

责任是每个人必须承担和无法逃避的，因为责任使我们的人生变得有意义和有价值，没有责任的人生是苍白且乏味的。一个人生活在这个世上，对家庭，对国家，对民族，对社会，对人类，你必须尽到责任；对工作，对事业，对同事，对朋友，对子女，你必须尽到责任。

在这个世界上，没有不需要承担责任的事情，相反，你的职位越高，权利越大，你肩负的责任就越重。不要害怕承担责任，你要相信自己可以承担任何正常人的人生责任，你一定可以比别人做得更出色。

约翰·格兰特在一家五金商店工作，每周只能赚两美元。他刚进商店时，老板就对他说："你必须对这个生意认真负责、熟门熟路，这样你才能成为一个对我们有用的人。"

"一周两美元的工作，还值得认真去做？"与格兰特一同进公司的年轻同事不屑地说。

然而，格兰特却把这个简单得不能再简单的工作干得非常用心。

经过几个星期的仔细观察，年轻的格兰特注意到，每次老板总要认真检查那些进口的外国商品的账单。而那些账单使用的都是法文和德文，于是，他开始学习法文和德文，并开始仔细研究那些账单。一天，老板在检查账单时突然觉得特别劳累和厌倦，看到这种情况后，格兰特主动要求帮助老板检查账单。由于他干得实在是太出色了，所以之后的账单自然就由格兰特检查了。

一个月后的一天，他被叫到一间办公室。老板对他说："格兰特，公司打算让你来主管外贸。这是一个相当重要的职位，我们需要认真负责、能胜任的人来主持这项工作。目前，在我们公司有 20 名与你年龄相仿的年轻人，但只有你看到了这个机会，并凭你自己的努力，用实力抓住了它。我在这一行已经干了 40 年，你是我亲眼见过的三位能从工作中发现机遇并紧紧抓住它的年轻人之一。其他两个人，现在都已经拥有了自己的公司。"

格兰特的薪水很快就涨到每周 10 美元。一年后，他的薪水达到了每周

180 美元，并经常被派到法国、德国谈生意。他的老板评价说："约翰·格兰特很有可能在 30 岁之前成为我们公司的股东。他已经从平凡的外贸主管的工作中看到了这个机遇，并尽量使自己有能力抓住这个机遇，虽然做出了一些牺牲，但这是值得的。"

强烈的责任感能唤醒一个人的良知，也能激发一个人的潜能。但是在生活和工作中，随处可以见到这样一些人，他们失去了自己的责任感，只有等别人强迫他们工作时，才会工作。他们从来没有真正考虑过自己身体内到底有多少潜能。在工作的过程中，他们也对自己的学识和才能一无所知，遇到任何事情，他们都用漫不经心的态度去处理。这样的人在老板眼里是一个不可靠的、不可以授以重任的人，一旦伤害公司和客户的利益，老板会毫不犹豫地将其辞掉。一个人如果具备了强烈的责任感，面对任何艰难困苦的挑战也绝不犹豫退缩，他们不仅能完成自己分内的工作，而且会时时刻刻为企业着想。他们从不认为自己的生活应该随便"得过且过"地轻易打发。他们唯恐落在别人的后面，成为一个混饱肚子、打发日子的人。

在那些得过且过、懈怠懒惰、愚蠢懦弱者的思想里，认为世界上一切好的位置、好的事业都会不属于自己，他们无法从中找到自己的位置。的确，失去责任感而懒散成性的人，无论走到哪里，都不会有他们的立足之地，也没有人会需要他们。

那么，我们怎样才能尽到责任呢？《论语》是这样回答的：孔子的学生子路曾经问他的老师如何才能成为一个君子，孔子说："修己以敬。"好好修炼自己，保持着严肃恭敬的态度。孔子还告诉我们，修身是对国家、对社会负责的第一前提。孔子和他的众弟子力争做"最好的自己"，其目的就是为了更好地履行对国家、对社会的责任。

责任是对人生义务的勇敢担当，责任也是对生活的积极接受。我们不缺有才能的人，缺少的是有责任感的人。细节决定成败，细节源于责任，态度决定一切，态度来自责任，责任体现忠诚，创造卓越，决定成功。

从某种意义上说，人生是在责任中度过的，因此我们应该让自己的生命更加色彩斑斓。把责任当一种信仰，一种情怀，生命才不会虚度，才有了一种信念的支撑。用一颗虔诚的心承担责任，你会发现，责任如同生命一样多彩。

人而不仁，疾之已甚，乱也

【原文】

子曰："兴于《诗》，立于礼，成于乐。"

子曰："民可使由之，不可使知之。"

子曰："好勇疾①贫，乱也。人而不仁，疾之已甚，乱也。"

【注释】

①疾：厌恶，憎恨。

【译文】

孔子说："修身养性开始于学《诗经》，自立于学礼，完成于学乐。"

孔子说："对于老百姓，只能使他们按照我们的意志去做，不需要使他们知道为什么要这样做。"

孔子说："喜好勇敢而又恨自己太穷困，就会犯上作乱。对于不仁德的人或事逼迫得太急，也会出乱子。"

【解读】

中国有句俗话叫"狗急跳墙"，本来，狗是不会跳墙的，但是如果它急了，就会跳。那么，人急了会怎么样的？人急了就会犯上作乱，局面不可控制。孔子认为，老百姓如果不甘心居于自己的贫穷地位，就会起来造反，这就不利于社会的安定。

一个人不能自己讨厌自己，即使地位再低，也不能失去自信和自我欣赏，正所谓大有大的难处，小有小的美处，换个角度看问题，答案就大不相同了。

南朝宋文帝刘义隆在位时，年轻博学的孔熙先任员外散骑侍郎。孔熙先不满官职低微，常对别人发怨言说："一个人的才学如果不为世人欣赏，那么这个人真是太可悲了。我就是这种可悲的人，我感到不平啊。"

孔熙先的朋友劝他不要乱发议论，他告诫说："自古等级森严，怀才不遇者比比皆是，这有什么值得奇怪呢？我们官位卑微，在人之下，只能老实听

差，否则，等待我们的绝不
是好结果。"

一次，孔熙先和上司谈
论学问，上司不懂装懂，错
误百出，孔熙先不客气地对
上司直言说："做官和治学是
不同的，做官讲究顺应上意，
随机应变，而治学要严谨无
误，不可随意想象。依下官
看来，大人只可当官，不能
治学。"

孔熙先语含讥讽，上司
怀恨在心，于是平添了对他
的许多责难。

宋武帝刘裕像

孔熙先心中愤怒，却无法发泄，整日愁苦万端。一日，他和朋友饮酒，几
杯过后，孔熙先红着眼说：

"人在贱位，不如猪狗，我孔熙先怎会甘居人下呢？我想好了，大丈夫当
做大事，纵是死了也比这样的好。"

朋友以为他醉酒，遂没有和他争辩。孔熙先见朋友不肯附和自己，又发怨
气说："你也胆小无为，太让我失望了，看来我们还不是知己呀。"

孔熙先很久也得不到升迁，怨恨日积月累，竟有谋反之意。

孔熙先的父亲孔默之曾任广州刺史，因贪赃枉法被贬下狱，彭城王刘义康
将孔默之保释出狱，使他免受了处罚。孔熙先记住了这段旧事，便决定拥戴刘
义康，一则可以报恩，二则增加号召力，方便自己行事。

时任左卫将军、太子詹事的范晔因受宋文帝的斥责，说过一些牢骚话，孔
熙先为了拉他入伙，千方百计地讨好他。二人关系亲密之后，一次，孔熙先对
范晔说："大人的才学足称天下第一，为什么反居一些无能之辈之后呢？"

范晔想了想，说道："朝有奸人，他们无事生非，皇上被他们蒙蔽了。"

孔熙先阴冷一笑，挑拨说："没有皇上默许，那些奸人是不敢难为你的。

皇上表面上对你亲厚，可终究不愿和你家通婚，这是明摆着的不信任，你不要再糊涂下去了。"

孔熙先不停地挑拨和拉拢，范晔终于入套，加入了孔熙先的谋反阵营。

孔熙先打着刘义康的名号，暗中招集人马，为谋反做准备，孔熙先的一位心腹担心事败，对孔熙先说："大人冒此大险，成则归人；败则祸己，真的值得吗？大人不足以号令天下，干这种事实在太凶险了。"

孔熙先狂妄地说："我本有经天纬地之才，奈何久居下位，无以发挥。这种事对别人是难，对我却是易如反掌，你放心好了。"

孔熙先为了让同党尽力，竟模仿刘义康的笔体，假造一封刘义康写的书信。孔熙先向同党展示这封书信，煞有介事地说："彭城王仁德重义，我们拥立明主，以后便是新朝的元勋。这种机会千载难逢，诸位应该珍惜庆幸啊！"

由于有人告密，孔熙先、范晔未及发难便被捕获。孔熙先并不抵赖谋反之事，他愤愤地对审讯自己的官员说："我的才干可以为相，却只当个散骑侍郎的小官，我为什么不谋反呢？"

官员呵斥他说："如你所言，天下将会大乱，谁又能安生过活呢？"

孔熙先不能作答。最后，孔熙先和他的同党全被诛杀。

对于一个聪明人来说，一定不要怒而决断；对于一个头脑清醒的人来说，应做到免怒而行事。明白事理的人都知道自己什么时候心情不好，精明的人还要懂得在自己感到不适当的时候决不采取任何行动，要等到能够对自己面临的难题付之一笑，才采取行动。所以，我们不要被利益所熏陶，也不要因利益没有而悲伤，要懂得，凡事忍耐。

三年学，不至于谷，不易得也

【原文】

子曰："如有周公之才之美，使骄且吝，其余不足观也已。"

子曰："三年学，不至于谷①，不易得也。"

【注释】

①谷：古代以谷米为俸禄，这里指做官得禄。

【译文】

孔子说："即使有周公那样美好的才能，但却骄傲自大而又吝啬小气，那其他方面也就不值得一提了。"

孔子说："学了三年，还做不了官的，这样的人是不易找到的。"

【解读】

东晋时，年少的谢弘微丧父，过继给堂叔谢峻为子。

谢弘微家贫，而继父家十分富有，很多人都羡慕他。

谢峻死后，人们意想不到的是，谢弘微只接受了数千卷书籍和继父原有的仆役数人，而庞大的遗产他却赠给了别人。

谢弘微的举动惊世骇俗，所有的人都感到不可思议，有人问他：

"你的本家穷困不堪，幸有你继父使你过上了富贵生活，你怎么会轻易地放弃呢？穷困是很可怕的事，你真的不在意？"

谢弘微老老实实地回答：

"我也曾庆幸自己脱离了苦海，但时间一长，我便发现富贵的日子并不像我想象的那样美好。何况这份家产不是自己赚取的，终觉受之有愧。我要有所作为，当从自创家业开始。"

人们嘲笑谢弘微呆傻，只有朝中大臣谢混惊叹说：

"谢弘微穷不叫苦，富不贪恋，他算是第一个识破天道的人了。"

谢混从此敬重谢弘微，常和他谈天说地，畅言人生。

谢混的妻子是孝武帝的女儿晋陵公主，谢混身为驸马，难免染上骄纵之气。谢弘微多次提醒他说：

"富贵只是过眼云烟，太在意了便可能失去。我并不憎恨穷苦的日子，它能使人保持清醒，不生妄念啊！"

谢混每听他言此，总是一笑说：

"似你的壮举，我是做不到的，我终是俗人嘛！"

晋安帝义熙八年（公元411年），谢混因谋反罪被杀。面对衰败的家境，谢弘微安慰晋陵公主说：

"富贵本无常，公主不要太介意了。如果公主相信我，我会帮助公主渡过难关。"晋陵公主于是把家事全部委托给谢弘微。谢弘微悉心为晋陵公主治家，日夜操劳，终于使其走出困境。

刘裕称帝后，晋陵公主降号为东乡君。东乡君对谢弘微感激万分，一次对他说：

"你无私帮我，而自己却是一贫如洗，我过意不去啊。不管你是否赞成，我的家产都要分你一些，这是你应得的。"

谢弘微一口回绝，说：

"我若接受，就变成十足的小人了，别人会怎么评说我呢？穷困是我的本色，我早已习以为常了。"

刘义隆继位为帝后，十分敬重谢弘微的为人，任命他为黄门侍郎，后又升任他为尚书吏部郎，参与机密。

做了朝中重臣，谢弘微仍是本色不改，俭朴异常。

一日，僧人释慧琳拜访谢弘微，见他席上只有素食一盘，于是说：

"大人不比从前，何必如此自苦？你该享受些了。"

谢弘微笑着说：

"有些人一旦为官，便忘了他的穷苦出身，结果便放胆胡为了，这是祸患的根源啊。我幸被皇上看重，其实和从前没什么两样，又怎敢奢华呢？"

谢弘微为官清廉，对下属的馈赠一概拒绝，他曾对向他行贿的下属说：

"我生活清苦惯了，所以没有染上富贵的恶习。你的'好意'只会害我，我实不敢接受。"

谢弘微在任上，无论处境好坏，始终保持恬淡的性情。有人说他的坏话，他不与人争辩；有人赞美他，他也不沾沾自喜。宋文帝刘义隆为此评议他说：

"谢弘微不以贫富为念，效法自然，君子之名，他是当之无愧的。"

【国学精粹珍藏版】

李志敏⊙编著

◎尽览中国古典文化的博大精深 ◎读传世典籍，赢智慧人生——受益终生的传世经典

论语

卷三

民主与建设出版社
·北京·

追求新知，永不满足

【原文】

子曰："不在其位，不谋其政。"

子曰："师挚①之始②，《关雎》之乱，洋洋③乎盈耳哉！"

子曰："狂而不直，侗④而不愿，悾悾⑤而不信，吾不知之矣。"

子曰："学如不及，犹恐失之。"

【注释】

①师挚：名挚，鲁国乐师。

②始：乐曲的开始。古代奏乐，开始叫"升歌"，一般由乐官之长太师升歌。

③洋洋：形容乐声的美盛。

④侗：幼稚无知。

⑤悾悾：诚恳的样子。

【译文】

孔子说："不在那个职位上，就不考虑那职位上的事。"

孔子说："从太师挚演奏的序曲开始，到最后演奏《关雎》的结尾，丰富而优美的音乐一直在我耳边回荡。"

孔子说："狂妄而不率直，无知而不谨慎，表面上诚恳而不守信用，我真不知道有的人为什么会是这个样子。"

孔子说："做学问好像追逐什么似的，生怕赶不上；赶上了，还生怕丢掉了。"

【解读】

孔子认为,学习知识要有"学如不及,犹恐失之"的精神。"学如不及"是说学习好像追逐自己所渴求的东西那样,生怕追逐不上,拿不到手;"犹恐失之"是说即使追上了,握在手中了,又会担心再失去,要时时刻刻地记住它、领悟它、运用它。"学如不及,犹恐失之"这句名言告诫我们:学习必须有强烈的求知欲,方能全力以赴。

有一次,齐景公问孔子的学生子贡:"你的老师是谁?"

子贡说:"鲁国孔仲尼。"

齐景公又问:"仲尼是贤人吗?"

子贡回答:"他是圣人!岂止是贤人呀!"

齐景公哈哈大笑,说:"既然他是一个圣人,那他的学问有多大呢?"

子贡说:"这我可不知道。"

齐景公很不高兴,变了脸说:"你才说他是圣人,现在又说不出他的学问有多大,这是怎么回事呀?"

子贡说:"我们一辈子头上都顶着天,却不知道天究竟有多高;我们一辈子脚都踩着大地,却不知大地究竟有多厚。我向孔子学习,就像渴了拿个小瓢从江海中掬一点水喝喝,喝饱了就走,哪会知道江海究竟有多深呢?"

孔子的学生子贡

齐景公笑了笑,说:"你对你的老师的比喻太过夸张了吧?"

子贡说:"我怎么敢过分夸他,反倒是考虑这样能否讲到位呢。我赞扬他,就好比是用我的两手捧了土放到泰山上,这对泰山的增高没一点用处,这是十分明白的。就是要我不赞扬而反过来贬低他，也不过像用我的两只手从泰山上扒下两把土，对泰山的减低不起任何作用，这同样也是十分清楚的。"

齐景公听了，无言以对。

古人在几千年前就已把读书求学的苦乐描画尽了，人生的追求总是这样，在我们这个古老的国家，追求学问曾经是人们的最高理想，无数人为了追求知识孜孜不倦，所以，就有了"活到老，学到老"、"书山有路勤为径，学海无涯苦作舟"这样的名言警句。曾几何时，追求新知是多么高尚的事。

时代变迁，世事沧桑。在今天这个飞速发展的时代，知识以不可思议的速度更新，也许你一天不看报、不上网，就会错过知道这一天有多少发明、多少发现。有些人在物质欲望的侵蚀下，渐渐淡去了对新知的渴求。但总是有那么多的人坚持追求新知，所以我们的社会才得以飞速地发展下去。

人区别于动物最根本的地方就在于人能够主动地追求和探讨未知的东西，发现大自然的奥妙。尽管追求新知的路上充满了艰难险阻，但这个过程也充满了乐趣和到达高山之顶的自豪。不论这个社会怎样发展，怎样的价值观影响着人们，任何人都不应该停止追求知识的脚步，社会的进步是由每一个人共同推动的结果。

"满与不满"是一个人成就大事不可或缺的一关。有所成就的人之所以成功，是因为他们知道前面还有更长的路，他们不自满，继续向未知求索。所以，他们总是向着一个又一个目标迈进。

年轻时，人们可能体会不到有"不满"之心对我们的好处，当想起它的好处的时候，我们韶华已逝，已经永远没有不满的机会了。别留下这样的遗憾，趁着年轻，多学习一些东西。

聪明并不是万能的，勤奋才是成功的关键。

得人才者得天下

【原文】

子曰："巍巍乎，舜禹之有天下也而不与①焉！"

子曰："大哉尧之为君也！巍巍乎！唯天为大，唯尧则之。荡荡乎，民无能名焉。巍巍乎其有成功也，焕乎其有文章！"

舜有臣五人而天下治。武王曰："予有乱②臣十人。"孔子曰："才难，不其然乎？唐虞之际，于斯为盛。有妇人焉，九人而已。三分天下有其二③，以服事殷。周之德，其可谓至德也已矣。"

子曰："禹，吾无间然矣。菲饮食而致孝乎鬼神，恶衣服而致美乎黻冕④；卑宫室而尽力乎沟洫⑤。禹，吾无间然矣。"

【注释】

①不与：不相关。这里表示处之泰然，不以得位为乐。

②乱：治。

③三分天下有其二：据传当时天下分为九州，周文王有六州，占三分之二。

④黻冕：古代祭祀时穿戴的礼服礼帽。

⑤沟洫：沟渠。这里指农田水利。

【译文】

孔子说："多么崇高啊！舜和禹得到天下，却不为自己享受。"

孔子说："尧这样的君主真伟大啊！多么崇高啊！只有天最高大，只有尧才能效法天的高大。他的恩德广大啊！百姓们真不知道该用什么语言赞美他。他的功绩太崇高了，他制定的礼仪制度散发着光彩！"

舜有五位贤臣，就能治理好天下。周武王也说过："我有十个帮助我治理国家的臣子。"孔子说："人才难得，难道不是这样吗？唐尧和虞舜之间及周武王这个时期，人才是最盛的了。但十个大臣当中有一个是妇女，实际上只有九个人而已。周文王得了天下的三分之二，仍然事奉殷朝，周朝的德，可以称得上是最高的了。"

孔子说："对于禹，我没有什么可以挑剔的了；他的饮食很简单却很丰厚地去孝敬鬼神；他平时穿的衣服很简朴，而祭祀时尽量穿得华美，他自己住的宫室很低矮，而致力于修治水利事宜。对于禹，我确实没有什么可挑剔的了。"

【解读】

人才难得，更难得的是其才得为所用。"舜有五人而天下治"，由此足见人才的重要性。兴衰治乱之机，社会安宁的重心即在人才。唐朝名士赵蕤在他著名的《长短经》中，以古人的论述和历史故事，鲜明地提出了一个深刻的观点："得人则兴，失士则崩。"在封建王朝统治秩序比较稳定的时候，需要守成，尚有人才问题；在动荡的乱世，人才的优劣和多寡则更是直接决定着国家的生死存亡。

汉初三杰之韩信

作为一个领导，不一定非要精通每一门学问。事实上，这也不可能做到，但他必须有一般人所不具备的用人的才干。人才来源多空间、多阶层、多渠道，从而构成"猛将如云，谋士如雨"的强大阵容。一位经营者在用人时若能有容人之短的胆量和利用人之长的胆识，就会找到帮助自己获取成功的满意之人。有了人才，创立事业也就是顺理成章的事了。

曾有一位企业家这样感叹：20世纪80年代，比的是胆识；90年代，比的是资本；到了21世纪，就是人才的竞争了。无论做什么事，不管是为政还是经商，不仅要自己是个"人才"，更要能发现人才，重用人才。否则，即使你的事业侥幸有一番小成就，没有人才的支撑，终究是不会长久的。

子罕篇第九

毋意，毋必，毋固，毋我

【原文】

子绝四：毋意，毋必，毋固，毋我。

子畏于匡①，曰："文王既没，文不在兹乎？天之将丧斯文也，后死者②不得与于斯文也；天之未丧斯文也，匡人其如予何？"

【注释】

①子畏于匡：孔子离开卫国前往陈国时，途经匡。匡人曾受过鲁人阳虎的掠杀，孔子容貌和阳虎很像，匡人误把孔子认作阳虎，因此囚禁了他。匡，地名。

②后死者：孔子自谓。

【译文】

孔子杜绝了四种弊病：没有主观猜疑，没有定要实现的期望，没有固执己见之举，没有自私之心。

孔子被匡地的人们所围困时，说："周文王死了以后，周代的礼乐文化不都集中在我的身上吗？上天如果想要消灭这种文化，那我就不可能掌握这种文化了；上天如果不想丧失这种文化，那么匡人又能把我怎么样呢？"

【解读】

孔子以前相当固执，认为自己的想法都是对的，并想通过当大官来行大道。后来，他真的如愿以偿，做了高官，但他却大开杀戒，诛杀了政敌少正卯。因为他认为真理掌握在自己的手里，别人有反对意见自己不能容忍，就要使别人受到惩罚。后来，孔子知道自己错了。因为世界上的人很多，每个人都有自己的观点。孔子明白了这个道理以后，就不再认为自己是唯一正确的。他在周游列国的路上遇到一些异端时，就很开朗了，任凭别人去评说，都不再诉诸武力，过了就过了，反而觉得是一种乐趣。

为什么孔子会有这么大的转变呢？因为他自己就是一个大异端，所以才能够理解各种异端。孔子的想法与众不同，因此，尽管他周游列国，还是没有一

诸葛亮画像

个国君请他，可见孔子在各国国君的眼中确实是个异端。国君们要的是如何管人杀人的绝招，而孔子却提倡"仁政"，所以注定得不到重用。正是基于此，后来孔子才提出了"毋意，毋必，毋固，毋我"。

"毋意，毋必，毋固，毋我"，从一个侧面反映了孔子平时立身、处世、行事所表现的"四毋"态度，真有如对待生活中的必需品那样，习以为常，显得那么自然、平凡，没有丝毫的做作。而这正说明孔子的学问已经到了很高的境界。

臆测、武断、固执、自以为是，这些都是一般人的痼疾。它是"以我为核心，表现出来的一种自我膨胀的极端心态"。这种心态往往会导致致命的错误。

马谡从小聪明过人，他的父亲是个军事指挥家，战功卓著。小时候，马谡就受到父亲的熏陶，对军事理论特别感兴趣，并且过目不忘。但他性喜张扬，常常自以为是，对别人夸夸其谈。他的父亲很早就去世了，他的母亲就告诫他说："孩子，从军打仗来不得半点夸夸其谈，弄不好，你就会使千万人头落地了，还是踏踏实实下苦功学点真本事的好。"马谡听后不以为然，与母亲针锋相对道："您太老了，还尽抱着那些老古董不放。我这么聪明，学东西又快，别人能知十，而我能知百，您不用担心了。"

后来，刘备入蜀，马谡跟随大军同行。才华横溢的马谡得到诸葛亮的赏识。可刘备临终时却对诸葛亮说："马谡言过其实，不可大用，君其察之。"

因为诸葛亮与马谡的父亲是至交，因此他并没有将刘备的话放在心上，而以马谡为心腹。在祁山讨伐魏军的过程中，遇到魏国大都督司马懿的偷袭，诸葛亮就说："司马懿想要出关，必定要夺取街亭，以切断我们的退路，你们之中有谁愿意带兵前去讨伐？"

当时正任参军的马谡说："末将愿带兵前往。"

诸葛亮说："街亭虽小，但关系重大。它是通往汉中的咽喉之路，如果失掉，我军必败。而且，街亭这个地方没有城郭，不易防守。"

马谡说："我从小熟读兵法，这么一个小小的街亭怎么能难倒我？"

诸葛亮提醒他说："司马懿并非等闲之辈，你不要小看了他，况且，先锋张郃亦是魏国的名将，有勇有谋。"

马谡说："别说司马懿、张郃了，就是曹睿亲自来了，我也不怕！"

曹睿是曹操的孙子，是魏国的明帝，司马懿就是在他的驾前为臣。

诸葛亮一听马谡的话，就说："军中无戏言。"

马谡说："愿立军令状。如果我守不住街亭，您可杀我全家。"于是，马谡当场立下了军令状。

诸葛亮还是不放心，又挑选了两万五千精兵，派王平做副将以协助马谡。王平素以谨慎著称，所以诸葛亮才派他去，以防止马谡再犯言过其实的错误，并对马谡、王平二人当面部署了防守街亭的布兵之策。

马谡到达街亭后，故意违背诸葛亮的意愿防守街亭，他骄傲轻敌，自作主张地想将大军部署在远离水源的街亭山上。当时，副将王平提出："街亭一无水源，二无粮道，若魏军围困街亭，切断水源，断绝粮道，蜀军则不战自败。请主将遵令履法，依山傍水，巧布精兵。"马谡不但不听劝阻，反而自信地说："马谡通晓兵法，世人皆知，而你王平生长戎旅，手不能书，知道什么是兵法吗？"接着又扬扬自得地说："居高临下，势如破竹，置死地而后生，这是兵家常识，我将大军布于山上，使之绝无反顾，这正是制胜之秘诀。"王平再次谏阻："如此布兵危险。"马谡见王平不服，便火冒三丈地说："丞相委任我为主将，部队该怎么指挥由我说了算。如若兵败，

司马懿画像

我甘愿革职斩首，跟你无半点关系。"王平再次义正词严："我对主将负责，对丞相负责，对后主负责，对蜀国百姓负责。最后恳请你遵循丞相指令，依山傍水布兵。"马谡固执己见，将大军布置于山上。

张郃进军街亭，侦察到马谡舍水上山，心中大喜，立即挥兵切断水源，掐断粮道，将马谡大军围困于山上，然后纵火烧山。蜀军饥渴难忍，军心涣散，不战自乱。张郃命令乘势进攻，蜀军大败，街亭失守。最后，诸葛亮无奈只得将马谡斩首。

像马谡那样自以为是的人通常是那些自我感觉良好、独立意识强烈、孤傲不合群的人。这些人判断事物，往往从自我出发，用自己的标准去审视，他们重视个人体验，轻视群体反应，常常固守一己之见，却不愿意轻易改变自己的行为方式。其结果，往往会导致攻击性行为或逃避性行为的发生，要么逃避环境，要么反抗他人，从而陷入孤独、烦恼、痛苦的境地。

自命不凡、自作聪明、自吹自擂、自欺欺人甚至狂妄嚣张，这些都是自以为是的人所共有的特征。可以这样说，自以为是的人，最信赖的人就是自己。

我们常常自己欺骗自己，掩盖事实的真相，禁锢自己的思维。这就是自以为是的悲哀。自以为是的人总是跳不出自己布下的怪圈，如果没有及时醒悟，连悔悟的尾巴都抓不住。少一些自以为是，还事实于本来的面貌，事情就会朝着好的方向发展。

有一技之长

【原文】

太宰①问于子贡曰："夫子圣者与？何其多能也？"子贡曰："固天纵之将圣，又多能也。"子闻之，曰："太宰知我乎？吾少也贱，故多能鄙事。君子多乎哉？不多也。"

牢②曰："子云，'吾不试，故艺。'"

子曰："吾有知乎哉？无知也。有鄙夫问于我，空空如也。我叩其两端而竭焉。"

子曰："凤鸟③不至，河不出图④，吾已矣夫！"

【注释】

①太宰：官名。

②牢：孔子的学生。

③凤鸟：即凤凰。古代传说中的神鸟，常作为圣王受命的瑞兆。

④河不出图：圣人受命，黄河就会出现图画。孔子用这些祥瑞之象来比喻当时无明主。

【译文】

太宰问子贡："孔夫子是位圣人吧？他为什么这样多才多艺呢？"子贡说："这固然是上天让他成为圣人，而且使他多才多艺。"孔子听到后，说："太宰了解我吗？我因为少年时很贫贱，所以会许多卑贱的技艺。君子会有这么多的技艺吗？不会的。"

孔子的弟子牢说："孔子说过，'我不曾被国家所用，所以学会许多技艺'。"

孔子说："我有知识吗？其实没有知识。有一个乡下人问我，我对他谈的问题本来一点也不知道。我只是从问题的两端去问，这样对此问题就可以全部搞清楚了。"

孔子说："凤鸟不来了，黄河中也没有图画出来了。我这一生恐怕是完了吧！"

【解读】

孔子说，自己没有去做官，所以学会了很多技艺，接着，孔子又说，"我有知识吗？其实我没有知识。"这是孔子的谦卑言辞，当然不是说他没有知识，他是那个时代最有学问的人，可是他对乡下人的问题也不能回答。为什么呢？用现在的话来说，叫各有所长，每个人都有自己某一方面的专长，这才符合社会对人的需要。

孔子说："我这一生也完了吧！"可是，他并没有因为年老了，就放弃学习。常言道：学无止境。任何人只要还想进步，不管他的年龄有多大，都要继续学习。踏入创富道路上的人更是如此。但这里有个学习什么的问题。

知识是人类智慧的结晶，人类之所以越来越进步，与知识的积累有着直接的关系。然而，相对于某个人来说，并非所有知识都是有用的。

知识有两种：一种是一般的知识，另一种是专门知识。一般的知识虽然广泛而且种类繁多，但是对于积累财富无甚用处。著名大学里的教授们，拥有文明世界中已知的各种普通知识，"但大多数的教授都很清苦"，因为他们专精于"传授"知识，而不擅长于组织或利用知识。

到底怎样学习知识，利用知识呢？汽车大王亨利·福特对此有过极好的阐释。

在第一次世界大战期间，芝加哥的一家报纸连续发表了一些社论。在这些社论中，他们称福特为"无知的和平主义者"。福特反对这种声明，于是控告该报诽谤。这件诉讼案在法庭开庭时，报纸所请的律师请求辩护，而且使福特本人走上证人席，以向陪审团证明福特的无知。

他向福特提出了诸如下列的问题："谁是班尼迪克·亚诺德？""英国为了镇压1776年的叛乱，派出了多少军队到美国？"福特在回答后面一个问题时说："我不知道英国派兵的确切数字，但是我听说过，派出的兵远比活着回去的多。"

到后来，福特对于回答这一类问题感到厌烦，他在回答一个特别无礼的问题时，向前倾了一下身子，手指指着发问的律师说："如果我真的希望回答你刚才问的这个愚蠢的问题，或者回答你所问的其他任何问题，那么让我提醒你，在我的桌上有一排电钮，只要按下某个电钮，我便可将我的助理人员召来；只要我开口，他们对于我花费最大心血所建立的企业中的所有问题，都能回答。现在请你告诉我，

亨利·福特

既然在我的周围有人能提供我所需要的任何知识，难道只为了能够答复这些问题，我就应当在心里都塞满这些东西吗？"

律师无言以对。庭上的每一个人都认为这便是有教养的、而非无知的人的答复。

受过教育的人，知道他需要知识时从何处取得，并知道如何组织这种知识，使之成为明确的行动计划。

福特在他的"智囊"团的协助下，成为美国最富有的人士之一，他掌握了他所需的专门知识，而且可以取用自如。至于他自己的心里有没有一般性的常识性的知识，并不重要。

福特只上过 6 年学，但他在汽车制造方面的专业知识无与伦比，在理财方面，他也有着天才的表现。

专门知识对于一个准备成功的人来说，如同空气对生物一样重要。没有空气生物便不能存活，没有专业知识，你在这个行业里便如盲人一般无所适从。

成功大师拿破仑·希尔博士说："专门知识是这个社会帮助我们将愿望化成黄金的重要渠道。"

也就是说，如果你想要获得更多的财富，就要不断学习和掌握与你所从事行业相关的专业知识，无论如何，你都要在你的行业里面成为一等一的专才，只有这样，你才可以鹤立鸡群、高高在上。

比尔·盖茨靠电脑软件起家，当时，他是这方面的绝对天才与专家。现在，随着电脑的普及，软件专家俯首皆是，随便找到一个做出的软件就比比尔·盖茨要好。但比尔·盖茨依然是这个行业的专才，为什么呢？

随着公司的发展与壮大，研制某个软件已不是需要他做的事，他需要掌握的知识已经是如何应对这个行业日益激烈的竞争，如何制定出有利于自己的商业规则，如何寻找专门人才替他开发出技术领先的软件。比尔·盖茨现在已经是这方面的专家。

麦当劳的高洛克有句名言："让我们研究一下汉堡包，只有一些受过特殊训练的人才能懂得鉴赏它。只有专业人士才懂得分辨和欣赏两件外表看来没有不同的汉堡包那迥然不同的品质、线条、颜色与味道。对一个专业人士来说，汉堡包并不单是一个'发过酵的面粉团'。"

掌握专业知识是创富的基础，没有这个基础，或是这个基础打得不够坚实，接下去的路你将寸步难行。

创富者首先要做的便是成为这个行业的专才。现在，世界知识在以几何级数增长，一个人就是生下来就开始阅读，直到去世，也不能读完千万分之一，更不要说掌握了。面对这些铺天盖地的知识，你要做的就是尽可能去掌握你所从事行业的相关内容，并将它们运用到你的实践中去。

吾谁欺？欺天乎

【原文】

子见齐衰①者、冕衣裳者②与瞽③者，见之，虽少，必作；过之，必趋④。

颜渊喟然叹曰："仰之弥高，钻之弥坚。瞻之在前，忽焉在后。夫子循循然⑤善诱人，博我以文，约我以礼，欲罢不能。既竭吾才，如有所立卓尔。虽欲从之，末由也已。"

子疾病，子路使门人为臣⑥。病间，曰："久矣哉，由之行诈也！无臣而为有臣。吾谁欺？欺天乎！且予与其死于臣之手也，无宁死于二三子之手乎！且予纵不得大葬，予死于道路乎？"

【注释】

①齐衰：用粗麻布制成的丧服。

②冕衣裳者：指穿戴整齐的贵族。冕，指贵族所戴的礼帽。

③瞽：眼睛失明。

④趋：快走，表示敬意。

⑤循循然：有顺序的样子。

⑥为臣：负责治丧的家臣。孔子当时已不是大夫，按理不能设家臣。

【译文】

孔子遇见穿丧服的人、当官的人和盲人时，尽管他们年轻，孔子也一定要站起来，从他们面前经过时，一定要快步走过。

颜渊感叹地说："老师的学问与道德，我抬头仰望，越望越觉得高深；我努力钻研，越钻研越觉得不可穷尽。看着似乎在前面，忽然又像在后面。老师善于一步一步地引导我，用各种典籍来丰富我的知识，又用各种礼节来约束我的言行，使我想停止学习都不可能。我用尽了我的全力去学习，似乎能够独立地工作，想要再向前迈进一步，又不知怎样着手了。"

孔子患了重病，子路派了（孔子的）门徒去做孔子的家臣，准备料理后事。后来，孔子的病好了一些，他说："仲由很久以来就干这种弄虚作假的事情了。我明明没有家臣，却偏偏要装作有家臣，我骗谁呢？骗上天呀！与其在家臣的侍候下死去，我宁可在你们这些学生的侍候下死去，这样不是更好吗？况且我死后，即使不能以大夫之礼来安葬，难道就会被丢在路边没人埋吗？"

【解读】

孔子堪称道德典范，他的学生颜渊对他的评价是"仰之弥高，钻之弥坚"，说自己无论怎么努力，都不可能超越他。孔子是仁德之人，是礼仪之人，是渊博之人，无论是做人还是做事，都光明磊落，从不弄虚作假。所以，当他病重的时候，子路安排门徒去做家臣，他就很反感。那时候，公侯之家都有家臣，孔子家没有，但他并不以为这样就显得自己身价低，他说，与其搞这么一套虚假的东西，还不如不做呢。

这里，孔子就问了："吾谁欺？欺天乎？"我骗谁呢？骗上天呀！显然，孔子对此极为不满。

孔子对弟子的教诲，也可以说是给我们的教诲。就是无论什么时候，都不要弄虚作假，欺上瞒下，人在做，天在看，靠欺骗手段得来的，一定不会长久。

履历表是一个人踏入职场的敲门砖。所以，求职材料做得好坏，往往在你能否录用方面起着关键的作用。也正因如此，应聘者几乎都想方设法把自己的应聘材料做好，有的设计新颖，容易引起人的注意；有的花费心思拍写真集，企望能吸引老板的眼球，进而抓住老板的心；有的干脆在履历表上作假，把自己的成绩和优点无限放大，塑造成十全十美的形象，想为自己赢得更大的录用机会。

行为学家经过调查发现，30%的求职者在自己的履历表上做假，他们之所以这么做，是迫于应聘竞争的激烈和源于对自己的不自信。他们这样做的后果，往往是一旦被发现，就会身败名裂，甚至从事业的巅峰骤然跌进谷底。

高明是某名牌大学的应届毕业生，在步入社会选择第一份工作时，也犯起了难。虽然他毕业于名牌大学，但他选择的是一家著名的大公司，来这家公司的应聘者又人才济济，门庭若市，要想在激烈的竞争中取胜，着实不是一件容易的事。越这样想，他越不自信，最后竟打起了求职材料的主意。他把自己的履历进行了大胆的改动，对自己进行了"拔高"、"美化"。在他精心打造的履历里，他从小学就品学兼优，一直担任班干部，大学里被推选为学生会主席，多次参加大学生志愿者活动，既获得了丰富的组织管理经验，又赢得了较好的社会效益。实习期间，参与单位的新产品开发，为新产品的问世作出了重要贡献。

而事实上，他小时候是一个顽皮的孩子，小学时经常逃学，初中时跟着打群架，受到了学校的处分。也是那次处分，使他痛定思痛，改邪归正，发愤学习，以优异的成绩考上了名牌大学。

他在大学里担任的是学生会副主席，充当的是一个可有可无的角色，他只参加了一次大学生志愿者活动，而且中途还因为生病退出；实习期间，他的确参与了一项新产品开发工作，但只是一个配角，在申报成果的时候，他经过死缠烂磨，也没有把自己的名字填上，只好在新产品开发人员合影的时候，挤进去照了一张相。

他把精心打造的求职材料寄到那家著名的大公司，很快就收到了面试的消息。他经过认真准备，面试时表现优秀，被录用了。他欣喜若狂，为了掩饰自己的心虚，他勤奋工作，精心建立自己的人脉关系，很快引起了公司管理层的注意。两年后，他凭借自己优异的工作成绩和良好的人缘，被提拔为部门主管。他春风得意，却时常做噩梦梦到做假的事情败露，于是更加卖力工作，全公司上下一致对他评价很高，谁都不会否认，他是一个前途无量的人。

终于有一天，高明作假的事情败露。老板得知自己被人愚弄，勃然大怒，但考虑到高明现在表现不错，并没有将他作假的劣迹公布于众，但却对高明的个人诚信产生了怀疑，从此不再把重要事情交给他做，也对他的建议置之不理。

高明逐渐觉察到自己的不利情势，刚开始还纳闷，当他知道缘由后，知道没法再在这家公司做下去了，只好主动辞职。随后，他到几家心仪的大公司求职均告失败，最后无奈只好进了一家看中他工作能力的小公司，重新起步。

一个年轻人，刚刚走进社会，就因为弄虚作假付出了惨重的代价，甚至要用很长的时间才能弥补个人品质上的缺憾，想想真是不值得啊。

良禽择木而栖

【原文】

子欲居九夷①。或曰："陋，如之何？"子曰："君子居之，何陋之有？"

子曰："吾自卫反鲁，然后乐正，《雅》、《颂》②各得其所。"

子曰："出则事公卿，入则事父兄，丧事不敢不勉，不为酒困，何有于我哉？"

【注释】

①九夷：指东方少数民族居住的地方。

②《雅》、《颂》：《诗经》中的两类诗，主要根据乐曲性质分类。

【译文】

孔子想要搬到九夷地方去居住。有人说："那里非常落后闭塞，不开化，怎么能住呢？"孔子说："有君子去住，就不闭塞落后了。"

孔子说："我从卫国返回到鲁国以后，才把音乐的篇章整理出来，便《雅》归《雅》，《颂》归《颂》，各有适当的安置。"

孔子说："在外服侍公卿，在家孝敬父兄，有丧事不敢不尽力去办，不被酒所困，这些事我做到了哪些呢？"

【解读】

孔子对待人生选择方面有很多重要的启示，他的学生对一块美玉是留着还是卖掉，难以做出选择的时候，孔子坚定地指出："卖给识货的人。"

人只要在追求，他就在选择。生命的每时每刻，我们都会面临着选择，怎样明智地选择，往往决定一个人的一生。

《三国演义》里有句话叫"良禽择木而栖，贤臣择主而侍"。以前，这话可以这么理解：鸟飞累了得找棵安全的树歇着，才能睡得安稳，不被猎手捕杀；能征善战的骁将得寻个知人善用的好主儿，如此方能有用武之地。什么叫好主儿，当然就是孔子所说的"识货的人"。

中国古代智慧的化身诸葛亮，在他从隆中走出来之前，与其说他是在等待时机，不如说他一直在等待着一个好主儿。

诸葛亮生于东汉末年，他的父亲诸葛珪曾为泰山郡丞，按理说他的出身是不错的。可他的父母死的太早，所以他从小就过着非常艰苦的生活，偏在那个年代又战乱不断，在他15岁的时候，为了逃避战乱，他的哥哥诸葛瑾逃到了江东，他和弟弟妹妹就和叔叔诸葛玄离开家乡，辗转来到荆州。诸葛玄也是当时名士，他带领着一家人投靠了刘表。不久，诸葛玄去世，诸葛亮就在隆中（今湖北襄阳西）盖了几间草屋，隐居了下来。

诸葛亮身在隆中，心装天下，总想在政治上成就一番抱负。那时候，天下乱哄哄的，有识之士纷纷投靠自己中意的人物，诸葛亮也在寻觅自己施展抱负的人选。可他是个有主见的人。他说："曹操是国贼，孙权也是窃夺汉室政权的人，我不能辅佐他们。"

时间到了公元207年，这时，曹操已经占据中原，孙权已经称霸江东，刘备却走投无路投在刘表门下。征战这么多年，刘备依然没有夺得一个栖身之处。在反复的失败中，刘备终于认识到，自己身边缺乏一个优秀的谋士，于是他大大加强了访求人才的力度。

刘备投奔刘表后，被安排在新野（今河南新野县）驻扎，经过多方打听，终于寻访到很有名气的颍川文人司马徽，刘备特地上门拜访。

见面后，刘备毕恭毕敬地说："先生，如今天下形势纷乱，可否请您指点一二。"

司马徽捋了捋胡须，笑呵呵地说："我不过是个普通的读书人，不识时务。不过，这一带有两个人——卧龙先生和

司马徽画像

凤雏先生，他们是人中龙凤，只要请到其中一位，您就可以平定天下了。"

刘备一听，大喜，连忙问道："那么请问先生，他们二人的大名叫什么？"

"卧龙先生名叫诸葛亮，字孔明；凤雏先生名叫庞统，字士元。"

没过几天，当地的另一个名士徐庶听说刘备正在招募人才，便特地来投奔他。徐庶乃诸葛亮的好友，对诸葛亮的才能十分钦佩，他也向刘备推荐诸葛亮。

刘备马上说："既然你们如此熟悉，就麻烦你辛苦一趟，将他请过来吧！"徐庶摇着头说："虽然我愿意为主公效劳，但这个人必须要您亲自去请他才行，万万不可召唤他来这里。"

刘备点头道："既然你和司马徽先生都如此推崇诸葛亮，他肯定是个了不起的人才，我马上就去拜访他。"

于是，刘备冒着严寒，先后三次到隆中访问诸葛亮，在第三次访问时，才见到诸葛亮。这就是有名的"三顾茅庐"的故事。

这一年，刘备已经46岁，而诸葛亮只有27岁。

诸葛亮为刘备的诚心所感动，他知道，刘备很有名望，又自称是汉朝的皇族，他毅然决定要选择刘备，辅佐刘备成就大业。于是，就有了诸葛亮的"隆中对策"。

后来，诸葛亮一直跟随刘备，成为刘备最重要的谋士。刘备也因得了诸葛亮，从一个无立锥之地的游击队长，成为三分天下有其一的霸主。刘备和诸葛亮成就了一段君臣相携的美谈。

在当时，孙权、曹操都是英雄豪杰，诸葛亮选择跟随刘备，最终成就了三国鼎立的历史大势，可见他既有择人的眼光，又有成就大业的能力。但他自己并没有单独成就大业的能力，所以，他选择了刘备。

人生是多样性的，不可能像工厂化生产一样确定每个人的型号、规格、性能和用途，也不可能像木材加工厂一样根据木料来加工型材，甚至都不能像林场一样去育才，因为人的差异存在有先天的，家庭的教育，学校的教育，生活和生长环境等诸多差别，每个因素都可能成为决定因素。

有一棵苹果树，上面结了一些大小不同的苹果。有五条虫子都想用各自的方法得到一个苹果。

第一条虫子爬到苹果树下，它不知道什么是苹果，也不知道这是一棵苹果树，只见身边的伙伴都往上爬，他就跟随着向上爬去，没有目的，没有终点。可想而知，它也许会见到一个大苹果幸福一生，也可能迷失路线终此一生。而这不也正是大多数虫子的自然选择吗？

第二条虫子只知道这是一棵结满了大小果子的苹果树，但它不知道大苹果具体长在什么地方，于是它就假定大苹果长在大枝上，专拣粗枝往上爬。有这种想法的不只一条虫子，而是一批虫子，这条路上的竞争也最激烈，这是一条优胜劣汰之路，相对公平的竞争之路，在每一个分枝处都有大批的同类被淘汰，得到苹果的仅仅是其中不被淘汰的一小部分，最终获胜者是那些付出最多、综合素质最高的虫类。

第三条虫子，它非常聪明，有备而来，在苹果树下掏出望远镜，浏览了树上的所有苹果，选择了一个大的苹果作为自己的目标，这样它就明白了自己应该怎样去走。然后，它就沿着这个大苹果的方向，确定出得到这只苹果的最佳路径，并设想出中途出现的预想不到的问题的解决预案。结果可想而知。

第四条是神虫，它有先知先觉的本事，清楚地知道每个苹果的成长。在苹果刚开花时，它就已经和苹果花打得火热并藏在其中，它和苹果一起长大，当别的虫子在拼死拼活时，它已经美美地享用苹果了，没有哪个虫子能比它更先一步尝到可口的苹果。它的超前意识，不是其他虫类想学就能学得来的。

第五条虫子什么都不做，专等它的同类给它扔下一个苹果，因为它的爷爷、它的爸爸、它的哥哥都已经得到了属于自己的不止一个苹果，当然别人不会把最大的给它。虽然不是最大的，但也足够它享用的了。但是千万确定它的爷爷、它的爸爸、它的哥哥肯定得到了，并且还有多余的。如果什么都没有，你想在树下得到掉下来的苹果，是非常危险的。苹果可不是好捡的，弄不好你会被不知道什么时候掉下来的苹果砸死，或因为得不到苹果而被饿死。

不同虫子选择不同的树枝，结果就是这样的天壤之别。

现如今，"良禽"比喻人才，是指有才干，有德行，聪明睿智，有一技之长或几技之长者。"木"是人才展示自己才华、发挥自己能量的一方天地。它可以是一个单位，一项工作，一种专业，也指掌管这些单位、部门的主管。好单位与好上司，是每一个人才的梦想。

有的人一开始就投错了方向。如你投到袁绍、袁术、刘表、张鲁之流的门下，虽能强盛富足、耀武扬威于一时，但与之同归于尽之日也为期不远。如果你真的是田丰、沮授一类的盖世奇才，但碰到个"遇大事而惜身，见小利而忘命"的袁绍之辈，也只能是奇谋无着，死而有憾了。

领导的命运往往就是一个单位的命运，也就是下属的命运。宁要好领导，莫要好单位，如此才是贤臣良禽。例如曹操、刘备与孙权，虽说开始并不强盛，立国之路无比艰辛坎坷，但皆是胸有大志，腹有良谋的帝王之才，称得上是"圣木"与"明主"，如曹操数哭典韦、苦留关云长，刘备三顾茅庐、摔阿斗等，都是"圣木"的表现。坚定不移地选择曹操、刘备与孙权的将士，大多有了好的归宿，而选择其他诸侯的将士要么改弦更张，弃暗投明，要么就被消灭掉了。如果选择一个败家子打理的公司，你要么明智地丢掉饭碗，要么就等着让别人吃掉。

的确，人生上上下下就是那么回事，如果你只是为将之才，那你最好找个好主儿，跟着他一起成就一番事业。就如萧何之于刘邦、诸葛亮之于刘备。正像孔子所说的，待价而沽，实际上也是一种选择。如果是一只"良禽"，就一定要选择最好的"大树"，而能不能找到这棵"大树"，那就要看你的眼力了。当然，看不到"大树"，说明你还不具备"良禽的素质"，还要自我修炼。

逝者如斯夫！ 不舍昼夜

【原文】

子在川上曰："逝者如斯夫！不舍①昼夜。"

【注释】

①舍：停留，止息。

【译文】

孔子在河边说："消逝的时光就像这河水一样，不分昼夜地向前流去。"

【解读】

时间对任何人、任何事都是毫不留情的，是专制的。时间可以毫无顾忌地被浪费，也可以被有效地利用。有效地利用时间，便是一个效率问题。也可以说，效率就是单位时间的利用价值。人的生命是有限时间的积累。以人的一生来计划，假如以 80 高龄来算，大约是 70 万个小时，其中能有比较充沛的精力进行工作的时间只有 40 年，大约 15000 个工作日，35 万个小时，除去睡眠休息，大概还剩 2 万个小时。生命的有效价值就靠在这些有限的时间里发挥作用。提高这段时间里的工作效率就等于延长寿命。

许多人无谓地浪费了很多时间和精力，就是因为他们该做好时没做好。他们本来可以做得更好，却优游岁月，到处游荡；他们做起事来往往敷衍了事，后来却又要花很多时间来修修补补，查漏补缺；他们对待工作也是马马虎虎，常常一遍又一遍地重做，因为他们从来不一次就把事情做得最好。

有一些公司的老板，总想成就大事业，却总对一些无所谓的小细节放心不下，似乎难以脱身。他们工作起来风风火火，然而总有一些小问题分散他们的时间和精力。为此，他们对工作总是感到很懊丧，晚上离开办公室时闷闷不乐。头脑混乱不清的人，绝对没有很高的办事效率。

美国麻省理工学院对 30 名经理作了调查研究，发现凡是优秀的经理都能做到精于安排时间，使时间的浪费减少到最低限度。《有效的管理者》一书的作者杜拉克说："认识你的时间，是每个人只要肯做就能做到的，这是一个人走向成功的有效的自由之路。"

畅销书《一批比较便宜》中讲道的吉尔布雷斯家庭就是有效利用时间的典范。已故的吉尔布雷斯是个工程师，他是动力科学研究的先驱专家，他和他的妻子莉莉安·吉尔布雷斯博士致力于把节省时间和劳力的方法带进商业界和工厂，同时也带进家庭管理中去。

吉尔布雷斯夫妇共有 3 个小孩，他们从小就在一种观念下长大，那就是时间是天赐的礼物，必须高效率地利用。在吉尔布雷斯家里，时间从不会被浪费。孩子们早上刷牙准备上学的时候，甚至可以从他们父亲放在浴室内的大字海报上学会许多新字。

蒂娜是顾问工程师盖塞狄的妻子兼助手。她把她先生在事业上所使用的高效率方法应用到家庭管理上。

蒂娜在写给卡耐基的信中说："我们的信念是，清除掉杂草，我们就可以天天欣赏到花朵。那就是说，尽可能在最短的时间里做完基本必需的工作，如此我们就可以有更多的空闲去做我们喜欢的事情。"

"三个活泼的小壮丁，一间庞大的房子和花园都需要整理，还有社团活动，做我丈夫的秘书，再加上要负责家里的文化、宗教与社会职责，我所有的时间都必须做两倍于别人工作的工作；我还要想办法做我丈夫的耳目，找出一些他可能漏掉的文章，提醒他必须参加的集会，为他构思一些改进的方案。"

"我曾经在洗碟子或是替小孩热奶的时候，想出许多提高营业效率的方法。"

"我们的工作进度表弹性很大，并非固定不变的。有时候，我们会把例行事务抛到窗外，专心去做一件特殊的事情或计划。"

这对夫妇懂得如何生活，如何工作，以及如何把生活和工作协调进行，以获得适当的结果。

值得注意的是，世界上最忙碌的人、做最多事情的人，比起那些什么都不干的懒人要有更多的时间。

记住：浪费时间比浪费金钱还要悲惨，金钱失去了还可以赚回来，可时间去了却是永远都赚不回来的。

苗而不秀，秀而不实

【原文】

子曰："吾未见好德如好色者也。"

子曰："譬如为山，未成一篑①，止，吾止也。譬如平地，虽覆一篑，进，吾往也。"

子曰："语之而不惰者，其回也与！"

子谓颜渊，曰："惜乎！吾见其进也，未见其止也。"

子曰："苗而不秀②者有矣夫！秀而不实者有矣夫！"

【注释】

①篑：盛土的竹筐。

②秀：谷类植物开花抽穗。

【译文】

孔子说："我没有见过像喜好美色那样喜好仁德的人。"

孔子说："譬如用土堆山，只差一筐土就完成了，如果懒得做下去，那是我自己要停下来的；譬如在平地上堆山，虽然只倒下一筐，如果决心努力前进还是要自己坚持啊！"

孔子说："听我说话而能毫不懈怠的，只有颜回一个人吧！"

孔子谈到颜渊，说："可惜呀！我只见他不断前进，从来没有看见他停止过。"

孔子说："庄稼出了苗而不能吐穗开花的情况是有的；吐穗开花而不结果的情况也有啊！"

【解读】

孔子是一个追求精致人生的人，所以，他无论在生活还是在事业上，都主张持之以恒。在这里，他以庄稼的生长、开花到结果来比喻一个人从求学到做官的过程。有的人很有前途，但不能坚持始终，最终达不到目的。"苗而不秀"、"秀而不实"，它们的实质就是半途而废。

当明王朝闹得乌烟瘴气的时候，在江阴地方有个青年，不满朝政腐败，不愿应科举考试、谋求做官，却立志游历祖国的名山大川，探索自然的奥秘。他就是我国历史上杰出的地理学家徐霞客。

十几岁时，徐霞客的父亲就去世了，徐霞客决心亲自到名山大川去游历考察一番。但是他想到母亲年纪大了，家里没人照顾，也就没敢提这件事。

"知子莫若母"，他的心事还是被母亲觉察到了。当母亲了解到他有这样的愿望时，就对他说："男儿志在四方，你哪能为了我留在家里，做篱笆下的小鸡、马圈里的小马呢！"

母亲为他准备行装，还给他缝制了一顶远游冠。有了母亲的热情支持，徐霞客远游的决心更加坚定了。在 22 岁那年，徐霞客开始离家外出游历。他先后游历了太湖、洞庭山、天台山、雁荡山、泰山、武夷山和北方的五台山、恒山等名山。每次游历回家，他跟亲友谈起各地的奇风异俗和游历中的惊险情景，别人都吓得说不出话来，他的母亲却听得津津有味。后来，老母亲死了，徐霞客就把全部精力扑在游历考察的事业上。在 50 岁那年，他开始了一次路程漫长的旅行。他花了整整 4 年时间，游历了湖南、广西、贵州、云南四省，一直到我国的边境腾冲。他跋山涉水，到过许多人迹罕至的地方，攀登悬崖峭壁，考察奇峰异洞。

有一次，他在腾越经过一座高耸的山峰时，发现悬崖上有一个岩洞，根本没路可通。他冒着生命危险，像猿猴一样爬上悬崖，终于到达了洞口。

又有一次，他在湖南茶陵，听说当地有个麻叶洞，洞里有神龙或者精怪，不是有法术的人，都不敢进洞。徐霞客不信神怪，他出高价雇了个当地人当向导，进洞考察。正要进洞的时候，向导问他是什么人，当他知道徐霞客是个普通读书人的时候，吓得直往后退。他说："我以为您是什么法师，才敢跟您一起进洞，原来是个读书人，我才不冒这个险呢。"

徐霞客并不罢休，带着他的仆人举起火把进入洞中。村里的百姓听到有人进洞，都拥到洞口来看热闹。徐霞客在洞里考察了很久，一直到火把快烧完才出来。围在洞口的百姓看到他们安全出洞，都十分惊奇地说："我们等了好久，还以为你们给妖精吃了呢。"

徐霞客漫游西南的时候，除了随身的一个仆人外，还有一个名叫静闻的和尚和他们做伴。有一次，他们在湘江乘船的时候，遇到了强盗，行李财物被抢劫一空，静闻和尚也因为受伤，死在了半路。到最后，连他随身的仆人也离开他逃走了。但是，这些挫折都没有动摇徐霞客探索自然的决心。

徐霞客在旅途中，每天晚上休息之前，都把当天见到的听到的详细记录下来，即使在荒山野林里露宿的日子，他也总是在篝火旁，伏在包袱上坚持写日记。经过他的实地考察，纠正了许多过去地理书上错误的记载，发现了许多过去没人记载过的地理现象。后来，人们把他的日记编成一本《徐霞客游记》。这部书不但是我国古代地理学的宝贵文献，还称得上是一部优秀的文学著作！

很多时候，成功与失败往往只有一步之遥，很多人往往输于最后一步，以致功败垂成。要想成就一番事业，就一定要有恒心，多坚持一秒，就会多迈一步，而这一步就有可能奠定你成功的基础。我们可以接受有限的失望，但一定不能放弃无限的希望。

许多人常半途而废，只要再多花一点力量，再坚持一点点时间，就会胜利。但人们之所以如此，主要是因为缺乏毅力。从这个故事中，我们可以得到一点启发，在人生的道路上，无论遇到多少困难、挫折，都不要轻言放弃。

人们常说："世上无难事，只怕有心人。"的确如此。荀子《论学》中曾经说到："不积跬步，无以至千里；不积小流，无以成江海。"凡事并不是一朝一夕就可以成功的。坚持着，不要轻言放弃，你的梦想就与现实更近一步。

也许你的轻易放弃，就会与机遇擦肩而过。水滴石穿，正因为一滴一滴的水持续不断地打在同一个位置，才能穿透坚硬的岩石。要相信，风雨过后，眼前会有美丽的水天一色；荆棘过后，前面就是铺满鲜花的康庄大道。在这个世界上，一星陨落，黯淡不了星空的灿烂；一花凋谢，荒芜不了整个春天。因此，人生要尽力度过每一关，不管遇到什么困难，都不要轻言放弃，以致功败垂成。

忠言逆耳应倾听

【原文】

子曰："后生可畏，焉知来者之不如今也？四十、五十而无闻焉，斯亦不足畏也已。"

子曰："法①语之言，能无从乎？改之为贵。巽②与之言，能无说乎？绎之为贵。说而不绎③，从而不改，吾末如之何也已矣。"

【注释】

①法：指礼法正道。

②巽：恭顺。

③绎：寻绎，分析。

【译文】

孔子说："年轻人是值得敬畏的，怎么就知道后一代不如前一代呢？如果到了四五十岁时还默默无闻，那他就没有什么可以敬畏的了。"

孔子说："符合礼法的言语规劝，谁能不服从呢？改正自己的错误就是可贵的。恭顺赞许的话，谁听了不高兴呢？但只有认真分析其中的真伪是非，才是可贵的。只是高兴而不去分析，只是表示听从而不改正错误，对这样的人我拿他实在是没有办法了。"

【解读】

孔子作为一位严师，总是告诫他的弟子们一定要听从别人的批评，并且还要确实能够改正；对于那些恭维的话，要学会冷静地去分析，这才是可贵的。这里孔子主要强调了怎样对待别人的规劝和赞扬的问题，对现代人很有启发作用。

以人为鉴可以知正误。犯了错误时，如果有人及时提醒，使自己认识到错误，加以改正，就可以尽力挽回损失。尤其要注意的是，当别人指出自己的错误时，即使自己没有这样的错误，也不能怨恨于人，要以宽广的胸怀去面对，谦虚谨慎地进行反思，无则加勉。只有这样，才能不断地完善自身。反之，如果以狭隘的心理去理解，认为对方是在故意找自己的麻烦，而不去反思自己是否真的有过错，那么就可能与事实背道而驰，与成功失之交臂。

有的人一听到别人的批评意见，就觉得如芒在背，也不管批评的对与错，便认为批评者是存心跟自己过不去。工于心计的，表面上诚恳接受，背地里却处处与人为难；性格耿直的，则免不了当场发作，与批评者针锋相对。这样时间长了，批评者就会变得"世故"起来，批评的声音也会日益衰弱下去。

有人会说，每个人都爱听好听的话。好听的话的确能够使人精神愉悦，同时又长面子，可是有些好听的话就如漂亮的罂粟花，美丽却不失毒性。

有则寓言故事，说的是一种叫猱的狐狸，最爱吸食动物的脑浆。一天，老虎觉得头痒难耐，就让猱为自己挠痒痒。猱慢慢地挠着，就将老虎的脑袋挠开了一个洞，可老虎全然不知，并且还很快活。猱一边吸着老虎的脑汁，一边对老虎说："大王，您是百兽之王，人人都对您毕恭毕敬。我弄了一点荤味，不敢一个人独自享用，送给大王您吃吧。"老虎高兴地说："你对我真是忠心啊！"最后，老虎的脑袋被掏空，大吼一声死去了。

那些以阿谀奉承为能事的人，不正如猱一般阴险狡诈吗？

俗话说："良药苦口利于病，忠言逆耳利于行。"一个人如果能听从难以入耳的忠言，就能修身养性，提高自己的品德。相反，如果一直听悦耳的话，被甜言蜜语包围，就如同中了鸩毒一般，看不到自己的缺点，则此生再也无望了。"鸩毒"是什么呢？鸩是一种毒鸟，所谓"鸩毒"，指的是用鸩制成的毒药。

有一次，管仲向齐桓公进谏："宴安鸩毒，不可杯也。"原来齐桓公爱姬甚多，常在后宫饮酒作乐，管仲见了很担心，就把酒色比作鸩毒，劝诫齐桓公勿近醇酒妇人。齐桓公毛病很多，只因有管仲辅佐，他对管仲也委以重任，管仲常以忠言相劝，才使齐国成为春秋五霸之一。到管仲去世后，事情就发生了变化。

公元前 645 年，管仲病危。齐桓公前去看望他，问他："仲父病成这个样子，有什么话要和寡人说吗？"管仲劝他离易牙、竖刁、常之巫这些人远点。

齐桓公说："易牙把自己的儿子煮熟了做成菜肴让我尝鲜，这么忠心耿耿的人还值得怀疑吗？"

管仲说："人之常情，谁不疼爱自己的孩子？易牙杀死自己的孩子来迎合国君，这种行为不近人情，这样的人怎么值得重用和信任呢？"

桓公又问道："竖刁把自己阉了以服侍寡人，这样的人也值得怀疑吗？"

管仲回答："按人之常情来看，没有不爱惜自己身体的。能下狠心把身体弄残了，那么对国君又有什么下不得手的呢？"

桓公又问道："常之巫能推测人的生死，治愈百病，这样的人也值得怀疑吗？"

管仲回答道："生老病死，符合自然规律。主君不顺其自然，守护根本，却完全依赖于常之巫，那他将对国君无所不为了。"

桓公又问道："卫公子启方，侍奉寡人长达十几年，从未回国看过自己的母亲，这样的人也值得怀疑吗？"

管仲回答道："按人之常情来说，没有不爱自己生身父母的。他背弃自己的父母来迎合国君，这种行为不近人情，这个人不能接近。"

管仲死后，齐桓公开始时还记着管仲的劝告，将这些人赶出了宫，可是他非常不习惯没有这些小人在身边的日子，不久之后又将他们接回来了。齐桓公将管仲的劝告置之脑后，亲近和重用易牙、竖刁、启方等人，这些人把持了齐国的大权，齐国政治日渐腐败。齐桓公却没感觉到有任何不妥，说："仲父的话是言过其实了。"

齐桓公生病的时候，这几个人一同叛乱。他们在桓公寝室四周筑起一道围墙，禁止任何人入内。

这时，桓公哭得鼻涕横流，感慨道："唉！还是圣人的眼光比我们远大呀！若是死者地下有知，我还有什么脸面去见仲父呢？"说罢，自己扬起衣袖捂住脸部，气绝身亡，死在寿宫。

由于齐桓公的儿子们为争夺君位而相互攻杀，没人有心思去管死去的齐桓公。齐桓公的尸体在床上停放了 67 天，上面只盖一张席子，以至腐烂发臭，蛆虫爬出门外。直至无诡正式即位，才将齐桓公的尸体放入棺中，停枢待葬。

齐国的霸业就这样骤然衰落了。

齐桓公的死可以说是他自己一手造成的，他的悲剧提醒人们，如果听不到批评意见，听不进逆耳的忠言，就认识不到错误，察觉不了灾祸，就无法提醒、警策自己，这是件很危险的事。整天被赞扬的话包围，赞美之词不绝于耳，就像喝含有"鸩毒"的美酒一样，听多了就会丧失警觉，削弱自己发奋上进的精神，沉湎在自我陶醉的深渊中，积羽沉舟，最终毁了自己。

《周易·小过》中有："弗过，防之，从或戕之，凶。"意思是说，在没有产生失误前要加以防范，过于放纵就会伤害自己，那就凶险了。因此，当我们觉得自己没有过错而受到别人的批评时，千万不要盲行和顶撞，要勇于接受批评，时刻引起警惕。

忠言与谗言之间，顺耳与逆耳之间，每一次选择都意味着对缺点的正视与逃避。不可以轻易否定忠言，否则你将会错失一位真心的朋友，也不可以盲目地陶醉于花言巧语，否则你将会沉溺于自我，看不到外面的世界。

唐太宗李世民有一次上朝的时候，跟魏征争得面红耳赤。唐太宗实在听不下去，想要发作，又怕在大臣面前丢了自己接受意见的好名声，只好勉强忍住。退朝以后，他憋了一肚子气回到内宫，见了他的妻子长孙皇后，气冲冲地说："总有一天，我要杀了这个乡巴佬！"

长孙皇后很少见太宗发那么大的火，问他："不知道陛下想杀哪一个？"

唐太宗说："还不是那个魏征！他总是当着大家的面侮辱我，叫我实在忍受不了！"

长孙皇后听了，一声不吭地回到自己的内室，换了一套朝见的礼服，向太宗下拜。

唐太宗惊奇地问道："你这是干什么？"

长孙皇后说："我听说英明的天子才有正直的大臣，现在魏征这样正直，正说明陛下的英明，我怎么能不向陛下祝贺呢！"

这一番话就像一盆清凉的水，把太宗的满腔怒火浇熄了。

唐太宗正是因为有魏征的忠言，才能及时更正错误，使人民安居乐业，国泰民安。后来，魏征死了，他伤心地说："人以铜为镜，可以正衣冠；以古为镜，可以见兴替；以人为镜，可以知得失。魏征没，朕亡一镜矣。”

虽然批评意见有时“带刺”，令人难以接受，但它含有品评、判断、指出好坏的目的，带有激励、教导、鞭策的愿望，起着积极的作用。可人是有感情的，常常因情感、情绪的变化，对别人的批评有不同的反应。喜欢听溢美之词，厌恶批评之语，这是人性的弱点，也是人之常情，即使是大人物也在所难免。但是，如果一味地沉浸在恭维称赞声中，总有一天，自己会被淹没。我们需要不断地进步，就要听得进忠言，别人的批评教育在我们的人生路上就像一盏明灯，照亮着我们前进的道路。

生活即艺术，是一种修炼，是一片净土，不是武术，不是战场。虔诚的工艺者当专心不二地将自己的精力、心力都用到艺术上。批评是一束智慧，批评是一份爱心，批评是一片袒露的真诚，批评，始终是攻艺者的强身之本。

因此，我们要感恩批评，把别人的忠言和批评当作前进的动力。

匹夫不可夺志

【原文】

子曰：“主忠信，毋友不如己者，过则勿惮改。”①

子曰：“三军可夺帅也，匹夫②不可夺志也。”

【注释】

①本章内容已见《学而篇》第八章。

②匹夫：指平民中的男子。

【译文】

孔子说：“要信奉忠信，不与不如自己的人交朋友，有了错误就不要怕去改正。”

孔子说：“一国军队，可以夺去它的主帅；但一个男子汉，他的意志是不能强迫改变的。”

【解读】

孔子说：“三军可夺帅也，匹夫不可夺志也。”志，是人生的坐标、向上的动力、精神的支撑、行为的准绳。志，就是志向和理想。任何一位有所成就的人，都是由树立远大理想开始的，经过不懈努力，最终取得成功。志向和理想就如同加速器，在放慢脚步时，提供给人以能量和力量；志向和理想就如同划破黑暗的光点，提供了前进的方向；志向和理想就如同一扇窗，提供了了解未来的一双眼。一个人有了志向，就能向着自己设定的目标前进。

《史记》是我国第一部纪传体的通史，也是我国古代第一部传记文学的总集。司马迁著。司马迁是西汉武帝时期的人，太史令司马谈的儿子，从小受到了良好的教育，又曾向董仲舒、孔安国等大师学习儒学，博通天文历法，诸子百家。

20岁以后，司马迁开始游历，足迹遍天下。他东边到过现在的河北、山东及江、浙沿海，南边到过湖南、江西、云南、贵州，西边到过陕、甘、西康等处，北边到过长城等处；当时的"大汉帝国"，除了朝鲜、河西（今宁夏一带）、岭南几个新开郡外，都留下了他的足迹。他的出游，相传是父亲命他搜求史料去的。游历中，他搜得了一些史料，看到了一些古代的遗迹，听到了一些古代的轶闻。这些都是活史料，他用来印证并补充他所读的书。他作《史记》，叙述和描写往往特别亲切有味，便是为此。他的游历不但增长了他的见识，也开扩了他的胸襟；他能够总结3000多年的事，写成一部大书，而行文又极尽抑扬变化之致，可见他的胸襟是如何的阔大。

司马迁二十几岁的时候，作了郎中。元封元年（公元前110年）汉武帝大行封禅典礼，步骑十八万，旌旗千余里，声威极其浩大。司马谈是史官，本该从行；就在这时，他病了，不能随行。司马迁便随着汉武帝参加封禅。

回来时，父亲已经快死了，拉着他的手说："我们先人从虞、夏以来，世代作史官；周末弃职他去，从此我家便衰微了。虽然我恢复了世传的职务，可是不成；你看这回封禅大典，我竟不能从行，真是命该如此！再说孔子因为眼见王道缺，礼乐衰，才整理文献，论《诗》、《书》，作《春秋》，他的功绩是不朽的。孔子到现在又400多年了，各国只管争战，史籍都散失了，这得搜求整理；汉朝一统天下，明主、贤君、忠臣、义士，也得记载表彰。我作了太史令，却没能尽职，无所论著，真是惶恐万分。你若能继承先业，再作太史令，成就我的未竟之志，扬名于后世，那就是大孝了。"

司马迁听了父亲这番遗命，低头流泪答道："儿子虽然不肖，定当将你老人家所搜集的材料，小心整理起来，不敢有所遗失。"司马谈便在这年死了；这年，司马迁 36 岁。

父亲死的第三年，司马迁果然作了太史令。他有机会看到许多史籍和别的藏书，便开始作整理工作。那时史料都集中在太史令手里，特别是汉代各地方行政报告，他那里都有。他一面整理史料，一面忙着改历的工作；直到太初元年（公元前 104 年），太初历完成，才动手开始动手写他的史书。

天汉二年（公元前 99 年），李陵奉了贰师将军李广利的命令，领五千汉军，出塞攻打匈奴。被匈奴八万骑兵包围；汉军杀伤匈奴一万多人，自己人马也死伤一大半，李陵不得不投降。

司马迁画像

消息传到长安，武帝极其愤怒。朝廷上下纷纷攻击李陵。武帝问司马迁，李陵到底是个怎样的人。李陵也作过郎中，和司马迁同事，司马迁了解李陵，就说李陵这个人秉性忠义，常想牺牲自己，报效国家。这回以少敌众，兵尽路穷，但还杀伤那么多人，功劳其实也不算小。他决不是怕死的，他投降大概是假意的，也许在等机会给汉朝出力呢。武帝听了他的话，更加气愤，认为司马迁在为李陵开脱，又有意贬责武帝爱姬李夫人的哥哥李广利，遂将司马迁下狱。

第二年，武帝杀了李陵全家，处司马迁宫刑。宫刑是个大辱，污及先人，见笑亲友。司马迁灰心失望已极，只有把全部悲愤化作力量，努力写他的书。两年后，武帝大赦天下。司马迁出狱，作了中令书。他仍然夜以继日地写他的书。征和二年（公元前 91 年），全书完成。这部史书从此作为一部不朽名著受到了世人的高度赞誉。

人贵有志。是的，志向是我们前进的动力。一个人立下了大志，并愿意为之而奋斗，那么就是历尽艰难险阻，也会在所不辞。记得高尔基曾经说过这样一句话："一个人追求的目标越高，那么他的才能就发展的越快，对社会就越有益。"

每个人都希望有安逸的生活，不过，鸿鹄之志，跬步之积，人各有志。成功的人都是先立志后奋发，不畏惧痛苦，这样才能有所成就。人穷一点没有关系，只要有志气，依旧可以享受幸福的阳光。

做人贵有志，但许多"有大志"者往往为觊觎林中的一只鸟，而让自己手中的那只鸟安然逃脱。

"有志者事竟成"这句话说得很好，古今中外通过艰苦奋斗而成功的英雄豪杰都可以证明。

俗话说："鸟贵有翼，人贵有志。"志向对成功尤其重要。无志则漫不经心，停滞不前；有志则生机勃勃，勇往向前。立志能够使自己有一个明确的奋斗目标，然而这个志向不能脱离实际，只有从自身实际出发的志向才能发掘自己无限的潜能。

理想必须是可实现的理想。理想通常有两种：一种是"可望而不可攀，可幻想而不可实现的"。另一种是"一个问题的最完美的答案"，或是"可能范围以内的最圆满的解决困难的办法"。这两种理想的区别在于一个蔑视事实条件，一个顾及事实条件；一个渺茫无稽，一个有方法步骤可循。严格地说，前一种是幻想、痴想而不是理想，是理想都必须考虑现实。在理想与现实起冲突时，错处不在现实而在理想。我们不能改变现实，只能改变理想。坚持一种不合理的理想至死不变只是匹夫之勇。

要有更高的追求

【原文】

子曰："衣敝缊袍①，与衣狐貉②者立，而不耻者，其由也与？'不忮不求，何用不臧？'③"子路终身诵之。子曰："是道也，何足以臧？"

【注释】

①缊袍：用旧丝棉絮制成的袍子。

②狐貉：指用狐貉皮制成的皮袍。

③"不忮不求"两句：见《诗经·邶风·雄雉》。忮，嫉妒。

【译文】

孔子说："穿着破旧的丝棉袍子，与穿着狐貉皮袍的人站在一起而不认为是可耻的，大概只有仲由吧？正如《诗经》上说的'不嫉妒，不贪求，为什么说不好呢？'"子路听后，反复背诵这句诗。孔子又说："只做到这样，怎么能说够好了呢？"

【解读】

"不忮不求，何用不臧"，这两句诗出于《诗经·邶风·雄雉》篇。子路听了孔子的一番开导，就终身念着这句警言，作为自己人生的座右铭。为什么说"不嫉妒，不贪求"孔子还认为不够好呢？因为孔子对这位弟子有更高的要求，就是不要满足于现状，要有更高远的理想，要不断地进步。

一名爱学习的员工的身上，凸显的是永不满足于现状、积极进取的精神。这样的员工做事踏实，能够为工作全力以赴，他们不会骄傲自满，而会为了获得永不失效的真正能力而努力奋斗。

在通用汽车公司的一次项目会议上，总经理让他的下属们针对自己的工作谈一些看法。有一个部门经理站起来慷慨陈词："我现在对自己所从事的这项工作产生了一些怀疑。在这两年之中，在首席执行官的指导下，每个部门都接到了上百个项目，有许多项目在开始时都投入了大量的人力资源和资金，可是进行到中途便不了了之，这样下去，会毁了公司。我们难道不能抓一些大一点的项目？或者我们能不能为每一个部门分配一些不浪费人力资源和资金、又能迅速见到效益的项目呢？这些项目不必太多，只要能见到效益，这对我们的发展会有莫大的好处。"

这位经理的一番话，震动了总经理和在座的每一个部门经理，他们都为这位经理勇于负责的工作精神所感动。整个下午，大家放弃了此次开会的议题，针对这位经理所提出的问题，进行分组讨论，重新制定战略目标。经过重新调整战略规划后，公司节省了许多开支，公司发展的步伐也加快了许多。

在现实中，总有这样一些人：他们或因受宿命论的影响，凡事听天由命；

或因性格懦弱，习惯依赖他人；或因责任心太差，不敢承担责任；或因惰性太强，好逸恶劳；或因缺乏理想，混日子为生……总之，他们给自己定低调子，遇事逃避，不敢为人之先，不敢转变思路，而被一种消极心态所支配，不求进取。

从他们这一类人的故事中，我们可以发现这样一个事实：造化有时会把它的宠儿放在下等人中间，让他们操着卑微的职业，使他们远离金钱、权利和荣誉，可是在某个有意义有价值的领域中却让他们脱颖而出。

有两个有着特殊背景的人都有着亚洲血统，后来都被来自欧洲的外交官家庭所收养。两个人都上过世界有名的学校。他们两个人都40出头，但之间存在着不小的差别：一位已是成功商人；另一个是学校教师，收入低，一直觉得自己很失败。

有一天，他们都去参加一个聚会，晚餐在烛光的映照中开场了，不久话题进入了在国外的生活。因为在座的几个人都有过周游世界的经历，所以他们开始谈论在异国他乡的趣闻轶事。随着话题的一步步展开，那位学校教师开始越来越多地讲述自己的不幸：他是一个如何可怜的孤儿，又如何被欧洲来的父母领养到遥远的瑞士，他觉得自己是如何的孤独。

开始的时候，大家都表现出同情。随着他的怨气越来越重，那位商人变得越来越不耐烦，终于忍不住在他面前把手一挥，制止了他的叙述："够了！你说完了没有！你一直在讲自己有多么不幸。你有没有想过，如果你的养父母当初在成百上千个孤儿中挑了别人，那你又会怎样？"学校教师直视着商人说："你不知道，我不开心的根源在于……"然后接着描述他所遭遇的不公正待遇。

最终，商人朋友说："我不敢相信你还在这么想！我记得自己25岁的时候无法忍受周围的世界，我恨周围的每一件事，我恨周围的每一个人，好像所有的人都在和我作对似的。我很伤心无奈，也很沮丧。我那时的想法和你现在的想法一样，我们都有足够的理由抱怨。"他越说越激动，"我劝你不要再这样对待自己了！想一想你有多幸运，你不必像真正的孤儿那样度过悲惨的一生，实际上你接受了非常好的教育。你负有帮助别人脱离贫困漩涡的责任，而不是找一堆自怨自艾的借口把自己困起来。告诉你，在我摆脱了顾影自怜，同时意识到自己究竟有多幸运之后，我才获得了今天的成功！"

那位教师深受震动。这是第一次有人否定他的想法，打断他的凄苦回忆，而这一切回忆曾是多么容易引起他人的同情。商人朋友很清楚地说明了他二人在同样的环境下历经挣扎，而不同的是他通过清醒的自我选择，让自己看到了有利的方面，而不是不利的阴影，"凡墙都是门"，即使你面前的墙将你封堵得密不透风，你也依然可以把它视作你的一种出路。

一个人相信自己是什么，就会是什么。一个人心里怎样想，就会成为怎样的人。我们每个人心里都有一幅"心理蓝图"或一幅自画像，有人称它为"自我心像"。自我心像有如电脑程序，直接影响它的运作结果。如果你的心像想的是做最好的你，那么你就会在你内心的"荧光屏"上看到一个踌躇满志、不断进取的自我。同时，还会经常收听到"我做得很好，我以后还会做得更好"之类的信息，这样你注定会成为一个最好的你。美国哲学家爱默生说："人的一生正如他一天中所设想的那样，你怎样想象，怎样期待，就有怎样的人生。"

岁寒，然后知松柏之后凋也

【原文】

子曰："岁寒，然后知松柏之后凋也。"

【译文】

孔子说："到了寒冷的季节，才知道松柏是最后才凋谢的。"

【解读】

孔子为了实现自己的政治理想，周游列国，历经磨难。孔子带弟子先到了卫国，卫灵公开始很尊重孔子，发给他俸禄，但并不让他参与政事，而且对他也很不放心，孔子便几次离开卫国，又几次回到卫国，中间经历过无数磨难。

鲁哀公二年，孔子59岁，他离开卫国，经曹、宋、郑至陈国，在陈国住了3年，吴攻陈，兵荒马乱，孔子便带弟子离开，在陈、蔡交界处，孔子师徒被围困，绝粮7日，最后还是子贡找到楚国人，楚派兵迎孔子，孔子师徒才免于一死。这就是所说的"陈、蔡之围"。

那时候，孔子7天吃不上饭，神情疲惫，仍在室内弹琴唱歌，子路说："落到这个地步，可以说是贫穷了吧？"孔子说："这是什么话啊！通于道称为通，穷于道称为穷。现在我心怀仁义之道而遭逢乱世之患，怎么能叫穷呢？所以，内心反省而不穷于道，临难而不丧失德，经过风雪寒霜，我才知道松柏的茂盛。陈、蔡的困厄，对我来说真是幸事啊！"

孔子的一生，遭遇了重重磨难，但是他建立了自己的博大精深的学说，为后世中国人营造了一个精神世界，他视挫折若尘土，过着坦荡而光明的生活，这不正是对后人的鼓励和鞭策吗？

苍松翠柏能经受严冬的考验，具有不屈不挠的意志，这不正是每个立志成大业的人应该学习的吗？

成功学专家拉尔夫曾说："挫折是成功的前奏曲，因挫折而一蹶不振的人，是生活的失败者，视挫折为人生财富的人，才会获得成功的桂冠。"成功源于态度。每一个成功者都可能经历过失败，但他们并不认为这是失败，并不认为自己不能获得成功，所以他们最后成功了。

美国著名电台广播员莎莉·拉菲尔在她30年职业生涯中，曾经被辞退18次，可是她从来没有灰心丧气，每次被辞退后都放眼更好的工作，确立更远大的目标。最初由于美国大部分无线电台都认为女性不能吸引观众，所以没有一家无线电台愿意雇用她。她好不容易在纽约的一家无线电台谋求到一份差事，不久却又遭辞退，说她跟不上时代。

莎莉总结了失败的教训之后，又向国家广播公司电台推销她的清谈节目构想。电台勉强答应了，但提出要她先在政治台主持节目。"我对政治所知不多，恐怕很难成功。"她也曾一度犹豫，但坚定的信心促使她大胆去尝试。她对广播早已轻车熟路了，于是她利用自己的长处和平易近人的作风，大谈即将到来的7月4日国庆节对她自己有何种意义，还请观众打电话来畅谈他们的感受。听众立即对这个节目产生兴趣，她也因此而一举成名。

如今的莎莉·拉菲尔已经成为自办电视节目的主持人，并曾两度获得重要的主持人奖项。她说："我曾经被人辞退18次，本来会被这些厄运吓退，做不成我想做的事情。结果相反，我让它们鞭策我勇往直前。"

在面对各种各样的挫折时，我们需要有一种"挫折容忍力"。即能忍受挫折的打击，具备良好的适应能力，以保持正常的心理活动，这是心理健康的标志，也是成功者所必须具备的重要心理素质之一。

英国著名作家、演讲家迪士累利是在遭受了一系列失败的打击之后，才在文学领域取得了人生历程的第一个成就。他的作品《阿尔罗伊的神奇传说》和《革命的史诗》遭到了人们的冷嘲热讽，甚至有人骂他是个精神病患者，他的作品也被人们视为神经错乱的标志。但他毫不气馁，依然继续坚持不懈地从事文学创作，后来终于写出了《康宁斯比》、《西比尔》和《坦康雷德》等优秀作品，被人们誉为文学精品，深受读者喜爱。

读书的少女

迪士累利作为一个杰出的演说家，但他在国会下院的首次演讲却以失败告终，并被人戏称为"比阿德尔菲的滑稽剧还要厉害的尖锐叫嚷声而已"。

面对自己那充满学识的演说屡次遭到人们的冷嘲热讽，迪士累利苦恼之际，举起双臂大声向人们喊道："我已多次尝试过很多事情了，这些事情还不是在你们的嘲讽下最终取得了成功。我坚信今天的嘲讽只会令我更加努力，总有一天，当你们听到我演说的机会再次到来时，也许被嘲笑的就是你们！"

正如迪士累利所说，这一天果真来了。迪士累利在世界第一次绅士大会上那扣人心弦的演讲，向人们展示了勇往直前的力量和决心，因为迪士累利就是靠辛劳和汗水获得了这样的成功。成功就是最大的报复。他不像许多年轻人那样，遇到失败和挫折就一蹶不振，就躲到阴暗的角落里再也不敢见人。

他认真地反思自己，抛弃过去身上存在的缺陷，发扬受公众欢迎的长处，孜孜不倦地练习演说的艺术，刻苦学习议会知识。为了成功，他一次次地用"成功就是最大的报复"来鼓励自己，最后成功终于来了。早年失败的记忆自此从头脑里烟消云散，此时公众一致认为，他是议会里最成功和最有感染力的议员之一。

迪士累利的经历向我们揭示了这样一个真理——成功只属于生活的强者。而要做生活的强者，获得事业上的成功，就必须战胜人生道路上的艰难险阻，克服各种各样的挫折。

著名的成功学家拿破仑·希尔曾这样分析失败与挫折："这里，先让我们说明失败与暂时挫折之间的差别。我们先看看，那种经常被视为失败的事实际上只不过是暂时性的挫折而已。有时候，我甚至认为，这种暂时性的挫折实际上是一种幸福，因为它会使我们振作起来，调整我们的努力方向，使我们向着不同的但却是更正确或者更美好的方向前进。"可见，假如我们能够具备正确面对挫折的能力，挫折不仅不是坏事，而且还可以成为一种积极的心理动力，引导我们以更好的方法或更好的途径去实现目标。

俗话说："金无足赤，人无完人。"人，只有经历暴风骤雨的洗礼，雪压霜欺的磨砺，在无数次的跌倒中爬起，然后再用镜子照清楚自己，找到真实的自我，方能达到"有自知之明"之境界，再经过不断地修补和完善，向完美的人生靠近。

知者不惑，仁者不忧，勇者不惧

【原文】

子曰："知者不惑，仁者不忧，勇者不惧。"

【译文】

孔子说："明智的人不会被迷惑，有仁德的人没有忧愁，勇敢的人无所畏惧。"

【解读】

孔子认为，一个人如果拥有智慧、仁德、勇气这三项品质，那么他在认识上就没有疑虑，在生活上就没有忧愁，在行动上就无所畏惧。

在人生旅途上，总会有花开花落的时候，关键时刻，我们要有勇气面对，要有战胜苦难的勇气，要有不畏强权的品德。只要拥有一颗坚强的心，只要忠诚于自己的选择，就会有柳暗花明的时候。

周亚夫是西汉开国元勋周勃的儿子。文帝时期，有一次，匈奴大举入侵边境。文帝便任命宗正刘礼为将军，驻军霸上；任命祝兹侯厉为将军，驻军棘门；任命河内郡守周亚夫为将军，驻军细柳，以防备匈奴。一天，文帝亲自去尉劳军队。到了霸上和棘门的军营，一直奔驰进入，从将军到下属官兵无不骑马迎送。

文帝一行来到细柳军营，军中官兵都披持铠甲，兵刃锐利，弓弩张开，弓弦拉满。天子的前导来到军营，不能进入。前导说："天子就要到了!"军门都尉说："没有得到周将军的军令之前，我是不会放任何人进营的。你可以给我你的符节，让我去报告周将军。"

这时文帝已经来到营门前，一样被守将挡在营外，要求出示证件，否则，坚决不许进营。文帝无奈，只好命令侍从拿出皇上的符节，交给守将。守将派人拿着符节去禀报周亚夫："皇帝陛下来劳军，要求入营。"

不一会儿，周亚夫的军令到了："允许皇帝的车队入营。"于是营门大开，皇帝的大队车马轰隆隆地向营内开进。守将马上郑重地提醒车队注意："周将军有军令，营内禁止车马奔驰!"

于是文帝就拉紧缰绳慢慢行进。到了营中，将军周亚夫手拿武器拱手行礼说："臣受命率领军队驻扎此地，有盔甲在身不能下拜陛下。请陛下允许我按照军礼参见。"文帝被他感动了，马上变得面容庄重，靠在车子横木上向官兵致意。完成劳军的礼仪后离去。

一出营门，群臣都露出惊怪之色。文帝说："啊，这才是真正的将军呀!从前在霸上和棘门军营看到的，简直像是儿戏，他们的将军

周亚夫画像

本来就可能受袭击被俘虏。而像周亚夫治理的部队，谁敢小看他呢！"文帝称赞他很久。

过了一个多月，三支军队都撤除了。文帝授予周亚夫中尉的官职。

一年之后，文帝得了重病，弥留之际，他对太子嘱托说："如果天下有乱，你就让周亚夫带兵征讨，他一定会不辱使命。"

这太子便是后来的汉景帝。景帝即位，拜周亚夫为车骑将军。

公元前 154 年，即汉景帝三年，吴王刘濞、楚王刘戊等七国发动叛乱，打出"诛晁错、清君侧"的旗号。景帝派周亚夫为太尉，掌管全国军队，统率平叛。

当时，吴楚军正猛攻梁国，梁国的告急奏疏雪片一样飞向京城。景帝催促周亚夫赶紧驰援，但周亚夫并不想直接救援，他向景帝提出了自己的战略计划："楚军素来剽悍，战斗力很强，如果正面决战，难以取胜。我打算先暂时放弃梁国，从背后断其粮道，然后伺机击溃吴楚叛军。"景帝同意了他的计划。

此时，叛军轮番急攻梁国，梁孝王向周亚夫求援。周亚夫却派军队向东到达昌邑城，坚守不出。梁孝王又接连几次派人求援，甚至写信给景帝，周亚夫就是按兵不动。但他却暗中派军截断了叛军的粮道，还派兵劫去叛军的粮食。叛军粮草被劫，运输线不通，军中将士忍饥挨饿，萌生退意，便打定主意，先来攻打周亚夫，但几次挑战，周亚夫都不出战。时间一长，周亚夫军中都有些军心不稳了。

一天晚上，营中突然发生混乱，周亚夫在大帐里听到嘈杂声，但始终高卧不起。一会儿，混乱自然就平息了。几天后，叛军大举进攻军营的东南，声势浩大，但周亚夫却让部下到西北去防御。结果在西北遇到叛军主力的进攻，由于有了准备，叛军很快被击退了。

叛军因为缺粮，最后只好退却，周亚夫趁机派精兵追击，取得胜利。叛军首领刘濞逃到江南，最后，被越国人杀死。

这次叛乱只用了三个月就平定了。

周亚夫作为一名军人，既不卑躬于皇帝的威仪，尽自己守边卫国的责任，也不营营计较于个人的恩怨得失，所以说，他是"勇者无惧"啊。

多光篇第十

恂恂如也，似不能言者

【原文】

孔子于乡党，恂恂①如也，似不能言者。其在宗庙朝廷，便便②言，唯谨尔。

朝，与下大夫③言，侃侃如也；与上大夫言，訚訚④如也。君在，踧踖⑤如也，与与如也。

君召使摈，色勃⑥如也，足躩如也。揖所与立，左右手，衣前后，襜如也。趋进，翼如也。宾退，必复命曰："宾不顾矣。"

入公门，鞠躬⑦如也，如不容。

立不中门，行不履阈。

过位，色勃如也，足躩如也，其言似不足者。

摄齐⑧升堂，鞠躬如也，屏气似不息者。

出，降一等，逞颜色，怡怡如也。

没阶，趋进，翼如也。

复其位，踧踖如也。

执圭⑨，鞠躬如也，如不胜。上如揖，下如授。勃如战色，足蹜蹜如有循。

享礼，有容色。

私觌⑩，愉愉如也。

【注释】

①恂恂：温和恭顺的样子。

②便便：形容语言流畅。

③下大夫：官职名，卿以下的大夫。

④訚訚：恭敬而正直的样子。

⑤踧踖：仪容合度的样子。

⑥勃：脸色变得庄重的样子。

⑦鞠躬：这里形容恭敬谨慎的样子。

⑧齐：读 zī，衣服下摆。

⑨圭：一种玉器，上圆下方，举行典礼时君臣手中所执。这里指大臣出使邻国时，执圭以示君命。

⑩觌：读 dí，相见。

【译文】

孔子在本乡的地方上显得很温和恭敬，像是不会说话的样子。但他在宗庙里、朝廷上，有话便明白而流畅地说出，只是说的很少。

孔子上朝时，同下大夫说话，温和而从容的样子；同上大夫说话，正直而公正的样子；国君来了，恭敬而心中不安的样子，但又仪态适中。

国君召孔子去接待宾客，孔子脸色立即庄重起来，脚步也快起来。他向和他站在一起的人作揖，手向左或向右作揖，衣服前后摆动，却整齐不乱。快步走的时候，像鸟儿展开双翅一样。宾客走后，必定向君主回报，说："客人已经不回头张望了。"

孔子走进朝廷的大门，谨慎而恭敬的样子，好像没有他的容身之地。

他不在门的中间站立；走路，也不踩门槛。

经过国君的座位时，他脸色立刻庄重起来，脚步也加快起来，说话也好像气力不足一样。

上堂时提起衣服下摆，恭敬谨慎的样子，憋住气好像不呼吸一样。

退出来，走下台阶，脸色便舒展开了，怡然自得的样子。

走完了最后一级台阶，向前紧走几步，姿态像鸟儿展翅一样。

回到自己的位置，是恭敬而内心不安的样子。

孔子出使别的诸侯国，手里拿着圭，恭敬谨慎，好像举不起来似的。向上举时好像在作揖，放在下面时好像是给人递东西。脸色庄重得像战栗的样子，步子很小，好像沿着一条直线往前走。

在举行赠送礼物的仪式时，面色和善。

用私人身份和外国君臣会见，显得轻松愉快。

【解读】

孔子是非常注重礼的，对言谈举止方面有一整套礼仪。现代社会，人人平等，不必讲究尊卑礼仪，但人与人之间的交往仍然要以礼行事，尤其是初次见面，要给人一个良好的第一印象。

得体的衣装、优雅的气质会给人一个良好的印象。但人际交往不是一门简单的学问。一定要掌握好交往的技巧并能在实际中灵活运用，这样才能在交往中占有先机。

通常人们对自己身体四周的地方，都会有一种势力范围的感觉，而在靠近身体的势力范围内，通常只能允许亲近之人接近。如果允许别人进入你的身体四周的一定范围内，就会有种已经承认和对方有亲近关系的错觉，这一点对任何人来说都是相同的。

人们可能有个共同的体会，就是和初次见面的人面对面地谈话，真不是一件容易的事。这是因为两人的视线极易相遇，而导致两人之间的紧张感增加。一位企业家曾经谈到他的经验，他说如果他不愿借钱给别人，他就会和他面对面地交谈。因为这样谈话会使对方紧张而不敢乱开口，即使借给了他，也不敢不还。而借钱不还的，多半都是坐在旁边位置谈话的人。

在商务活动中，与人交谈时坐在旁边的位置，自然就会轻松下来。这是因为不必一直意识到对方的视线，而只在必要时看他的视线即可。通常，比较重要的见面，为了减少对方的紧张情绪，会合理地安排各种办法，就是"分散效果"，比如在室内放一盆花，这样可以转移他的视线。坐在对方旁边的位置与之交谈，就会增加亲近感。

有的人你整夜和他在一起喝酒，但你和他的关系也许只是泛泛之交，这种关系如不加以巩固，那么两者之间的感情就会愈来愈淡。假如有人问你："你和某人的关系如何？"而你回答"我见过一次"或"偶尔会见面"，那么给人的印象就不同了。而有的人，虽然并没有跟他在一起推杯换盏，但却常常见面，或者不时地电话联系，这样的关系其实更加稳固。

因此，在赢得别人的好感之前，先给人留下一些亲近感是必要的。当然也不要企图把不合理的习惯打破。不然的话，人家会认为你不近人情。

在日本，公共汽车售票员向每个下车的乘客说："多谢您！"对上车的乘客说："对不起，让您久等了。"如果国内的公共汽车售票员对乘客这样说，恐怕乘客人要觉得这售票员有问题了。所以不是合理不合理的问题，是因为每个地方的生活风俗及习惯不同，这也需要注意。

世界各国的社会条件不同，宗教信仰不同，民族历史不同，因而风俗习惯也千差万别。人们常说要入乡随俗，因此必须问俗和学俗，只有这样才能做到文明处事。

在应酬的路上，"第一印象"不好的话，如要挽回，就要付出很大的努力，这一点非注意不可。

君子不以绀緅饰，红紫不以为亵服

【原文】

君子不以绀緅饰①，红紫②不以为亵服。

当暑，袗絺绤，必表而出之。

缁衣③，羔裘；素衣，麑裘；黄衣，狐裘。

亵裘长，短右袂。

必有寝衣，长一身有半。

狐貉之厚以居。

去丧，无所不佩。

非帷裳④，必杀之。

羔裘玄冠⑤不以吊。

吉月，必朝服而朝。

齐，必有明衣，布。

齐必变食⑥，居必迁坐⑦。

【注释】

①绀緅：绀緅都表示颜色的名称。绀，深青中透红的颜色；緅，青多红少，比绀更暗的颜色。饰，镶边。在古代，黑色是正式礼服的颜色，而这两种颜色都近于黑色，故不用来镶边。

②红紫：当时贵重的颜色，不用为平常家居衣服的颜色。

③缁衣：黑色上衣。古代的皮衣毛向外，外需加罩衣，且颜色当与皮衣毛色相同，这里的缁衣及以下素衣、黄衣均指套在皮衣外的罩衣。

④帷裳：上朝和祭祀时穿的礼服，用整幅布制成，有多余的布缝成褶子，不加裁剪。

⑤玄冠：黑色的礼帽，古代用作吉服。

⑥变食：改变日常饮食，主要指不饮酒，不吃葱蒜等。

⑦迁坐：改变卧室，即从平常所居的燕寝移至正寝。

【译文】

君子不用深青透红或黑中透红的布镶边，不用红色或紫色的布做平常在家穿的衣服。

夏天穿粗的或细的葛布单衣，但一定裹着衬衫，使它露在外面。

黑色的羔羊皮袍，配黑色的罩衣。白色的麑皮袍，配白色的罩衫。狐皮袍要配黄色的罩衣。

平常在家穿的皮袍做得长一些，右边的袖子短一些。

睡觉一定要有小被，要有本人身长的一又二分之一。

用狐貉的厚毛皮做坐垫。

丧期满，脱下丧服后，便佩带上各种各样的装饰品。

如果不是礼服，一定要加以剪裁。

不穿着黑色的羔羊皮袍和戴着黑色的帽子去吊丧。

每月的初一日，一定要穿着朝服去拜见君主。

斋戒沐浴的时候，一定要有洁净的衣服，而且是用布做的。

斋戒的时候，一定要改变平常的饮食，居住也一定搬移地方。

【解读】

在孔子以前的周朝，朝廷一切活动都有一套完整的礼仪，比如国家大典、祭祀活动，等等，规定的都很细致，甚至对各个等级的人应该穿什么样式、什么颜色的衣服都有严格的规定。孔子对这些礼仪特别推崇，自己也尽量身体力行。

现代社会，对服饰礼仪的要求有了新的含义，但精神实质是没有变化的，就是应该在什么场合穿什么样的衣服，比如，在正式的商务谈判场合，穿一身运动装显然不合适；在野外郊游，穿一套西装，显然会让人感觉别扭。

中国有句老理儿，叫"包子有肉不在褶上"。意思是不要以人的外表评价人，换句话就是不要以衣貌取人。可是，在现代职场上，千万不能忽视"衣貌识人"的力量，这在经济学上是最节省成本、最行之有效的一种判断方式，在社会学上更有其非遵循不可的苦衷。没有令人足够信服的外表，又如何吸引别人探究你的能力呢？如果你是老板，会放心把一个拥有8位数预算的大客户交给一个衣服总是皱巴巴的下属打理吗？在一个大企业里，你能允许你的员工穿着随便地走来走去吗？

一个人的衣着打扮代表着他的职业与品位，如果你是一个职场中人，那可要牢记了。

李小姐年初时跳槽到了一家规模相当大的日资企业，之前她在一家广告公司工作。春天来了，温暖的阳光普照大地，李小姐心情也很好，她脱掉了穿了一个冬天的灰暗衣服，穿上了一件低领小衫，一条颜色鲜艳的公主裙。她对自己今天的装扮很满意。但一进办公室，她的日本上司眼睛里就显出了诧异。她再看看办公室的同事们，一律的职业装，她想："日本人怎么那么刻板呀！"下班的时候，她的那个有些秃顶的上司走到她的面前，提醒她："李小姐，请注意您的身份。"

其实，李小姐也知道，不同的企业文化对员工的穿着打扮有不同的要求，但她觉得今天的穿着没有什么影响身份的，上司太小题大做了。她在原来的公司上班时，只要你有好的创意，好的设计，把自己的工作做好了，没人管你穿什么。如果一个男士天天西装革履，人家反而会认为他是个怪物！

李小姐要按照自己的意愿装扮自己，但公司的环境又不允许，她又打算跳槽了，到一家不那么严格的企业去上班。

衣着代表你的身份，而且是非常重要的身份。职场中人都有两种身份。第一种身份就是工作单位和职务，如"某某公司某某部门助理"或"某某公司销售部项目主管"等，也就是名片上标明的那种身份，这是看得见的。还有第二种身份，就是在与公司内外的人打交道时，在待人接物过程中表现出来的习惯和修养，这是修炼出来的。

职场人的第二种身份是无形的，但是，在职场上，它往往会比第一种身份更受人关注。比如，客户在与你打交道时，他自然会看你的第一种身份，他要看你是什么职务，负责什么业务，拥有多大权利，这样他也好采取适当的策略。与此同时，他会非常关注你的第二种身份，要看你说话有没有分寸，办事有没有原则，是否讲礼貌，是否守时重诺，等等。这些都涉及一个人的习惯和修养。如果你衣着不整，邋里邋遢，他会觉得你修养不够，就不会真正信任你，也不会做与你长期打交道的准备，更不会准备与你同舟共济，共同把事业做大。

所以，个人形象很重要。为什么一些外企不喜欢不修边幅的男士和喜欢标新立异的前卫女士？并不是这种不修边幅和标新立异很"丑"，而是担心这样的打扮会让上司和同事，包括你们公司的客人感到不习惯和不舒服，他们觉得你这种张扬的服饰是一种对别人的不尊重。特别是作为职场新人，穿得过于休闲或前卫，上司和前辈会觉得你不尊重他，没有教养。

进入职场了，千万不可小看了衣貌的力量。学生时代自由散漫的装束，已经不合适工作的需要了，那么就赶紧转型吧。

先去翻一翻衣柜，看看那些衣服是不是适合在办公场合穿着，如果太随意、太休闲了，那就需要再去搜罗新的职场化衣服。现在不少大商场里，有些品牌的衣服既有职业气息，又不乏休闲味道。简简单单地装备一套，大方、得体又舒服的服装会立刻让你有走上职场的感觉，会让你一下子进入工作状态。而像李小姐那样的打扮，只能是在工作之外欣赏了。

上班穿的鞋子，也是有讲究的。首先要注意与衣服的搭配，也跟上时尚的步伐。今夏女鞋色彩丰富，款式风格简单时尚，爱美的女孩子可以挑上几双。男士的鞋子还是以大方舒适为主，千万记住，鞋子的卫生，不要让上面落满灰尘。

背着松松垮垮的休闲包，上了班好像会显得整个人没有精神，走进职场的新人们也该挑选一两个略显成熟的书包来点缀一下。男士拿着公文包会给人很职业的形象，女士的书包则不要太花哨了。个人的兴趣爱好也要服从工作需要。确立良好的个人形象的确不是那么容易的呀。

搭配好了衣服、鞋子和包包，基本的形象就确立了，再选择一些合适的饰品就锦上添花了。那些细致小巧、品质较高的饰品，会提升整个人的精干形象，学生时代喜欢的那种夸张、前卫的饰品，最好不要出现在办公室里。需要经常外出的上班族，可以将项链与首饰搭配成对，给人一种精致的印象。如果久坐办公室或长时间使用计算机，最好选择耳环及项链，因手部动作较多，佩戴戒指和手链容易影响灵活度。

食不厌精，脍不厌细

【原文】

食不厌精，脍不厌细。

食饐而餲①，鱼馁②而肉败，不食。色恶，不食。臭恶，不食。失饪，不食。不时，不食。割不正，不食。不得其酱，不食。

肉虽多，不使胜食气③。唯酒无量，不及乱。

沽酒市脯不食。

不撤姜食，不多食。

祭于公，不宿肉④。祭肉不出三日。出三日，不食之矣。

食不语，寝不言。

虽疏食菜羹，必祭，必齐如也。

席不正，不坐。

乡人饮酒⑤，杖者出，斯出矣。

【注释】

①饐、餲：都指食物经久而腐臭。

②馁：鱼腐烂。

③食气：饭料，主食。

④不宿肉：古代国君祭祀，大夫、士有助祭之礼，祭礼结束，国君把祭肉赐与助祭之臣，这些肉在祭礼上已放置数日，因此不可再存放一夜。

⑤乡人饮酒：指古代乡饮酒礼。

【译文】

粮食不嫌舂得精，鱼和肉不嫌切得细。

粮食陈旧和变味了，鱼和肉腐烂了，都不吃。食物的颜色变了，不吃。气味变了，不吃。烹调不当，不吃。不到该吃的时候，不吃。肉切的方法不对，不吃。佐料放得不适当，不吃。

席上的肉虽多，但吃的量不超过主食的量。

只有酒没有限制，但不喝醉。

从市上买来的肉干和酒，不吃。

每餐必须有姜，但不多吃。

参加国君祭祀典礼时分到的肉，不留到第二天。祭祀用过的肉不超过三天。超过三天就不吃了。

吃饭的时候不交谈，睡觉的时候不说话。

即使是粗米饭蔬菜汤，吃饭前也要把它们取出一些来祭祖，而且要像斋戒时那样神情肃穆。

坐席摆的方向不合礼制，不坐。

行乡饮酒的礼仪结束后，一定要等老年人先出去，自己才出去。

【解读】

孔子对吃饭宴饮也是很讲究的，他认为这不是简单的吃顿饭的问题，而是涉及一系列的礼仪问题，还体现着一个人的修养问题。所以，他用了很大的篇幅来谈这个吃饭问题。

孔子的时代已经远去，现代社会，人们对酒席的礼仪问题还是会经常遇到的。

宴请活动是一种必不可少的礼节性活动，参加宴请的人一定要注重礼节，讲究礼仪。

得体地参加社交宴请，不仅能提高你在参与宾客心中的地位，同时也会给宴请的主人留下好印象。如果宴请的主人是你的上司，你得体的表现能提高领导在宾客心中的地位，很可能让你在公司中迅速得到提拔；如果主人是你的朋友、同事，下次宴请时，他自然还会想到你，因为你得体的表现让他在客人面前觉得体面；如果主人是商务交往的对象，你得体的表现令他钦佩你的气质修养和学识，也会为以后的商务活动打下好的基础。可见，得体的参加商务宴请有助于扩大交际范围，有助于事业的发展，有百利而无一弊。"得体"地参加宴请其实很容易操作：

接到宴会邀请后，能否出席要尽早答复，以便主人做出安排，万一遇到特殊情况不能出席时，要尽早向主人解释、道歉。

出席宴会的时间应根据活动的性质和当地的习惯掌握，迟到、早退、逗留时间过短是失礼的表现。席间有事确实需要提前退席，应向主人说明后悄悄退席，也可事先打招呼，届时退席。

到达宴会地点，先到衣帽间脱下大衣和帽子。步入宴会厅时，首先要跟主人打招呼。同时，对其他客人，不管相识与否，都要笑脸相对，点头示意或握手寒暄。一切都要自然真切，落落大方。

入席时，不要"捷足先登"。即使请柬上写明你的桌次和座号，也应以听主人的招呼和安排为好，给主人以"主人"的感觉，免得双方尴尬。如邻座是年长或女士，应主动协助他们坐下。

就座后，要坐姿端正。不要两腿摇晃或头枕椅背伸懒腰，也不要用双手托腮或将双臂肘放在桌上，不可玩弄桌上的酒杯、碗盘、刀叉、筷子等，不要用餐巾纸擦餐具。与客人交谈时，不要唾沫四溅，不要用手指指画画，大声说话，这都会给主人和其他客人"你很粗俗"的印象。

进餐前，可代主人向邻座传递杯碟，体谅主人的想法，协助主人避免难堪尴尬之事发生，这会获得主人的感激和赞赏。

席间要与来客互相谦让。对老人、小孩要主动照料，以增加宴会的谦和气氛。每道菜上桌时，除向端菜人致谢外，一般应等主人或长辈动筷后再去夹食；夹菜时动作要斯文，既不要畏畏缩缩，想夹又不敢夹；也不要只盯着自己喜欢吃的菜夹个不停；有人夹菜时，不可以转动桌子上的转盘；夹菜时不要碰倒杯盘，甚至将汤汁溅及旁人，弄得大家手忙脚乱，破坏宴会兴致。用餐时，不要发出怪异的声响，咳嗽、打喷嚏时记住把头扭向一边，离开餐桌，用手或纸巾捂住口、鼻，切忌对着餐桌或客人咳嗽或打喷嚏，更不要不加控制地打饱嗝或随意剔牙。

商务宴请中，饮酒助兴，应该说一些健康有益的祝酒词来表达美好的祝愿。为何人何事祝酒等，都要根据主人、客人的身份、地位及个人爱好习惯而定。祝酒时注意不要交叉碰杯，碰杯时，要目视对方致意。饮酒要留有余地，要慢酌细饮，迎合宴会友好欢乐的气氛，同时不失礼仪和修养。如果你不善于饮酒，当主人向你敬酒时，可以委婉拒绝；如果主人请求你喝酒，则不应一味地推辞，可选淡酒或汽水喝一点作为象征，以免扫大家的兴。也不要一味地劝酒、灌酒、吆五喝六，非把人灌醉了不可，这些都是失礼的表现。

席间不要只顾着埋头吃。要适时地抽空和左右的人聊几句风趣的话，以调和气氛。话题不要太沉重，可以谈谈天气、谈谈新闻报道的事，或者谈谈彼此的故乡、毕业院校，这样更容易拉近距离，密切关系。不宜谈过于严肃的话题，更不能与人争执。说话时嘴里不能有食物，不能一边嚼着东西一边说话。

用完餐后，要轻轻放下碗筷，用纸巾或餐巾擦嘴。如果自己先吃完，要与其他人打招呼，再离开座位，如"您慢慢吃"或"大家请慢慢吃"，不要把碗筷一推，什么话也不说就离桌而去。

退席时要向主人致谢。"以后有机会，请您一定光临舍下"，谢过之后应及时离开，以免影响主人招呼别的客人。如果退席人较多，就省去客套寒暄，只需与主人微笑握手就可以了。无论宴会多么乏味，退席之前，绝不要不耐烦或流露出厌倦难耐的姿态，要体谅主人的难处。

餐桌上的礼仪要从一点一滴做起，一丝不苟，既大方知礼，又不显庸俗。

用餐一般在业余时间进行，对于长时间忙碌的人们来说，这也是比较看重的休闲时光。不同的国家有着不同的用餐习惯，中餐和西餐的习惯也是不一样的。比如吃西餐，用餐巾去揩拭刀叉，会令德国人极为反感，因为这表明刀叉不干净。李鸿章出使德国时，因为不懂德国的用餐习俗，闹了个大笑话——由于不懂西餐礼仪，他把一碗吃水果后洗手用的水端起来喝了。当时的德国首相俾斯麦为不使李鸿章丢丑，也将洗手水一饮而尽，其他参加宴会的官员只得忍笑奉陪。

善待一切

【原文】

朋友死，无所归，曰："于我殡①。"

朋友之馈，虽车马，非祭肉，不拜。

寝不尸，居不客。

见齐衰者，虽狎②，必变。见冕者与瞽者，虽亵，必以貌。

凶服者式③之。式负版者。

有盛馔，必变色而作。

迅雷风烈必变。

升车，必正立，执绥④。

车中，不内顾，不疾言，不亲指。

色斯举矣，翔而后集⑤。曰："山梁雌雉，时哉时哉！"子路共之，三嗅而作。

【注释】

①殡：停放灵柩待葬。这里泛指丧葬事务。

②狎：亲近。

③式：通"轼"，车前横木，可让乘者凭扶。

④绥：登车用的扶手带。

⑤集：鸟栖止于树上。

【译文】

孔子的朋友死了，没有亲属负责敛埋，孔子说："丧事由我来办吧。"

朋友馈赠物品，即使是车马这样的重礼，只要不是祭肉，孔子在接受的时候，不行礼。

孔子睡觉不像死尸一样仰天直挺着，平日家居也不像作客或接待客人时那样讲究那么多礼仪。

孔子看见穿丧服的人，即使是关系很亲密，也一定要改变态度，表现出哀伤。看见当官的和盲人，即使是常在一起的，也一定要有礼貌。

在乘车时遇见穿丧服的人，便用手扶着车前的横木，以示哀戚之情。

遇见背负国家图籍的人，也这样做以示敬意。

作客时，如果有丰盛的筵席，就神色一变，并站起来致谢。

遇见迅雷大风，一定要改变神色以示对上天的敬畏。

孔子上车时，一定先直立站好，然后拉着扶手带上车。

在车上，不向四处张望，不高声说话，不用自己的手指指点点。

一群山鸡在那儿飞，在天空盘旋了一阵落在树上。孔子说："山梁上的雌雉啊，得其时呀！得其时呀！"子路向它们拱拱手，山鸡便叫了几声飞走了。

【解读】

与人交往要尽到责任，以礼相待，视对方的事情为自己的事情，急人之所急。而在和朋友相处时，要能相互帮扶。如果希望自己能交到一个为你生为你死的朋友，首先自己要具备能为朋友两肋插刀的胸怀。这样，以义相报，患难相持，才称得上是真正的友谊。

战国时，齐相靖郭君门下有一门客叫齐貌辨。此人毛病很多，其他门客都不喜欢他，唯独靖郭君例外。门客士尉为此谏靖郭君，但靖郭君不听，于是士尉告辞离开了靖郭君的门下。孟尝君私下也为这事劝说过靖郭君，靖郭君大怒说："即使把你们都杀死，把我的家拆得四分五裂，只要能让齐貌辨先生满足，我也在所不辞！"他让齐貌辨住在上等客舍，让他的长子侍奉着。对于靖郭君的恩情，齐貌辨都记在心里了。

过了几年，齐威王死了，齐宣王即位。齐宣王对于靖郭君的处世交往原则很不赞许，最后，靖郭君只好被迫辞官，回到封地薛处居住，仍把齐貌辨带在身边。

在薛地住了没多久，齐貌辨向靖郭君辞行，请求让他去拜见宣王。靖郭君说："大王不喜欢我到极点了，您去必定遭到杀害。"

齐貌辨说："我本来就不是去求活命的。我一定要去！"靖郭君劝不住他，只好同意他去见齐宣王。

齐貌辨到了齐国都城。齐宣王听说了，非常生气地等着他。齐貌辨拜见宣王，齐宣王说："你就是靖郭君言听计从、非常喜爱的那个人吧？"

齐貌辨谦恭地回答："喜爱是有的，至于言听计从根本谈不上。有两件事说给大王您听听。当初大王做太子的时候，我曾对靖郭君说：'太子耳后见腮，下斜偷视，相貌不仁，像这样的人会背理行事，不如废掉太子，改立卫姬的幼子校师。'靖郭君流着泪说：'不行。我不忍心这样做。'如果靖郭君听从我的话并这样做了，一定不会有今天的祸患。还有一件事是，靖郭君回到封地之后，楚相昭阳请求用大于薛地几倍的地方交换薛城，我劝他说：'应当答应他。'靖郭君坚决表示他不能这样做。他说：'我从先王那里继承了薛地，现在虽被大王所厌恶，但我忠于先王的心仍旧没有变，我如果将薛地换给别人，怎么对得起先王呢？'这两件事足以证明靖郭君对您的忠心。"

齐宣王听后长叹一声，激动地说："靖郭君对我竟爱到如此地步，我年龄幼小，这些都不知道。您愿意替我把靖郭君请回来吗？"

齐貌辨回答说："好！"

于是，靖郭君来到国都，穿着齐威王所赐的衣服，戴着齐威王所赐的帽子，佩着齐威王所赐的宝剑。齐宣王亲自来到郊外，流着眼泪迎接靖郭君，并请他出任齐国宰相。

什么是真正的朋友？经得起考验的朋友才是真正的朋友，在关键时刻能够挺身而出的才是真正的朋友。孔子"于我殡"的言行，充分表现出作为君子对待友情的态度。"患难相扶持"不仅是重信义的延续，更是一种升华，这种仗义的仁德之举，足以令每一个虚伪之徒汗颜。

先進篇第十一

孝哉，闵子骞

【原文】

子曰："先进于礼乐，野人也；后进于礼乐，君子也。如用之，则吾从先进。"

子曰："从我于陈、蔡者，皆不及门也。"

德行：颜渊，闵子骞，冉伯牛，仲弓。言语：宰我，子贡。政事：冉有，季路。文学：子游，子夏。

子曰："回也非助我者也，于吾言无所不说。"

子曰："孝哉闵子骞！人不间于其父母昆弟之言。"

南容三复白圭①，孔子以其兄之子妻之。

【注释】

①白圭：白玉制的礼器。这里指《诗经·大雅·抑》中关于白圭的诗句："白圭之玷，尚可磨也；斯言之玷，不可为也。"意谓白圭上的污点尚可磨去，但言语中的错误无法去掉。

【译文】

孔子说："先学习礼乐而后再做官的人，是平民；先当了官然后再学习礼乐的人，是卿大夫的子弟。如果要选用人才，那我主张选用先学习礼乐的人。"

孔子说："曾跟随我从陈国到蔡地去的学生，现在都不在我身边受教了。"

孔子的学生中，德行好的有：颜渊、闵子骞、冉伯牛、仲弓。善于辞令的有：宰我、子贡。擅长政事的有：冉有、季路。通晓文献典籍的有：子游、子夏。

孔子说："颜回不是对我有帮助的人，他对我说的话没有不心悦诚服的。"

孔子说："闵子骞真是孝顺呀！人们对于他的父母兄弟称赞他的话，从来没异议。"

南容反复诵读《诗经·大雅·抑》中"白圭之玷，尚可磨也；斯言不玷，不可为也"的诗句。孔子就把侄女嫁给他了。

【解读】

闵子骞，名字叫闵损，是春秋时期鲁国人，是孔子的学生，也是孔子最优秀的学生，孔子认为，他的德行可以同颜渊、冉伯牛、仲弓相比。不过，和颜回这样出身贫寒的学生比起来，闵子骞可谓出身富有。他的父亲是个商人，母亲是大家闺秀，知书达理。不幸的是，在闵子骞 4 岁的时候，母亲得了重病，去世了。母亲临终前对儿子说："儿啊，娘的病怕是好不了了。你记住，要好好学习，孝敬你爹。要是日后有了后娘，你也要把苦埋在心里，不要让你爹为难……"

母亲去世后，闵子骞的父亲又当爹又当娘，还要出去做生意，为了照顾家，父亲又续娶了妻子李氏。

李氏嫁到闵家以后，又生了两个儿子。这个女人心肠不怎么好，只慈爱自己所生的骨肉，看着闵子骞处处都不顺眼。父亲在家时还好些，等父亲出门儿做生意，继母就露出了真面目，一会儿让他带看弟弟，一会儿让他干家里的脏活累活，还常常打他，嘴里骂着："养你这个吃闲饭的，有什么用啊！"九岁的闵子骞只好偷偷地流泪。有时候，父亲问他继母对他好不好，他总是说："娘对我可好了，就像亲娘一样。"

可是，纸里包不住火，继母虐待闵子骞的事还是败露了。

这年冬天，天气格外寒冷，西北风卷着大雪扑面而来，地面的积雪有没膝深。父亲想赶在大雪封山以前拉回一批货来，就和三个儿子冒着刺骨的寒风，顶着鹅毛大雪赶着马车向山里走去。

一路上，寒风凛冽，闵子骞冻得身体缩成一团，父亲看他穿着厚厚的棉衣，不觉火从心起，挥着鞭子朝闵子骞的身上狠狠地抽去，还骂着："没用的东西，都是继母把你惯坏了，连车马都驾不了，还能有什么出息！"

鞭子打在闵子骞的身上，衣服像被刀划开了一个口子，花絮随着破开的洞随风飞舞。闵子骞忍着泪，忍着疼痛，上下牙只打颤，还继续驾车。没一会儿，父亲发现大儿子厚厚的棉衣变成了单衣，心想："棉絮是不会飞走的，莫非是花絮？"

想到这儿，父亲一下子就明白了。他把闵子骞抱在怀里，飞快地朝家里奔去。

父亲看着李氏，愤怒地说："你这个狠心的后娘，赶快离开闵家！"

父亲飞快地写了一纸休书，要把李氏休回娘家，任凭李氏怎么认错，他就是不肯原谅她。

这时，闵子骞央求父亲："爹，孩儿请您息怒，您就饶了娘这一回吧，今天是一个儿子受冻，要是娘离开了这个家，就是三个儿子都受冻了。"

闵子骞和两个弟弟不停地给父亲磕头，父亲这才原谅了李氏。

从此，李氏对闵子骞也如亲生一般，一家人父慈子孝，兄友弟恭，日子过得和和美美。

后来，闵子骞跟随孔子学习，孔子对他的德行更是赞不绝口。

尊老敬老是一个人有修养的表现。尊敬自己的父母，赡养自己的父母，才能将自己的孝心推广到爱民众，爱国家。有了这样的修养，他的立身处世就有了高起点，就更易获得别人的尊重，也就更容易获得成功了。

若由也，不得其死然

【原文】

闵子侍侧，訚訚如也；子路，行行①如也；冉有、子贡，侃侃如也。子乐。"若由也，不得其死然。"

【注释】

①行行：刚强的样子。

【译文】

闵子骞侍立在孔子身旁，恭敬而正直的样子；子路是一副刚强的样子；冉有、子贡是温和快乐的样子。孔子高兴了。但孔子又说："像仲由这样，只怕不得好死吧！"

【解读】

老子说："勇于敢则杀，勇于不敢则活。"柔之胜刚，弱之胜强。大凡刚烈之人，其情绪颇好激动，情绪激动则很容易使人缺乏理智。仅凭一股冲动去做或不做某些事情，这便是刚烈人的特点，恰恰也是其致命的弱点。子路就是刚强而好勇之人，这样的人在乱世中恐怕难以避祸。所以孔子为他担心。

人不可无刚，无刚则不能立，不能立也就不能强，不能强也就不能成就任何事业。刚就是使人站立起来的一种东西，刚是一种威严，一种自信，一种力量。由于有了刚，那些先贤们才能独立不惧，坚忍不拔。但是，如果太过刚强就会失去做人的弹性，容易得罪人，容易让自己陷入危险的境地。

唐德宗时，杨炎和卢杞同任宰相。卢杞是一个除了逢迎拍马之外一无所长的阴险小人，而且相貌奇丑无比。而与卢杞同为宰相的杨炎，却满腹经纶，一表人才。

但是，博学多闻、精通时政、具有卓越政治才能的杨炎，虽然具有宰相之能，性格却过于刚直。因此，像卢杞这样的小人，他根本就不放在眼里，从来都不屑与卢杞往来。

为此，卢杞一直怀恨在心，千方百计想要算计杨炎。

正好节度使梁崇义背叛朝廷，发动叛乱，德宗皇帝命令淮西节度使李希烈前去讨伐。杨炎认为李希烈为人反复无常，坚决阻挠重用李希烈。

但是德宗已经下定决心，对杨炎说："这件事你就不要再管了！"可是，刚直的杨炎并不把德宗的不快放在眼里，还是一再表示反对任用李希烈，这使本来就对他有点不满的德宗更加生气。

不巧的是，诏命下达之后，正好赶上连日阴雨，李希烈进军迟缓，德宗又是急性子，就找卢杞商量。卢杞就对德宗说："李希烈之所以拖延徘徊，正是因为听说杨炎反对他的缘故，陛下何必为了保全杨炎的面子而影响平定叛军的大事呢？不如暂时免去杨炎宰相的职位，让李希烈放心。等到叛军平定之后，再重新起用杨炎，也没有什么关系！"

卢杞的这番话，看似为朝廷考虑，而且也没有一句伤害杨炎的话，因此德宗采纳了卢杞的建议，免去了杨炎的宰相职位。

就这样，一味刚直的杨炎因为不愿与小人交往而莫名其妙地丢去了相位。

用违背道义、逢迎权势的态度来处世，固然会毁坏名气，丧失气节。但一味刚正不阿，不懂得保护自己，掩藏自己，那么最终受苦的就只有自己。柔并不是弱，刚也并非是因为强，刚柔不过是为人处世的一种策略，关键是看人们怎么运用它。

过犹不及

【原文】

鲁人为长府①。闵子骞曰："仍旧贯，如之何？何必改作？"子曰："夫人不言，言必有中。"

子曰："由之瑟②奚为于丘之门？"门人不敬子路。子曰："由也升堂矣，未入于室也。"

子贡问："师与商也孰贤？"子曰："师也过，商也不及。"曰："然则师愈与？"子曰："过犹不及。"

季氏富于周公③，而求也为之聚敛而附益之。子曰："非吾徒也。小子鸣鼓而攻之，可也。"

柴④也愚，参也鲁，师也辟，由也喭。

子曰："回也其庶⑤乎，屡空。赐不受命⑥，而货殖焉，亿则屡中。"

子张问善人之道。子曰："不践迹，亦不入于室。"

子曰："论笃是与，君子者乎？色庄者乎？"

【注释】

①长府：鲁国藏财货的府库名。

②瑟：古代一种拨弦乐器。

③周公：有二说，一说周公旦，另一说指在周朝任卿士的周公后代。

④柴：姓高，名柴，字子羔，孔子的学生。

⑤庶：将近，差不多。

⑥不受命：不安本分。

【译文】

鲁国人要翻修长府。闵子骞道："照老样子修，怎么样？何必改建呢？"孔子道："这个人平日不大开口，一开口就说到要害上。"

孔子说："仲由弹瑟，为什么在我这里弹呢？"孔子的学生们因此都不尊敬子路。孔子便说："仲由嘛，他的学问已经不错了，只是还不够精深罢了。"

子贡问孔子："子张和子夏二人谁更贤一些呢？"孔子回答说："子张过分，子夏不足。"子贡问："那么是子张好一些吗？"孔子说："过分和不足同样不好。"

季氏比周朝的公侯还要富有，而冉求还帮他搜刮来增加他的钱财。孔子说："他不是我的学生了，你们大张旗鼓地去攻击他吧！"

高柴愚直，曾参迟钝，颛孙师偏激，仲由鲁莽。

孔子说："颜回的学问道德接近于完善了吧，可是他常常陷于困顿。端木赐不安本分，去做买卖，猜测行情，竟往往猜中。"

子张问善人之道。孔子说："如果不沿着前人的脚印走，其学问和修养就很难深入。"

孔子说："听到人议论笃实诚恳就表示赞许，但还应看他是真君子呢，还是伪装庄重的人呢？"

【解读】

《周易·剥卦》的卦辞上有句话"剥：不利有攸往"，大概意思是说，人们在做事的时候如果不能做到适可而止，一味蛮干是不会获得好的结果的。这和孔子说的"过犹不及"的道理是相同的。都是告诉我们应该学会把握尺度，掌握分寸，这样才能游刃有余。

大家可能都听过庖丁解牛的故事，这个故事就告诉我们要想做到游刃有余的地步，掌握好分寸和尺度是很必要的。

有一个名叫丁的厨师替梁惠王宰牛，手所接触的地方，肩所靠着的地方，脚所踩着的地方，膝所顶着的地方，都发出皮骨相离声，进刀时发出騞的响声，这些声音没有不合乎音律的。它合乎《桑林》舞乐的节拍，又合乎《经首》乐曲的节奏。

梁惠王说："嘻！好啊！你的技术怎么会高明到这种程度呢？"

庖丁放下刀子回答说："臣下所喜好的是自然的规律，这已经超过了对于宰牛技术的追求。当初我刚开始宰牛的时候，（对于牛体的结构还不了解），看见的只是整头的牛。三年之后，（见到的是牛的内部肌理筋骨），再也看不见整头的牛了。现在宰牛的时候，臣下只是用意念去接触牛的身体就可以了，而不用眼睛去看，就像感觉器官停止活动了而全凭意念在活动。顺着牛体的肌理结构，劈开筋骨间大的空隙，沿着骨节间的空穴使刀，都是依顺着牛体本来的结构。宰牛的刀从来没有碰过经络相连的地方、紧附在骨头上的肌肉和肌肉聚结的地方，更何况股部的大骨呢？技术高明的厨工每年换一把刀，是因为他们用刀子去割肉。技术一般的厨工每月换一把刀，是因为他们用刀子去砍骨头。现在臣下的这把刀已用了十九年了，宰牛数千头，而刀口却像刚从磨刀石上磨出来的一样。牛身上的骨节是有空隙的，但是刀刃却并不厚，用这样薄的刀刃刺入有空隙的骨节，那么在运转刀刃时一定宽绰而有余地（游刃有余）了，因此用了十九年而刀刃仍像刚从磨刀石上磨出来一样。即使如此，可是每当碰上筋骨交错的地方，我一见那里难以下刀，就十分警惧而小心翼翼，目光集中，动作放慢。刀子轻轻地动一下，哗啦一声骨肉就已经分离，像一堆泥土散落在地上了。我提起刀站着，为这一成功而得意地四下环顾，一副悠然自得、心满意足的样子。拭好了刀把它收藏起来。"

梁惠王听了这番话后，连连点头称道，似乎有所感悟地说："我听了你的这番话，还学到了不少修身养性的道理。"

宰牛本是一件看上去很血腥、很残酷、很粗暴的事，但庖丁解牛的一系列动作之所以给人以美妙的和谐之感，就因为他很好地掌握了分寸，并没有"过"也没有"不及"，而是做到了恰如其分。自古以来，适可而止也是官场上的保身秘诀，然而有一些人却不懂得这个道理，一心想要获得更高的官职与财富，这样的人往往被"剥"掉。

每件事物发展到一定的程度，都会有终止的时候，只有遵循这个规律，我们的利益才不会受到损害。

为人处世，一定要准确分析事物的发展规律，不做那些与规律相违背的事情，对于那些明知不可成的事情莫强求。但要想达到庖丁巧妙掌握分寸那样的境界，不是一天两天的工夫就能做到的，需要慢慢地积累。

因材施教

【原文】

子路问："闻斯行诸?"子曰："有父兄在，如之何其闻斯行之?"

冉有问："闻斯行诸?"子曰："闻斯行之。"

公西华曰："由也问闻斯行诸，子曰，'有父兄在'；求也问闻斯行诸，子曰，'闻斯行之'。赤也惑，敢问。"子曰："求也退，故进之；由也兼人^①，故退之。"

子畏于匡，颜渊后。子曰："吾以女为死矣。"曰："子在，回何敢死?"

季子然^②问："仲由、冉求可谓大臣与?"子曰："吾以子为异之问，曾由与求之问。所谓大臣者，以道事君，不可则止。今由与求也，可谓具臣^③矣。"

曰："然则从之者与?"子曰："弑父与君，亦不从也。"

子路使子羔为费宰。子曰："贼夫人之子。"子路曰："有民人焉，有社稷焉，何必读书，然后为学?"子曰："是故恶夫佞者。"

【注释】

①兼人：勇为。

②季子然：季氏的子弟。

③具臣：备位充数的臣。

【译文】

子路问："听到了就要行动起来吗?"孔子说："有父兄在，怎么能听到就行动起来呢?"

冉有问："听到了就行动起来吗?"孔子说："听到了就行动起来。"

公西华说："仲由问'听到了就行动起来吗?'你回答说'有父兄健在'，冉求问'听到了就行动起来吗?'你回答'听到了就行动起来'。我被弄糊涂了，敢再问个明白。"孔子说："冉求总是退缩，所以我鼓励他大胆地做；仲由胆量惊人，勇于作为，所以我约束他适当地退一退。"

孔子在匡地受到当地人围困，颜渊最后才逃出来。孔子说："我以为你已经死了呢。"颜渊说："您还活着，我怎么敢死呢?"

季子然问："仲由和冉求可以算是大臣吗?孔子说："我以为你是问别人，原来是问由和求呀。所谓大臣是能够用周公之道的要求来侍奉君主，如果这样不行，他宁肯辞职不干。现在由和求这两个人，只能算是充数的臣子罢了。"

季子然说："那么他们应该一切都听从季氏的吗?"孔子说："杀父亲、杀君主的事，他们是不会听从的。"

子路让子羔去作费地的长官。孔子说："这简直是害人子弟。"子路说：

"那个地方有老百姓，有社稷，治理百姓和祭祀神灵都是学习，难道一定要读书才算学习吗？"孔子说："正因为这样，我才讨厌像你这样花言巧语狡辩的人。"

【解读】

本章谈孔子的教育态度、教育方法。圣人教人，因材施教，量体裁衣，无不恰到好处。因材施教就是针对学习者的性格、气质、志向、兴趣、爱好、能力等具体情况施行不同的教育。这是一种传统的教育方法，也是一种常用的教育方法。

有一次，孔子讲完课，回到自己的书房，学生公西华给他端上一杯水。这时，子路匆匆走进来，大声向老师讨教："先生，如果我听到一种正确的主张，可以立刻去做吗？"孔子看了子路一眼，慢条斯理地说："总要问一下父亲和兄长吧，怎么能听到就去做呢？"子路刚出去，另一个学生冉有悄悄走到孔子面前，恭敬地问："先生，我要是听到正确的主张应该立刻去做吗？"孔子马上回答："对，应该立刻实行。"冉有走后，公西华奇怪地问："先生，一样的问题你的回答怎么相反呢？"孔子笑了笑说："冉有性格谦逊，办事犹豫不决，所以我鼓励他临事果断。但子路逞强好胜，办事不周全，所以我就劝他遇事多听取别人意见，三思而行。"

这就是说，因材施教一定要注意这个"材"字，要看他是一块什么样的材料，是适合经商，还是适合做学问；是适合当领导，还是适合当一个文学家，等等，而这些都是通过他的性格、气质、志向、兴趣等方面体现出来的。

在认准了他是什么"材"之后，然后再施行具体的教育方法。

这同样给做家长的一些启示，对于孩子，有强势领域，也有弱势领域。如果一味地强调强势领域的"扬长"，而忽略对弱势领域的"补短"，其实对孩子的将来是非常不利的。所以，家长要在了解自己的孩子之后，实施因材施教，不但要努力发展孩子的优点，还要直面孩子的弱点。

因材施教，在古代历史上屡见不鲜。

清代的曾国藩就根据儿子曾纪泽的气质，因材施教，扬长避短。他针对儿子记性差、悟性好的特点，教其读书不强求背诵，只要求读懂，他说："纪泽读书记性差、悟性较佳。若令其句句读熟，或责其不可再生，则愈读愈蠢，将来仍不能读完经书也。请子植弟将纪泽儿未读之经每日点五六百字教一遍，解一遍，令其读十遍而已，不必能背诵也，亦不必常温习也。待其草草点完之后，将来看经解，亦可求熟。若蛮读蛮记蛮温，断不能久熟，徒耗日工而已。"

为发挥其悟性强的长处，他教子泛观博览，速点速读："纪泽看《汉书》，须以勤敏行之。每日至少必须二十页，不必惑于在精不在多之说。今日半页，明搁数页，又明日耽搁间断，或数年而不能毕一部。如煮饭然，歇火则冷，小火则不熟，须用大柴大火乃易成也。"

由此我们可以看出，不论是从理论上，还是从实践上，因材施教都是一个很好的教育方法。从孔子的因材施教理论，我们的家长们应受到这样的启发，即决不可搞强迫命令，必须根据孩子的兴趣爱好、性格、气质等具体情况而采用与之相适应的教育方法，只有这样才能让孩子扬长避短，顺利成材。

因材施教是孔子留给后世教育者和领导者们的重要教育原则，至今仍值得人们深思。

才能与理想

【原文】

子路、曾皙①、冉有、公西华侍坐。

子曰："以吾一日长乎尔，毋吾以也。居②则曰：'不吾知也！'如或知尔，则何以哉？"

子路率尔对曰："千乘之国，摄乎大国之间，加之以师旅，因之以饥馑；由也为之，比及三年，可使有勇，且知方也。"

夫子哂之。

"求，尔何如？"

对曰："方③六七十，如五六十，求也为之，比及三年，可使足民。如其礼乐，以俟君子。"

"赤，尔何如？"对曰："非曰能之，愿学焉。宗庙之事，如会同，端章甫，愿为小相④焉。"

"点，尔何如？"鼓瑟希，铿尔，舍瑟而作，对曰："异乎三子者之撰。"

子曰："何伤乎？亦各言其志也。"

曰："莫春者，春服既成，冠者⑤五六人，童子六七人，浴乎沂，风乎舞雩⑥，咏而归。"

夫子喟然叹曰："吾与点也！"

三子者出，曾皙后。曾皙曰："夫三子者之言何如？"

子曰："亦各言其志也已矣。"

曰："夫子何哂由也？"

曰："为国以礼，其言不让，是故哂之。"

"唯求则非邦也与？"

"安见方六七十如五六十而非邦也者？"

"唯赤则非邦也与？"

"宗庙会同，非诸侯而何？赤也为之小，孰能为之大？"

【注释】

①曾皙：曾参的父亲，名点，字皙，也是孔子的学生。

②居：平日、平常的意思。

③方：古代一种面积计算方式，表示纵横的长度。

④相：赞礼之人。

⑤冠者：指成年人，古代男子二十岁举行冠礼。

⑥舞雩：鲁国祭天求雨的场所，在山东曲阜东南。

【译文】

子路、曾皙、冉有、公西华四个人陪孔子坐着。

孔子说："我年龄比你们大一些，老了没有人用我了。你们平时总说：'没有人了解我呀！'假如有人了解你们，那你们要怎样去做呢？"

子路赶忙回答："一个拥有一千辆兵车的国家，夹在大国中间，常常受到别的国家侵犯，加上国内又闹饥荒，让我去治理，不出三年，就可以使人们既勇敢，又懂得礼仪。"

孔子听了，微微一笑。

孔子又问："冉求，你怎么样呢？"

冉求答道："方圆有六七十里或五六十里的国家，让我去治理，三年以后，就可以使百姓饱暖。至于这个国家的礼乐教化，就要等君子来施行了。"

孔子又问:"公西赤,你怎么样?"公西赤答道:"我不敢说能做到,而是愿意学习。在宗庙祭祀的活动中,或者在同别国的盟会中,我愿意穿着礼服,戴着礼帽,做一个小小的赞礼人。"

孔子又问:"曾点,你怎么样呢?"他弹瑟正近尾声,铿的一声把瑟放下,离开瑟站起来,回答说:"我和他们三位说的都不一样。"

孔子说:"那有什么关系呢?也就是各人讲自己的志向而已。"

曾点说:"暮春三月,已经穿上了春天的衣服,我和五六位成年人,带着六七个少年,去沂河里沐浴,在舞雩台上吹吹风,一路唱着歌走回来。"

孔子长叹一声说:"我是赞成曾皙的想法的。"

子路、冉有、公西华三个人都出去了。曾皙后走,他问孔子:"他们三人的话怎么样?"

孔子说:"也就是各自谈谈自己的志向罢了。"

曾皙说:"您为什么要笑仲由呢?"孔子说:"治理国家要讲礼让,可是他说话一点也不谦让,所以我笑他。"

曾皙又问:"那么是不是冉求讲的不是治理国家的事呢?"

孔子说:"哪里见得方圆六七十里或五六十里的地方就不是国家呢?"

曾皙又问:"公西赤讲的不是治理国家吗?"

孔子说:"宗庙祭祀和诸侯会盟,这不是诸侯的事又是什么?像赤这样的人如果只能做一个小司仪者,那谁又能做大司仪者呢?"

【解读】

子路要做大将军,冉有要做宰相,公西华要做外交官,理想都不可谓不高,抱负不可谓不大。孔子却偏偏都没有表示,反而对曾皙大加赞赏。这是为什么呢?

我们从孔子的话中可以看出孔子的理想。他认为,只有文化的力量才能挽救这个时世,前三个人的治国方法,都没有谈到根本。他之所以只赞赏曾皙的主张,就是因为曾皙用形象的方法描绘了礼乐之治下的景象,体现了"仁"和"礼"的治国原则,这就说到了根本点。孔子的政治抱负一生未能实现,但他编定诗、书、礼、乐,作《春秋》明善恶,为文化的保存作出了巨大贡献。

没有理想的人很难将自己的精力集中在有意义的事情上,也就很难有什么作为和业绩。如果你在工作时没有自己的理想，就会像无头苍蝇一样到处乱窜，这样自然不利于提高工作速度，更不要说什么更高的绩效了。如果你想让现有的效率有所突破，达到更高且更有价值的高度，首先一定要确定自己的理想是什么。

美国凯萨集团创始人、亿万富翁凯萨曾说："无数的事实表明，除非你为自己的人生定下了一些有意义的目标，否则你就无法过得更好。或者说你如果不主动发掘自己的人生目标，你就可能把时间和精力花在一些没有价值，甚至错误的事情上。"话虽简单，但道理深刻。

我们知道，秦始皇统一六国后，并未给社会带来安定，从春秋战国到楚汉争霸，整个国家都在剧烈的动荡中。到了刘邦称帝的时候，全国找不到四匹颜色一样的马来拉车。孔子的理想一直未能实现。但是是金子总会发光，到了汉武帝的时候，董仲舒提倡独尊儒术得到支持，孔子思想的光辉在 500 年后得以重见天日，并且一直照耀着中华大地数千年之久。孔子的事业，真正称得上是千秋事业。

一次，有人向一个非常成功的商业人士提出了这个问题："你一生中怎么做了那么多的事情？"

他回答："我一直有理想。我放松身心，去想象我要做的事情。我上床睡觉的时候也想着我的理想。到了晚上，我梦到了我的理想。早上起床的时候，我看到了让美梦成真的方法。其他的人在说，'你别做梦了，那是不可能的。'但我还是一直坚持，努力获得我想要的成功。"

事实告诉我们，如果你为赚钱而努力，那么你可能会赚很多钱；但是，如果你想干一番事业，那么你就有可能不仅赚很多钱，而且会干一番大事业。如果你只为薪水而工作，你只能得到一笔很少的收入；但是，如果你是为了你所在公司的前途而工作，那么你不仅能够得到可观的收入，而且你还能得到自我满足和自我价值的实现。你对公司的贡献越大，你个人所得到的回报就会越多。总之，你必须要有崇高的目标，然后为这些目标付诸行动，才能获得你想要的成功。

只有将理想付诸行动才是有效的，我们的理想才能变为现实。伴随着强烈的决心，理想使我们更富创造力。理想与奋斗相结合，我们美丽的理想才能开花结果。

颜渊篇第十二

克己复礼，天下归仁

【原文】

颜渊问仁。子曰：“克己复礼为仁。一日克己复礼，天下归①仁焉。为仁由己，而由人乎哉？”

【注释】

①归：称许。

【译文】

颜渊问怎样做才是仁。孔子说：“克制自己，使言语行动都合于礼，这就是仁。一旦这样做到了，天下的人都会称许你是仁人。做到仁德，完全靠自己，难道靠别人吗？”

【解读】

一个人从呱呱落地开始，他所完全拥有的，就只有他自己。可以说他自己就是做一切事的本钱。只有增加自身知识，提高自身修养，完善自我人格，才能干点事业，有点成就，或是过上好日子。所以，人生在世，最重要的品质，就是要有点主观能动性，做到“君子求诸己”。这一点，最为孔子所重视。

不可否认，人活在世上，总会有各种各样的欲望。道家所提倡的“清心寡欲”是对待欲望的一种方式，还有一种方式，就是不加克制地任由欲望膨胀，一旦这样或那样的私心、欲望过多，就会消耗掉我们更多的精力和时间，打破原本正常的生活秩序和心态，许多悲剧的发生也源于此。

齐武帝时，车骑将军张敬儿非常相信梦。张敬儿做南阳太守时，他的妻子尚氏梦到一只手发热，他做雍州刺史时，尚氏梦到一条手臂发热，他做到开府仪同三司时，尚氏梦到半边身体都热了。于是，张敬儿便认为自己是有天命的人。

张敬儿后来做到车骑将军，却依然不满足，他老婆也不再做怪梦了，他便自己编造，对亲朋好友说：“我老婆梦到全身都热了。”又编造说，他自己梦到他老家村子里的树一直长到了天上，这些话传到齐武帝耳中，齐武帝特别厌恶。

不久，有人举报张敬儿派人到蛮夷境内做买卖，齐武帝怀疑他要联络蛮夷造反，便在一次宴会上把张敬儿抓了起来，连同他四个儿子一起杀了。

张敬儿被抓时，把头上的官帽掷在地上，叹道："都是这东西害了我。"

张敬儿因梦而得祸，看似荒诞，其实是因为他欲望太大，后来他自己编造的梦境已是给自己伪造能当帝王的符命了，这也是当皇帝的最深恶痛绝的，皇帝哪能放过他呢。

这件事说明人不知道克制自己的欲望，就会做出超越常识，超越理性的事。人生有限，能力有限，欲望却没有穷尽。只有懂得"少私寡欲"的人，才能善始善终，有一个完美的结局。

宋真宗时的名相李沆，官居宰相，住宅却很狭窄，门厅不能容车马回旋。

真宗敬重李沆，要用自己的钱为他翻盖大的府邸，李沆拒绝说，这是祖宗留下来的房子，做子孙的不应该乱动，真宗只好作罢。

李沆的妻子见朝中权贵都盖了富丽堂皇的府邸，不免眼热，多次劝李沆修建大的住宅，李沆都置之不理。李沆最喜爱弟弟，李沆的妻子便让弟弟去劝说李沆。

李沆说："我做宰相的俸禄很丰厚，皇上又经常有额外的赏赐，囊中储积的钱足够用来修建房子。不过我们家的房子作为宰相府邸是小了些，可是我不会总当宰相，我死后，这房子作为一般官员的房

海棠图

子就不小了。正如佛教经典说：天和地还都有缺陷，何况人的一生，怎能事事求圆满呢？"

李沆在真宗在位期间当了十几年的太平宰相，莫说建一所宏伟漂亮的府邸，就是像管仲一样富可敌国也不会引来非议。但他却宁愿住着狭窄的祖居，不是舍不得花钱翻盖，而是内心对自己的富贵有所警惕，不让自己的欲望放纵，事事留有余地。而历代权贵、望族之所以很快就遭覆灭之祸，就在于不知收敛自己的欲望，为了满足自己无穷尽的贪欲而追逐争夺。

俗话说"大丈夫有所为有所不为"。在现实生活中，只有摈弃贪念，意志坚强，才能真正迈向成功。

己所不欲，勿施于人

【原文】

仲弓问仁。子曰："出门如见大宾，使民如承大祭。己所不欲，勿施于人。在邦①无怨，在家②无怨。"

仲弓曰："雍虽不敏，请事斯语矣。"

【注释】

①邦：指诸侯国。

②家：指卿大夫家。

【译文】

仲弓问怎样实践仁德。孔子说："出门办事如同去接待贵宾，使唤百姓如同去进行重大的祭祀。自己不喜欢的，不要强加于别人。做到在邦、在家做事都没人怨恨。"

仲弓说："我虽然不聪明，也要照您的话去做。"

【解读】

"己所不欲，勿施于人"是孔子的一句名言。这是孔子回答他的弟子时说的话。孔子认为"宽恕"是可以终身奉行的原则。有了宽恕之心，才可以宽以待人、尊重人，对自己不喜欢的，不强加于人，因为别人也不会喜欢。不强加于人，这就是"恕"。人要努力克服那种不尊重人们人格尊严的霸气和专横作风，这也是修身之道。

　　"己所不欲，勿施于人"是一种推己及人的情怀，一个内心怀着"仁德"的人，即使不能成全别人，也不会去陷害别人，迫使别人做他自己都不愿意干的事。在替自己打算的时候，也要设身处地地替别人想一下。这才叫真正的"仁人"，才是孔子一再强调的"君子"。

　　几千年来，"己所不欲，勿施于人"已经成为人们的处世原则。但就是有些人不懂得这个道理，硬是要把自己的观点强加给别人，或者把自己不想要的强加给别人，结果招来怨恨。

　　有的人采取"己所不欲，却施于人"的方式，只顾自己，而不管他人。战国时期有一位治水的专家叫白圭，在洪水发生时，他采用筑堤的办法来治水，并以此自豪。有一次，他洋洋得意地对孟子说："我治水的办法比当年的大禹还强呢。"

　　孟子听了，淡淡地一笑，摇了摇头说："我可是不相信啊！"

　　接着白圭就讲起了他治水的方法。

　　听完白圭的介绍，孟子坚定地说："先生，您可错了！"

　　孟子毫不留情地批评说："大禹治水，是疏通河道，把洪水排到海里去，让上下游的人民都免遭水害。现在你治水，却把水导向周围的邻国，把邻国作为大水坑，这是以邻为壑，让邻国受害呀！凡是有仁爱之心的都会厌恶的。"孟子的话，使得白圭无言以对。

　　"己所不欲，勿施于人"讲的是基本的做人之道，也是处理人际关系中最重要的一条准则。记住它，并认真地去做，那社会上的矛盾和纠纷也就会减少，人与人相处就会更友好，社会也会越来越和谐。

　　人的本质具有社会性。每个人在社会上都不是孤立的，同学、同事、家人、朋友、上司、合作伙伴，等等，每个人都可能与很多人发生各种各样的关系。每个人的欲望和喜好也不一样。当你面对一件事情的时候，不妨推己及人，想想自己喜欢的是不是别人也一样喜欢，自己拒绝的，是不是别人也会拒绝，多为别人考虑，才能建立和睦、融洽、良好的人际关系。无论做什么事，都要以自己的感受去体会别人的感受，以自己的处境想象别人的处境，站在对方的位置上，将心比心。宽恕别人，你自己的心里也会安然，就等于放飞了自己的心灵。

　　你害怕你的自尊心受到伤害，你就不要伤害别人的自尊心；你不喜欢有人对你造谣生事，你就不要造别人的谣；你不喜欢被人欺骗，你就不要欺骗别人；你不喜欢别人的观点强加于你，你也不要把自己的观点强加于人……如你总能从别人的角度着想，别人也会为你着想。有了这样和谐的人际关系，你的事业就会顺风顺水，水到渠成。

不忧不惧，问心无愧

【原文】

司马牛①问仁。子曰："仁者，其言也讱②。"

曰："其言也讱，斯谓之仁已乎？"子曰："为之难，言之得无讱乎？"

司马牛问君子。子曰："君子不忧不惧。"

曰："不忧不惧，斯谓之君子已乎？"子曰："内省不疚，夫何忧何惧？"

【注释】

①司马牛：姓司马，名耕，字子牛，孔子的学生。

②讱：出言迟缓谨慎。

【译文】

司马牛问怎样做才是仁。孔子说："仁人说话是慎重的。"

司马牛说："说话慎重，这就叫做仁了吗？"孔子说："做起来很困难，说起来能不慎重吗？"

司马牛问怎样做才算君子。孔子说："君子不忧愁，不恐惧。"

司马牛说："不忧愁，不恐惧，这样就可以算作君子了吗？"孔子说："自己问心无愧，那还有什么忧愁和恐惧呢？"

【解读】

司马牛为没有兄弟而发愁，子夏以"四海之内皆兄弟"的话来劝慰他，就是让他把心胸放宽一些。因为宽广的胸怀是一种爱，更是一种智慧。它能够化解一切的愁苦烦恼，能够让别人愉悦，让自己快乐。

面对生活中的种种烦恼忧愁，我们不必过于挂在心间。既然它们"随风"而来，就让它们随风而逝吧！

战国时期有一位老人，名叫塞翁。他养了许多马，一天，马群中忽然有一匹走失了。邻居们听到这事，都来安慰他不必太着急，年龄大了，多注意身体。塞翁见有人劝慰，笑笑说："丢了一匹马损失不大，没准还会带来福气。"

邻居听了塞翁的话，心里觉得好笑。马丢了，明明是件坏事，他却认为也许是好事，显然是自我安慰而已。可是过了没几天，丢马不仅自动回家，还带回一匹骏马。

邻居听说马自己回来了，非常佩服塞翁的预见，向塞翁道贺说："还是您老有远见，马不仅没有丢，还带回一匹好马，真是福气呀。"

塞翁听了邻人的祝贺，反倒一点高兴的样子都没有，忧虑地说："白白得了一匹好马，不一定是什么福气，也许惹出什么麻烦来。"

邻居们以为他故作姿态纯属老年人的狡猾，心里明明高兴，有意不说出来。

塞翁有个独生子，非常喜欢骑马。他发现带回来的那匹马顾盼生姿，身长蹄大，嘶鸣嘹亮，剽悍神骏，一看就知道是匹好马。他每天都骑马出游，心中洋洋得意。

一天，他高兴得有些过火，打马飞奔，一个趔趄，从马背上跌下来，摔断了腿。邻居听说，纷纷来慰问。

塞翁说："没什么，腿摔断了却保住性命，或许是福气呢。"邻居们觉得他又在胡言乱语。他们想不出，摔断腿会带来什么福气。

不久，匈奴兵大举入侵，青年人被应征入伍，塞翁的儿子因为摔断了腿，不能去当兵。入伍的青年大都战死沙场，唯有塞翁的儿子保全了性命。

这个故事告诉我们，不必为失去的感伤，也不必为得到的而沾沾自喜。人的一生，难免不碰到挫折、苦难，在面对这些时，能否保持一份豁达的情怀，能否保持一种积极向上的人生态度，这需要博大的胸怀，非凡的气度。不必计较一时的成败得失，如果能在彷徨失意中修养自己的心灵，就是最大的收获。

有的人大富大贵，别人看他很幸福，可他自己也有自己的烦恼，似乎是生在福中不知福。有的人，别看他离幸福很远，他自己却时时与快乐邂逅。现今社会，人们越来越注重自我。如果能做到心胸像天空一样宽广，那么偶然的烦恼就像朵朵白云，根本不会妨碍内心的空灵。

民无信不立

【原文】

子张问明。子曰："漫润之谮①，肤受之愬②，不行焉，可谓明也已矣。浸润之谮，肤受之愬，不行焉，可谓远也已矣。"

子贡问政。子曰："足食，足兵③，民信之矣。"

子贡曰："必不得已而去，于斯三者何先？"曰："去兵。"

子贡曰："必不得已而去，于斯二者何先？"曰："去食。自古皆有死，民无信不立。"

【注释】

①谮：谗言，诬陷。

②愬：同"诉"，进谗，诬陷。

③兵：兵器，这里指军备。

【译文】

子张问怎样做才算是明智的。孔子说："像水润物那样暗中挑拨的坏话，像切肤之痛那样直接的诽谤，在你那里都行不通，那你就可以算是明智的了。暗中挑拨的坏话和日积月累的诽谤，在你那里都行不通，那你可以算是有远见的了。"

子贡问怎样治理国家。孔子说，"粮食充足，军备充足，老百姓信任国家。"

子贡说："如果不得不去掉一项，那么在三项中先去掉哪一项呢？"孔子说："去掉军备。"

子贡说："如果不得不再去掉一项，那么这两项中去掉哪一项呢？"孔子说："去掉粮食。自古以来人总是要死的，如果老百姓对国家不信任，那么国家就不能存在了。"

【解读】

儒家思想中，一直强调一个"信"字。孔子认为，说话要深思熟虑，因为话说出口，就不能再收回。

公元前 359 年，秦孝公授权商鞅，在秦国推行变法。

商鞅在孝公的支持下，起草了一个改革的法令，但是他怕老百姓不信任他，不按照新法令去做。为了树立新法的威信，也为了让世人明白他有令必行的决心，他想了一个办法。

一天，商鞅命人在都城的南门竖了一根三丈高的木头，下令说："谁能把这根木头扛到北门去的，就赏 10 两金子。"

不一会儿，南门口围了一大堆人，大家议论纷纷。有的说：

商鞅画像

"这根木头谁都拿得动，哪儿用得着 10 两赏金？"有的说："这大概是左庶长成心开玩笑吧。"

大伙儿你瞧我，我瞧你，就是没有一个敢上去扛木头的。

商鞅知道老百姓不相信他的命令，就把赏金提到 50 两。没有想到赏金越高，看热闹的人越觉得不近情理，仍旧没人敢去扛。

正在大伙儿议论纷纷的时候，人群中有一个人跑出来，说："我来试试。"他说着，真的把木头扛起来就走，一直扛到北门。

商鞅立刻派人传出话来，赏给扛木头的人 50 两黄金，1 两不少。

这件事立即传开，一下子轰动了秦国。老百姓说："左庶长的命令不含糊。"

商鞅知道，他的行动已经起了作用，就把他起草的新法令公布了出去。新法令赏罚分明，规定官职的大小和爵位的高低以打仗立功为标准。贵族没有军功的就没有爵位；多生产粮食和布帛的，免除官差；凡是为了做买卖和因为懒惰而贫穷的，连同妻子儿女都罚做官府的奴婢。

秦国自从商鞅变法以后，农业生产增加了，军事力量也强大了。不久，秦国进攻魏国的西部，从河西打到河东，把魏国的都城安邑也打了下来。

一个民族为什么能生存？一个国家为什么能繁荣强大？一个社会为什么能稳定协调发展？伟人和英雄为什么能为社会作出巨大的贡献？我们的友谊靠什么来维持？这一切的一切都是靠诚信。一个人办事忠厚诚恳，实实在在，说到做到，就会使人产生信任感，愿意同他交往、合作。反之，轻诺寡信，一而再地自食其言，必然要引起人们的猜疑和不满，只有诚信，友谊才会持久。

宋濂是元末明初的著名学者。他一生中数十年如一日地刻苦学习，在学术上作出了卓越贡献。他主修《元史》，还写了大量优美的散文，著有《宋学士文集》，他的《送东阳马生序》，就被选在了中学语文课本中。

宋濂小时候家里很穷，没钱买书。酷爱读书的他只能向人家借书看。每次借阅，他总是事前讲好归还的时间，所以人们都愿意借给他。

一次，宋濂借到一本好书，越读越喜欢，于是决定把它抄下来。时值隆冬，寒气逼人，宋濂的手冻得冰冷僵硬。他不得不放下笔，使劲搓，等手暖和一点，再接着抄。母亲一觉醒来，看到宋濂屋里还亮着灯，就掀开门帘走进来，轻声问道："孩子，你怎么还不睡呀？都后半夜了，天又这么冷。"

"娘，我在抄书呢。"宋濂答道。

"明天再抄吧！今天太晚了。"

"不行啊，我答应明天还书的，今晚必须抄完。"

"他们家那么多书，不会急着看这一本的。"

"那倒是，"宋濂一边抄一边回答，"不过，不管人家看不看这本书，到期就要归还，一天也不能耽搁。"

"这又不是大事，早一天，晚一天，有什么关系？何必这么认真。"

"娘，不管大事小事，咱说话都要讲信用，您说是吗？"

就这样，宋濂一直抄到天亮，总算把整本书抄完了。白天，他把书还给主人家。那人接过书一看，干干净净，不卷不折，还是那么平整，非常高兴，就指着自己的书橱对宋濂说："快过来看看，这都是好书，你想借哪本，随便挑吧！"

长此以往，宋濂靠诚实守信赢得了人们的信任，从而借阅了许多好书，大大增长了学识。

20多岁后，宋濂读书更加勤奋了。但由于没有名师指点，遇有问题常常得不到解决，他就常常步行 100 多里路，去向名师请教。他请教的这位老前辈是位大学者，对学生要求很严厉。宋濂在向他请教时，每次都十分恭敬地提出疑问，并躬着身子侧耳倾听。由于他虚心求教，宋濂跟着这位老师学到了很多知识。

有一天，宋濂出门访师的时候，正是数九寒天。这时他就穿上草鞋，背上行李，踏着几尺深的积雪，顶着寒风冒雪去访师。等他好容易赶到客店里，四肢都冻僵了，但他一点儿也不怕苦，坚持向老师请教。

宋濂由于家境贫苦，少年求学之时每日都是粗茶淡饭，穿着破旧棉衣也全不在意。他的同学中有不少是富家子弟，穿着绫罗绸缎，满身珠光宝气，但他丝毫没有羡慕的意思，而是把全部心思都用在了求学读书上。就这样，经过长期刻苦努力，宋濂终于成了一位著名的学者。

诚实是人生的前提，而守信是诚实的外在表现。只有内心诚实，待人真挚诚恳，绝无欺骗，做事才能讲信用、有信誉。以诚信为本，以诚信立足，唯有如此，我们的社会才能够和谐美好。

一个国家可以"去兵"、"去食"，而不可"去信"。因为诚信是人类一切社会活动的基石。人无信不立，企业无信不兴，政府无信不威，社会无信不稳，国家无信不强。

公正断案，心系苍生

【原文】

子曰："片言①可以折狱者，其由也与？"子路无宿诺②。

子曰："听讼③，吾犹人也。必也使无讼乎！"

【注释】

①片言：单方面的言辞。

②宿诺：没有及时兑现的诺言。宿，停留。

③听讼：审理诉讼案件。

【译文】

孔子说："只听了单方面的供词就可以判决案件的，大概只有仲由吧。"子路从不拖延诺言。

孔子说："审理诉讼案件，我同别人也是一样的。重要的是必须使诉讼的案件根本不发生！"

【解读】

无论是为政也好，断案也好，只要是心忧天下，念及他人的仁厚君子，都会心系苍生，从百姓的利益出发去处理事情。这种心系百姓的情怀，是值得每一代人感念、继承和发扬的。

道同是明朝开国时期一位有名的清官，他的祖先是蒙古人，少年时期道同就因为孝敬母亲而远近闻名。

洪武年间，道同开始做官，出任司赞礼郎，后来调任广州番禺做知县。番禺这个地方，一直是以乱出名，有些强盗和当地的驻军勾结在一起，百姓生活受到了极大的干扰。他们也不把当地的官府放在眼里，甚至多次侮辱县里的一些官吏，以前的县令都是因为实在待不下去了，才调往别的地方去，或者干脆辞职。而道同上任后，没有被这种场面所吓住，开始按章办事，使

藏云图

百姓得以喘息。

当地有劣绅数十人，经常在市场上干一些巧取豪夺的勾当，由于道同严格执法，出重手打击这些市霸，将其头目逮捕，绑在街头戴枷示众，这些人才渐渐收敛了行为。

道同生性刚直，宁折不弯，有一次他看到这些家伙又在市场上进行强买强卖，如果哪个人不同意，就把他抓住打一顿，甚至闹出了人命来。道同就让人把他们全都抓起来，拴成一串，在繁华商业区示众。

这些人和永嘉侯朱亮祖都有着很多联系，他们就让朱亮祖出面解围。朱亮祖请道同喝酒，为这帮坏蛋讲情。不管是论爵位，还是论级别，朱亮祖比道同高出许多级别，请他吃饭，算是给足了道同的面子。谁知，道同很诚恳地希望朱亮祖不要为这帮子人渣坏了自己的名声和体面，他说："公是大臣，怎么竟然受小人役使呢？"永嘉侯压不服他，也不再跟他废话了。

第二天，朱亮祖亲自出马，当场打碎枷锁，释放了那一干人犯。后来又找机会，以礼仪不周的名义，把道同当众痛打了一顿。

有一位姓罗的富人，巴结朱亮祖，把女儿嫁给他做妾。这人的兄弟也有了靠山，便干了许多违法的事，如同劣绅。道同又依法惩治，朱亮祖看到道同实在是不给自己面子，将人夺走后，恶人先告状，劾奏道同傲慢无礼。

道同实在气不过，也将朱亮祖的这些事一条条地写下来，上奏朱元璋。朱元璋先看到朱亮祖的奏折，便遣使去番禺杀道同。其后道同的奏折也到了，朱元璋一看就明白了，又遣使赦免道同。两位使者同一天到达番禺，赦免的使者刚到，道同已被砍掉脑袋。

朱元璋吏治之严，堪称空前绝后。但是还会出现种种难于治理的事情，第二年九月，朱元璋召朱亮祖到京，将朱亮祖和他儿子一起活活用鞭子抽死，然后亲自为道同写了墓志，以侯礼下葬。

道同死后，那里的百姓非常怀念他，还刻了他的木像拜祭他。

孔子对诉讼的感慨，也包含着同样的情怀：自己虽有审讼断案的才能，但并不希望有案可断，而是希望通过教化，使人民习于礼，化于德，减少争端以致没有诉讼。这无疑是一种以天下人为念的崇高理念。

居之无倦，行之以忠

【原文】

子张问政。子曰："居之无倦，行之以忠。"

【译文】

子张问如何治理政事。孔子说："居于官位不懈怠，执行君令要忠诚。"

【解读】

孔子这句话是想告诉我们，做事、做官都要讲究忠诚。所谓忠诚，是指对国家、人民、工作、亲戚朋友等真心实意，尽心尽力，没有二心。忠诚是一个人的基本品格。

忠诚在工作上是有灵魂性、是有生命力的。例如许多外国企业在用人之道中首选目标是考验忠诚。对于一个不忠诚的员工，他会把公司看成是福利机构，或是自己另谋高就之前的脚踏板、垫脚石，他工作没有责任感，公司的兴衰荣辱和他没有关系。这样的员工完全游离于公司利益之外，又如何谈忠诚呢？

要想做到真正的忠诚是不容易的，需要随时随地地反省自身，就像孔子所说的"吾日三省吾身"，需要更好地约束自己，让自己在应该承担责任的时候就承担起来。

宋朝末年，在张世杰的指挥下，官军打了一场惨烈无比的"崖山保卫战"。失败之后，丞相陆秀夫背着 8 岁的小皇帝跳海自杀。史载："后宫诸臣，从死者众。""越七日，尸浮海上者十万余人"。大战中和帝室失散的张世杰知道少帝已死，领着船队再度出海，行至海陵岛一带海面时遇飓风溺死海中。

还有著名的刘备临终托孤诸葛亮，诸葛亮凭借着"鞠躬尽瘁，死而后已"的忠诚态度，让小小的蜀国得以延续了几十年。

俗话说："忠诚胜于能力。"在现实生活以及工作中，忠诚经常被忽视，人们总是片面地强调能力。人力资源考官在招聘新职员时，关注的总是"你有什么能力"、"你能胜任什么工作"之类关于能力方面的问题，而很少关注

"你能融入到我们公司的文化中吗"、"你认同我们公司的理念吗"、"你如何理解公司的制度"等关于忠诚的问题。

忠诚是个人的荣誉，不图私利，忠于职守，才能把任务完成得尽善尽美。而那些在利益面前丢弃了忠诚的人，最终一定会遭到惩罚。忠诚是人类最重要、价值最高的美德之一。

卫青是汉武帝时期的重要将领，他率军与匈奴作战，屡立战功，后来，成为汉朝最高军事将领——大将军，并被封为长平侯。尽管如此，卫青从不结党干预政事，从不越权。汉武帝刻薄寡恩，杀大臣如杀鸡，卫青在他手下也是战战兢兢，冷汗直流。然而，

卫青画像

卫青却最终从容逃过大劫，无灾无难地以富贵终老。

一年，卫青率大军出击匈奴，右将军苏建率几千汉军和匈奴数万人遭遇，汉军全军覆没，只有苏建一人逃回。卫青召开会议，商讨如何处置苏建。大多数将领建议杀苏建以立军威。但卫青认为，作为人臣，自己没有在国境之外诛杀副将的专权。于是，他将问题交与汉武帝处理，也借此显示自己不敢专权恣纵。汉武帝把苏建废为庶人，对卫青也更加宠信，而苏建对卫青的不杀之恩也感恩戴德。

仅从卫青处理苏建的这件事上，就可以看出卫青的高明智慧。卫青虽立有大功，但从不恃宠而骄，一直都保持谦虚谨慎的作风，一味顺从武帝旨意，从不越权，以防武帝猜疑。正因为处处注意，时时小心，卫青才可以做到功盖天下而不震主，手握重兵而主不疑，最终能够富贵尊荣、寿终正寝。

很多人认为卫青的举止似乎过于谨慎，其实不然。汉武帝雄才大略、武功

赫赫，但是他专断独行，桀骜自恃，对于那些触犯他的忌讳的人，无论才能多高，他都毫不手软地予以诛杀。卫青对此十分清醒，因此不管自己能力再高，权利再大，也要表现得很忠诚。

在工作中，如果你把忠诚单纯地理解为从一而终，那你就错了。忠诚是一种对职业的责任感，是你承担某一责任或者从事某一职业所表现出的敬业精神。然而，不可回避的是，现在绝大多数的人，尤其是职场新人，他们工作时，想到的只是如何能让自己获得最大的收获、最快的成长。他们把敬业当成老板监督员工的手段，把忠诚看做是管理者愚弄下属的工具，认为向员工灌输忠诚和敬业思想的受益者是公司和老板。其实不然，忠诚并不仅仅有利于公司，其最终和最大的受益者是你自己。莎士比亚说："忠诚你的所爱，你就会得到忠诚的爱。"忠诚铸就信赖，信赖造就成功。

忠诚和敬业相互融合在一起，忠诚更多地体现在内心，敬业则表现为对工作尽职尽责、一丝不苟、善始善终。将忠诚当成一种习惯的人，能够很快从工作中学到更多的东西，积累更多的经验。将忠诚当成一种习惯的人，更受人尊重，很容易感染他人，因而也更能引起上级的关注。

君子成人之美

【原文】

子曰："博学于文，约之以礼，亦可以弗畔矣夫！"①

子曰："君子成人之美，不成人之恶。小人反是。"

【注释】

①本章重出，已见《雍也篇》。

【译文】

孔子说："广泛地学习各种文化典籍，用礼约束自己，就可以做到不背离正道了。"

孔子说："君子成全别人的好事，而不助长别人的恶处。小人则与此相反。"

【解读】

宋太祖赵匡胤以盖世英才夺取了天下。当他的部下石守信等人将黄袍穿在他身上时，他既感到了做皇帝的喜悦，同时又从自己登上帝位的事件中感到了某种危机。他深知，唐朝之所以会灭亡，皆因拥兵自重的藩镇势力太强，以至架空了皇帝。于是，他谋算着如何剥夺他手下各路大将的兵权。

有一次，他单独找赵普谈话，问他说："依你看来，自唐末以来，几十年征战不息，皇帝朝现暮隐，如走马灯一般，这到底是何原因？"

赵普想了想道："依臣看来，这皆因藩镇势力太强大。如果把兵权集中到朝廷，天下自然太平无事了。"

宋太祖连连点头，赞赏赵普说得好。

后来，赵普又对宋太祖说："禁军大将石守信、王审琦两人，兵权太大，还是把他们调离禁军的好。虽然他们没有统帅的才能，管不住下面的将士。但是有朝一日，下面的人闹起来，他们也身不由己啊！"宋太祖敲敲额角说："亏得你提醒。"

过了一阵，赵匡胤备酒宴，相邀跟他几十年征战、战功赫赫并拥有相当权势的石守信等人赴宴，酒酣耳热之际，赵匡胤突然显得心事重重、忧

雪夜访普图

戚无比地道："要是没有你们的力量和辅佐，就没有我黄袍加身的今天，我对此厚谊将永生铭记，但也因此而使我寝食难安。早知做皇帝的艰难，还不如像你们一样当节度使愉快啊！"

石守信等人听了十分惊奇，连忙道："陛下如何这样说？"

赵匡胤道："这道理不难明白，皇帝这个位置，谁不眼红啊！"

石守信等人听言惊恐不已，慌忙跪地叩头道："陛下为何说出这样的话来？现在天下已经安定了，谁还敢对陛下三心二意？"

赵匡胤道："道理原本如此啊！你们想想看，即使你们没有野心，不想当皇帝，但一旦有一天你们手下的人中有人贪图富贵，也像你们拥戴我一样，将黄袍穿在你们身上，即使你们想不干，能行吗？"

石守信等人听到这里，感到大祸临头了，于是连连磕头，含着眼泪说："我们虽然都是些愚蠢的货色，但无论如何也不敢胆大妄为至如此地步，只求陛下怜悯我们，给我们指出一条求生之路。"

太祖道："人生何其短暂，莫不为荣华富贵而奔忙。与其如此，还不如到地方上去做个闲官，买点田产房屋，给子孙留点家业，快快乐乐地享受晚年。你们如能如此做，我们君臣间也少了许多猜疑，你们以为如何？"

石守信等人忙再拜道："陛下替臣等想得这么周到，真是胜过亲骨肉啊！"

第二天一上朝，石守信等人就都递上一份奏章，说自己年老多病，请求辞职。宋太祖马上恩准，收回他们的兵权，赏给他们一大笔财物，打发他们去各地做禁军职务。这就是历史上有名的杯酒释兵权的故事。石守信等人虽说是不得已放弃了军权，但总算成就了赵匡胤之美，从此以后，君臣和谐相处，宋朝也成为中国历史上少见兵戈的时代。

成人之美是孔子所提倡的一条重要的为人原则。成人之美是一种气度，一种胸怀，一种君子风范。这种风范不是别人强加于人的。只有舍弃自私之心，把成人之美当做每个人自觉的追求时，这个天下才会安定，这个社会才会和睦。孔子正是用这种乐道好施、与人为善的亲和力，去感召笼络一切人，去组合建立他所追求的人与人之间的理想关系。人与人之间的和睦共处，是每个时代都致力追求的。

我们这个社会处于空前的竞争中，有的人为了方方面面的竞争而心力交瘁，甚至产生各种不健康的心理。我们不能为了竞争而竞争，有些竞争是必须的，有些竞争是可以放弃的，该放手的时候就放手。今天我们成他人之美，明天他人就会成我之美。世界是一个和谐的世界，成人之美应该成为这个世界的最和谐音。

子帅以正，孰敢不正

【原文】

季康子问政于孔子。

孔子对曰："政者，正也。子帅①以正，孰敢不正？"

季康子患盗，问于孔子。

孔子对曰："苟子之不欲，虽赏之不窃。"

季康子问政于孔子曰："如杀无道，以就有道，何如？"

孔子对曰："子为政，焉用杀？子欲善而民善矣。君子之德风，人小之德草。草上之风，必偃②。"

【注释】

①帅：带头。

②偃：仆倒。

【译文】

季康子问孔子如何治理国家。

孔子回答说："政就是正的意思。您本人带头走正路，那么还有谁敢不走正道呢？"

季康子苦于偷盗的人多，问孔子怎么办。

孔子回答说："假如你自己不贪图财利，即使奖励偷窃者，也没有人去偷盗。"

季康子问孔子如何治理政事，说："如果杀掉无道的人来成全有道的人，怎么样？"

孔子说："您治理政事，哪里用得着杀戮的手段呢？您只要想行善，老百姓也会跟着行善。在位者的品德就像风，小人物的品德就像草，风吹到草上，草就必定随风而倒。"

【解读】

在这里，孔子所说的这个"政"字，就是端正、正直，带头走正路。

在《论语》中，孔子还多处提及这个观点。如：在《子路》一章中，孔子说："苟正其身矣，于从政乎何有？不能正其身，如正人何？"意思是说，如果端正了自身的行为，管理政事还有什么困难呢？如果不能端正自身的行为，又怎能使别人端正呢？

孔子还说："其身正，不令而行；其身不正，虽令不从。"自身端正，不必发号施令，政令也能实行；自身不端正，即使三令五申也无人听从。

显然在孔子看来，个人的道德修养与治国平天下是一致的，能正其身就能正其民。做官的应该以其自身的修养和道德的力量去感召百姓。

宋人李邦献说过："轻财足以聚人，律己足以服人，量宽足以得人，身先足以率人。"意思是说，仗义疏财能够团结人，严于律己能够使人信服，宽以待人能够得到人心，身先士卒能够领导众人。"聚人"、"服人"、"得人"、"率人"，归根到底是得人心，而得人心的前提是"其身正"。身为领导干部，只有不偏爱钱财，清廉自律，才能一身正气。宽以待人，以身作则，才能赢得人心。而得人心者，便可成就大事。领导只有首先搞好自身的道德修养和道德教化，才能达到"以德服人"的效果。

德治也是一种"榜样的力量"。官员是民众的带头人、引路人，必须成为大众的道德榜样。当榜样就不能让自己的道德修养、思想境界停留在与老百姓同一水平上。官有官德，民有民德，"官德"应当高于"民德"。官应该比民有更高的道德要求，只有这样，才能在德治中发挥道德示范作用。如果官员自己贪图安逸，却要民众艰苦奋斗；自己以权谋私，却要民众克己奉公，那么显然就不可能端正社会风气，从而形成良好的政治局面。

孔子的意思是说，无论是做人还是做官，首在一个"正"字，而且要能够做到"正人先正己"。我们中华民族是一个崇尚道德伦理榜样的民族，"榜样的力量是无穷的"这句话可以说是脍炙人口。古有"二十四孝"，今有雷锋、任长霞等，每一个时代都有被宣传歌颂的榜样。从历史事实上看，榜样在社会群体中确实起过重要的作用；从价值层面上看，树立榜样也确有必要，因为榜样的行为与精神是时代的精华、未来的方向。因此，"榜样的力量是无穷的"这句话无疑具有一定的真理性，所以要不断地发现榜样，树立榜样。

"正人"就是"使人正"的意思，"正"是说遵守规范，有正气、讲正义。然而，现实生活中，往往有人己不"正"而却要去"正"人。

乔治·罗纳在维也纳当了多年律师，但是在第二次世界大战期间，他逃到瑞典，一文不名，很需要找份工作。因为他能说并能写好几国文字，所以希望能够在一家进出口公司找到一份秘书工作。绝大多数公司都回信告诉他，因为正在打仗，他们不需要这一类的人。

不过有一个人在给乔治·罗纳的回信上说："你对我生意的了解完全错误。你既蠢又笨，我根本不需要任何替我写信的秘书。即使我需要，也不会请你，因为你甚至连瑞典文也写不好，信里全是错字。"

乔治·罗纳看到这封信的时候很是生气。于是乔治·罗纳决定写一封信，想进行反驳，责骂这个人的无知与无理，目的是想使那个人大发脾气。但接着他就停下来对自己说："等一等，我怎么知道这个人说的是不是对的？我学过瑞典文，可是并不是我的母语，也许我确实犯了很多我并不知道的错误。如果是这样的话，那么我想要得到一份工作，就必须再努力学习。这个人可能帮了我一个大忙，虽然他本意并非如此。他用这种难听的话来表达他的意见，并不表示我就不亏欠他，所以应该写封信给他，在信上感谢他一番。"

于是，乔治·罗纳撕掉了他刚刚写好的那封骂人的信，另外写了一封信说："你这样不嫌麻烦地写信给我实在是太好了，尤其是你并不需要一个替你写信的秘书。对于我把贵公司的业务弄错的事我觉得非常抱歉，我之所以写信给你，是因为我向别人打听，而别人介绍说你是这一行的领导人物。我并不知道我的信上有很多文法上的错误，我觉得很惭愧，也很难过。我现在打算更努力地去学习瑞典文，以改正我的错误，谢谢你帮助我走上改进之路。"

没几天，乔治·罗纳就收到那个人的回信，请罗纳去见他。

罗纳去了，而且得到了一份工作。

在人性中，有本能地排斥批评的心理，即使是最明智的、最明达的人物，也不能避免。因此，当你想要批评某个同事、朋友或家人时，不妨先问问自己，自己够资格批评他们吗？自己是否批评了一件自己有时也会做错的事呢？他们没有按照自己的方式去做，就代表他们错了吗？或许你会发现，当你认真考虑别人的行事方法时，你也会学到许多处理事情更好的方法。

欲正人先正己，首先应从严于律己，宽以待人做起。遇事能设身处地地为别人着想，自己不想承受的痛苦不要强加于人，而要以批评别人的态度批评自己，以原谅自己的态度宽待他人。

"正人先正己"，就是在要求别人品德高尚之前，自己先要品行端正。"责人易，律己难"，这是许多人的通病，因此看社会、看他人处处不顺眼。当对别人的不良言行深恶痛绝时，应先看一下自己是否有类似的缺点，以做到"有则改之，无则加勉"，一味要求别人不如先反思自己。

举贤任能，远离奸佞

【原文】

樊迟从游于舞雩之下，曰："敢问崇德，修慝^①，辨惑。"子曰："善哉问！先事后得，非崇德与？攻其恶，无攻人之恶，非修慝与？一朝之忿，忘其身，以及其亲，非惑与？"

樊迟问仁。子曰："爱人。"问知。子曰："知人。"

樊迟未达。子曰："举直错诸枉，能使枉者直。"

樊迟退，见子夏曰："乡也吾见于夫子而问知，子曰'举直错诸枉，能使枉者直'，何谓也？"

子夏曰："富哉言乎！舜有天下，选于众，举皋陶^②，不仁者远矣。汤^③有天下，选于众，举伊尹^④，不仁者远矣。"

【注释】^⑤

①修慝：读 tè，去恶为善。修，治；慝，邪恶。

②皋陶：舜的臣子。

③汤：商朝开国君主，名履，伐夏桀而得天下。

④伊尹：汤的辅相。

【译文】

樊迟陪着孔子在舞雩台下散步，说："请问怎样提高品德修养？怎样改正自己的邪念？怎样辨别迷惑？"孔子说："问得好！先努力致力于事，然后才有所收获，不就是提高品德了吗？批评自己的过错而不去攻击别人的过错，不就是消除自己的邪念了吗？由于一时的气愤，就忘记了自己的身份，以至于牵连自己的亲人，这不就是迷惑吗？"

樊迟问什么是仁。孔子说："爱人。"樊迟问什么是智，孔子说："了解人。"

樊迟还不明白。孔子说："选拔正直的人，置于邪恶的人之上，这样就能使邪者归正。"

樊迟退出来，见到子夏说："刚才我见到老师，问他什么是智，他说'选拔正直的人，置于邪恶的人之上，这样就能使邪者归正。这是什么意思？"

子夏说："这话说得多么深刻呀！舜有天下，在众人中逃选人才，把皋陶选拔出来，不仁的人就躲远了。汤有了天下，在众人中挑选人才，把伊尹选拔出来，不仁的人也躲远了。"

【解读】

唐朝的史书记载着这样一件事：武则天问武三思，朝中谁是忠臣？武三思说，跟我好的都是忠臣。武则天说，你这是什么话？武三思说，我不认识的怎么知道他好不好。

同样的道理，看戏容易作戏难，身为当局者，要真正做到"举直错诸枉"并不容易。

春秋时，齐国发生内乱，管仲在帮助公子纠与公子小白争夺帝位的斗争中，曾射了公子小白一箭。后来，公子小白继位，即为齐桓公。桓公知道管仲是个难得的人才，不计前嫌，任管仲为相。

管仲任相之初就向桓公提出："建成大厦，决不能单凭一根木材，汇成大海也绝不能仅靠几条涓涓细流。君王欲成就大业必须任用'五杰'——举动讲规范、进退合礼节、言辞刚柔相济，我不如隰朋，请任命他为大司行，负责外交；开荒建城、垦地蓄粮、增加人口，我不如宁戚，请任命他为大司田，掌管农业生产；在广阔的原野上使战车不乱、兵士不退，擂鼓指挥将士视死如归，我不如王子城父，请任命他为大司马，统率三军；能够断案合理公道，不杀无辜者，不诬无罪者，我不如宾胥无，请任命他为大司理，负责司法刑律；敢于犯颜直谏，不避死亡、不图富贵，我不如鲍叔牙，请任命他为大谏之臣，主管监察谏议。"

桓公听从管仲建议，令五人各掌其事，从而组成了一个强有力的领导集团。在以管仲为首的一班贤臣的悉心辅佐下，齐国很快转弱为强，成为"春秋五霸"之首。

一位深谙用人之道的领导者指出：由于智力结构思维习惯的不同、心理素质的差异、成长环境的差别，每个人都互有长短，各有千秋。有的善于统筹全局，有综合能力，可为统帅之才；有的工于心计，擅长出谋划策，可为参谋之才；有的长于舌战，头脑灵活，可为外交人才；有的能说会道，有经济头脑，可为推销之才；有的形象思维能力强，可向艺术领域发展；有的抽象思维能力强，可进军科技领域，必会有所建树。甚至，同样类型的人才在处理同样事务时，由于其心理素质或其他方面的差异，其表现手段、方法也会有所不同，结果自然也就会大相径庭。正确的用人之道，就是唯才是举，任人唯贤；用其所长，避其所短。

喜欢正直的有才能的人，是人情所向。"选贤任能"、"任人唯贤"，并放对位置，这个道理应该是每个领导者、管理者都懂的道理，但是真正实行起来却并非易事。所以，为政者必须有明辨是非的眼光和正直无私的胸怀。否则，一旦出现"亲小人远贤者"的情形，不但会使局势危险，也会陷人民群众于苦难之中。

忠告而善道之

【原文】

子贡问友。子曰："忠告而善道①之，不可则止，毋自辱也。"

曾子曰："君子以文会友，以友辅仁。"

【注释】

①道：引导。

【译文】

子贡问怎样对待朋友。孔子说："忠诚地劝告他，恰当地引导他，如果不听也就罢了，不要自取其辱。"

曾子说："君子以文章学问来结交朋友，依靠朋友帮助自己培养仁德。"

【解读】

这里，孔子主要说明与人交往既有一定的原则，又要有灵活性，劝诫朋友要讲究方法，还要适可而止。若是真正的朋友就应该互相帮助，互相鼓励。当对方有失误时，应坦诚相告，而不应该缄默不言，更不应该无原则地支持。但是，有时肯定难免会遇到对方不接受劝告的情形，因为每个人对事物的看法是不一样的。在这种情况下劝告是必须的，但又要适可而止，掌握好分寸。否则不仅于事无补，而且会把关系弄僵。

大家都知道，交朋友是一件很难的事。看到朋友有过失便急不可耐地想劝诫，否则就觉得自己不够朋友，心里觉得内疚。但是劝告的次数多了，反而会导致朋友的反感，甚至有时还会因此而得罪朋友。按照孔子所说的，交友的精神贵在劝善，这是朋友的价值所在。但规劝有一定的限度，如果朋友不听从，便暂时听由朋友，以后再说，以免规劝不成翻了脸，得不偿失。

清朝时，曾国藩在统率湘军之时，军营中有位幕僚叫王湘绮，他有学问，有才气。曾国藩的湘军初期老是打败仗，常常不敌太平军。这时这位王先生坐不住了，于是请辞回家。曾国藩虽然想挽留，但还没来得及说。一天夜里，因事去找王先生，只见他在灯下看书。曾国藩没打扰他，就静静地站在他的身后。约摸半个小时，这位王先生也没有发觉。第二天，曾国藩就批准了王先生的辞职请求，并送上一些钱款，安慰了一番。

有人不理解，就问曾国藩为何不加以挽留。曾国藩说："王先生去志已坚，强留是没有用的，你可以留下人，但留不下心来呀！"他说起昨晚见王先生的事，站在他身后半个小时，王先生却没有翻动一页书，显然是在想回家的心事。何况战争期间，胜负难料，自己的安全都没有把握，怎么能保证他人的安全呢！所以要尊重他的愿望。

这件事，曾国藩作为统帅就处理得很好，他没有用自己的权势来阻止，更没有责难对方。他真正是理解了对方，尊重了对方，表现得非常明智。

我们在交友过程中难免会遇到类似的问题，只要我们能够讲究方法，就可以做得非常出色。请记住孔子的这段话，不仅有利于与朋友相处，实际上也有利于处理人际关系。

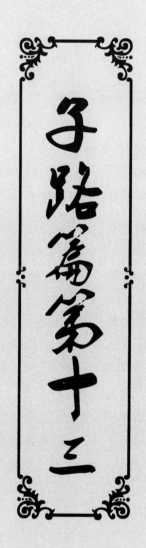

子路篇第十三

先有司，赦小过，举贤才

【原文】

子路问政。

子曰："先之劳之。"请益。曰："无倦。"

仲弓为季氏宰，问政。

子曰："先有司，赦①小过，举贤才。"

曰："焉知贤才而举之？"

子曰："举尔所知；尔所不知，人其舍诸？"

【注释】

①赦：宽免。

【译文】

子路问怎样治理政事。

孔子说："自己率先去做，并且不辞劳苦。"子路请求多讲一点。孔子说："不要懈怠。"

仲弓做了季氏的家臣，问怎样管理政事。

孔子说："先责成手下负责具体事务的官吏，让他们各负其责，赦免他们的小过错，选拔贤才来任职。"

仲弓又问："怎样知道是贤才而把他们选拔出来呢？"

孔子说："选拔你所知道的，至于你不知道的贤才，难道他们会被埋没吗？"

【解读】

"先有司"使人人各司其职，各得其所；"赦小过"有利于调动工作的积极性；"举贤才"则是"先有司"所必需的。"新官上任三把火"，孔子教仲弓的这"三把火"一烧，管理的局面也就打开了。

"先有司"，就是各司其职，做好表率。领导要身先士卒，这种榜样的力量是无穷的。如果领导不这样做，又唯恐今后员工有令不行，因此不得不树立榜样。但是，人的力量是有限的，不可能凡事都事必躬亲。因此，对于领导者来说，应明确各职能部门的责任，各司其职，各尽其责。

"赦小过"，就是宽容别人的小过失，以换取人心，体现胸襟，实施感恩。但"赦小过"并不是对过错视而不见，而是间接地提醒并不深究。一方面使部属知道你能明察，不敢再犯，另一方面又让他对你的不计较感激不尽，从此更死心塌地地为你卖命。

汉朝有个丞相叫邴吉，他的一个马车夫，嗜酒如命，经常喝得醉醺醺，还耍酒疯。邴吉从未责怪他。有一次，这位马车夫喝醉了，把丞相的马车吐得一塌糊涂。有人提出要惩治和开除这个马车夫，邴吉却说："他是因为喝醉了酒才犯了错，现在要是把他开除了，以后谁还能用他？这次也只不过是吐脏了我车上的垫子而已，宽大一点就算了吧！"

这个马车夫没有被开除，非常感激丞相的宽宏大度，总想着要报答丞相。

有一次，马车夫听说匈奴入

汉献帝

侵云中、代郡，立即向邴吉报告，因为他来自边境，对边境的事比较了解，就向邴吉建议说："据我了解敌寇入侵的边境地区，主要官员都是年老体弱的，他们无法胜任带兵打仗的重任。丞相应该事先物色好合适的边境长官，以免措手不及。"邴吉采纳了他的建议，赶紧查询这些地方官的情况。当皇帝召见丞相、御史大夫，向他们通报边境情况，询问他们敌人所入侵边境的官吏情况时，邴吉回答得准确而清楚。御史大夫没有准备，被汉宣帝问得张口结舌。皇帝批评了御史大夫，表扬了邴吉。

事后，邴吉感叹地说："是人才，就应该容留，哪怕他们有一点小过，也不该抓住不放。假如不是马车夫先向我报告情况，使我有所准备，我又怎么会得到皇帝的嘉勉呢？"

通过这件事，邴吉的手下认识到，邴吉的宽宏大度不光是个人品德好，而且是为了朝廷。他的大度容人，使各种人都能发挥所长，在关键时刻也能派上用场。

"赦小过"的主要作用就在于调动一切积极因素，团结一切可以团结的力量。当然，这也包括那些曾经犯过错误但愿意改正的人。俗话说："金无足赤，人无完人。"如果你事事求全责备，就好像眼睛里揉不进一粒沙子，紧抓住别人的缺点和错误不放，谁还愿意为你工作呢？因此，做领导的一定要原谅部下的小过失。

两个英军将领从凡尔登战俘营里逃了出来，来到布伦。当时，布伦港对各种船只看管非常严，他们根本没有乘船逃跑的机会。

为了能够回到自己的家乡，两名战俘决定用小块木板制成一只小船，然后用这只随时都可能散架的小船横渡英吉利海峡。这无疑是一次冒死的航行。当他们推出小船离开岸边没多久，就被法军捉住了。

很快，这个消息传遍了军营，大家都为这两名战俘的非凡勇气所折服。拿破仑知道后，也非常感兴趣，让人将这两名英军将领和那只小船带到他面前，问道："你们真想用这个渡过大海吗？""是的，陛下。如果您肯放我们走，您将会看到我们是怎么离开的。"

"我可以放你们走，你们是勇敢而大胆的人。无论在哪里，我见到勇气就钦佩。但你们不应该用性命去冒险。现在你们获释了，我们要把你们送到英国船上，你们回到伦敦后，要告诉别人我如何敬重勇敢的人，哪怕他们是我的敌人。"

拿破仑赏给这两名英军将领一些金币，就放他们回国了。

"举贤才"，就是你所提拔的人才是公认的有能力的人才，起码是在你所信任的人才中，找一个众人评价较高的贤能之士作为提拔对象，方能深得众人之心。

真心诚意重视人才，也是孔子所强调的以心换心的领导艺术。孔子认为，"君使臣以礼，臣事君以忠"。上有礼，下有忠，也就是以心换心、投桃报李。

那么，应该如何做到公正无私用人才呢？领导者如果认为既然是人才，就不应该有缺点；或者说既然某人有缺点，就不可能成为人才，这都是错误的。在考察识别人才时，对其优点要认识够，对其缺点要认识透。只有这样，才能全面、公正地认识人才，重用人才。

名不正则言不顺，言不顺则事不成

【原文】

子路曰："卫君①待子而为政，子将奚先？"

子曰："必也正名②乎！"

子路曰："有是哉，子之迂也！奚其正？"

子曰："野哉，由也！君子于其所不知，盖阙如也。名不正，则言不顺，言不顺，则事不成。事不成，则礼乐不兴；礼乐不兴，则刑罚不中；刑罚不中，则民无所措手足。故君子名之必可言也，言之必可行也。君子于其言，无所苟而已矣。"

樊迟请学稼③。

子曰："吾不如老农。"

请学为圃。曰："吾不如老圃。"

樊迟出。子曰："小人哉，樊须也！上好礼，则民莫敢不敬；上好义，则民莫敢不服；上好信，则民莫敢不用情。夫如是，则四方之民襁④负其子而至矣，焉用稼？"

子曰："诵《诗》三百，授之以政，不达；使于四方，不能专对⑤。虽多，亦奚以为？"

【注释】

①卫君：指卫出公蒯辄。

②正名：辨正名分，使名实相符。

③稼：种植五谷。

④褓：背婴儿的宽带或布兜。

⑤专对：独立应对。

【译文】

子路说："卫国国君要您去治理国家，您打算先从哪些事情做起呢？"

孔子说："必须先纠正名分上的用词不当。"

子路说："有这样做的吗？您这样想真是太迂腐了。这名怎么正呢？"

孔子说："仲由，真粗野啊。君子对于他所不知道的事情，总是采取存疑的态度。用词不当，言语就不能顺理成章。言语不能顺理成章，事情就办不成；事情办不成，礼乐也就不能兴盛；礼乐不能兴盛，刑罚的执行就不会得当；刑罚不得当，百姓就手足无措。所以，君子用一个词，一定有它一定的理由，可以说得出来；而顺理成章的话也一定行得通。君子对于自己的言行，一点不能马虎啊。"

樊迟向孔子请教如何种庄稼。

孔子说："我不如老农。"

樊迟又请教如何种菜。孔子说："我不如菜农。"

樊迟退出以后，孔子说："樊迟真是小人。在上位者只要重视礼，老百姓就不敢不敬畏；在上位者只要重视义，老百姓就不敢不服从；在上位的人只要重视信，老百姓就不敢不用真情来对待你。要是做到这样，四面八方的老百姓就会背着自己的小孩来投奔，哪里用得着自己去种庄稼呢？"

孔子说："把《诗经》三百篇背得很熟，让他处理政务，却不胜任；让他出使他国，不能独立地办交涉；《诗经》背得再多，又有什么用呢？"

【解读】

凡举大事，必须要有正当的名义。名正则理直，理直则人心服，人心服则倡呼必顺应。没有正当的名分，就没有发表见解的权利；没有发表见解的权利，就不可能有所倡导。名义就如同旗帜，就在于把离散的思想统一起来，达成共识；将散乱的人心聚拢起来，形成合力。因此所举之事才能有付诸实施的可能。没有正当的名义，何必号令民众？因此，古代的为政者，兴师征伐，必师出有名，总是打着"替天行道，匡世济民"的旗号。

三国时期的曹操，之所以能在群雄纷争、诸侯割据的局面下，迅速崛起，吞并其他政治、军事集团，形成三国鼎立之势，与他灵活运用"名正则言顺，言顺则事成"的策略有着很大关系。

曹操当年矫诏联络的十几路大军讨伐董卓不成，纷纷离去之后，各路军阀趁朝廷动乱、无暇多顾的机会，彼此争城夺地混战开来。今天袁绍打公孙瓒，明天是孙坚击刘表，后天是曹操攻陶谦，然后袁术袭刘备，过后是吕布战完曹操又攻刘备。你争我夺，互不相让。

这时的曹操，正在许昌一带发展势力。他的谋士看到汉朝天子几经辗转，如今初定洛阳，正需要人扶持，尽管汉朝天子已无能力令行天下，但这块牌子有它特殊的作用，尤其是对曹操这样想成大事而眼下势力还不够雄厚的人，于是便极力建议曹操西进洛阳"护驾"。谋士对曹操说："春秋时，晋文公迎周襄公，终于当上了霸主；秦朝末年，汉高祖为义帝发丧佩孝，争得天下人心。近年来，董卓作乱，皇上蒙难，是将军你首先起义兵，只是因为关东诸军彼此兼并战乱，您才没有能远上关中去辅佐朝廷，但天下人还是知道您有效忠皇上的心。现在皇上已经到达洛阳，忠义之士思念汉朝，黎民百姓也怀念过去的日子，将军若此时能去保驾，下可顺从民众的愿望，上可以宾服四方的豪杰。至于皇上周围那几个武将不过是盗贼之流，不值得顾虑。如果万一失去了这个机会，让别人抢先把皇上接走，那就悔之晚矣！"

曹操一听，翻然醒悟。汉献帝虽然是一个典型的傀儡皇帝，但却名正言顺，保留了汉献帝，就等于将皇权掌握在手。皇权是国家最高权利的象征，无论谁掌握了它，就能以皇帝的名义向其他割据政权发号施令。

公元192年十二月，毛玠也曾向曹操建言："今天下分崩，国主迁移，生民废业，饥馑流亡，公家无经岁之储，百姓无安固之志，难以持久。今袁绍、刘表，虽士民众强，皆无经远之虑，未有树基建本者也。夫兵义者胜，守位以财，宜奉天子以令不臣，修耕植，

曹操的手迹

蓄军资，如此则霸王之业可成也。"

公元 196 年，汉献帝东还洛阳，又有荀彧建议曹操迎献帝于许都，同样是为了挟天子以令诸侯。自从挟持了汉献帝，曹操在政治上居高临下，所向无敌。

为什么挟天子就能慑服诸侯，发号施令？这正是"名正则言顺，言顺则事成"的结果。有了天子之名，则说话做事就有权威，自然能产生效果。可见"正名"是非常重要的。尽管自己无名或名不正，但可以借，借用别人的名而为自己"正名"，标示自己的"正统"，以抬高自己的身价。

"正名"是孔子"礼"的思想组成部分。正名的具体内容就是"君君、臣臣、父父、子子"，只有"名正"，才可以做到"言顺"，接下来的事情就迎刃而解了。

"必也正名"这一治事思想，自古到今都有极深的影响。无论是为人、从政、做学问，都要踏踏实实地先把名分、概念弄清楚，弄明确。否则，在现实中，即使事情本身合情合理，但名分如果不冠冕堂皇，也是会遇到很大的阻力的。

其身正，不令而行

【原文】

子曰："其身正，不令而行；其身不正，虽令不从。"

子曰："鲁卫之政，兄弟也。"

子谓卫公子荆①，"善居室②。始有，曰：'苟③合矣。'少有，曰：'苟完矣。'富有，曰：'苟美矣。'"

子适卫，冉有仆。子曰："庶④矣哉！"冉有曰："既庶矣，又何加焉？"曰："富之。"曰："既富矣，又何加焉？"曰："教之。"

子曰："苟有用我者，期月⑤而已可也，三年有成。"

子曰："'善人为邦百年，亦可以胜残去杀矣。'诚哉是言也！"

【注释】

①公子荆：卫国大夫。

②居室：积蓄家业居家度日的意思。

③苟：聊且，差不多的意思。

④庶：众多，这里指人口众多。

⑤期月：一周年。

【译文】

孔子说："自身正了，即使不发布命令，百姓也会照着去做；自身不正，即使发布命令，老百姓也不会服从。"

孔子说："鲁和卫两国的政事，就像兄弟一样相差不远。"

孔子谈到卫国的公子荆时说："他善于管理经济，居家理财。刚开始有一点，他说：'差不多也就够了。'稍为多一点时，他说：'差不多就算完备了。'更多一点时，他说：'差不多是完美了'。"

孔子到卫国去，冉有为他驾车。孔子说："人口真多呀！"冉有说："人口已经够多了，还要再做什么呢？"孔子说："使他们富起来。"冉有说："富了以后还要做些什么？"孔子说："对他们进行教化。"

孔子说："如果有人用我治理国家，一年就差不多了，三年就会有一定成效。"

孔子说："善人治理国家，经过一百年，也就可以消除残暴，废除刑罚杀戮了。这话真对呀！"

【解读】

很多时候，《论语》都是在指导我们如何立身处世，如何成为他人的表率，在他人的心目中留下美好的印象。孔子本人是这样说的，也是这样做的，他一生的所言所行，皆成为后人处世的模范。

"其身正，不令而行；其身不正，虽令不从"，这句话中，正的意思是平正、正直。如果执政者本身端正，就是一个良好的楷模，用不着严厉的法令；如果执政者本身的行为失正，仅靠权利去命令，去要求别人遵从，结果是没有用的，起不到多大效果。

当帝尧在位时，连年降雨，滔滔的洪水，浩浩荡荡地包围了山岳，漫没了丘陵，老百姓深受其害。尧急着要找到能治水的人，群臣、四岳向他推荐鲧。尧说："鲧是个违背上命、败坏同族的人，不可用。"四岳说："鲧很能干，希望让他试试。"尧采纳了四岳的意见，用鲧治水。

鲧不停地命人挑土担石，造堤筑坝，用了九年功夫，洪水还是没有制服。后来，鲧被杀，儿子禹继续从事鲧的治水事业。

禹接受治水的任务后，深知要完成这一事业，非一人之力所能办到。因此向舜提出请求，邀请契、后稷、皋陶三位氏族酋长协助他管理治水的事，舜欣然同意。后来禹又邀请了伯益参加治水。禹所邀请的这些氏族酋长，在部落联盟议事会中都有职务。契就是后来商族的始祖，他担任掌管教化的司徒；后稷就是后来周族的始祖，他担任农官；皋陶是少昊氏的后代，他担任狱官；益是后来秦国的祖先，他担任掌管山林鸟兽的虞官。

禹首先邀请这些各有专长的酋长们共同领导治水，然后再发动洪水泛滥地区的各氏族、部落的人氏，组成治水的主力，这就比鲧那种自恃其能、单干独行要强得多。

大禹画像

禹反复总结了父亲鲧治水失败的经验教训，放弃了筑堤堵水的方法，改用疏导的办法。他亲自带领大家去勘察高山、大河，树立各种标记，把什么山应治理，什么河应疏导都一一记下。

勘测清楚洪水区的自然山势和水流以后，就根据地形的高低，疏通河道，排除积水，让洪水顺着河道宣泄，流向大海；又在一些低地、洼谷，聚积一定水量，在需要的时候，有丰富的水源供百姓使用，老百姓可以耕种农田，放养牲畜。

就这样，经过十三年的努力，水害终于变成了水利，黄河变得温驯了，两岸的平原又遍布着良田和桑土，成为人民安居乐业的好地方。

禹不仅才智过人，更为可贵的是，他舍得牺牲自己的利益，勤苦耐劳，去为天下人谋利益，一心扑在治水事业上。他新婚的第四天就离家去参加治水。十三年中，他路过家门三次，却没有进去看一眼，成为历史上有名的佳话。

禹是治水的领导者。但在整个治水过程中，他每天亲自参加劳动。十几年的风吹日晒，禹又黑又瘦，十几年的水中劳作，把禹腿上的汗毛都给磨光了。他穿的是粗劣的衣服，吃的是粗糙的饭食，经常是头上束发的簪子、帽子掉在泥水里，他都顾不上拾起来。

禹是这样一个以身作则、吃苦耐劳、一心为公的人，他领导着中原地区各氏族部落的人民，经过十三年的奋斗，终于制服了滔滔洪水，受到了人们的尊敬和热爱，人们还满怀敬意地把"禹"称为"大禹"。

《论语》告诉我们，一个人的成功，不在于他获得了多少财富，不在于他做了多大的官，而最主要的，是他的道德品质。所以，不管我们是已经成为成功的人，或是正向成功迈进的人，最好每天都要问一下自己：今天我的行为端正吗？

一言而兴邦，一言而丧邦

【原文】

子曰："如有王者，必世①而后仁。"

子曰："苟正其身矣，于从政乎何有？不能正其身，如正人何？"

冉子退朝②。子曰："何晏也？"对曰："有政。"子曰："其事也。如有政，虽不吾以，吾其与闻之。"

定公问："一言而可以兴邦，有诸？"孔子对曰："言不可以若是其几③也。人之言曰：'为君难，为臣不易。'如知为君之难也，不几乎一言而兴邦乎？"曰："一言而丧邦，有诸？"孔子对曰："言不可以若是其几也。人之言曰：'予无乐乎为君，唯其言而莫予违也。'如其善而莫之违也，不亦善乎？如不善而莫之违也，不几乎一言而丧邦乎？"

叶公问政。子曰："近者说，远者来。"

子夏为莒父④宰，问政。子曰："无欲速，无见小利。欲速，则不达，见小利，则大事不成。"

叶公语孔子曰："吾党有直躬⑤者，其父攘羊，而子证⑥之。"孔子曰："吾党之直者异于是：父为子隐，子为父隐。——直在其中矣。"

【注释】

①世：三十年为一世。

②冉子退朝：冉有时任季氏家宰，这里指退于季氏司朝。

③几：期望。

④莒父：鲁国邑名。

⑤直躬：以直道立身。

⑥证：检举、告发。

【译文】

孔子说："如果有王者兴起，也一定要三十年才能实现仁政。"

孔子说："假如能端正自身的行为，管理政事还有什么困难呢？如果不能端正自身的行为，怎能使别人端正呢？"

冉求从办公的地方回来，孔子说："为什么回来得这么晚呀？"冉求说："有政事。"孔子说："只是一般的事务吧。如果有政事，虽然国君不用我了，我也会听到的。"

鲁定公问："一句话就可以使国家兴盛，有这样的话吗？"孔子答道："话不能这样讲，不过，大家都说：'做君难，做臣不易。'如果知道了做君的难，这不近乎于一句话可以使国家兴盛吗？"鲁定公又问："一句话可以亡国，有这样的话吗？"孔子回答说："不能这样说，不过，大家都说：'我做君主并没有什么可高兴的，只在于我所说的话没有人敢于违抗。'如果说得对而没有人违抗，不也好吗？如果说得不对而没有人违抗，那不就近乎于一句话可以亡国吗？"

叶公问孔子怎样管理政事。孔子说："使境内的人高兴，使境外的人来归附。"

子夏做莒父的地方长官，问孔子怎样办理政事。孔子说："不要急于求成，不要贪求小利。求快反而达不到目的，贪求小利就做不成大事。"

叶公告诉孔子说："我的家乡有个正直的人，他的父亲偷了人家的羊，他告发了父亲。"孔子说："我家乡的正直的人和你讲的正直人不一样：父亲为儿子隐瞒，儿子为父亲隐瞒。正直就在其中了。"

【解读】

说话也是一门艺术，并且讲究一定的方式方法，还要注意场合和分寸。俗话说："病从口入，祸从口出。"有时候，一句话可能会导致一场无法挽回的悲剧发生。因此，说话前一定要先想一想再说，更应该礼貌地尊重别人，考虑别人的感受。

古今中外的执政者和有识之士，历来看重口才的重要作用。我国很早就有这方面的文字记述。《周易·系辞上》说："乱之所生也，则言语以为阶。"认为制造混乱可以借言语为媒介。孔子又明确指出，"一言而兴邦"、"一言而丧邦"。

纵观古今中外，成功者无不以自己高超的口才取胜。他们机敏睿智、伶牙俐齿、巧发奇中、一言九鼎。高超的口才可以叱奸佞于朝堂，醒群众于街衢；化干戈为玉帛，挽狂澜于既倒。

有这样一个故事：

皇帝梦见自己所有的牙齿都掉了，醒来后，他吓出了一身冷汗，觉得很奇怪。他立刻召来一个解梦家，问他这个梦是不是暗含着什么意义或者预示着将来。

"唉，陛下，很不幸地告诉您，"解梦家说道，"每一个掉落的牙齿，都代表着您的一个亲人的死亡！"

"什么？你这胡说八道的家伙！"皇帝愤怒地对着他大喊，"你竟敢对我说这种不吉利的话，给我滚出去！"同时又下令道，"来人啊！打这个家伙五十大板。"

不久，另一个解梦家被传召来了，他细心地听完皇帝讲述的梦境，他的脸上露出一抹微笑，说道："陛下，我很荣幸能为您解梦，您真是洪福齐天！您将活得比所有的亲人都要长久！"

皇帝听后，立即眉开眼笑，他说："你的解梦之术实在高明啊！"然后，又安排侍从盛情款待他，临走时还赏赐给他50个金币。在一旁的侍从私下问这位解梦者："就我听来，你的解释和第一个解梦人不都是同一个意思吗？恕我直言，我并不觉得你的解梦之术有什么高明之处！"

那聪明的解梦家狡黠地答道："你说得不错，不是我的解梦术高明，而是我说话比别人稍稍高明了一些。话有很多种说法，问题就在于你如何去说！"然后，他高高兴兴捧着金币回去了。

同样的意思，只是换一种方式用不同的语言表达出来，结果竟然是如此不同，可见说话艺术的重要性。话有三说，巧说为妙，如何巧妙地准确表达真实的、真正的意思，而又不违己心，不得罪对方，这需要一颗慧心去慢慢体会。

战国时，秦国吞并了韩、魏这两个大国之后，接着企图染指小国安陵。安陵君派唐雎到秦国交涉，同专横、凶残、贪婪的秦王嬴政进行了一场殊死的唇枪舌剑之战；他痛斥了秦王的无理要求，打击了秦王的嚣张气焰，维护了国家的领土和主权。

汉末，诸葛亮对刘备的"隆中对"，一席话将天下三分，奠定了蜀汉的基业；他后来又巧言游说江东，劝说孙权与刘备联手共同抗击强大的曹操。

说话是一种艺术。同样一件事，以不同的语言方式说出来，就会达到不同的效果。很多人不注意语言艺术，说话时总是直来直去，结果对他人造成了伤害。语言就是力量。一人之辩重于九鼎之宝，三寸之舌强于百万之师。精妙、高超的语言魅力非凡。

求大同，存小异

【原文】

樊迟问仁。子曰："居处恭，执事敬，与人忠。虽之夷狄，不可弃也。"

子贡问曰："何如斯可谓之士矣？"子曰："行己有耻，使于四方，不辱君命，可谓士矣。"曰："敢问其次。"曰："宗族称孝焉，乡党称弟焉。"曰："敢问其次。"曰："言必信，行必果，硁硁①然小人哉！——抑亦可以为次矣。"曰："今之从政者何如？"子曰："噫！斗筲之人②，何足算也？"

子曰："不得中行而与之，必也狂狷③乎！狂者进取，狷者有所不为也。"

子曰："南人有言曰：'人而无恒，不可以作巫医④。'善夫！""不恒其德，或承之羞。"子曰："不占而已矣。"

子曰："君子和而不同，小人同而不和。"

子贡问曰："乡人皆好之，何如？"子曰："未可也。""乡人皆恶之，何如？"子曰："未可也；不如乡人之善者好之，其不善者恶之。"

子曰："君子易事而难说也。说之不以道，不说也；及其使人也，器之⑤。

小人难事而易说也。说之虽不以道，说也；及其使人也，求备焉。"

子曰："君子泰而不骄，小人骄而不泰。"

子曰："刚、毅、木、讷近仁。"

子路问曰："何如斯可谓之士矣？"子曰："切切偲偲⑥，怡怡如也，可谓士矣。朋友切切偲偲，兄弟怡怡⑦。"

子曰："善人教民七年，亦可以即戎矣。"

子曰："以不教民战，是谓弃之。"

【注释】

①硁硁：形容浅陋固执。

②斗筲之人：指器量狭小的人。斗，古代量名，合十升。筲，竹器，容五升，或说容一斗二升。

③狂狷：志高激进的人和拘谨自守的人。

④巫医：古代以卜筮等方式行医的人。

⑤器之：根据各人才器合理使用。

⑥切切偲偲：互相批评勉励的样子。

⑦怡怡：和悦的样子。

【译文】

樊迟问怎样才是仁。孔子说："平常在家态度恭谨，办事严肃认真，待人忠心诚意。即使到了夷狄之地，也不可背弃这些。"

子贡问道："怎样才可以叫做士？"孔子说："自己在做事时有羞耻之心，出使外国，能够完成君主交付的使命，可以叫做士。"子贡说："请问次一等的呢？"孔子说："宗族中的人称赞他孝顺父母，乡党们称他尊敬长辈。"子贡又问："请问再次一等的呢？"孔子说："守信用，做事有始有终，不问是非地固执己见，那是小人啊！但也可以说是再次一等的士了。"子贡说："现在的执政者，您看怎么样？"孔子说："唉！这些器量狭小的人，哪里能数得上士呢？"

孔子说："我找不到奉行中庸之道的人和他交往，只能与狂者、狷者相交往了。狂者敢作敢为，狷者是不会做这些事的。"

孔子说："南方人有句话说：'人如果做事没有恒心，就不能当巫医。'这句话说得真好啊！"《易经·恒卦》的《爻辞》说："人不能长久地遵守自己的德行，难免要遭受耻辱。"孔子说："这话的意思是叫无恒心的人用不着去占卜了。"

孔子说："君子用自己的正确意见来纠正别人的错误意见，使一切都做到恰到好处，却不肯盲从附和。小人只是盲从附和，却不肯表示自己的不同意见。"

子贡问孔子："全乡人都喜欢、赞扬的人怎么样呢?"孔子说："这还不能肯定。"子贡又问孔子："全乡人都厌恶、憎恨的人怎么样?"孔子说："这也是不能肯定的。最好的人是全乡的好人都喜欢他，全乡的坏人都厌恶他。"

孔子说："与君子相处很容易，但很难让他高兴。不按正道去讨他的喜欢，他是不会喜欢的。但是，当他使用人的时候，总是去衡量人的才能去任用他；与小人一起做事很难，但要取得他的欢喜则是很容易的。不按正道去讨他的喜欢，也会得到他的喜欢。但等到他使用人的时候，却是求全责备。"

孔子说："君子安静坦然而不骄恣无礼，小人骄恣无礼而不安静坦然。"

孔子说："刚强、坚毅、朴实、慎言，这四种品德接近于仁。"

子路问孔子道："什么样的人才可以称为士呢?"孔子说："互相勉励，和气相处，可以算是士了。朋友之间要互相勉励，兄弟之间要相处和睦。"

孔子说："善人教导百姓用七年的时间，百姓就可以去当兵打仗了。"

孔子说："用未经受过训练的人民去作战，这就等于糟蹋生命。"

【解读】

矛盾是人类社会的普遍规律，矛盾无处不在，无时不在，任何事物都是矛盾的综合体，矛盾是事物存在的依据。如果没有了矛盾，也就没有了事物本身。

"和而不同"是孔子思想体系中的重要组成部分。孔子认为，"君子和而不同，小人同而不和"，即君子可以与他周围的人保持和谐融洽的关系，但他对待任何事情都必须经过自己大脑的独立思考，从来不愿人云亦云，盲目附和；小人则没有自己独立的见解，也不讲求原则，只求与别人完全一致，但最终他仍不能与别人保持融洽友好的关系。

这是在为人处世方面。其实，在所有的问题上，往往都能体现出"和而不同"和"同而不和"的区别。"和而不同"显示出孔子思想的深刻哲理和高度智慧。

结交朋友就是这样。没有完全一致的、十全十美的朋友，求同存异，和谐相处，是最大的收获，最愉快的结果。

在现实生活中，朋友之间所处的环境不同，在经历、教育程度、道德修养、性格等方面虽然是"同声相应、同气相求"，但也不尽相同，必然存在着一定的差距。这个差距，不应该成为友谊的障碍。

真正的朋友应该通过交换意见、沟通思想而取得共识。有时候，即使思想暂时统一不了，也不应伤了彼此的和气，时间一长，就可以看出谁对谁错了。

因此，要承认自己和朋友在对待事物方面的差距，适应这种差距，双方可以有争论，有辩解，但不可偏激，应在争论中寻找契合点，求大同，存小异。而事实上，有许多友情之所以中断，就缘起于对一些小异的偏激争执上。

所以当双方都各执己见、观点无法统一时，自己应该会把握自己，把不同的看法先搁下来，等到双方较冷静的状态时再辨明真伪。也许，等到你们平静的时候，说不定会相顾大笑双方各自的失态呢。

"求大同，存小异"是中国文化的根本特征和基本价值取向。"君子和而不同"正是对这一理念的具体阐发。"和而不同"实质上追求的是内在的和谐与统一，而不是表象上的相同与一致。今天，"和而不同"是人类共同生存的基本条件和基本法则。

在人与人、人与自然的关系上，中国传统文化历来主张平衡和谐，"以和为贵"。"君子和而不同"似乎可以区分为两种情况：就自身而言，不高明的人见到旁人的成功就一窝蜂随大流地模仿别人，反而引起恶性竞争，最终导致不和谐；高明的人总是与别人相协调，但并不盲目地重复或附和别人，因协调而不重复故能达成和谐。

美国的大富翁亚默尔年少时在家里干农活，17岁那年，全国的淘金热席卷而来，亚默尔毅然决定加入淘金者的行列。

淘金的山谷气候干燥，水源极其缺乏。因此，人们一面寻找金矿，一面不停地抱怨，甲说："谁让我喝一壶凉水，我宁愿给他一块金币。"乙宣布："谁若是能让我喝个饱，我将给他两块金币。"丙发誓："老子出三块金币！"当时也是淘金者的亚默尔，同样也遭遇到没水喝的困境，也发出过没水喝的抱怨声。

但后来亚默尔不再抱怨了，他从"没水喝"的问题中发现了机遇：如果将水卖给这些人喝，比挖矿更能赚钱。于是，他毅然放弃淘金，用原来用于挖金矿的铁锹去挖水渠，努力过后，河水流入了他事先挖好的水池中。于是，他干起了担水桶、提水壶的活儿，把一壶壶的水卖给挖金矿的人。一起淘金的伙伴们都嘲笑他："不挖金子发大财，却干这种蝇头小利的买卖。"后来，黄金渐渐难找了，很多淘金者都空手而归，而亚默尔腰包里的黄金却鼓了起来。

亚默尔顺应了淘金的潮流，这是"和"；但他没有重复别人，这是"不同"，合起来就是"和而不同"，所以他比别人高明，发财是对高明的应有报偿。

高明的人总是追求和谐，为此而包容差异，在丰富多彩中达成和谐；不高明的人，总是强求一致，因容不得差异而往往造成矛盾冲突。

一个乐队，想要演奏出和谐美妙的音乐，需要使用十几种乃至几十种不同的乐器，各奏其乐，各发其声，从而汇成宏大动听的交响乐。反之，如果乐队中只使用同一种乐器，其单调乏味是可想而知的。又比如，生物分雌雄，动物分公母，人类分男女，倘若世界上只有同一个性别，无法交媾，也就无法造就新的生命。我们的世界本来就是，也应当是一个"和而不同"的多样性的世界。

那么，如何才能达成"和"的局面呢？和而不同，也就是不要求与别人重复，不强求非与他人一致。在大目标不冲突的前提下，求大同，存小异，才能化解矛盾，共存共荣。

只要愿意共存共荣，就必然要磨合。磨合就是通过接触、交流、沟通来达成共识，以达到"和"的目的。

圆融为人就要求我们能允许不同意见的存在。不仅在一些思想观念上我们要求同存异，就是在具体的办事过程中，我们也要根据求同存异的原则，这样才能有更多的思路把事情办好，同时加深彼此之间的感情，以便以后进一步合作共事。

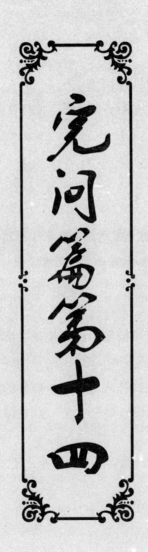

兑问篇第十四

士而怀居，不足以为士矣

【原文】

子曰："士而怀居，不足以为士矣。"

子曰："邦有道，危①言危行；邦无道，危行言孙②。"

【注释】

①危：正直。

②孙：通"逊"。

【译文】

孔子说："读书人如果留恋家庭的安逸生活，就不配做读书人了。"

孔子说："国家有道，要正言正行；国家无道，还要正直，但说话要谨慎谦逊。"

【解读】

士是中国古代的知识分子阶层，也就是现在所说的精英阶层，是管理国家、建设国家的中坚力量。他们的一言一行，一举一动都在人们中间起着示范作用。在"士"的身上，往往体现着儒家所倡导的仁德爱人、精忠报国等政治理想。所以，孔子在这里说，要是"士"总是留恋家庭生活，不愿意苦心励志，那就不配做"士"了。

孔子一向注重对学生为政做官能力的培养，经常教导学生一些为官从政的道理。

有一天，学生子张问孔子说："夫子教导我们怎么为官的道理，我有些体会了，夫子能告诉一些为政的道理吗？"

孔子回答说："君子治理民众，不要用很高的标准来要求他们，不要用很远的目标来诱导他们，也不要强迫他们做他们无法做到的事情。现在如果去拿前代圣君名主成功的事例给他们看，人民只会崇敬，而不会欢迎，如果拿多少年才能建成的功业去诱导他们，他们就会忧愁，继而逃走。"

子张说："弟子诚恳地接受您的教诲。"

孔子说："你一定要记住，水如果太清了就会没有鱼，人如果过于明察就会没有徒众。所以古时候帝王的皇冠前面垂着玉串，就是为了不使他们的眼睛太过于明察，用耳塞来塞住耳朵，就是为了不使他们的耳朵过于尖利。因此人民中间出现了邪枉就把它扶正过来，使他们有所收获。要实行宽大的政策，使他们自己寻求自身的不足。要根据民众的水平来教授他们道理，使他们可以独立思索，自己寻找方向。人民犯了小的错误，不要千方百计地寻找他的错误，而是要根据他的善行来赦免他，使他就像是死人获得重生一样，这样他一定会越变越好。而这也就是实行仁政啊！"

子张听后诚恳地对孔子说："夫子说得太好了。"

孔子说："因此你要想使自己的话语被人相信，最好是先虚心接受别人的意见；要想使政令迅速得到执行，最好是自己先做出表率；要想使人民尽快服从，最好是用正确的道理教诲他们。如果你能够做到这些，而不是苛责民众的话，就会成为一个好的执政者！"

一个人若安于现状，对生活无所求、便会在对生活的满足中死去。

人生本无所谓完满，它是一个不断奋斗，不断收获，又不断感到失望与不满的过程。"路漫漫其修远兮，吾将上下而求索"，古今中外成大事者哪一个不是苦心励志，积极进取的人呢？

贫而无怨难，富而无骄易

【原文】

子曰："为命①，裨谌②草创之，世叔③讨论之，行人④子羽⑤修饰之，东里⑥子产润色之。"

或问子产。子曰："惠人也。"问子西⑦。曰："彼哉！彼哉！"问管仲。曰："人也。夺伯氏骈邑⑧三百，饭疏食，没齿无怨言。"

子曰："贫而无怨难，富而无骄易。"

【注释】

①命：指与诸侯国交往的外交辞令。

②裨谌：郑国大夫，长于计划，对农村的事计划得当。

③世叔：名游吉，郑国大夫。

④行人：官名，掌管外交出使等事。

⑤子羽：名公孙挥，字子羽。

⑥东里：地名，在今河南郑州，子产所居。

⑦子西：郑国大夫公孙夏，与子产是同宗兄弟。

⑧骈邑：地名，伯氏的食邑。

【译文】

孔子说："郑国发表的公文，都是由裨谌起草的，世叔提出意见，外交官子羽加以修饰，由子产作最后修改润色。"

有人问子产是个怎样的人。孔子说："是个宽厚慈惠的人。"又问子西。孔子说："他呀！他呀！"又问管仲。孔子说："他是个有才干的人，他把伯氏骈邑的三百家夺走，使伯氏终生吃粗茶淡饭，直到老死也没有怨言。"

孔子说："贫穷而能够没有怨言是很难做到的，富裕而不骄傲是容易做到的。"

【解读】

贫贱与富贵是任何时代都存在的现象，要做到贫穷而没有怨言是不容易的，因为在贫穷的考验面前，任何人都可能抱怨，怨恨。富裕而不骄傲是容易的吗？孔子说，这容易。

其实也是很难的。想想看，当你富贵的时候，身边不如你的人就会向你谄媚，讨好，时间长了，不飘飘然才怪呢。可能你的骄傲完全是无心之举，可是，还没等你醒悟过来，已经大祸临头了。

晋武帝统一全国后生活奢侈腐化，大臣把摆阔气当作体面的事。在京都洛阳，有个富豪叫王恺，是皇帝的舅舅，权势很大，但没有石崇富有。石崇靠着搜刮民脂民膏、敲诈勒索，掠夺了无数的钱财、珠宝，成了当时最大的富豪。

石崇听说王恺很富有，就有心跟他比一比。

有一次，王恺请石崇和一批官员上他家吃饭。宴席上，王恺得意地对大家说："我家有一件罕见的珊瑚，请大家观赏一番怎么样？"

大家当然都想看一看。王恺命令侍女把珊瑚树捧了出来。那株珊瑚有两尺高，长得枝条匀称，色泽粉红鲜艳。大家看了赞不绝口，都说真是一件罕见的宝贝。只有石崇在一边冷笑，看到案头正好有一支铁如意，顺手抓起，朝着大珊瑚树就砸过去，一株珊瑚被砸得粉碎。人们都大惊失色。

王恺气急败坏地责问石崇："你……你这是干什么！"

石崇嬉皮笑脸地说："您用不着生气，我还您就是了。"

很快，石崇的随从就把他家的珊瑚树统统搬来了，让王恺挑选。几十株珊瑚树，株株条干挺秀，光彩夺目。至于像王恺家那样的珊瑚，那就更多了。周围的人都看呆了。王恺这才知道石崇家的财富，比他不知多出多少倍，也只好认输。

石崇和王恺不仅争豪斗富，而且还杀人取乐，毫无人性。

一次，王恺请一些豪贵到他家喝酒，为助酒兴，他叫女伎吹笛伴奏。女伎吹笛稍微走了点声韵，王恺便立即叫人把女伎拉到台阶下打死。女伎苦苦哀求，痛苦地惨叫，而宴会上的那些豪贵们却熟视无睹，神色自若，王恺更是面不改色，从容饮酒。

石崇在杀人取乐方面更不比王恺逊色。他有成百上千的奴婢，他可以任意使用、杀戮。石崇也经常宴请宾朋，以显示自己的豪侈。在宴饮时，他让美女劝酒，如果哪个美女劝酒而客人不喝，他便杀死劝酒的美女。一次，大将军王敦到石崇家作客，为看石崇杀美女以取乐，故意不肯饮酒。石崇连杀三人，王敦仍然面不改色，有人劝他快把酒饮了，他却说："石崇杀的是他自己家的人，与我何干！"

豪门权贵的贪婪、奢侈和残暴，引起一些较为正直大臣的担忧，他们知道，如果当权者再这样继续腐败下去，就有亡国的危险。大臣傅咸上书武帝，说如今奢侈的消费，比天灾还厉害。武帝却熟视无睹，听之任之，继续过着骄奢淫逸、醉生梦死的生活。西晋政权在这些蠹虫的蛀蚀下，迅速地成为空壳，很快便走向灭亡。

顾全大局而不拘泥于小节

【原文】

子曰："孟公绰①为赵魏老则优，不可以为滕、薛②大夫。"

子路问成人。子曰："若臧武仲③之知，公绰之不欲，卞庄子④之勇，冉求之艺，文之以礼乐，亦可以为成人矣。"曰："今之成人者何必然？见利思义，见危授命，久要不忘平生之言，亦可以为成人矣。"

子问公叔文子⑤于公明贾曰："信乎，夫子不言，不笑，不取乎？"公明贾对曰："以告者过也。夫子时然后言，人不厌其言；乐然后笑，人不厌其笑；义然后取，人不厌其取。"子曰："其然？岂其然乎？"

子曰："臧武仲以防求为后⑥于鲁，虽曰不要君，吾不信也。"

子曰："晋文公⑦谲而不正，齐桓公⑧正而不谲。"

子路曰："桓公杀公子纠，召忽死之，管仲不死。"曰："未仁乎？"子曰："桓公九合⑨诸侯，不以兵车，管仲之力也。如其仁，如其仁。"

子贡曰："管仲非仁者与？桓公杀公子纠，不能死，又相之。"子曰："管仲相桓公，霸诸侯，一匡天下，民到于今受其赐。微管仲，吾其被发左衽⑩矣。岂若匹夫匹妇之为谅也，自经于沟渎而莫之知也？"

【注释】

①孟公绰：鲁国大夫。

②滕、薛：两个小国名，在鲁国附近。

③臧武仲：姓臧孙，名纥，鲁国大夫，曾预知齐侯将败，不接受齐侯给他的封田，因而免受牵累。

④卞庄子：鲁国大夫，封地卞邑，以勇称。

⑤公叔文子：卫国大夫公孙拔，谥号文子。

⑥为后：立后的意思。臧武仲获罪出逃，曾据防城请求鲁君立臧氏后代为卿大夫，以此作为他退出防城的条件。

⑦晋文公：姓姬，名重耳。

⑧齐桓公：姓姜，名小白。

⑨九合：齐桓公多次与诸侯会盟，这里的"九"是虚指。

⑩被发左衽：头发披散，衣襟向左掩，这里指未开化的少数民族的装束。被，同"披"。衽，衣襟。

【译文】

孔子说："孟公绰做晋国赵氏、魏氏的家臣，是才力有余的，却没有才能做滕、薛这样的小国的大夫。"

子路问怎样可以成为一个完美的人。孔子说："如果具有臧武仲那样的智慧，孟公绰那样的克制，卞庄子那样的勇敢，冉求那样多才多艺，再用礼乐加以修饰，也就可以算是一个完人了。"孔子又说："现在的完人何必一定要这样呢？见到财能想到义的要求，遇到危险能献出生命，长久处于穷困还不忘平日的诺言，这样也可以算是一位完美的人了。"

孔子向公明贾问到公叔文子，说："先生他不说、不笑、不取钱财，有这样的事吗？"公明贾回答道："这是告诉你话的那个人的过错。先生他是到该说时才说，因此别人不厌恶他说话；快乐时才笑，因此别人不厌恶他笑；合于礼要求的利他才取，因此别人不厌恶他取。"孔子说："原来这样，难道真是这样吗？"

孔子说："臧武仲凭借防邑请求鲁君在鲁国替臧氏立后代，虽然有人说他不是要挟君主，我不相信。"

孔子说："晋文公诡诈而不正派，齐桓公正派而不诡诈。"

子路说："齐桓公杀了公子纠，召忽自杀以殉，但管仲却没有自杀。管仲不能算是仁人吧？"孔子说："桓公多次召集各诸侯国的盟会，停止了战争，都是管仲的力量啊。这就是他的仁德，这就是他的仁德。"

子贡问："管仲不能算是仁人吧？齐桓公杀了公子纠，他不能为公子纠殉死，反而做了齐桓公的宰相。"孔子说："管仲辅佐桓公，称霸诸侯，匡正了天下，老百姓到今天还享受到他的好处。如果没有管仲，恐怕我们也要披散着头发，衣襟向左敞开，做野蛮人呢。哪能像普通百姓那样格守小节，自杀在小山沟里，而谁也也不知道呢。"

【解读】

子贡拿人格来看管仲，可以说管仲是不仁不义。管仲是春秋时期的名相，帮助齐桓公成就了霸业。本来，管仲跟随公子纠，后来齐桓公杀了公子纠，按照那个时代的道德原则，管仲应该为主殉死，但他不但没有尽忠，反而投靠了齐桓公，做了齐桓公的宰相。

孔子说，政治道德、人生道德，很难评论得公平中肯。管仲投降了齐桓公以后，帮助齐桓公在诸侯中称霸，把当时那么乱的社会辅正过来，对历史的贡献，对国家民族社会的贡献太大了。到现在，老百姓还在享受着他的恩惠。今天，社会能够安定，各个诸侯国家能够和平相处，都应归功于他。如果当时没有管仲，恐怕我们也要披头散发，衣襟向着左边开，被少数民族奴役和统治了。

孔子还告诉子贡，管仲对历史的贡献有如此之大，没有管仲，我们的文化都可能灭绝了。这种情形，又怎么是普通男女认为他怎么不为公子纠而死的观念可比呢？再者，公子纠并没有充分重视管仲，他不听管仲的建议，否则，当今的霸主也就不是齐桓公了。公子纠不尊重管仲，管仲也就没有必要为他殉死。这就不能拿一般人的情形来责备管仲了。普通人一碰到失败就自杀，毫无价值，好像倒在污水沟里，这样一死了之，又有什么意义呢？所以，他不轻易为公子纠而死，以致后来才有这么大的贡献。

其实，孔子对管仲这个人既有肯定，也有否定，但总的说来，他肯定了管仲有仁德。根本原因就在于管仲"尊王攘夷"，反对使用暴力，而且阻止了齐鲁之地被"夷化"的可能。孔子没有在管仲的节操与信用上斤斤计较。

人们常说："凡事不能不认真，凡事不能太认真。"一件事情是否该认真，要看场合来定。

牛弘，字里仁，隋朝安定鹑觚人。他性情宽厚，好学博闻，因此深得隋炀帝信任，官拜吏部尚书，奉诏撰修"五礼"。经过他的不懈努力，终于写成，在隋朝广为流传。而牛弘的弟弟牛弼却跟他判若两人，时常酗酒闹事。

有一次，牛弼又喝多了酒。他满身酒气地回到家中，大呼小叫地吵了一番后，竟稀里糊涂地将牛弘驾车用的一头牛给射死了。牛弘的妻子非常气愤，但碍着是自家的小叔子不好发作，就强忍了下来，想等牛弘回来好好地告牛弼一状，让牛弘严厉处置他。

牛弘外出回家后，他的妻子满腹委屈地对他说："你也该管管你这个弟弟了，这不，他又喝醉了酒耍酒疯，居然把你驾车用的牛弄死了，这样下去可怎么能行呢？"

牛弘听了，一点也没生气，轻描淡写地说："那就将牛肉做成肉脯吧。"

妻子听了，埋怨他说："杀死一头牛这么大的事，你这个做兄长的怎么不好好地管教一下他呢？"

牛弘摇摇头说："你依我说的去做就是了，这件事不许再提了。"说完，拿起一本书自顾自地看了起来，不理妻子了。

牛弘的妻子见丈夫不再理会她，虽然心里老大不乐意，可还是去做肉脯了。

做完肉脯，牛弘的妻子实在是憋不住又和牛弘唠叨说："你这个做哥哥的就眼睁睁地看着自家兄弟骑在你头上为非作歹吗？为什么不拿出家长的威严好好管教他一下呢？"

牛弘头也不抬地说："这件事就不要再提了。"

牛弘的妻子生气地说："做了那么多的肉脯，还剩下很大一堆牛骨呢！怎么吃得完啊？"

牛弘依旧头不抬眼不睁地说："那就熬骨头汤喝，大家都补补身体！"

牛弘的妻子愤愤不平，过了一会儿又忍不住说："那可是一头大牛啊，没有牛，你用什么驾车啊？"

牛弘说："这件事我知道就行了。做人要宽厚一些，不要斤斤计较，给别人留有余地就是给自己留有余地。饶恕别人的过错，包容别人的缺点，宽容大度一些，对大家都有好处。治家也好，治国也好，施仁政的人才能得到别人的爱戴，别人才能从内心深处服从你。如果以严以暴治家治国，人们表面上服从，而内心是决不会服从的，这样会有更多类似的事情发生。"

牛弘的妻子听丈夫这么一说，也明白了丈夫的意思，就红着脸说："知道了。"

从此牛家没有人再提杀牛的事。牛弘的妻子也从牛弘那里得到启发，宽容治家，使全家上下和和气气，再也听不到闲言碎语了。而牛弼见自己闯了这么大的祸，哥哥居然没当回事，也自省了自己的种种劣行，从此收敛了许多。

一个人要想生活在一个健康的环境里，就一定不要斤斤计较个人的得失。

不拘泥于小节是一种豁达。

英国有一位很著名的作家，出身极其穷苦，他的成功是靠着从艰苦卓绝之中，抱着百折不挠的精神，长期奋斗得来的。他有一个习惯，就是从不计较别人支付给他的稿酬的多少。当他暮年的时候，各大书局竞相出版他的作品，他的酬金版税也就多了起来。

但好景不长，不久他就生了一场大病，生命垂危。这个消息一传开，立即有很多访问者赶来探望，他们的目的就是为了得知他的遗嘱，然后在各报发表。这班人马站在病床旁边向他请求说：“老先生，您是艰苦奋斗、百折不挠的代表者，您刻苦自励的精神让我们敬佩不已。您是成功的前辈，对我们这班敬仰您、想以您为榜样和目标的年轻人，您有何指教？我们愿意知道先生的秘诀，胜利的方法，以作我们的指引。”

那位老先生听了这番诚恳的请求，只是微微地睁开了昏花的老眼向着他们看了看，仍旧一言不发。

他们又向他请求说：“老先生，您在病中，我们还在打扰您，实在抱歉。只是，我们是新闻杂志的记者，愿意听听先生最后的教训，不但我们获益，在报上发表以后，不知又将造福多少青年，因此务请不吝赐教，我们恭听。”

“成功吗？秘诀吗？有，请看《马太福音》十六章二十六节。”老先生轻轻地说完上面的话，便合上了双眼，与世长辞了。新闻记者们把老先生的话一一记在纸上，连忙打开《圣经》看，只见上面写的是：“人若赚得全世界，赔上自己的生命，有什么益处呢？人还能拿什么换生命呢？”

是的，人即使得到了整个世界，却付出了生命，又有什么益处呢？因此，人一定不要斤斤计较个人的得失。

不拘泥于小节的人拥有豁达的胸怀，即使在他们去世之后，也让人们深深地怀念。不斤斤计较是一种明智，一辈子不吃亏的人是没有的。

《劝忍百箴》中认为：顾全大局的人，不拘泥于区区小节；要做大事的人，不追究一些细碎小事；观赏大玉圭的人，不细考察它的小疵；得巨材的人，不为其上的蛆虫而怏怏不乐。因为一点瑕疵就扔掉玉圭，就永远也得不到完美的美玉；因为一点蛆蛀就扔掉木材，天下就没有完美的良材。

有一则关于伯乐相马的故事。秦穆公对伯乐说："您的年纪大了，您的家人有能代替您去寻找千里马的人吗？"伯乐回答："判断一匹马是不是好马，可以从外貌、筋骨上来区分。但千里马很难捉摸，其特点若隐若现，若有若无，我的儿子们才能都很低下，我可以告诉他们怎样的是好马，但没有办法告诉他们怎样的是千里马。我有一个朋友，名字叫九方皋。他相马的本领不比我差，请您召见他吧！"

于是，秦穆公召见了九方皋，派他去寻找千里马。三个月之后，九方皋回来了。他向秦穆公报告说："千里马已经找到了，现在沙丘那个地方。"穆公问他："是一匹什么样的马呢？"九方皋回答："是一匹黄色的母马。"秦穆公派人去取，结果是一匹公马，而且是黑色的。秦穆公非常不高兴，于是将伯乐找来，对他说："九方皋连马的颜色和雌雄都分辨不出来，又怎么能知道是不是千里马呢？"伯乐长叹一声说道："他相马的本领竟然高到了这种程度！这也正是他超过我的原因啊！他抓住了千里马的主要特征，而忽略了它的表面现象；注意到了它的本领，而忘记了它的外表。他看到他应该看到的，而没有看到不必要看到的；他观察到了他所要观察的，而放弃了他所不必观察的。像九方皋这样相马的人，才真达到了最高的境界！"那匹马牵来了，果然是天下难得的千里马。

不拘泥于小节，也是一种高明的处世方法。

有时候，退一步海阔天空，换个思维想一想，一切就都迎刃而解了。所以，凡事总能找到解决的途径，只要你肯动脑筋。对于一些无关紧要的小事，你真的不必太过计较。人生苦短，用有限的时间多做一些有意义的事情吧！

【国学精粹珍藏版】 李志敏⊙编著

◎尽览中国古典文化的博大精深 ◎读传世典籍，赢智慧人生 —— 受益终生的传世经典

论语

卷四

民主与建设出版社
·北京·

其言之不怍，则为之也难

【原文】

公叔文子之臣大夫僎①与文子同升诸公。子闻之，曰："可以为'文'矣。"

子言卫灵公之无道也，康子曰："夫如是，奚而不丧?"孔子曰："仲叔圉②治宾客，祝鮀治宗庙，王孙贾治军旅。夫如是，奚其丧?"

子曰："其言之不怍③，则为之也难。"

【注释】

①僎：人名，卫国大夫，因公叔文子推荐，与公叔文子同任大夫。

②仲叔圉：即卫国大夫孔文子。

③怍：羞惭。

【译文】

公叔文子的家臣僎和文子一同做了卫国的大夫。孔子听说这件事以后，说："他死后可以给他'文'的谥号了。"

孔子讲到卫灵公的无道，季康子说："既然如此，为什么他没有亡国呢?"孔子说："因为他有仲叔圉接待宾客，祝鮀管理宗庙祭祀，王孙贾统率军队。像这样，怎么会亡国呢?"

孔子说："说话如果大言不惭，那么实现这些话就是很困难的。"

【解读】

古希腊最早的哲人泰勒斯说过："多说话并不表明有才智。"人有两只耳朵，只有一张嘴，一位古罗马哲人从中揣摩出了造物主的意图：让我们多听少说。孔子主张"君子讷于言而敏于行"。清朝的李笠翁也认为：智者拙于言谈，善谈者罕是智者。当然，沉默寡言未必是智慧的体现，世上有的是故作深沉者或天性木讷者。但是，相信这句话也是成立的：夸夸其谈者必无智慧。

有一则幽默，大意是某人参加会议，一言不发，事后，一位评论家对他说："如果你蠢，你做得很聪明；如果你聪明，你做得很蠢。"

评论家这句话说得很机智，意思也是明白的：愚人因沉默而未暴露其蠢，所以聪明；聪明人因沉默而未表现其聪明，所以蠢。仔细琢磨，其实不然。聪明人必须表现自己的聪明吗？聪明人非说话不可吗？聪明人一定有话可说吗？再也没有比听聪明人在无话可说时偏要连篇累牍地说聪明的废话更让人厌烦的了，此时他就很蠢。

沉默也是一种艺术，不是每个人都懂得沉默，不是每个人都知道在什么情况下和什么人说什么话时或听到什么话时应该采取沉默，因为沉默不仅代表不爱交谈，也有可能代表着其他你所想象不到的意思。

不同的缄默方式有不同的作用，运用时必须恰到好处。吉辛则说过："人世愈来愈吵闹，我不愿在增长着的喧器中加上一份，单凭了我的沉默，我也向一切人奉献了一种好处。"这两位圣者都是羞于言谈的人，看来绝非偶然。当然，沉默者未免寂寞，可那又有什么？

国际上曾经流行几句话：德国人"边说边做"，美国人"做了不说"，落后的国家"不说不做"。难怪世界上各个国家有强有弱，从他们的民族性，从他们对言行的关系，就可看出端倪了。因为"言行一致"的人，有言论也有力量实践，则凡事何愁办不成呢？

在一座寺庙里，有一位德高望重的长老，他手下有一个非常不听话的小和尚。这个小和尚总是深更半夜越墙而出，早上天未亮再越墙而入。长老一直想批评这个小和尚，但苦于没有罪证。

这一天深夜，长老在寺庙里巡夜，在寺院的高墙边发现一把椅子。他知道必定是那个小和尚借此越墙到寺外。于是，长老悄悄地搬走了椅子，自己就在原地守候。午夜，外出的小和尚回来了。他爬上墙，再跳到"椅子"上。突然，他感觉"椅子"不似先前硬，软软的甚至有点弹性。落地后的小和尚才知道，椅子已换成了长老，小和尚吓得仓皇离去。

在以后的日子里，小和尚觉得度日如年，他天天都诚惶诚恐地等候着长老对他的惩罚，但长老依旧和从前一样，对这件事只字未提。

小和尚觉得再也无法忍受了，他不想每天都在煎熬中度过。于是，他鼓起勇气找到长老，诚恳地认了错，哪知长老宽容地笑了笑，说：

"不用担心，这件事只有天知地知你知我知，你还怕什么？"

小和尚从此备受鼓舞，他收住心，再也没有翻过墙。通过刻苦的修炼，小和尚成了寺院里的佼佼者。若干年后，老和尚圆寂，小和尚成了长老。

有人说："一切伟大的诞生都是在沉默中孕育的。"智者们从沉默中得到了好处，只有他们理解沉默的价值。有内涵的人绝不会像暴发户一样轻易炫耀自己的聪明，在没有必要的情况下，他们宁可一言不发。结果，他们在沉默中获得了更大的价值。

勿欺也，而犯之

【原文】

陈成子①弑简公②。

孔子沐浴而朝，告于哀公曰："阵恒弑其君，请讨之。"公曰："告夫三子!"孔子曰："以吾从大夫之后，不敢不告也。君曰'告夫三子'者!"

之三子告，不可。

孔子曰："以吾从大夫之后，不敢不告也。"

子路问事君。子曰："勿欺也，而犯③之。"

【注释】

①陈成子：即陈恒，齐国大夫。

②简公：齐国国君，姓姜名壬。

③犯：冒犯，指犯颜谏争。

【译文】

陈成子杀了齐简公。

孔子斋戒沐浴以后，随即上朝去见鲁哀公，报告说："陈恒把他的君主杀了，请你出兵讨伐他。"哀公说:"你去报告季孙、仲孙、高孙那三位大夫吧。"孔子退朝后说："因为我曾经做过大夫，所以不敢不来报告，君主却说'你去告诉那三位大夫吧'!"

孔子去向那三位大夫报告，但三位大夫不同意出兵讨伐。

孔子又说："因为我曾经做过大夫，所以不敢不来报告呀!"

子路问怎样侍奉君主。孔子说："不能欺骗他，但可以犯颜直谏。"

【解读】

古代士大夫是怎么侍奉君主的呢？孔子提出"勿欺也，而犯之"，意思是你不要欺骗他，但你要忠言劝谏他，这才是为臣下的本分。如果欺骗他，那是小人的作为，君子是绝对不能这么做的。

寇准在中国历史上是一位传奇人物，关于他的故事在民间流传了1000多年。

他生于北宋年间，从小就表现出与众不同的才华。19岁，考中进士，在大名府成安县当官，开始步入仕途。他从县级开始做官，一步步跃升到京官，可以直接向皇帝提建议了。

寇准官运亨通，但他并不依附权贵，相反，却刚正廉明，不畏强权。有一次，寇准奏事，因与太宗言语不和，太宗大怒，起身就要退朝。寇准情急之下，上前扯住太宗的衣角让他坐下，继续劝谏，直到太宗同意了才算放过。这就是历史上有名的"挽衣留谏"的佳话。

宋太宗十分赞赏他，曾对人说过："我得到寇准，像唐太宗得到魏征一样。"由此可见，他在宋太宗智囊团中占有重要的地位。

宋太宗去世后，宋真宗继位，任命寇准为宰相。不久，辽兵大举南犯。辽国萧太后、辽圣宗亲率20万大军，长驱直入，兵锋直指黄河北岸的澶州（今河南濮阳）。

边关告急，群情惶恐。

真宗召集诸大臣商议对策。参知政事王钦若是江南人，主张皇帝避难金陵。大臣陈尧叟是四川人，主张皇帝避难成都。真宗本来就没多大决心，听他们一说，就想妥协。

寇准对投降派厉声质问："谁为陛下出这样的下策，罪当杀头！"并且说："只要皇上亲自率兵出征澶州，就一定能打败辽兵。"

真宗和众大臣都迷惑不解。寇准分析道："当今皇上神武非凡，文臣与武将同心协力，如果大驾亲征，贼兵自当退走；即使不退，也可以出奇计挫败贼兵的阴谋。我们坚守城池，以逸待劳，就能得胜。如果放弃宗庙，远避到楚、蜀这样偏远的地方，人心崩溃，贼兵就会乘虚而入，大宋天下还能保得住吗？"毕士安也力劝真宗亲赴前线鼓舞士气。

真宗听了两位宰相的意见，胆子也大了起来，立即决定率兵亲征，令寇准随同指挥。结果，宋军大败辽军，为议和奠定了基础。

寇准多次直言劝谏，也屡次遭到奸佞小人的陷害，最终被贬，死在了异乡。

在孔子的思想中，君子是理想的化身，是仁义的体现，是智勇的代表。他们无论处在什么险恶的环境下，都离不开"仁"，离不开"忠"，寇准可以说是这样的人，可以说是后世的楷模，所以也受到了后世的尊崇。

古之学者为己，今之学者为人

【原文】

子曰："古之学者为己，今之学者为人。"

【译文】

孔子说："古代的人学习是为了提高自己，而现在的人学习是为了给别人看。"

【解读】

古代人们质朴笃厚，少名利之心。当今之时，皆为名利奔波。古人学习，在于养德；今人学习，在于装潢。目的不同，动机相异，结果也就大为不同。古人学习注重如何做人，今人学习重在技巧。

孔子在两千多年前就谈到"为己之学"与"为人之学"的区别，这句话在今天仍然适用。"为己"就是充实自身，完善自身，不要一看见"为己"就认为那是为己谋私利。当然，也不要一看见"为人"就认为那是为人民服务。

宋代思想家朱熹的《观书有感》中有句话说："问渠那得清如许，为有源头活水来。"意思是问它怎么会如此清澈明丽？原来有一股活水不断从源头流来。古人读书，大都身体力行，他们都知道读书是一个很艰难的过程，需要不断地从生活中汲取经验，掌握规律，才能实现"人情练达"的境界。当今社会，很多人认为知识、学问不过是为了达到某种目的的手段、工具而已，认为一门心思做学问的人是傻瓜。

也有一些孩子认为，"读书是为了父母而读"，"读书是为了将来有个好职业"。对他们来说，"为人之学"就是为了获得一纸文凭。因为这个社会过于看重一个人的学历和学位。

不知道怀有这种观念的学生有没有想过，如果纯粹是为了获取文凭而学习，很可能会与某些最值得学习的东西失之交臂，例如那些足以受益终生的思想、方法、经验，乃至学习本身的快乐等。如果在学习中一心想着学历、学位以及得到的好工作、好收入、好名声等世俗的目标，很可能会离自己内心深处的兴趣、理想以及真正属于自己的那种人生境界越来越远。

其实，文凭只不过是一张薄纸，它无法全面地说明一个人的学识和经验，也无法最终决定一个人的前途和命运。为了文凭而学习的做法无法让人全身心地投入，无法给人带来足够的激情和动力，它只会让你陷入深深的迷茫和困惑。曾经有许多学生在拿到毕业文凭后却一下子失去了目标，也不知道该向何处去……凡此种种，不都是因为这一纸薄薄的文凭吗？

所以，学习之重要，不在于它可以获取文凭，而在于它是实现理想、追随兴趣的必由之路。

生存是人的第一需要，我们的生活离不开吃饭和穿衣，但是如果把一个人关到一间屋子里，吃得好，穿得好，他并不能感到快乐，这是什么原因呢？因为他看不见，也听不见。眼睛和耳朵是我们的主要器官，也是主要的审美器官。如果看不到听不见，就不知道自己和别人的区别，也就不能超越自己。

从这里，我们能够看到人生的境界，人生境界就是指除了作为个体之外，我们这个世界对于个人、对于人生的意义何在。同样的世界和同样的人生对于每个人的意义是不同的。人生是有限的，但同样是有限的人生，追求不同，意义也就不同。

只有持续学习，才可以不断地提高自己，让自己逐渐接近真正的成功。学习不是为了文凭，不是为了父母，更不是为了光宗耀祖。学习是为了自己，是为了让自己的一生有意义，是为了自己获得最大的满足和快乐。

在当今社会，有些知识分子没有真正认识到学问、学术的真正价值，不知道文化、学术是一个民族的命脉，却把学问、学术当作评职称、晋级，甚至升官发财的"敲门砖"。这也从反面说明了这些人并无真正的学问。所以，学习的另一个目的是在整个人生过程中不间断地更新自己，以便与时代发展保持同步。

学问关乎每个人的切身利益。作为学生，要寻找自己的人生目标和兴趣所在，多想想如何把自己的学习和将来的事业、兴趣、理想顺利地衔接起来，不要总是把一个又一个学位当作自己的下一个目标，并因此浪费了人生中应该大胆尝试、追逐理想、寻找兴趣的黄金年华。

不在其位，不谋其政

【原文】

蘧伯玉①使人于孔子。孔子与之坐而问焉，曰："夫子何为？"对曰："夫子欲寡其过而未能也。"

使者出。子曰："使乎！使乎！"

子曰："不在其位，不谋其政。"②

曾子曰："君子思不出其位。"

【注释】

①蘧伯玉：名瑗，卫国大夫。孔子在卫国时曾居住他家。

②此句重出，已见《泰伯篇》。

【译文】

蘧伯玉派使者去拜访孔子。孔子让使者坐下，然后问道："他老人家最近在做什么？"使者回答说："先生想要减少自己的过失，但未能做到。"

使者走了以后，孔子说："好一位使者啊！好一位使者啊！"

孔子说："不在那个职位，就不要考虑那个职位上的事情。"

曾子说："君子考虑问题，从来不超出自己的职责范围。"

【解读】

孔子说："不在其位，不谋其政。"这是当代社会特别应该提倡的一种职业化的工作态度。这里还隐含着一个前提，就是"在其位，谋其政"，先做好自己的事，不要操心别人的事。那么，在其位怎么谋其政呢？就是尽职。

雅妮做总经理助理已经5年了，做事兢兢业业，干净利落，总经理对她很赏识。最近，还特意给她提了一次薪。雅妮干得更认真了。

这天，老总一走进办公室，就气冲冲地对雅妮说："把这个传真发到新生公司去，他们的产品有质量问题。从今天起，中止合作。"

过了几天，老总又着急地说："糟了，产品问题不是出在新生公司那里，而是另一家公司。我冤枉他们了。上周我让你给新生公司发传真，中止合作，还狠狠地批评了人家。你快告诉我电话，我要亲自向人家道歉。"

雅妮得意地说："老总，那个传真我没发。"

老总一愣："没发？"

雅妮解释说："因为当时还没有核实是哪家公司的责任，您又在气头上，所以我没发。"

老总又问："上周我让你发到欧洲的那几封信，你发了没有？"

雅妮说："都发了。我知道什么该发，什么不该发。"

老总看了雅妮好一阵，然后走出办公室，一言不发。

没一会儿，雅妮就接到了人力资源部的电话，她被解职了。雅妮一听，惊呆了。她立刻来到老总的办公室。

雅妮问："难道我做错了吗？"

老总说："难道你没意识到？"

雅妮问："我错在哪里？"

老总说："公司有一个老总就足够了！"

雅妮哭着离开了公司。

按说，老总找到雅妮这么敬业的助理也是不容易的，可是，老总还是把她给辞退了。因为她忘记了自己的身份，做了她不该做的事。

所以，在工作中，无论你与老板的关系多么亲密，也不要逾越与老板之间的界限，老板决定的事情，你就要无条件地执行。即使老板不在身边，摆在面前的事情又微不足道，你完全能够处理，而且知道老板也会像你一样处理，你也不要轻举妄动。现在通讯这么方便，你可以打个电话请示老板一下，得到老板的授权后再处理。

在今天这个时代里，虽然到处都呈现出一片日新月异的景象，为人们提供了很多发展自己人生事业的机遇，但也因此有很多人身上都滋生了一种自由散漫、不受约束、不负责任的毛病。在这个时代，只有具备了尽职尽责精神的人，才会受到重视和提拔。

君子耻其言而过其行

【原文】

子曰："君子耻①其言而过其行。"

【注释】

①耻：古汉语中的意动用法，……以为耻。

【译文】

孔子说："君子认为说得多而做得少是可耻的。"

【解读】

在《论语》里，对于言和行的关系，孔子曾三番五次地论述，很多已成为至理名言。比如，"巧言乱德"，这是提醒人们说话的时候要谨慎；"辞达而已矣"，这是说说话只要把意思表达清楚就可以了。"敏于事而慎于言"，是说做事勤勉，说话要慎重。而"君子耻其言而过其行"，则是劝诫人们不要只顾说，而不去做。这是孔子对言行问题的又一次明确表态。孔子这些说法，表述虽有些不同，但总的是强调要少说话，多做事。

《伊索寓言》里有这样一则故事：一条藏在泥土里的蚯蚓，爬到地面上来，对全体动物说："我是医生，精通医药，像众神的医生派厄翁那样高明。"狐狸听了，说："你给别人治病，怎么不治一治自己的跛脚呢？"

人在生活中，工作中，都不可能不说话，怎么说话是很重要的，但总有这样一种人，在一些场合说起话来绘声绘色，滔滔不绝，可是看他的行动就大不一样了，远没有他讲得好，远没有他讲得多。说出的话可以不兑现，承诺的可以不信守。夸夸其谈，不负责任。还有的人，讲得很不错，听起来似乎有道理，而一到实际行动中就大不一样了。总之，他们都是言与行的脱节者。可能在最开始，会有一些人相信这种人所说的话，但时间一长，人们再对照他的行为，就会对他失去了信任。无论他怎么说，说得多好，也不会相信了。所以有人讥讽这种人是"言语的巨人，行动的矮子"。还有人叫他们是"吹牛家"、"放空炮"等。这种人总是"言过其行"，当然不值得信任。

少说空话，多做实事。这是大家都知道的道理。一个人如果只靠一张嘴说话，那么这个人绝对不能够和那些愿意动手去做事的人竞争。就如寓言中的蚯蚓一般，把不能实现的东西说得再好听也不能逃避事实。多少华丽的包装都会被人看穿。

在孔子看来，君子是不会有这种问题的，君子总是慎于言的。他们会以这种言过其行的毛病而感到羞耻。所以要做一个让人信任的人，就一定要在言与行的问题上认真对待。

请记住孔子的提醒，要以言过其行为耻，要谨言慎行，勤勉办事，做一个实实在在的人。

以直报怨，以德报德

【原文】

或曰："以德报怨，何如？"子曰："何以报德？以直报怨，以德报德。"

【译文】

有人说："用恩德来报答怨恨怎么样？"孔子说："用什么来报答恩德呢？应该是用正直来报答怨恨，用恩德来报答恩德。"

【解读】

孔子反对以德报怨，而是主张以直报怨，其中"直"是公正、率直、磊落的意思。孔子认为，"以德报怨"表面看起来是忠厚仁恕，而实际上是教人以欺诈之道，使人要么变得更虚伪，要么变得更能忍耐，最终使人的真性情被消磨掉。

在中国的历史上，有不少以直报怨的事例。

战国时期，梁、楚两国的边境地带设有边亭，大夫宋就担任梁国边境县的县令一职。两国边亭的人员各自种了一块瓜田。梁亭百姓十分勤劳，多次给瓜田浇水灌溉，他们种的瓜长势喜人。而楚人比较懒，很少给瓜田浇水灌溉，他们种的瓜长势不好。

楚人出于妒忌，就趁天黑偷偷地去糟蹋梁人的瓜秧，被梁亭的人发觉了，就向宋就请求，也去糟蹋楚人的瓜秧。宋就知道了以后，说："仇怨是灾祸的根由。因为别人嫉妒你，你就去报复别人，这不能解决问题。"随后，他派人每晚悄悄地去为楚人浇瓜。楚人早晨到瓜田一看，发现已经浇灌过了，瓜秧也水灵了。就这样，在梁人的帮助下，楚亭的瓜田长势一天比一天好起来。楚人感到奇怪，便暗中察访，知道原来是梁人干的。楚国人非常感动，便把这件事报告给楚国朝廷。楚王听到这件事，感到很惭愧，知道自己的百姓糊涂，做了错事，同时，楚王对梁国人能暗中忍让也赶到钦佩，便派人带着丰厚的礼品向梁国边亭人员道歉，并请求与梁王交往。楚王时常称赞梁王最讲究信义，楚国与梁国关系从此日益融洽。

如宋就和梁人这种做法就是以德报怨，一般人真是很难做到。其实，孔子并不赞成这样的做法。他主张"以直报怨，以德报德"，就是要用正直的行为去回报别人的怨恨，用恩德去回报别人的恩德。当然，孔子也不主张以怨报怨。你不仁，我就不义；你打我一拳，我就踢你一脚。正所谓"冤冤相报何时了"，无休无止地斗下去，那也就没有什么意思了。

通常说来，"以德报怨"就是对于自己怨恨的人施以友好、宽容，用"德"来感化他人、化解矛盾。然而所谓"过犹不及"，一味地丧失原则，一味地用仁爱之心去宽恕一切的人肯定是"过"了。

《西游记》中的唐僧作为出家人，慈悲为怀，屡次以德报怨，却险些成为妖魔的大餐。幸好孙悟空能直面恶魔，敢于迎头痛击，才能战胜困难得以前行。如果师徒四人都只信奉以德报怨，那么在遭遇了黄风怪、白骨精等重重劫难后，很难想象其能否最终取得真经。

在现实生活中，好人与坏人混杂，真善美与假恶丑的对立是永远存在的。在面对假、恶、丑时，最好的战斗策略就是以"直"抗争，以直报怨、以正压邪、坦坦荡荡、不卑不亢。从这个意义上来说，作为"以德报怨"和"以怨报怨"之间的"中庸"之道，即儒家的"以直报怨，以德报德"，是值得提倡的。

当我们与人交往的时候，难免会遇到些摩擦与不快。每当这个时候，我们面对问题的态度，就往往体现了一个人的度量和心胸：心胸豁达的人，选择用一颗宽容之心来包容一切；心胸狭窄的人，则选择斤斤计较。

海纳百川，有容乃大。宽容是人类性情的空间，这个空间愈广大，自己的性情愈有转折的余地，就愈加不会动肝火、闹情绪，愈加不会纠缠于无谓的小事。因此，一个宽容的人，到处都可以微笑着对待人生。

宽容是什么？宽容并非是不分是非，不讲原则，一味盲目地姑息纵容，而是在面对一些无关紧要的小事时，能够不计较，不追究，潇洒地挥挥手，让不快随风而去。

黎巴嫩诗人纪伯伦曾经说过："一个伟大的人有两颗心：一颗心流血，一颗心宽容。"一个人性格豁达，才能纵横驰骋；若纠缠于无谓的鸡虫之争，则终日不得安宁。唯有对世事时时保持心平气和、宽容大度，才能处处契机应缘、和谐圆满。

曹操虽然生性多疑，心胸狭窄，但为了实现自己的政治抱负，有时也能不计私仇、宽以待人。

张绣曾是曹操的死敌，曹操的长子曹昂、侄子曹安民都死在张绣的手中，但曹操觉得张绣很有军事才能，因此在官渡之战前，和他重归于好。

陈琳曾为袁绍写檄文痛骂曹操，平定了河北以后，曹操虽然当面指责了陈琳，但并没有处置他，反而让他在自己的军中任职，掌管文书工作。

正因为曹操的宽容与不计前嫌，才使张绣和陈琳心悦诚服地归顺，为曹操统一北方积蓄了力量。

法国作家雨果曾说："世界上最宽阔的是海洋，比海洋更宽阔的是天空，比天空更宽阔的是人的胸怀。"因为宽容，无数的干戈瞬间都化为片片的玉帛；因为宽容，一切的不愉快和仇恨都变得淡然如水。

当我们与人发生矛盾时，不妨用大海般的广阔胸怀包容一切；不妨做到"有容"、"无欲"；不妨"忍得一时怒，免得百日忧"；不妨"度尽劫难兄弟在，相逢一笑泯千仇"。海之所以博大深沉，是因为海具有宽容的品格。蕴含生命的海昭示：宽容一切，才能蕴含一切；蕴含一切，才能征服一切。宽容是海！

宽容是一种豁达的风范，对于人生，也许只有拥有一颗宽容的心，才能面对自己的人生。

宽容是一种涵盖万物的力量，它"以静制动"、"以柔克刚，刚柔相济"。能宽容者，能治天下。

宽容还是医治心灵伤痛的灵丹妙药，宽容就如同一缕灿烂的阳光，撒在心灵上，曾经冰冻的心又重新苏醒，曾经滴血的伤痕也得以愈合，曾经的恩恩怨怨都会烟消云散，暗淡无光的心里从此也会变得阳光明媚。

退一步，海阔天空；忍一时，风平浪静。对于别人的过失，必要的指责无可厚非，但能以博大的胸怀去宽容别人，就会让世界变得更精彩。

不怨天，不尤人

【原文】

子曰："莫我知也夫！"子贡曰："何为其莫知子也？"子曰："不怨天，不尤①人，下学而上达。知我者其天乎！"

公伯寮②愬子路于季孙。子服景伯③以告，曰："夫子固有惑志于公伯寮，吾力犹能肆诸市朝④。"子曰："道之将行也与，命也；道之将废也与，命也。公伯寮其如命何！"

子曰："贤者辟⑤世，其次辟地，其次辟色，其次辟言。"子曰："作者七人矣。"

【注释】

①尤：责怪。

②公伯寮：姓公伯，名寮，鲁国人。

③子服景伯：姓子服，名何，字伯，谥号景，即鲁国大夫子服何，孔子的学生。

④市朝：古人把罪人的尸体示众，或者于朝廷，或者于市集。

⑤辟：通"避"。

【译文】

孔子说："没有人了解我啊！"子贡说："怎么能说没有人了解您呢？"孔子说："我不埋怨天，也不责备人，下学礼乐而上达天命，了解我的只有上天啊！"

公伯寮向季孙告发子路。子服景伯把这件事告诉给孔子，并且说："季孙氏已经被公伯寮迷惑了，我的力量能够把公伯寮陈尸于市。"孔子说："道能够得到推行，是天命决定的；道将要被废掉，也是天命决定的。公伯寮能把天命怎么样呢？"

孔子说："贤人逃避动荡的社会而隐居，次一等的逃避到另外一个地方去，再次一点的逃避别人难看的脸色，再次一点的回避别人难听的话。"孔子又说："这样做的已经有七个人。"

【解读】

俄国大诗人普希金在他的诗中写道："假如生活欺骗了你，不要悲伤，不要心急，忧郁的日子里需要镇静，相信吧，快乐的日子将会来临。"

一般说来，凡是成大功、立大业的人，往往不是那些幸运之神的宠儿，反而是那些"没有机会"的苦命孩子。例如，只用一个划水轮，就发明蒸汽船的富尔敦；只有陈旧的药水瓶与锡锅就发现"法拉第定律"的法拉第；还有那使用最简陋的仪器来从事实验的贝尔，发明了电话。

在人类历史中，没有一件事比人们从困苦中成就功名的故事更能吸引人了。"没有机会"永远是那些失败者的借口，大多数失败的人会告诉你：自己之所以失败，是因为得不到像别人那样好的机会，因为没有人帮助他，没有人提拔他。他也会对你说："好的地位已经额满了，高等的职位已被霸占了，所有的好机会都已被他人捷足先登了，所以我是毫无机会了。"

如果把等待机会从天而降当成一种习惯，那是一件危险的事。工作的热忱与精力，就会在这种等待中被消磨殆尽。对于那些不肯工作而只会等待机会的人，机会是可望而不可即的。只有那些勤奋工作的人，不肯轻易放过机会的人，才能看得见机会，也才能抓得住机会。

要知道，即使是真有天才的人，也必须适应环境，先从点点滴滴的基础工作干起。一个人应该用自己的实有成绩去敲开成功之门，唤起别人对自己的理解和信任，而不能在什么都没有的时候硬要人家承认自己。

还有许多人已经获得了很好很大的机会，但他们却还在梦想着发财的、高升的、更大更好却又渺茫不可及的机会。当前的机会他们抓不住，因为他们心目中有太多不切实际的想法。

如果让这些怨天尤人的人，与林肯换个地位，那他们对于所谓"机会"，究竟将作何感想？假使他们住在旷野中，一处简陋的木造房子，无窗无门，远离学校、教堂、铁路，没有报纸、书籍、金钱，没有寻常生活的享受，甚至没有日常生活上的必需品，他们会作何感想？假使他们必须在荒野中跋涉50里，才能借到几本书籍，然后在白天辛勤工作后，到了晚上，还要借着木柴的火焰来阅读，他们会作何感想？然而在这种冷酷无情的环境下，却造就了美国伟大的总统，在这种处处不顺遂的环境中，磨炼成了世界上空前伟大的人格。

所以，当你怀才不遇的时候，不要抱怨，或者在本单位寻求施展才能的机会，或者换个环境，找到适合自己的位置。发牢骚百害而无一益。毛泽东说：

"牢骚太盛防肠断，风物长宜放眼量"，确是有识之论啊！

只是坐在椅子上一味烦恼的人，是不会有任何改变的，过去的就让它过去，重要的是，我们要如何做，才能使自己"明天会更好"。

在太阳之下的每个人，只要有抓得住当前机会的毅力和能为目标而奋斗的精神，就有获得成功的可能。我们应该牢记，出路在自己脚下。若以为出路是在别处或在别人脚下，那是注定要失败的。

亚历山大在攻克了敌人的一座城市之后，有人问他："假使有机会，你想不想把第二个城市攻占了？"

"什么？"他怒吼起来，"我不需要机会！我可以制造机会！"

当然，机遇不可能无缘无故地从天而降，也不会像路标一样，就在前面静静地等着你。机遇具有隐蔽性，它是隐蔽着的；机遇具有潜在性，它等待着开发；机遇具有选择性，它只垂青那些在追求中、动态中、捕捉中的人。

你是被动地、消极地等待机遇，还是主动地去追求？等待机遇不像是等班车，到点儿车就来，机遇要看你的等待状况如何。是不是碰上了机遇，是不是抓住了机遇，是不是失去了机遇，是不是再也没有机遇，这些都是一种现象。而实质问题在于你是否在认真地准备着、刻意地追求着。

古时有一位妇人，特别喜欢为一些鸡毛蒜皮的小事生气。她也知道自己这样不好，可就是改不了。一天，她听说有一位得道高僧很有办法，便决定去向高僧求救，希望高僧为自己谈禅说道，化解抱怨的心理，开阔心胸。

当高僧听了她的讲述后一言不发地把她领到一座禅房中，落锁而去。

妇人看见高僧不说一句话就把她锁在房中，气得跳脚大骂，并抱怨自己为什么要到这鬼地方受气。她骂了许久，见高僧不理会，妇人便又开始哀求，可高僧仍置若罔闻。最后，妇人终于沉默了。

这时，高僧来到门外，问她："你还生气吗？"

妇人说："我只为我自己生气，我怎么会到这地方来受这份罪。"

"连自己都不能原谅的人又怎么能远离抱怨呢？"高僧说完，拂袖而去。

过了一会儿，高僧又问她："你还生气吗？"

"不生气了。"妇人说。

"为什么？"

"生气也没用。"

"你的怨气并未消失，还积压在心里，爆发后将会更加剧烈。"高僧说完又离开了。

当高僧第三次来到门前时，妇人告诉他："我不生气了，因为不值得气。"

高僧笑道："还知道不值得，可见心中还有衡量，还是有气根。"

妇人问高僧："大师，什么是怨气？"

高僧没有回答，只是将手中的茶水倾洒于地，说道："什么是怨气？怨气便是别人吐出而你却接到口里的那种东西，你吞下便会反胃，你不看它时，它便会消散了。"

妇人沉思良久，终于领悟了真谛，对大师说道："刚刚我有怨气吗？好像没有吧。"大师笑道："看来你真的领悟了。"说罢，开锁而去。

在漫长的人生旅途中，我们要承担着许多的义务和责任，由此就会衍生出无数的烦恼与忧愁，也就难免有这样或那样的痛苦让人心生抱怨。抱怨是一种心病，是一种习惯，要想化解它，重要的是学会自我调节，维持心理平衡。生命是美好的，它对每个人都是平等的，关键就在于如何把握生活，享受生活。用满面愁容来面对生活，生活会让你越发的满面愁容；用微笑来面对生活，即使在寒冷的冬天也会感到生活的温暖，漆黑的午夜也会看到黎明的曙光。

知其不可而为之

【原文】

子路宿于石门①。晨门②曰："奚自？"子路曰："自孔氏。"曰："是知其不可而为之者与？"

子击磬于卫，有荷蒉而过孔氏之门者，曰："有心哉，击磬乎！"既而曰："鄙哉，硁硁乎！莫己知也，斯己而已矣。深则厉，浅则揭。"子曰："果哉！未之难矣。"

子张曰："《书》云：'高宗谅阴，三年不言。③'何谓也？"子曰："何必高宗，古之人皆然。君薨④，百官总己以听于冢宰三年。"

子曰："上好礼，则民易使也。"

子路问君子。子曰："修己以敬。"曰："如斯而已乎？"曰："修己以安人⑤。"

曰："如斯而已乎?"曰："修己以安百姓。修己以安百姓,尧舜其犹病诸?"

【注释】

①石门:鲁城的外门。

②晨门:守门人,负责早夜开闭城门。

③"高宗谅阴"两句:见《尚书·无逸》,原文语句稍有不同。意谓高宗守丧,三年不问国事。高宗,商王武丁。谅阴,天子居丧所住的庐屋。

④薨:周代诸侯死亡称薨。

⑤人:这里指与自己关系密切的人,如亲族朋友等。

【译文】

子路夜里住在石门,看门的人问:"从哪里来?"

子路说:"从孔子那里来。"看门的人说:"是那个明知做不到却还要去做的人吗?"

孔子在卫国,一次正在敲击磬,有一位背扛草筐的人从门前走过,说:"有深意啊,这个击磬的人!"一会儿又说:"声音硁硁的,真可鄙呀,没有人了解自己,只为自己就是了。水深就穿着衣服趟过去,水浅就撩起衣服趟过去。"孔子说:"坚决啊,没有办法说服他了。"

子张说:"《尚书》上说,'高宗守丧,三年不谈政事。'这是什么意思?"孔子说:"不仅是高宗,古人都是这样。国君死了,继承的君王三年不问政事,各部门的官员听命于宰相。"

孔子说:"在上位的人若遇事依礼而行,就容易使百姓听从指挥。"

子路问什么叫君子。孔子说:"修养自己,保持严肃恭敬的态度。"子路说:"这样就可以了吗?"孔子说:"修养自己,使上层人物安乐。"子路说:"这样就够了吗?"孔子说:"修养自己,可以使所有百姓都安乐。修养自己使所有百姓都安乐,尧、舜恐怕都难做到呢?"

【解读】

"知其不可为而为之",这个道理好像有点"明知山有虎,偏向虎山行"的味道。但这一点却是做人的道理。孔子一生的做事风格,最足以用来形容的就是这七个字——"知其不可而为之"。获得诺贝尔文学奖的美国女作家赛珍珠评价孔子说:"他在每一个地方寻找他的追随者。他是贫穷的,受到傲慢者和得势者的拦截,嘲笑,但他不屈不挠,绝不改变他的信念。"鲁迅先生说孔子是一个"知其不可为而为之，以事无大小，均不放松的实行者"。

人作为一个自然存在物，显然是有着种种人力所不能控制的因素，人的主观自觉无法改变的领域。但是在孔子"仁""义"的境界里，我们要立"公心"，求"正当"，我们认为是正当的，我们就应该义无反顾地去践行它，去追求它。

海明威的名著《老人与海》里面有这样一句话："英雄可以被毁灭，但是不能被击败。"故事中的渔夫老人连续 84 天没有捕到鱼，在别人眼中，老人绝对是一个失败者。因为作为渔夫，捕不到鱼，还能算是真正的渔夫吗？但是，渔夫老人最终捕到了一条从来没有见过的大鱼，为了杀死这条大鱼，老人又被折腾得筋疲力尽。而又在这时，他又遇到了大鲨鱼的袭击，老人又和大鲨鱼展开了殊死搏斗。

老人的英勇正在于"知其不可为而为之"，不论要经历多少苦难，也必须要想尽办法去把它干下去，尽量干好。尼采说过这样一句名言："受苦的人，没有悲观的权利。"在事业的战场上，我们不但要有跌倒之后再爬起来的毅力，拾起武器再战的勇气，而且从被击败的那一刻，就要开始新的奋斗，甚至不允许自己倒下，不准许自己悲观。那么，我们就不是彻底输，只是暂时"没有赢"罢了。

玛格丽特·米契尔是世界著名作家，她的名著《乱世佳人》享誉世界。但是，这位写出旷世之作的女作家的创作生涯并非我们想象的那样顺利，相反，她的创作生涯可以说是坎坷曲折。玛格丽特·米契尔靠写作为生，没有其他任何收入，生活十分艰辛。最初，出版社根本不愿为她出版书稿，为此，她在很长一段时间里不得不为了生活而担忧。

但是，玛格丽特·米契尔并没有放弃，她说："尽管那个时期我很苦闷，也曾想过放弃，但是，我时常对自己说：'为什么他们不出版我的作品呢？一定是我的作品不好，所以我一定要写出更好的作品。'"

经过多年的努力，她终于完成了《乱世佳人》这部巨著，玛格丽特·米契尔为此热泪盈眶。她在接受记者采访时说："在出版《乱世佳人》之前，我曾收到出版社 1000 多封退稿信，但是，我并不气馁。退稿信的意义不在于说我的作品无法出版，而是说明我的作品还不够好，这是叫我提高能力的信号。所以，我比以前任何时候都努力，终于写出了《乱世佳人》。"

个体心理学先驱艾尔费烈德·艾德勒说："你越不把失败当做一回事，失败越不能把你怎么样。只要能保持个人心态的平衡，成功的可能性就越大。"这是个很有力的建议，其实失败很可能是上帝给予我们的奖赏。

让我们看一看林肯的简历：21 岁时，做生意失败；22 岁时，角逐州议员落选；24 岁时，做生意再度失败；26 岁时，爱侣去世；27 岁时，一度精神崩溃；34 岁时，角逐联邦众议员落选；36 岁时，角逐联邦众议员再度落选；45 岁时，角逐联邦参议员落选；47 岁时，提名副总统落选；49 岁时，角逐联邦参议员再度落选；52 岁时，当选美国第十六任总统。如果林肯在这些失败的事情面前放弃努力，他还有可能成为美国总统吗？

"明知其不可为而为之"，是因为有着坚定的信念支撑。之所以孜孜奔走于途，不辞风霜，不畏人言，是因为自觉对世间负有神圣的责任，自觉有为天下苍生鼓与呼的义务。失败不能把你打倒，除非你自己认输。失败也并不可怕，可怕的是你放弃。每一个有所成就的人，无不是经历了一个个的失败而走向成功的。因此，要想成功，就不应该放弃，不应该惧怕失败，因为失败是通往成功的铺路石。

罗兰说："一件事情的失败只是因为你在最后关头停止了前进，你是否会功败垂成，只看你有没有再坚持那最后的一刻。"不放弃，不改变初衷，在自己认为最合适的事情上面去求发展，自然会有成功的一天。

欲速则不达

【原文】

原壤①夷②俟。子曰："幼而不孙弟，长而无述焉，老而不死，是为贼。"以杖叩其胫。

阙党③童子将命。或问之曰："益者与?"子曰："吾见其居于位④也，见其与先生并行也。非求益者也，欲速成者也。"

【注释】

①原壤：孔子的老朋友，是一个另有主张而不赞同孔子学说的人。

②夷：箕踞，伸开两腿坐于地面上的姿势，这不合双膝着地的跪坐礼节。

③阙党：地名，即阙里，孔子所居之地。

④居于位：这里指坐在成人的席位上。按照礼节，童子应当坐于旁位，不可与成人并坐。

【译文】

原壤又开双腿坐在地上等待孔子。孔子骂道："年幼的时候，你不懂礼节，长大了又毫无贡献，老而不死，真是害人虫。"说着，用手杖敲他的小腿。

阙里的一个童子，来向孔子传话。有人问孔子："这是个求上进的孩子吗？"孔子说："我看见他坐在成年人的位子上，又见他和长辈并肩而行，他不是个求上进的人，只是个急于求成的人。"

【解读】

办事不拖拉，讲速度，自然是对的，但是这速度，也要科学合理，不能只凭主观意愿。如果一味地图快，就会出问题。讲效益也是对的，但也要看是什么效益，如果只顾一时的小利，同样也会出问题。

生活的快节奏，导致大家都太急于求名，急于求利，急于求成。总而言之，就是太急功近利。什么是急功近利呢？急功近利就是急切地追求短期效应而不顾长远影响；追求眼前利益，而不顾根本道理。

《韩非子》中曾记载了这样一个故事：春秋末期，有一次齐国的国君齐景公正在海边游玩，忽然接到侍者的报告："相国晏婴病了，十分危险！"晏婴是长期帮助齐景公治理国家的功臣，威望非常高。景公得知这个消息后，非常着急，立刻下令火速返回都城。他挑选最好的驭手驾车，挑选最好的马拉车。在车上，他不住地催促："快点跑！快点跑！"虽然马车跑得飞快，但景公仍然觉得很慢。于是，他把驭手推到一边，自己拿起鞭子赶车。这样跑了一阵，他还是觉得不够快。他心急如焚，干脆跳下车子奔跑起来，跑了一会儿，便累得汗流浃背，上气不接下气。景公当然没有四条腿的马跑得快，他一心想快，但这样做的结果反而更慢了，根本达不到他的预期目的。

办事讲究快，自然不错，但是快和慢是相对的。你只管快，而不管其他，结果就只有数量而保证不了质量。图快的结果还会忙中出错，不仅没有速度，反而会造成损失。老子说："九层之台，起于累土；千里之行，始于足下。"成功和失败不是一夜造成的，而是一步步积累的结果。今天，我们看到许多刚毕业的大学生，参加工作看不起小报酬，总想找到制胜的突破口，一鸣惊人，一口吃成个大胖子，一出手就能有惊天动地的结果产生，然而越是这种"想一夜暴富"、"一夜成名"的心态，结果越让人失望。

　　有家电视台播出过一个名人访谈节目，嘉宾是一位全国著名的律师，他和主持人聊完后，到了观众互动环节，有学生观众向他提问，如何才能成为一个优秀的律师。

　　这位律师没有急于和观众讨论这个问题，而是讲了一个故事。

　　他说，我上大学时有两个很好的朋友，一个毕业以后就去了律师事务所工作，而另一个则选择继续学习深造。他们毕业的时候，都才 23 岁。转眼 10 年过去了，那个参加工作的同学已经成了鼎鼎有名的律师，而继续深造的另一个同学也结束了学习生涯，跨入了律师行业。到他们都是 35 岁的时候，那位 33 岁才成为律师的同学已经和做了 12 年律师的同学做得一样好，一样有名。可是到了 43 岁，也就是他们毕业后的 20 年，后者由于 10 年深造积累的知识不断地派上用场，生意越做越大；而前者却受到自己的知识所限，驻足不前，跟不上时代的潮流而日渐沉寂下来。现在不用我说，你们大家都知道如何做一个优秀的律师了吧？

　　如今已是变化发展日新月异，知识更新换代加速的时代，不管一个人是多么优秀，假如他夜郎自大，不持续汲取新的知识，很快就会被时代所抛弃。所以，在激烈的市场竞争中，在耀眼的光环下，每天都要有所积累，哪怕那只是一点点进步。只有加倍的努力才能跟得上时代的进步和企业的发展步伐，才能从发展步入新的发展。

　　一件事情会影响一个人的声誉，几件事情会改变一个人的一生。所以要干大事，就不要忽视小事。从搬运工到哲学家，从奴隶到将军，从凡人到伟人，这不是一天、一月、一年就可以达到的，它需要经过长期的努力，长期的追求，长期的积累，长期的磨炼才能达到。

　　俗话说，方便面虽然美味，但不能经常享用；微波炉虽然快速便利，但是热度不能耐久。没有"十载寒窗"，哪能"一举成名"？没有"百年岁月"，哪有"古柏青松"？

　　所以，人生就像马拉松赛跑，就看谁跑得长、跑得久，唯有忍耐，坚持到终点的人，才能接受掌声的喝彩，才有机会得到胜利的欢呼。

卫灵公篇第十五

君子固穷，小人穷斯滥矣

【原文】

卫灵公问陈①于孔子。孔子对曰："俎豆之事，则尝闻之矣；军旅之事，未尝学也。"明日遂行。

在陈绝粮，从者病，莫能兴。子路愠见曰："君子亦有穷乎？"子曰："君子固穷，小人穷斯滥②矣。"

子曰："赐也，女以予为多学而识之者与？"对曰："然。非与？"曰："非也，予一以贯之。"

子曰："由！知德者鲜矣。"

子曰："无为而治者其舜也与？夫何为哉？恭己正南面而已矣。"

【注释】

①陈：即今"阵"，军阵行列。

②滥：指没有操守，为所欲为。

【译文】

卫灵公向孔子问军队列阵之法。孔子回答说："祭祀礼仪方面的事情，我还听说过；用兵打仗的事，从来没有学过。"第二天，孔子便离开了卫国。

孔子一行在陈国断了粮食，随从的人都饿病了。子路生气地来见孔子，说道："君子也有穷得毫无办法的时候吗？"孔子说："君子虽然穷困，但还是坚持着；小人一遇穷困就无所不为。"

孔子说："赐啊！你以为我是学习得多了才一一记住的吗？"子贡答道："是啊，难道不是这样吗？"孔子说："不是的。我是用一个根本的思想把它们贯彻始终的。"

孔子说："由啊！懂得德的人太少了。"

孔子说："自己从容安静而使天下太平的人，大概只有舜吧？他做了些什么呢？只是庄严端正地坐在朝廷的王位上罢了。"

【解读】

　　按孔子的意思，如果一个人受不了穷苦的生活，那就算不上一个君子。确实有很多人只能过富贵的日子，但你要让他过几天穷日子他就会叫苦不迭。而那些道德品质真正高尚的人，是能够在贫困的环境中保持好心态的。

　　自古以来，圣贤皆出贫困。贫困检验人品，历艰难困顿而后知有君子。因此，南朝鲍照激愤地说："自古圣贤尽贫贱。"苏轼也慨叹："人生识字忧患始。"但是，贫穷并不可怕，重要的是在贫穷的困境中发愤图强，做出一番事业。

　　1809 年 2 月 12 日，林肯出生在美国肯塔基州哈丁镇荒郊一间泥土小屋中。他 5 岁时就开始帮助家里做活，9 岁时母亲去世了，直到 15 岁时才开始读书。林肯上学时，读的书主要是《圣经》，用华盛顿与杰弗逊的字迹作为自己的练字模板，他前后只接受了一年的正规教育，完全凭借自学成才。

　　林肯身上有许多可爱之处。他从来不遮掩自己，当有人笑话他的父亲曾是个鞋匠时，林肯笑笑说："不错，我父亲是个鞋匠，但我希望我治国能像我父亲做鞋那样地娴熟高超。"林肯虽生活坎坷，饱经挫折，却仍乐观地等待明天。

林肯总统在审阅《解放宣言》

　　林肯出身贫贱，却成为美国历史上最伟大的总统之一。是什么力量使林肯具有这样的感召力？我们可以肯定其中的一点，就是"君子固穷"。林肯的早期岁月都在贫困中度过，我们无法得知他当时的言行。但是我们知道，他在获得政治上的成功之后，对当年的贫困生涯并不讳言，可见他并没有把那段岁月当作自己人生中的污点或阴影，而是处之泰然。这样一份在贫困中安之若素的修养，给林肯平添了几分人格魅力。

　　所以说，富有与贫穷并不是衡量一个君子的标准，只有道德品质才是衡量君子的标准。君子虽然会有贫穷，然而君子永远会遵守一定的社会行为规范，不会超出这个规范的原则。

　　我国著名散文家朱自清教授，晚年身患严重的胃病，他每月的薪水仅够买3袋面粉，全家12口人吃都不够，更无钱治病。当时，国民党勾结美国，发动内战，美国又执行扶助日本的政策。一天，吴晗请朱自清在"抗议美国扶日政策并拒绝领美援面粉"的宣言书上签字，他毅然签了名并说："宁可贫病而死，也不接受这种侮辱性的施舍。"这年（1948年）8月12日，朱自清贫困交加，在北京逝世。临终前，他嘱咐夫人："我是在拒绝美援面粉的文件上签过名的，我们家以后不买国民党配给的美国面粉。"朱自清一身重病，宁可饿死也不领美国的"救济粮"，表现了中国人的骨气。

　　人生不如意十之八九，谁都会碰到困难。我们身处逆境的时候，要提醒自己"君子固穷，小人穷斯滥"。要耐得住穷困，坚持走在正义的道路上，相信阴霾总会过去，决不能像小人那样不择手段。要知道，这样的修养不容易养成，"固穷"是一个君子的气节，一个人如果真正达到了这样的境界，那才是真的了不起。

知者不失人，亦不失言

【原文】

　　子曰："直哉史鱼①！邦有道，如矢；邦无道，如矢。君子哉蘧伯玉！邦有道，则仕；邦无道，则可卷②而怀之。"

子曰："可与言而不与之言，失人；不可与言而与之言，失言。知者不失人，亦不失言。"

【注释】

①史鱼：姓史，名鰌，字子鱼，卫国大夫。

②卷：收起。

【译文】

孔子说："史鱼真是正直啊！国家有道，他的言行像箭一样直；国家无道，他的言行也像箭一样直。蘧伯玉也是一位君子啊！国家有道就出来做官，国家无道就把自己的主张藏在心里。"

孔子说："可以同他谈的话，却不同他谈，这就是失掉了朋友；不可以同他谈的话，却同他谈，这就是说错了话。有智慧的人既不失掉朋友，又不说错话。"

【解读】

孔子提倡"少言"、"慎言"，的确有一定的道理，正所谓"病由口入，祸从口出"，因此把握好说话的时机、场合是很重要的。孔子认为，"可与言而不与之言，失人"，应该与人交谈沟通的时候却没有这样做，就失去了结交朋友的机会，可能与一个真正有益于自己的朋友失之交臂。还有一个经常犯错误的地方是，"不可与言而与言，失言"，说话不看对象，把话对不该说的人说。聪明的人能够看出哪种人才是真正的人才、真正的朋友、真正的英雄，所以，他能做到既不失去结交朋友的机会，也不会对道不同的人浪费言辞，说错话。

有人把语言比喻成刀剑，因此愈显得慎言的重要。人的脸孔上，有两个眼睛，两个耳朵，两个鼻孔，却只有一张嘴巴，这奇妙的组合蕴涵着很深的意义，就是告诫人们要多听，多看，少说。

《伊索寓言》中有这样一句名言："世界上最好的东西是舌头，最坏的东西还是舌头。"中国也有句谚语："背后骂我的人怕我；当面夸我的人看不起我。"因此，人要懂得"病由口入，祸从口出"的道理，多听、多看、少说，管好自己的舌头。

诸葛亮一生为人谨慎，刘表长子刘琦问他安身之术，他都"顾左右而言他"。最后，刘琦把他引上高楼，令人去梯，断绝他人来往，然后诸葛亮才为之谋划。历史上所说的"去梯言"，就表示慎言的意思。

东晋时代的王献之，一日偕同两个哥哥王徽之、王操之一起去拜访当代名士谢安。王徽之、王操之二人放言高论，目空四海，只有王献之三言二语，不肯多说。三人告辞以后，有人问谢安，王家三兄弟谁优谁劣？谢安淡淡地说道：慎言最好！

人生中，有人喜欢饶舌，但也有人习惯于慎言。饶舌的人常常会吃亏；慎言的人，则不容易受到伤害。

艾子发高烧，梦游阴曹地府，正见阎罗王升堂问事。有几个鬼抬上一个人，说："这人在阳世，干尽了缺德事。"

阎王命令道："用五百亿万斤柴火烧煮。"

牛头鬼上来押解。那人私下里探头问牛头鬼："你既然主管牢狱，为何穿着这么破烂的豹皮裤子呀？"

牛头鬼说："阴间没有豹皮，如果阳间有人焚化才能得到。"

那人立即说："我舅舅家专门打猎，这种皮子多着呢，如果你肯怜悯，减少些柴，我能够活着回去，定为你焚化十张豹皮。"

牛头鬼大喜，答应减去"亿万"两字。煮烧时也只是形式而已。

待那人将归时，牛头鬼叮嘱道："等你回去了，可千万别忘了给我焚化豹皮啊！"

那人回头对牛头鬼说："我有一诗要赠送给你：牛头狱主要知闻，权在阎王不在君，减扣官柴犹自可，莫求枉法豹子皮。"

牛头鬼大怒，把他又投入滚沸的水锅里，并加添更多的柴了起来。

艾子醒后，对他的徒弟们说："以后切记口是祸之门啊！"

十殿阎王第八殿

由此我们知道，一个成熟的人知道什么话该说，什么话不该说；有些话，什么时候该说，什么时候不该说。因为我们不是独立的个体，生活在一个人际关系复杂的环境中。你只要放眼周围，人缘好的人，嘴巴绝对不是喷壶。而人缘好也分两种，一是天生心计单纯，拙于言辞，就像《红楼梦》里的李纨，一看就没有威胁力；二是把真实的自己隐藏得滴水不漏，显得淡泊名利，与人无争，就像薛宝钗。

不过我们在工作中不妨学学宝钗，而生活中应该还原自我，有些个性，只要这些恣意妄为不妨碍他人就行，一生为别人而活，死时不冤吗？

但是，对于知心朋友，我们应该多聊聊，有用的、没用的，不必有过多的顾忌。很多时候，我们都宁可将悲伤和失意压在心底，也不肯在别人面前展示自己的伤疤。但是，一个人的承受能力终究是有限的，与其一个人将所有的无奈和血吞下，不如找个人聊聊，还一个健康快乐的自己。真正的朋友在你沮丧的时候会安慰、激励你，在你需要帮助的时候会毫不犹豫地伸出援助之手。其实，有时候我们和朋友聊天，并不是想从朋友那里得到什么，释放出来何尝不是一种解脱？而且朋友的一句宽慰，一句鼓励，对于失意的人有着无穷的力量。

孔子在《论语》中还说过这样一句话："陪君子说话容易有三种失误：还没有轮到自己说话却抢先说了，这叫急躁；轮到自己说了却不说，这叫隐忍；不察言观色而说话，这叫瞎子。"孔子早在两千多年前说的这段话，寓意极为深邃。其实，这也是在告诫人们说话要讲究分寸，少言、慎言。

淡言微语，令人回味，自会让对方发生好感；热情洋溢，打动心坎，自然会使对方产生甜蜜；激昂慷慨，言人所不敢言，自会令对方产生辛辣；施放冷箭，恶语伤人，更会使对方的心灵受伤害。

古语云："良言一句三冬暖，恶语伤人六月寒。"这就告诫我们平时说话一定要把握分寸，少言、慎言，切记不要伤人。我们应该少做一些让人寒心的事，少讲一些刺伤人心的话，多一点随和，多一点宽容，让生活多一些幸福和欢乐。

工欲善其事，必先利其器

【原文】

子贡问为仁。子曰："工欲善其事，必先利其器。居是邦也，事其大夫之贤者，友其士之仁者。"

【译文】

子贡问怎样实行仁德。孔子说："工匠想把活儿做好，必须首先使他的工具锋利。住在这个国家，就要敬重大夫中的那些贤者，与士人中的仁者友好相处。"

【解读】

"工欲善其事，必先利其器"是一句千古名言。对于所有想得到成功的人，只有做好准备，搭建好规划的道路，才能保证成功。

子贡问孔子怎样实行仁德。孔子在回答这个问题时用了一个通俗的比喻来说明，要实行仁德，就要像工匠先磨砺好工具一样，先要做好准备工作，做好基础工作，先要从身边实际的事情做起。像侍奉什么人，结交什么人等等都是很具体的，是很务实的。

孔子的回答看似很简单，其实很有针对性。他是针对子贡的弱点来说的。所以子贡听了后，很受教益。

我们今天办事情都很重视效率，这自然是对的，然而要效率高，也是有条件的，如果没有充分的准备，没有好的条件，那也是徒有愿望而已。

达·芬奇是欧洲文艺复兴时期的伟大天才，才思敏捷、博学多闻、智慧非凡。他长期钻研绘画艺术，完成

达·芬奇自画像

了举世闻名、流传千古的《最后的晚餐》、《蒙娜丽莎》等不朽杰作，成为世界上最伟大的画家之一。

同时，达·芬奇还是一个卓越的自然科学家，对数学、物理、天文学的造诣极深。他先后发现了立体几何中关于正六面体、球体和圆柱之间关系的规律，发现了抛物体运动规律，发现了"杠杆原理"，并对传统的"地球中心学说"提出怀疑与否定，比哥白尼的"太阳中心说"要早得多。

达·芬奇还先后设计了纺纱机、印刷机、抽水机、钟表、内燃机、自行车、起重机等数十种机器和装置，并设计城市桥梁、教堂宫廷、剧场等等，成为当时最杰出的工程巨匠。

达·芬奇的一生，在多个学科、多种领域中纵横驰骋，形成了事业奋斗的多重目标，人生收获也颇丰。达·芬奇的辉煌人生表明，可以搭建多条规划的道路，设定多元目标，但在达·芬奇在多元实践中，其绘画艺术目标及达到的程度应是最高和最主要的。

孔子讲的"工欲善其事，必先利其器"，实际上也是一种经验的概括，可以说也是一种规律。民间有句俗话叫做"磨刀不误砍柴工"，就是这个意思。这句名言强调做事之前一定先要做好基础工作，凡事都先要做好充分准备。任何一件事，不能孤陋寡闻，多交游，多了解，处处都是学问。

人无远虑，必有近忧

【原文】

颜渊问为邦。子曰："行夏之时①，乘殷之辂②，服周之冕，乐则《韶》、《舞》。放郑声，远佞人③。郑声淫，佞人殆。"

子曰："人无远虑，必有近忧。"

子曰："已矣乎！吾未见好德如好色者也。"

子曰："臧文仲其窃位者与！知柳下惠④之贤而不与立也。"

【注释】

①夏之时：指夏朝的历法，以农历一月为每年的第一月。周朝历法则以农

历十一月为每年的第一月。夏历比较合于农时。

②辂：大车。

③佞人：花言巧语阿谀奉承的小人。

④柳下惠：姓展，名获，字禽，又叫展季，惠是私谥，鲁国贤者。

【译文】

颜渊问怎样治理国家。孔子说："用夏代的历法，乘殷代的车子，戴周代的帽子，奏《韶》乐，禁绝郑国的乐曲，疏远谗佞之人。郑国的乐曲靡曼淫秽，小人则危险。"

孔子说："人没有长远的考虑，一定会有眼前的忧患。"

孔子说："完了，我从来没有见过像喜欢美貌一般地喜欢美德的人。"

孔子说："臧文仲是一个做官不管事的人吧！他明知道柳下惠是个贤人，却不举荐他一起做官。"

【解读】

人的一生会发生很多事情，没有人知道将来会发生什么，如果自己不为自己想一下将来的事情，没有人会提醒你。因此，不论是生活中，还是工作中，都要有居安思危的思想，才能防患于未然。

唐朝末年，各地军阀相互征战，互争雄长。

当时，洛阳皇帝行宫内，有一个负责管工程的人知道天下将要大乱，就把大批大批的粮食磨成粉，埋在挖好的沟里面，盖上盖儿，并在上面盖上房子，而且增加了很多木料，满院的人都讥笑他，以为他发疯了。

等到天下大乱后，粮食匮乏，木柴用光，百姓连藏在地窖里的东西也被军阀们夺走了，许多人都被活活饿死。就在这危急时刻，那个管工程的人扒掉房屋上的木料劈成木柴，挖开土沟取出粮食，拌上水熬成粥，使不少人免于饿死。

一个人考虑事情的目光一定要放得长远些，目光太短浅就会吃亏。能有远虑才无近忧，不忘危险四伏方可安居。正如《左传·襄公》中所说："居安思危，思则有备，有备无患。""居安思危"这句成语包含着丰富的哲理，成为中国几千年来从政者的警句和座右铭。

晚唐诗人杜荀鹤有一首《泾溪》："泾溪石险人兢慎，终岁不闻倾覆人。却是平流无石处，时时闻说有沉沦。"意思是说，人走在岩石险要处时，格外小心谨慎，一年到头，没有听说谁掉了下去。反过来，在没有险石、水流平缓的地方，却经常有人掉进水底。诗的语言通俗浅显，但揭示的道理却朴素而深刻。

这首诗亦是在告诉人们，要居安思危，才能有备无患。

孔子云："人无远虑，必有近忧。"敏锐地预知未来并采取相应的措施加以预防，这不仅是一种智慧，更是一种韬略。对于封建帝王来说，这种远虑的本领，不仅关系着自身统治的安危，也关系着社稷江山的稳固。

唐代谏臣魏征曾在《谏太宗十思疏》中提到过这样一句话："居安思危，戒奢以俭。"翻开历史长河的画卷，不难发现一个规律：太平盛世过后常常是战乱连年。造成这种现象的一个原因就是，当权者养尊处优而没做到居安思危。

唐王李存勖在战场上出生入死，是员猛将；但在政治上，却是一个昏庸无知的蠢人。称帝后，他认为父仇已报，中原已定，便不再进取，开始享乐。他迷恋戏曲，常常登台表演，荒废朝政。他还宠信伶人，任其为非作歹，久而久之，怨声四起，人心涣散。公元 926 年，大将李嗣源起兵叛乱，李存勖落荒而逃，最后中箭而死，而其嫡亲也无一幸免。如果他当时能够顾全大局，意识到敌人终有一日也会来报仇而防患于未然，那么也不至于落到国破人亡的地步。

五千多年的历史上，因不懂居安思危，一味享乐而亡的君王大有人在。周幽王为了博美人一笑而"烽火戏诸侯"，最终导致了西周的灭亡；闯王李自成登上皇帝的宝座后自高自大，以至清朝入主中原。这些君王如果能够考虑到可能发生的动乱，防微杜渐，居安思危，中国的历史就可能被改写。

汉高祖刘邦打败西楚霸王项羽后，如愿以偿地当上了西汉的开国皇帝。成为帝王后，他没有急于安享快乐，而是深知要收拾这乱世的局面实属不易，要保持人民安乐的境况更是难上加难。于是他采取了"休养生息"的政策，在很大程度上缓和了阶级矛盾，人民生活渐渐安定，生产力也有一定提高。同时，他又担心边境会受到外族侵扰，便派人去和匈奴和亲。这样，就为汉王朝初期的发展建立了一个相对稳定的环境。

未雨绸缪，防患于未然的思想在中国可以说是源远流长，妇孺皆知，其道理似乎已不言而喻。但是，我们不难发现，并非人人都能把这个道理贯彻到实际生活中去。

"书到用时方恨少",平常若不充实学问,临时抱佛脚是来不及的。也有人抱怨没有机会,然而当升迁机会来临时,却感叹自己平时没有积蓄足够的学识与能力,以致不能胜任,也只好后悔莫及。正所谓"洪水未到先筑堤,豺狼未来先磨刀",只有未雨绸缪,居安思危,这样在危险突然降临时,才不会手忙脚乱。

躬自厚而薄责于人

【原文】

子曰:"躬自厚而薄责于人,则远怨矣。"

子曰:"不曰'如之何①,如之何'者,吾未如之何也已矣。"

【注释】

①如之何:意思是不动脑筋。

【译文】

孔子说:"多责备自己而少责备别人,那就可以免遭别人的怨恨了。"

孔子说:"不想想'怎么办,怎么办'的人,我对他也不知怎么办了。"

【解读】

孔子的"躬自厚而薄责于人,则远怨矣"这句话告诉我们,如果自我反省,责备自己多,而埋怨人家少,内心的怨恨自然就少了。其实,孔子这是在教我们一种远离怨恨的做法,多反省自己,少指责别人。躬自深省是孔子一贯的观点,是仁人智士自我修养的一种重要方法。

有句话叫"严于律己,宽以待人"。对于自身的小过失,要严格要求,这是关于修身的问题,不可忽视。但是对于他人的小过失,我们应该宽容大量,不可多加谴责,以免伤了别人的自尊,影响彼此的和气。

霍贝斯曾说:"眼睛善于观察别人的人,一定疏于观察自己。"一般人看问题,总是会出现两个标准,当过错发生在自己的身上时,往往会采用宽大的方法来原谅自己;而一旦这个过错发生在别人身上,则会变得严格得多,计较得多。因为大多数人总是喜欢拿着放大镜将别人的缺点放大,而拿着望远镜来检视自己的缺失。这就是一般人"严以待人，宽以律己"的心态。

古代有一个叫巴什尔的修道士，因为冒犯了教皇被逐出教会。他死后，一个天使专门负责在地狱等他，因为他受过处罚，只能在地狱中为他找一个合适的位置。可是，巴什尔性情温和，而且有一颗博爱之心，他的言语很能打动别人，所以无论到哪里，都会有一大帮朋友。即使犯了错误的天使，认识他以后也会改过从善。那些完美无瑕的天使更会慕名而来，与他交往。最后，他被发落到了地狱的最底层，但是，他去了以后，那里又出现了同样的情形。他天生的文明修养和博爱，使任何力量都无法抗拒他，地狱也因为他的到来而变成了天堂。

结果，那个负责接待他的天使又回来找到了巴什尔，告诉他，实在找不到可以惩罚他的地方，什么都改变不了他，他还是那个神志清楚的巴什尔。最后，天使宣布取消对他的处分，让他进了天堂，并封他做圣徒。

现在有一句话，叫做"从自己做起"。从自己做起，就是对自己严格要求，事事走在前面，以行动作示范。这样自然就有力量影响别人了。相反，自己做不到的，却要求人家做到，自己费好多努力才终于做到的，也要求人家做到，这首先就使人家不佩服，哪能有力量呢？

战国时期，魏相白圭曾为魏国兴修水利，发展生产，有过一定的功绩。但他的治水方法，主要是勤谨修堤，阻拦洪水，不让洪水冲入国境。至于邻近的国家是否将因此泛滥成灾，他根本就不管。

白圭对于自己的治水工作相当的满意，自以为超过了古代的大禹。

有一次，孟子来到魏国，白圭在会见他的时候，表露出自己有非凡的治水本领，甚至自我吹嘘说："我的治水本领已经超过大禹了！"孟子是位非常有学问的人，当场驳斥他说："你错了，大禹治水，是采取疏导的方法，让水顺流而下，以四海为壑。而你呢，只知道筑堤阻拦，因此洪水横流，都流到邻国去了。你这是把邻国当做蓄水的沟壑，有良心的人是干不出这样的事的。这种治水的方法，怎么能与大禹相比呢？"

清朝申居郧《西岩赘语》里说："别只顾议论他人，也要看看自己。"如果人人都能做到这样，则既提高自己的"幸福接受能力"，又会获得他人更多的谅解和敬重，从而极大地消解人际关系的紧张，那么社会风气肯定也会大为好转，人与人之间的纷争，自可消弭于无形之中。

求人不如求己

【原文】

子曰："君子求诸己，小人求诸人。"

【译文】

孔子说："君子要求自己，小人要求他人。"

【解读】

孔子认为"君子求诸己，小人求诸人"，求诸己、求诸人的"诸"字，是"之于"二字的合音。求诸己，就是凡事求之于自己，首先从自己方面来要求。这是中国古代提倡的待人处世的基本原则。

生活上，许多人养成依赖的习惯，小孩子依赖父母、妻子依赖丈夫、下属依赖上司，等等。久而久之，依赖已成定性时，就会扼杀了自我的生存本能。我们将视野再放大，人类不都依赖在这社会之中吗？许多人若没了水、电，或是交通工具，就浑身不自在！因为无法洗澡，无法看电视，无法用电脑，甚至没了车就无法行动，这其实就已经在丧失自我本能了。

寻求别人的帮助，解决问题固然可以轻松一些，可这毕竟不是长久之计，因为别人可能帮你一时，但帮不了你一世。况且，求人也不是件容易的事。所以，在遇到困难时，不要轻易去求人，要知道，求人不如求己，靠自己才能拯救自己。

战国时候，秦国派兵攻打韩国的宜阳，韩国形势危急。

韩国的国相公仲朋跟韩国国君商量说："我们的盟国看来都不可靠了。我看不如通过张仪跟秦国讲和，答应割让一个大城市给秦国，并许诺跟秦国一起向南去讨伐楚国。这样，我们就可以解除来自秦国的威胁，把战火引到楚国去了。"

韩王觉得这个主意挺好，就派公仲朋到秦国去讲和。

楚王得到这一消息，十分害怕，就与谋臣陈轸商量对策。

楚王说："韩国派公仲朋去秦国讲和了，我们怎么办？"

陈轸说："决不能让这种局面出现。我看大王赶紧派可靠的人，多带一些车辆和钱币去讨好韩国，对韩王说，我们楚国已经举国上下全面动员，全力支持韩国抵抗秦国。请韩国派使者向秦国表明决不屈服、誓死抵抗的决心。韩王如果不信，就请他派人到楚国来视察我们的军队。"

于是，楚王派使者出使韩国。韩王在内心里也不愿屈从秦国，就被说动了，派人到楚国来视察。看见楚王果然调集了大队人马，排列在大路上整装待发。楚王对韩国的使者说："请回去报告你们的国君，敝国的大军很快就会开进贵国，与你们并肩作战，联合抗秦。"

使者回去报告韩王，韩王大喜，赶紧传急令叫公仲朋停止在秦国的和谈。

公仲朋说："不行啊！我们实实在在的危害是来自秦国，楚国只是用虚的口头承诺答应帮助我们。如果我们相信了楚国的虚言而忽视了眼前来自秦国的危险，后果不堪设想！"可是韩王不听。公仲朋只好愤怒地从秦国赶回来，回来后气得一连十天都不肯上朝。

秦国于是加紧了对宜阳的进攻，宜阳战事越来越吃紧。韩王赶紧派人到楚国去催促楚王出兵。可是派的人去了一拨又一拨，还是不见楚国有一兵一卒过来。最后，宜阳被秦国军队攻克了。韩王这次的失策也给诸侯留下了笑柄。

由此可知，韩国自己不做战守准备，寄希望于其他诸侯国的支援，那是靠不住的，最终只会导致自己国家力量的削弱。

不要忘了我们的天生本能，因为在必要时就会用到。所以，若是养成了太过依赖的习惯，也要学着适当地靠自己，靠自己就不会再去怨别人，也会更加肯定自己。

人生是一个认认真真、踏踏实实的过程，不要以赌博的心态对待人生；不要以为搏一把就会改变人生；别指望下一把会赢，赌的结果是你输掉一切的同时也失去了一切，包括你的人格和尊严。千万不要以为别人会给你还赌债。资源是有限，不要挥霍，也不要浪费，要合理地利用。不在万不得已的时候不要透支有限的资源。透支金钱，就会负债累累；透支信用，就会失去信任；透支体力，就会疾病缠身；透支友谊，就会失去朋友；透支亲情，就会众叛亲离；透支快乐，就会加倍痛苦。

经历就是财富，过程比结果更重要。不要怕困难，不要怕挫折，不要怕失败。没有挫折就没法磨炼意志；没有困难就没法锻炼毅力；没有失败的痛苦就不会有成功的喜悦。无论什么时候都要保持一颗平常心，理智、客观地去看问题、思考问题、处理问题。无论多么困难，心里的希望之火也不能熄灭，要知道最困难的时候就是最有希望的时候，最寒冷的就是黎明，不要靠天，不要靠地，要靠自己的意志。

某人在屋檐下躲雨，看见观音正撑伞走过。这人说："观音菩萨，普度一下众生吧，带我一段如何？"

观音说："我在雨里，你在檐下，而檐下无雨，你不需要我度。"这人立刻跳出檐下，站在雨中："现在我也在雨中了，该度我了吧？"观音说："你在雨中，我也在雨中，我不被淋，因为有伞；你被雨淋，因为无伞。所以不是我度自己，而是伞度我。你要想度，不必找我，请自找伞去！"说完便走了。

第二天，这人遇到了难事，便去寺庙里求观音。走进庙里，才发现观音的像前也有一个人在拜，那个人长得和观音一模一样，丝毫不差。

这人问："你是观音吗？"

那人答道："我正是观音。"

这人又问："那你为何还拜自己？"

观音笑道："我也遇到了难事，但我知道，求人不如求己。"

一个人应当在力所能及的条件下去帮助别人，得到帮助的人也应当积极地去克服自己的困难，无论目前的情况有多糟，都不要被困难吓倒，一定要有战胜困难的决心和信心。有些时候，真正能够拯救你的只有你自己，别人的帮助都是外因。阿基米德说："给我一个支点，我就能够撬动地球。"如果没有主观上改变现状的愿望和行动，别人给你再多的支点，可能也无法撬动一块石头。一个健全的人，不能把外力当内力用，不能把别人的接济列入经常性预算，不能把拐棍当腿用，不能用尊严去换钱用。过分依赖别人帮助的人会在心里形成一种惰性，把一切希望都寄托在别人身上自己就没有希望了。如果一个人缺乏走出困境的主观能动性时，别人所做的一切都是徒劳的。如果错过时间和机遇，如果不想改变自己的处境，就算是神仙也帮不了你。

永远不要幻想天上会掉馅饼，自己的路自己走，自己的事情自己办，自己的困难自己克服，自己的梦自己圆。要想获得真理和智慧，必须依靠自己认真、潜心的感悟，用自己的身心去体会、体验，别期待有神仙点化。

中国有几句顺口溜说的也是这个意思："天上下雨地上滑，自己跌倒自己爬。亲戚朋友拉一把，酒换酒来茶换茶。"在这个世界上最重要的就是自己，要想解放全人类首先要解放的是自己，极端一点讲：除了自己谁都不要依靠，其他所有人都是靠不住的。如果非要找出可以依靠的人那就是父母，他们还可能无怨无悔，不离不弃地为你付出，但靠父母只能是暂时的、有条件的，因为父母终有离开你的一天。

千万不要把自己的希望寄托在别人身上或寄托在某一件事上，否则你得到的只有失望，甚至是绝望。事情往往就是这样：在自己最困难的时候，自己认为最可能帮助你的人可能不会伸出援手；在你把一切都寄托在某一件事上，期望这件事的成功会改变你命运的时候，这件事十有八九是失败的。

君子不以言举人，不以人废言

【原文】

子曰："君子矜①而不争，群而不党。"

子曰："君子不以言举人，不以人废②言。"

子贡问曰："有一言③而可以终身行之者乎？"子曰："其恕乎！己所不欲，勿施于人。"

【注释】

①矜：庄重。

②废：废弃，引申为否定，不采纳。

③一言：一个字。

【译文】

孔子说："君子庄重而不与别人争论短长，与众人相处而不结党营私。"

孔子说："君子不凭一个人说的话来举荐他，也不因为一个人不好而鄙弃他的好话。"

子贡问孔子："有没有一个字可以终身奉行的呢？"孔子回答说："那大概就是恕吧！自己所不想要的任何事物，就不要加给别人。"

【解读】

孔子这番话是想告诉我们，在了解和评价一个人的时候，不能只看他说了什么，重要的是要看他都做了些什么。这可以说是孔子通过亲身经历而总结出的经验。最初，孔子总是听到人家说的话，就相信他的行为。但是后来，他的学生宰予总是说话和做事不一致，白天经常睡懒觉。孔子从这件事上看出，自己以前的认识存在偏颇，于是改变了想法，他说"始吾于人也，听其言而信其行；今吾于人也，听其言而观其行"。也就是说，对于一个人，不仅要听他说的，而且更重要的是"观其行"，也就是要考察人的实际行为。

作为领导者和管理者，最重要的就是要学会用人，要善于听取下属的意见。会用人，那么就会有得力的助手来帮助你，这样就会形成一个优秀的团队，你就能轻松而有序地工作，事业才能蒸蒸日上。善于听取下属的意见，你就会集思广益，你就会变得更聪明。那么，这些应该怎么做到呢？

孔子说得好："君子不以言举人，不以人废言。"

这话告诉我们，在实际中，应该怎么去看人看事。生活中有形形色色的人，每个人的性格、做事方法等各方面都不一样，有的能说会道，也能干事；有的能干，却不能说；有的能说，却不能干。那么，怎么样才能看出来他是一个什么样的人呢，能否为自己所用呢？如果光凭说得好，就认为是优秀，就说其能力强；说得不好，就认为不优秀，就说其能力弱，这显然是片面的。孔子的这段话就说明，看人要辩证地看。

《令狐荐贤》这个故事讲述了唐宣宗在位时，令狐绹任宰相，他想向唐宣宗推荐李远，但是唐宣宗听到别人说李远不是很好，就死活也不答应。令狐绹认定李远的真才实学，对唐宣宗说："我们不能因为谁言辞动听而提拔他，也不能因一句话埋没了人才啊！"唐宣宗连连点头，认为令狐绹说得有道理，就任命李远到杭州任职。李远去了杭州后，果然把杭州治理得井井有条。

我们常说"言为心声"，语言是人思想的表达，所以"不知言，无以知人也"。但是语言不是行为，言语所表达的是一种可能性，还不一定是事实的东西。所以，光有言也是不行的。

"不以言举人"就是不要只凭他说得漂亮，就推举他，就重用他。因为说话仅仅是一个方面，只是表层的东西，更重要的是要看人的实质，否则就会上当受骗。

"不以人废言"就更不容易了。这就是不要因为这个人不好，或者有过错误，而全盘否定人家所说的话。也就是说要对事不对人。譬如对一个历史人物可能有争论，甚至他可能还有污点，但不见得他所说的话就全都不好，全都不对。

鲍叔牙向齐桓公推荐管仲的故事，可以成为不以人废言的千古绝唱。管仲是个有许多缺点的人，对于齐桓公来说，更是个有仇恨的人，因为管仲曾经追杀过齐桓公，亲手射过齐桓公一箭，齐桓公被射后假装被射死才躲过管仲的追杀，但是齐桓公却接受了鲍叔牙对管仲的推荐。尤其令人赞叹的是，当时鲍叔牙是齐桓公的大臣，而管仲是个死囚，鲍叔牙却能推荐管仲做齐桓公的相国，官位在自己之上。结果管仲的治国之才得到充分的发挥，迅速让齐国富强起来，达到"一匡天下，九合诸侯"的境界。

因为曾国藩镇压过太平天国运动，所以对他的评价就有争论。但他的学问、能力还是有值得肯定的地方。像他所写的家书对家人的教育与引导就很不错，因而至今仍在流传。这也是"不以人废言"。

真正像管仲、诸葛亮、辛弃疾、曾国藩那样文采德行与才干兼备的英才是非常少有的。推荐人才要全面评估一个人的才干、品格各方面，而不是仅根据他的言论。

有些用人者常常被别人的言辞迷惑而轻率地用人。历史上这样"以言举人"结果却坏了大事的例子很多，比如战国时的赵孝成王以言取人，任用了只会纸上谈兵的赵括替代老将廉颇，结果赵军在长平之战中大败，40万赵军被俘活埋。三国时期，著名军事家诸葛亮素有知人之名，但也同样犯了以言取人的毛病，用了言过其实、不懂实战的马谡当大将，结果失了街亭，最后不得不"挥泪斩马谡"……所以，作为领导者，既要有务实的作风，又要有宽阔的胸襟。要务实，就不能只"以言举人"；有胸襟，就能包容，就不能"以人废言"。只要说得对，即使是有错误的人，即使是反对你的人，该采纳的就采纳，该接受的也要接受。

小不忍，则乱大谋

【原文】

子曰："吾之于人也，谁毁谁誉？如有所誉者，其有所试矣。斯民也，三代之所以直道而行也。"

子曰："吾犹及史之阙文①也。有马者借人乘之，今亡矣夫！"

子曰："巧言乱德。小不忍，则乱大谋。"

子曰："众恶之，必察焉；众好之，必察焉。"

【注释】

①阙文：指存疑而空缺的文字，表示不妄自增益。

【译文】

孔子说："我对于别人，诋毁过谁？赞美过谁？如有所赞美的，必须是曾经考验过他的。夏商周三代的人都是这样做的，所以三代能以直道而行于世。"

孔子说："我还能够看到史书存疑的地方，有马的人先借给别人使用，这种精神，今天没有了罢。"

孔子说："花言巧语会败坏人的德行，小事情不忍耐，就会败坏大事情。"

孔子说："大家都厌恶的人，我必须考察一下；大家都说好的人，我也一定要考察一下。"

【解读】

"小不忍则乱大谋"，这句话在民间极为流行，甚至成为一些人用以告诫自己的座右铭。的确，有志向、有理想的人，不会斤斤计较个人得失，更不应在小事上纠缠不清，而应有广阔的胸襟，远大的抱负。只有如此，才能成就大事，从而达到自己的目标。

人非圣贤，谁都无法抛开七情六欲，但是，要成就大业，就得分清轻重缓急，该舍的就得忍痛割爱，该忍的就得从长计议。我国历史上刘邦与项羽在称雄争霸、建立功业上，就表现出了不同的态度，最终也得到了不同的结果。苏东坡在评价楚汉之争时就说，项羽之所以会败，就因为他不能忍，不愿意舍弃小利益，白白浪费自己百战百胜的勇猛；汉高祖刘邦之所以能胜就在于他能忍，懂得"小不忍则乱大谋"的道理，养精蓄锐，等待时机，直攻项羽弊端，最后夺取胜利。

因此，在中国传统的观念里，忍耐也是一种美德。这一观点尽管与现代这种竞争社会不合拍，但是，很多学者已经发现，中国传统文化里有些东西并没有过时，相反，其中的学问博大精深，如果运用于现代人的生活，必将使人们受益匪浅。

宋孝武帝死后，他的儿子刘子业做了皇帝，被称为宋废帝。刘子业这个人十分傲慢，狂妄任性，又生性多疑，不理政事。辅佐他的大臣戴法兴劝他说："陛下这样下去，可能天下就不能安宁了。"刘子业就对戴法兴很是不满，在他宠幸的宦官的指使下，先是把戴法兴定罪免职，想想还是不解恨，就把他杀了。

湘东王刘彧是刘子业的叔父，刘子业担心他的势力强大起来，会对自己构成威胁，就把他和另两个叔父建安王刘休仁、山阳王刘休祐都召到皇宫里来，专门做了几个笼子，把他们关起来。因为湘东王刘彧很胖，刘子业就叫他猪王，让手下的人用槽子喂他，还让他吃杂食。后来，刘子业又让人在地上挖一个坑，用水泥抹好，把刘彧的衣服都扒下来，让他躺在坑里，然后再把盛着猪食的木槽放在他面前，让他做出猪的样子来吃。刘子业就一边看着，一边骂着他取乐。刘彧虽然感到实在无法忍下去，但是他下定决心一定要杀掉暴君刘子业，于是就装出了猪的样子，让刘子业取乐。

刘子业害死了很多王族，也担心他们的旧势力会起兵造反，就把十分英勇的宗越将军等人拉拢在身边儿。很多人对刘子业的做法不满，但是有宗越等人为他护驾，也没有人能对他如何。

后来，刘彧有了喘息之机，立刻把老朋友直阁将军柳世光和宦官阮佃夫等人找来，研究如何对付刘子业。直阁将军说："您现在所受的耻辱够多了，现在只要您一点头，我们就会砍下刘子业的脑袋。"刘彧还有些为难，他说："我之所以活下来，就是要出这口气，但是刘子业现在是皇上，我不想背上弑君的罪名。"阮佃夫等人就劝说刘彧，并把刘子业得罪了所有王族的事情向刘彧说了一遍。刘彧经过考虑，认为只有把刘子业杀死，国家才能有出路。于是就同意这些人进行安排。

阮佃夫找到了刘子业身边的护卫寿寂之，要他寻找时机。

恰好当时华林园发生了"闹鬼事件"。刘子业到华林园里游玩儿，他命令几十个宫女把衣服都脱光，在华林园里互相追跑。多数宫女都听从了刘子业的安排，按照他的要求把衣服脱下来，可是有一个宫女觉得这对她来说是最大的耻辱，就是不脱。刘子业问她为什么不脱，她说："我身体不舒服，不能脱。"刘子业很生气，叫人把她拉出去杀了。这天晚上，刘子业做了一个梦，梦到一个宫女指着他骂："你这个人残暴无度，活不到明年秋天。"醒来之后，刘子业就在宫女中找这个人，结果找到一个和梦里骂他的宫女长得很像的人，就又杀掉了。可是第二天，刘子业又梦见了这个宫女骂他。于是他就认为华林园有鬼，开始找巫师射鬼。

刘彧的人就暗中传话给刘子业说，湘东有人要起兵造反了。刘子业一听，就想先把刘彧等人杀了，然后发兵湘东。这天晚上，刘子业带着人在华林园射鬼，让手下那几个将军都回家去准备行装，第二天就出发。

寿寂之就利用刘子业带着几百个宫女在华林园射鬼的机会，带着十几个随从冲进来，把刘子业砍死在华林园。

几天后，湘东王刘彧被拥立为皇帝。刘彧忍得一时之辱，终于除掉了暴君。

唐代著名高僧寒山问拾得和尚："今有人侮我，冷笑我，藐视我，毁我伤我，嫌我恨我，则奈何？"拾得和尚说："子但忍受之，依他，让他，敬他，避他，苦苦耐他，装聋作哑，漠然置他，冷眼观之，看他如何结局？"这种忍耐里透着的是智慧和勇气。

娄师德，字宗仁，唐代人，他官至同平章事，一生为将相 30 多年，稳而不倒。其诀窍是能忍受任何侮辱而不动声色。

有一次，他的弟弟被派去做代州刺史，临行前来向娄师德辞行。他问弟弟："你我受国家的恩宠太多，显荣太过，很容易招惹别人的妒忌，你有什么方法可以避免呢？"

他的弟弟说："往后即使有人唾口水在我面上，我也只把它擦干而已。"娄师德说："这还不行。人家唾你的脸，就因为他对你生气了，如果你把唾沫擦去的话，他便更恨你了。所以，你不要去揩，而要让它自己干，并且要面带笑容承受，这才对呢！"

人，贵在能屈能伸。伸，很容易，但屈就很难了，这需要有非凡的忍耐力才行。只要这个人真正有智慧，有才干，不管他忍耐多久，终究会有出头之日，而且他的忍耐力反而会更加富有魅力和内涵。人生不可能总是风调雨顺，当遇到不如意、不痛快，甚至是灾难时，一个人的忍耐力往往就能发挥出奇制胜的作用。很多时候，因为小地方不忍而误了大事，这是得不偿失的。不管是生活，还是工作，妥协都不仅仅是为了"家和万事兴"、"安定团结"，还隐藏着一种坚持，这种坚持实际上就是一种坚定的决心。

忍耐，这是一种宝贵的人生财富！

大凡有人的地方，就会有矛盾。世界这么小，你不碰我，我还会碰你，关键是如何看待，如何处理。得饶人处且饶人，相逢一笑泯恩仇。一张笑脸，一句诚恳的道歉，就能化干戈为玉帛，冰释前嫌，何必为区区小事而斤斤计较、耿耿于怀呢？

过而不改，是谓过矣

【原文】

子曰："人能弘道，非道弘人。"

子曰："过而不改，是谓过矣。"

【译文】

孔子说："人能够使道发扬光大，不是道使人的才能扩大。"

孔子说："有了过错而不改正，这才真叫错了。"

【解读】

人活在世上，谁都难免有这样或那样的缺点和错误，就连伟大的爱因斯坦也说，他的错误占90%，那么我们普通人就更不用说了。有了错误怎么办？聪明人不但能够认识错误，而且能够改正错误，所以能够吃一堑，长一智。相反，有些人不敢面对错误，而且不改正错误，这样错误就会一直存在，会一直错到底。

道德高尚的人并不是没有过失和错误，而是有一种正确的态度，正因为他们知错就改才变得越来越聪明。

完璧归赵与渑池之会，蔺相如为赵王争足了面子，赵王认为他是难得的人才，便拜他为相国。

老将廉颇见蔺相如仅凭一张嘴，眨眼间就爬到他的头上，而自己戎马一生，战功赫赫，职位却居他之下，心里很不服气，决定找机会羞辱他一番。

蔺相如知道后，处处躲着廉颇，有时还称病不肯上朝。

有一天，蔺相如带门客出去，看见廉颇的车迎面而来，忙将自己的车退进小巷里，让廉颇的车过去。蔺相如的门客觉得憋气，埋怨蔺相如不该这么胆小怕事。

蔺相如笑笑说："你们说廉将军跟秦王比，谁的势力大？"

门客答："当然秦王势力大。"

蔺相如接着说："天下诸侯都惧怕秦王，而我却敢当面责备他，秦国之所以不侵犯赵国，就是因为有廉将军和我在，倘若我与廉将军不和，秦国定会趁机来犯，所以我情愿忍让廉将军。"

后来，蔺相如的话传到廉颇的耳朵里，廉颇感到无地自容。

一天，蔺相如正在书房读书，一门客急匆匆地跑来说："廉将军找上门来了。"蔺相如愣住了，不知廉将军此来何意，忙出门迎接。

廉颇裸着上身，背上绑了一根荆条，见到蔺相如便双膝跪倒，说道："我心胸狭隘，请相国责罚我吧！"蔺相如慌忙扶起他，二人的手紧紧地握在一起。

从此，二人齐心协力，共同保卫国家，秦国十几年不敢侵犯赵国。

为了面子问题而不愿意承认错误，不愿意改正错误，是一种愚蠢的做法，所以孔子对不愿改错行为引发的后果十分忧虑。我们应该学习廉颇的做法，勇于承认与改正自己的错误。

与孔子这句话类似的还有《左传》中的一句话："人谁无过，过而能改，善莫大焉。"请记住这些名言，做一个"过而能改"的人，决不要"过而不改"，坚持错误。

君子忧道不忧贫

【原文】

子曰："吾尝终日不食，终夜不寝，以思，无益，不如学也。"

子曰："君子谋道不谋食。耕也，馁在其中矣；学也，禄在其中矣。君子忧道不忧贫。"

子曰："知及之^①，仁不能守之；虽得之，必失之。知及之，仁能守之。不庄以莅^②之，则民不敬。知及之，仁能守之，庄以莅之，动之不以礼，未善也。"

子曰："君子不可小知而可大受也，小人不可大受而可小知也。"

【注释】

①之：指官职。以下"莅之""动之"中的"之"指百姓。

②莅：临，来到。

【译文】

孔子说："我曾经整天不吃饭，彻夜不睡觉，冥思苦想，结果没有得到什么，还不如去学习了。"

孔子说："君子用心力于学术，不用心力于衣食。耕田，也常要饿肚子；学习，可以得到俸禄。君子只担心道不能行，不担心是否贫穷。"

孔子说："凭借智慧所能得到的，但仁德不能保持它，即使得到，也一定会失去。凭借智慧能得到它，仁德可以保持它，但不用庄严态度来治理百姓，那么百姓也不会认真地工作；智慧能得到它，仁德可以保持它，能用严肃态度来治理百姓，但动员百姓时不照礼的要求，那也是不完善的。"

孔子说："君子不能让他们做那些小事，但可以让他们承担重大的使命。小人不能让他们承担重大的使命，但可以让他们做那些小事。"

【解读】

孔子关于"谋道不谋食"，"忧道不忧贫"的主张，并不是对人的空头说教，他不但这么说了，也这么做了，可以说是他从自身的人生体验中总结概括出来的生活准则。这里面饱蘸着人生的甘苦浓汁，又蕴含着丰富的人生哲理，不但鞭策着他自己孜孜不倦地追求实现自己的人生理想，也启迪着后人为国为民贡献自己的才华以至热血。

学习不单纯是一个知识积累的过程，更是修身养性的一个重要方法。一个人要想成为君子，在为人处世方面做到恰如其分，只有通过学习才能做到。

宋代名相司马光在7岁的时候，就开始跟老师研习《左氏春秋》。这是一部记载春秋时期历史的编年体史书，言简意赅，微言大义，理解起来有一定的难度。为此，他手不释卷，刻苦研读，以至于常常忘记口渴了要喝水，肚子饿了也不知道。这使得他的家人对他心疼不已，却又不忍责备他。这种从小好学的精神至今都令人称道。

司马光学习简直达到了废寝忘食的地步。他用一节圆滚滚的木头做枕头，取名"警枕"。夜里睡觉只要一翻身，圆木枕头便会滚动，他就会从梦中惊醒，于是他披衣起床，挑灯夜读。7年之后，他开始能够懂得圣人之道，到了15岁，他"于书无所不通"，难懂的《左氏春秋》他不再觉得晦涩难懂。他也打下了良好的文学功底，写出的文章"文辞醇深，有西汉风"。他没有辜负父亲的殷切期望，开始崭露头角，连缀诗文，远近闻名。

通过不断的学习，司马光的学识突飞猛进，最后他官至宰相，实现儒家修身、齐家、治国、平天下的理想。

孔子这段话的实质，其实是说明了人生的目的、意义、理想、信念的定位问题，是人生修养的境界。作为君子、士人，任务就是修道，为社会、为国家效力，并依据"道"提出治国的办法。它能赋予以道自任的君子、士人以生命力和抗争力，使真正的知识分子在挫折、颠沛之时能保持一种完整的人格尊严，保持理想，弘毅精神。这或许正是当今大部分所谓的知识分子所缺少的。

司马光画像

敬其事而后其食

【原文】

子曰："民之于仁也，甚于水火。水火，吾见蹈而死者矣，未见蹈仁而死者也。"

子曰："当仁，不让于师。"

子曰："君子贞①而不谅②。"

子曰："事君，敬其事而后其食。"

【注释】

①贞：正道。

②谅：指小信用。

【译文】

孔子说："百姓们对于仁的需要，超过对于水火的需要。我只见过人跳到水火中而死的，却没有见过为实行仁而死的。"

孔子说："在仁德面前，就是自己的老师，也不同他谦让。"

孔子说："君子固守正道，而不拘泥于小信。"

孔子说："侍奉君主，要认真办事而把领取俸禄的事放在后面。"

【解读】

孔子是一个没有私心的人，因此他才主张"事君，敬其事而后其食"。在那样的年代，能有这种想法的人并不多见。

这种态度，其实并不仅限于事君，还应该把它推广到对待一切工作上，包括人际关系的处理。因为人与人相处，只有先求诸己，而后才能求诸人，使对方得到相应的感召。这也是为人立身处世的根本。

生活中，有的人只求付出，不求回报。但有的人恰恰相反，不愿付出，只求回报；有的人付出大于回报；有的人付出却低于回报，但99%的人都会认为自己的付出大于回报。

一个女人非常气愤地找到法官，向他告发说一个男子老是给她写情书。

这女人哭诉道："我要求您给我公正，这是您的义务，也是我的权利。您要是不惩罚那个坏小子，我就一刻也得不到安宁。"她一边喊，一边激烈地踩着脚，并气愤地盯着法官。

法官想了一会儿，最后宣布："你受到了不公正的对待，因为那个男人违反你的意愿老是给你写情书；为了公正，现在我判决，你也可以像他那样，违反他的意愿一直给他写情书。"

有些人老是抱怨这个世界不公正，他们认为自己为别人付出了许多，却得不到相应的回报。他们对生活表示愤慨，谨慎地提防着他人的"险恶用心"，怕一不小心陷入人为设置的陷阱，成为他人的猎物。其实，公正自在人心。

曾有一位管理学家告诫人们："疲于奔波、生活着的人们，别一味地奢求大于或等于你付出的回报，那是不可能的。"

古人云："将欲取之，必先予之。"这句话道出了付出的真谛。你要想"取"，就要先"予"；你要想摘取树上的果实，就必须先要给树浇水、施肥；你若想在工作上干出成绩，就必须先付出心血和汗水；你要想得到别人的帮助，就必须先要帮助别人；你若想得到别人的爱，就必须先要爱别人。

黄兴是一家电脑公司的业务员。他经常在休息的时候主动帮人沏茶倒水、打扫卫生，甚至是帮助仓库管理员装卸货物。此外，他还经常自己花钱为客户买些已损坏的小配件，但却从来不到公司报销。因此，他很得老板的赏识。

一天，老板让黄兴把一台电脑送到一家贸易公司。他到了贸易公司，将电脑测试运行正常，正准备离开的时候，贸易公司原来那些陈旧的电脑突然全部死机无法运行了。公司里的很多人开始大呼小叫，惊动了贸易公司的老总。黄兴见此情况，主动帮他们检查死机的原因。

黄兴发现这些电脑是由于受到局域网络上一种恶意程序的冲击，致使网络堵塞，电脑负荷过大而死机的，而且部分电脑还烧毁了内存。黄兴找到原因后，一台一台地修理，整整忙活了一下午，才把那些老爷车一样的电脑修好。

贸易公司的老总对黄兴大加赞赏，一定要付给黄兴报酬，但被黄兴婉言谢绝了。这事刚过不久，那家贸易公司的老总打电话给黄兴的老板，说他的公司准备购买一批电脑，并点名要黄兴办理此事。

最后，那家贸易公司与黄兴签订了一项30多万元的电脑及相关设备的合同，并且还与黄兴的公司签订了一项长年维护公司设备的协议。当然，黄兴也从中得到了一笔丰厚的业务提成。

正是黄兴在工作中一贯的不求回报、不怕吃亏的真诚奉献换来了贸易公司老板的认可，同样也给他带来了丰厚的奖励。

如果黄兴没有对"吃亏"的正确认识，他就不会耽误自己一个下午的时间去做他分外的工作；如果黄兴时刻想着自己的利益，他就会心安理得地接受贸易公司要支付给他的报酬。

郑板桥曾说："吃亏是福。"但是有些员工却不这样认为。他们总是吃了一点点亏就斤斤计较，甚至把情绪带到工作中去。这种员工看似聪明其实并不聪明，他们不是因为"只能占便宜，不能吃亏"而不受公司欢迎，就是因为把情绪带到工作中引起了老板的不满。

为了得到自己需要的东西，我们首先要做的就是付出。如果别人不对你微笑，你就不妨笑着对别人问好；如果你想得到金钱，你不妨先让利给别人。一个人只有先付出，才能得到自己想要的。

一个盲人在夜晚走路时，手里总是提着一盏明亮的灯。人们很好奇，就问他："你自己看不见，为什么还要提着灯走路呢？"盲人说："我提着灯，为别人照亮道路，同时别人也容易看到我，避免了碰撞。这样既帮助了别人，也保护了自己。"

"滴水之恩，当涌泉相报"，这是大多数人的心理。在这个世界上，绝大多数人都是感情的奴隶。在与他人的交往中，我们付出了多少，让他人感动了几回？有多大的放弃与牺牲，才有多大的获取与回报。问问自己：我们有没有这样的魄力和勇气？

在人生的道路上，我们一定会遇到许多为难的事，这时，在前进的路途上，自己付出一些，搬开别人脚下的绊脚石，有时恰恰是在为自己铺好道路。

道不同，不相为谋

【原文】

子曰："有教无类。"

子曰:"道不同,不相为谋。"

【译文】

孔子说:"人人都可以接受教育,不分族类。"

孔子说:"主张不同,不互相谋事。"

【解读】

孔子是一位既高明又中庸、高出尘世也深通世故的圣人。他主张:"道不同,不相为谋。"他的意思就是要与仁德的人交往,接受其熏陶,与其愉快相处。

每个人的道德修养既是个人的事,又必然与所处的外界环境相连。重视对朋友的选择,是儒家一贯注重的问题。一个人初出茅庐,如果能够得到别人的正确指点和帮助,会在创业的途中大为受益。

"善不吾与,吾强与之附。"就是说,即使好人不愿意与自己交往,自己也要尽力地向他靠拢,就一定会结交到品德好的朋友。习俗可染,如果所交朋友都是德高望重之人,自己耳濡目染,修养也会提高。

人们大都愿意与品德高尚的人结交,而品德低劣的人,却常常被人所鄙视,很少有人愿与之交往。

《世说新语》记载了这样一个故事:

汉朝北海郡人管宁自幼饱读诗书,名声很好,平原人华歆慕名而来,两人一见如故,结为好友,一起求学。

他们常常一边劳动,一边读书。说来也巧,有一天,两人在园中除草,他们不知道,菜园里有一块前人埋藏的黄金,他们锄着锄着,这块黄金就被锄头翻腾出来了。管宁看见了,就像看到石头瓦片一样,用锄头把那块黄金锄到一边。一会儿,华歆也看见了这块黄金,拾起来看了看又把它扔了。

过了几天,两人正坐在同一张席子上面读书学习。这时,外面传来敲锣打鼓的声音,原来是有达官贵人乘坐华丽的轿子经过,管宁像没听见似的,依然埋头读书,华歆忍不住了,放下书跑到门口看热闹,对达官的排场和威仪羡慕不已。车马行过去了,华歆回到屋里,这时管宁拿起一把刀,把两人共同坐的席子割成两半,与华歆分开坐,对华歆说:"你不配作我的朋友了。"

管宁从日常的行为中,看出两人之间不同的追求,于是就有了"割席断交"的典故。从二人后来的前途来看,他们确是道不同。管宁作为一代名士,一生以教书为业,曹魏政权多次征召他,委以高官厚禄,管宁都坚决不接受。

他的高风亮节得到后人的推崇。华歆也是一代名士，他先在汉灵帝时为官，后为曹魏政权效力。虽然他一生位极人臣、廉洁自律，但他并没有获得民间的褒扬。因为在当时，曹魏政权是从正统的汉朝窃取来的，为正直人士所不齿。也许，管宁早就看出了二人的道不同，所以，虽然华歆仰慕管宁的才华品质，管宁还是断然与他绝交。

也有的人以利益为基础来交友，这样的交往是不会长久的，但真正不图私利而交友的人又是很少的。交朋友，是要和他的德相交，而不是依仗或贪图什么才和他相交。因此，交友首先要注重其人的德行。

有位心理学家曾做过这样一个实验，将十几个素不相识的人关在一间屋子里，与世隔绝。几天后发现，有共同爱好和追求的人大都成为好朋友，而没有共同爱好和追求的人则形同陌路。所谓"人各有志，不能勉强"，又所谓"燕雀安知鸿鹄之志"，其实都是"道不同，不相为谋"的意思。

司马迁说："世上学老子的人不屑于儒学，学儒学的人也不屑于老子。道不同，不相为谋，是不是说的这种情况呢？"这是思想观念、学术主张不同，不相为谋的典型。

伯夷、叔齐相传为殷代孤竹君之二子。武王灭殷，天下宗周，伯夷、叔齐义不食周粟，隐居首阳山，终于饿死。

司马迁由此而感叹说："道不同，不相为谋，真是各人追随各人的志向啊！"这是政治态度不同不相为谋的典型。

"道不同，不相为谋"，是择友的一个重要原则。朋友之间要志同道合，否则，只会南辕北辙，越走越远。

真正的朋友不会把友谊挂在嘴上，他们并不为了友谊而相互要求，而是彼此为对方做一切能办到的事。在我们的日常生活中，看得更多的则是，各自为了自己的利益而斤斤计较，而不会替别人着想。

有一种朋友，就是酒桌上的酒肉朋友，这是最不可靠的朋友。有些人历来会做表面文章，在酒桌上觥筹交错，推杯换盏，似乎一个个都是铁哥们。其实呢，人一走，茶就凉。

人与人相交才会有真正的朋友。然而，不相信任何人和盲目相信任何人都是错的。正如古希腊哲学家德谟克里特所说："不要对一切人都以不信任的眼光看待，但要谨慎而坚定。"

李氏篇第十六

既来之，则安之

【原文】

季氏将伐颛臾①。冉有、季路见于孔子曰："季氏将有事②于颛臾。"

孔子曰："求！无乃尔是过与？夫颛臾，昔者先王以为东蒙③主，且在邦域之中矣，是社稷之臣也。何以伐为？"

冉有曰："夫子欲之，吾二臣者皆不欲也。"

孔子曰："求！周任有言曰：'陈力就列，不能者止。'危而不持，颠而不扶，则将焉用彼相矣？且尔言过矣，虎兕④出于柙，龟玉毁于椟中，是谁之过与？"

冉有曰："今夫颛臾，固而近于费⑤。今不取，后世必为子孙忧。"

孔子曰："求！君子疾夫舍曰欲之而必为之辞。丘也闻有国有家者，不患寡而患不均，不患贫而患不安。盖均无贫，和无寡，安无倾。夫如是，故远人不服，是修文德以来之。既来之，则安之。今由与求也，相夫子，远人不服，而不能来也；邦分崩离析，而不能守也；而谋动干戈于邦内。吾恐季孙之忧，不在颛臾，而在萧墙之内也。"

孔子曰："天下有道，则礼乐征伐自天子出；天下无道，则礼乐征伐自诸侯出。自诸侯出，盖十世希不失矣；自大夫出，五世希不失矣；陪臣执国命，三世希不失矣。天下有道，则政不在大夫。天下有道，则庶人不议。"

孔子曰："禄之去公室五世矣，政逮⑥于大夫四世矣，故夫三桓之子孙微矣。"

【注释】

①颛臾：国名，鲁国的附庸国。
②有事：指用兵。
③东蒙：即蒙山，在今山东蒙阴南。
④兕：雌性犀牛，或说野牛。
⑤费：读bì，地名，季氏私邑。
⑥逮：及，到。

【译文】

季氏将要征伐颛臾。冉有、子路去见孔子，说："季氏快要攻打颛臾了。"

孔子说："冉求，这难道不应该责备你吗？从前，周天子让颛臾主持东蒙的祭祀，而且已经在鲁国的疆域之内，它是国家的臣属啊，为什么要讨伐它呢？"

冉有说："季孙大夫想去攻打，我们两个人都不愿意。"

孔子说："冉求，周任有句话说：'尽自己的力量去履行你的职务，实在做不好就辞职。'有了危险不去扶助，跌倒了不去搀扶，那用你还有什么用呢？而且你说的话是不对的。老虎、犀牛从笼子里跑出来，龟甲、玉器在匣子里毁坏了，这是谁的过错呢？"

冉有说："现在颛臾城墙坚固，而且离费邑很近。现在不把它夺取过来，将来一定会成为子孙的忧患。"

孔子说："冉求，君子痛恨那种不肯实说自己想要那样做而又一定要找托辞的作法。我听说，对于诸侯和大夫，不怕贫穷，而担忧财富不均；不怕人口少，而担忧不安定。财富平均了，便没有所谓贫穷；人人和睦，就不会感到人少；安定了，也就没有倾覆的危险了。做到这样，如果远方的人还不归服，就用仁、义、礼、乐招徕他们；已经来了，就让他们安心住下去。现在，仲由和冉求你们两个人辅助季氏，远方的人不归服，而不能招徕他们；国内民心离散，你们不能保全，反而策划在国内使用武力。我只怕季孙的忧患不在颛臾，而是在鲁君呢！"

孔子说："天下有道的时候，制作礼乐和出兵打仗都由天子作主决定；天下无道的时候，制作礼乐和出兵打仗，由诸侯作主决定。由诸侯作主决定，大概经过十代很少还能继续的；由大夫决定，经过五代很少有还能继续的。天下有道，国家政权就不会落入大夫之手。天下有道，老百姓也就不会议论纷纷了。"

孔子说："鲁国失去国家政权已经有五代了，政权落在大夫之手已经四代了，所以三桓的子孙也衰微了。"

【解读】

人生在世，烦恼不会永远离开我们，但我们也不要忘记，生命中有死亡的悲哀，有衰老的无奈，而这些也都不过是无法抗拒的自然规律。一个人如果能不管际遇如何，都保持一颗平常的心态，那真比有百万家产还更有福气。

人心很容易被种种烦恼和物欲所捆绑，但都是自己把自己关进去的，不过是作茧自缚。俗话说，"不如意事常八九"。很少有人会真正感到自己的生活一帆风顺，海阔天空。人生遭遇不是个人力量所可左右的，在诡谲多变的环境之中，唯一能使我们不觉其拂逆的办法，就是跟随自己的心，让自己"随遇而安"。人常说，生活是一门学问，而对这门"学问"的理解，则见仁见智，各有不同。

有一个吸毒的因犯，被关在牢狱里，他的牢房空间非常狭小，住在里面很是拘束，不自在又不能活动。他的内心充满着愤慨与不平，倍感委屈和难过，认为住在这么一间小囚牢里面，简直是人间炼狱，他每天都是怨天尤人，不停地抱怨。

有一天，一只苍蝇飞进了这个小牢房里，嗡嗡地叫个不停，到处乱飞乱撞。这个因犯见到后，心想：我已经够烦了，现在又来了这个讨厌的家伙，真是气死我了。我一定要把你捉到踩死不可！于是，他小心翼翼地捕捉，无奈苍蝇比他更机灵，每当快要捉到它时，它就轻盈地飞走了。苍蝇飞到东边，他就向东边一扑；苍蝇飞到西边，他又往西边一扑。

捉了很久，都没有把这只苍蝇捉到。这时，他才慨叹地说，原来我的小囚房不小啊，居然连一只苍蝇都捉不到，可见还是蛮大的嘛！至此，他悟出一个道理，原来心中有事世间小，心中无事一床宽。

心外世界的大小并不重要，重要的是我们自己的内心世界。一个胸襟宽阔的人，纵然住在一个小小的囚房里，亦能转境，把小囚房变成大世界；如果一个气量狭小、不满现实的人，即使住在摩天大楼里，也会感到事事不能称心如意。所以我们每一个人，不要常常计较环境的好坏，要注意内心的力量与宽容。

三伏天，禅院的草地枯黄一片。"快撒点草种子吧！好难看啊！"小和尚说。

"等天凉了。"师父挥挥手，"随时！"

中秋，师父买了一包草籽，叫小和尚去播种。

秋风起，草籽边撒边飘。"不好了！好多种子都被风吹走了！"小和尚大喊。

"没关系，吹走的大多是空的，撒下去也不能发芽。"师父说，"随性！"

撒完种子，跟着就飞来几只小鸟啄食，"要命了！种子都被小鸟吃了！"小和尚急得直跳脚。

"没关系，种子多，吃不完。"师父说，"随遇！"

半夜一阵骤雨，小和尚早晨冲出禅房："师父！这下真的完了！好多草籽被雨冲走了！"

"冲到哪儿，就在哪儿发芽！"师父说，"随缘！"

一个星期过去了，原来光秃秃的地面上，居然长出许多青翠的草苗。一些原来没有播种的角落，也泛出了绿意。

小和尚高兴得直拍手。

师父点头："随喜！"

环境和遭遇常有不尽如人意的时候，问题在个人怎样面对拂逆和不顺。"既来之，则安之"，知道人力不能改变的时候，就不如面对现实，随遇而安。与其怨天尤人，徒增苦恼，就不如因势利导，迁就环境，在既有的条件中，尽自己的力量和智慧去发掘乐趣。所以，面对生活的无奈，我们可以一切随缘，豁达对待。

善交益友，不交损友

【原文】

孔子曰："益者三友，损者三友。友直，友谅，友多闻，益矣。友便辟①，友善柔②，友便佞③，损矣。"

孔子曰："益者三乐，损者三乐。乐节礼乐，乐道人之善，乐多贤友，益矣。乐骄乐，乐佚游，乐晏乐，损矣。"

【注释】

①便辟：谄媚逢迎。

②善柔：当面奉承背后诋毁。

③便佞：巧言善辩，夸夸其谈。

【译文】

孔子说："有益的交友有三种，有害的交友有三种。同正直的人交朋友，同诚信的人交朋友，同见闻广博的人交朋友，这是有益的。同惯于走邪道的人交朋友，同善于阿谀奉承的人交朋友，同惯于花言巧语的人交朋友，这是有害的。"

孔子说："有益的喜好有三种，有害的喜好有三种。以礼乐调节自己为喜好，以称道别人的好处为喜好，以有许多贤德之友为喜好，这是有益的。喜好骄奢淫逸，喜欢游手好闲，喜欢大吃大喝，这是有害的。"

【解读】

中国人有许多传统美德，在交友方面，古人讲究"莫逆于心，遂相与友"。意思是说，要思想一致，志趣相投，才能成为朋友。鲁迅说："人生得一知己足矣，斯世当以同怀视之。"可见人们是多么看重友谊。

孔子认为，"友直，友谅，友多闻，益矣"，这是交友、择友的基本原则。孔子从自己的生活体验中，总结出结交这三种人为友是有益的：一种是"友直"，"直"，指正直，就是说要选择那些正直、爽快的人为友；"友谅"，谅指诚信，就是要选择那些诚实守信的人为友；"友多闻"，多闻，指博学多识，就是要选择那些博学多闻、见多识广的人为友。他认为，与这样的人交友才是有益的。

孔子在指出"益者三友"的同时，也告诫人们要慎交那些有损于自己成长和进步的人，这就是所谓"损者三友"。孔子认为，"友便辟，友善柔，友便佞，损矣"，意思是说，与那些虚浮而不正直、有媚态的人交朋友，与那些常以和颜悦色掩饰自己、较为圆滑的人交朋友，与那些惯于夸夸其谈、善于辩解而不务实的人交朋友，是相当有害的。可以看出，孔子对于生活、对于人际交往是很有原则的、很严肃的。孔子要告诫人们尽可能减少"损者"之友对自己的影响。

总的来说，孔子认为，与正直、诚实、讲信，而又学识渊博的人交友，则对自己有帮助，会经常受到教益；而与惯于巧饰外表，但内心全无真诚、善于媚悦讨好，而又巧言善辩，不忠诚的人交友，则耳濡目染，日生邪情，自然容易受到损害。

交朋友，建立友情，要有自己的选择，要经过自己认真的思考。与有操守，有才能的人交朋友，对自己是一种帮助和提高；与行为不良的人交朋友，不但不会帮你，反而会损你、害你。善交益友，不交损友，乐交净友，这是交友的三大原则。择友，慎之又慎确是明智的保身之举。

唐代宗时，吐蕃、回纥兵又逼近邠州，郭子仪派他的儿子郭晞带兵去协助邠州节度使白孝德防守。

郭晞仗着父亲的地位，滋长了骄傲情绪。他部下的士兵纪律松弛，有的士兵在外面欺负百姓，干了坏事，郭晞只当不知道。

邠州地方有些地痞流氓，觉得在郭家军里当兵既无约束，又有靠山，便纷纷找熟识的兵士，在郭晞军营中挂个名，穿起兵士的服装。那批流氓和兵士勾结起来，大白天成群结队地在街上为非作歹，遇到他们看不顺眼的人，就动手殴打，甚至把人打成残废。街上的商铺也常常遭到他们的抢掠。

邠州节度使白孝德为这件事很头痛，但是他自己也是郭子仪的老部下，不敢去管郭家的人。

邠州旁边是泾州，泾州刺史段秀实听到这个情况后，特地派人送信给白孝德，要求接见。

白孝德把段秀实请了来。段秀实说："我们都是郭令公的部下，他对我们就像朋友一样。作为朋友，如今郭公子的手下这样胡闹，我们不能看着他惹出祸端啊。"

白孝德知道段秀实是个有见识的人，就向他请教。

段秀实说："我看到您这里这样乱，心里也很不安，所以特地来，请求在您部下做个都虞侯（军法官），来管理地方治安，怎么样？"

白孝德拍手说："好啊，你肯来，我真求之不得哩。"

段秀实在邠州当上了都虞侯。这件事并没有引起郭晞手下将士的留意，一些兵士照样胡作非为。

有一天，郭晞军营里有17个兵士在街上酒店里酗酒闹事，酒店主人要他们付酒钱，他们就拔出刀刺伤主人，还把店堂里的酒桶全部打翻，酒全流到水沟里去了。

段秀实得到报告，立刻派出一队兵士，把17名酗酒闹事的人统统逮住，就地正法。

老百姓看到这批害人的家伙受到了惩罚，个个高兴地拍手称快。

马上，消息传到了郭晞军营。兵士们一听到有人居然敢杀郭家的人，都大吵大嚷起来。不一会，所有将士都穿戴好盔甲，只等郭晞发出号令，去跟白孝德的兵士拼命。白孝德害怕了，直怪段秀实给他闯了祸。段秀实说："白公不要害怕，我自会去对付。"说着，就准备到郭晞军营里去。

白孝德要派几十个兵士跟随段秀实一起去，段秀实说："用不着了。"他解下佩刀，选了一个跛脚的老兵替他拉着马，一起到了郭晞军营。

郭晞的卫士们全身盔甲，杀气腾腾地在营门口拦住段秀实。

段秀实一面笑，一面走进营门，说："杀个老兵，还用得上摆这个架势！我把我的头带来了，叫你们将军出来吧。"

士兵们看到段秀实泰然自若的样子，呆住了，马上报告郭晞，郭晞连忙请段秀实进来。

段秀实见了郭晞，作了一个揖，然后说道："郭令公立了那么大的功劳，大伙都敬仰他。现在您却纵容兵士横行不法，这样下去，能不大乱才怪呢！如果国家再发生大乱，你们郭家的功名也就完了。"

郭晞听了，猛然惊醒过来，说："段公指教我，这是对我的爱护，我一定听您的劝告。"他边说，边回过头对左右兵士说："快去传我的命令，全军兵士一律卸下盔甲，回自己营里休息。再敢胡闹的处死！"

当天晚上，郭晞把段秀实留下来喝酒。段秀实把带来的老兵打发走了，自己在郭晞的营里过了一夜。郭晞怕坏人来暗算段秀实，自己不敢睡，专门派兵士在段秀实宿营地巡逻保护。第二天一早，郭晞还跟段秀实一起到白孝德那儿道歉。

打那以后，郭家的兵士军纪肃然，没有人再敢违法闹事，邠州地方的秩序也安定下来了。郭晞也把段秀实当作自己的良师益友，对他非常尊重。

"有难同当，有福同享"是交友、处世的最高境界，但实际上，富贵不相忘者极少。帮助别人就是帮助自己，只有勇于付出才能得到回报。

范滂，字孟博，汝南征羌人。冀州因饥荒而百姓闹事，范滂由朝廷任命为清诏使，前去治理。他登车前往，慨然有"澄清天下之志"。待到了州境，地方官自知贪赃枉法，闻风而弃官逃跑。

范滂经常举报地方长官。他说："我的举劾，如果不是针对奸暴而为民除害，那我做官还有什么必要！现在只是先举所急，还有待充实材料。农夫去草，嘉谷必茂；忠臣除奸，王道以清。如果我言之不实，愿受处治。"范滂为民除害，帮助百姓度过危难，深得百姓爱戴。

汉灵帝刚即位的时候，窦太后临朝，封她父亲窦武为大将军，陈蕃为太尉。窦武和陈蕃是支持名士一派的，他们把原来受到终身禁锢的李膺、杜密又召回来做官。有人上奏章，请求汉灵帝再一次下令逮捕党人。

汉灵帝才14岁，根本不懂得什么是党人。他问曹节："为什么要杀他们，他们有什么罪？"

曹节指手画脚地把党人怎样可怕，怎样想推翻朝廷，图谋造反，乱编了一通。最终，汉灵帝相信了他们，连忙下令逮捕党人。

逮捕令一下，各州各郡又骚动起来。有人得到消息，忙去报告范滂。范滂坦然说："我一逃，反而连累了别人，怎么能这么做呢！"

汝南郡的督邮奉命到征羌捉拿范滂。到了征羌的驿舍里，他关上门，抱着诏书伏在床上直哭。驿舍里的人听到哭声，弄不清是怎么回事。消息传到范滂那里，范滂说："督邮一定是不愿意抓我才哭的，我不应该让他为难。"

他亲自跑到县衙里去投案。县令郭揖也是个正直的人，突见范滂来了，不由得一怔。

郭揖说："天下这么大，哪儿不能去，您到这儿来干什么？"

郭揖表示愿交出官印，跟范滂一起逃走。

范滂很感激郭揖，但他说："不用了，我死了，朝廷也许能把抓党人的事停下来。我怎么能连累您啊，再说，我母亲已经老了，我一逃，不是还连累她吗？"

县令没有法子，只好把范滂收押在监狱里，并且派人通知范滂的老母亲和他的儿子跟范滂来见面。

范母带着孙儿随着公差到监狱来探望范滂。范滂安慰母亲："我死后，还有弟弟抚养您，您不要过分伤心。"

范母说："你能和李膺、杜密一样留下好名声，我已经满意了。你也用不着难过。"

范滂跪着听母亲说完，回过头来对儿子说："做人要懂得替他人着想，敢于承担责任。无私地帮助别人，才能赢得别人的敬重。我在狱中没有吃苦受罪，是因为有这些朋友的帮助。我之所以选择去死，就是怕连累亲人和朋友。"旁边的人听了，都禁不住流下了眼泪。

和范滂一起被杀的一共有100多人。有一个叫张俭的人，却逃过了官府的搜捕。他到处躲藏，许多人情愿冒着生命危险收留他。等到官府得到消息来抓他的时候，他又躲到别处去了。于是，凡是收留过他的人家都遭了祸，轻的下狱收监，重的被杀，甚至整个郡县都遭到了灾殃。因此，人们就更加怀念范滂了。

酒肉之交不是朋友，患难才见真情。交友要有分寸，择友要讲究缘分。交友重在相互帮助，相互提高，共同面对人生的磨难，交友不慎会留下终生遗憾。因此，在结交朋友的时候，不能盲目而交，需要在交友过程中擦亮眼睛，善于观察和鉴别。

会交朋友的人，不仅知道哪些人该交，还知道哪些人不能交。我国著名画家徐悲鸿成名以后，不忘两位黄姓朋友的帮助，用"黄扶"作为自己的别号。真正的患难之交，就是相互携手，你挽我扶，共度人生困难，共攀理想高峰。

人与人之间的影响是潜移默化的，在对方的影响下形成自己的习惯、性格及做事方式。俗话说："近朱者赤，近墨者黑。"选择朋友的时候一定要选那些和自己志同道合的人，千万不要与小人为伍。

古希腊哲学家亚里士多德曾经说过："很多显得像朋友的人其实不是朋友。"因此，一定要结交那些品性高尚的人，宁缺毋滥。宁可孤独，也不找小人为伴。

【原文】

子曰："侍于君子有三愆①：言未及之而言谓之躁，言及之而不言谓之隐，未见颜色而言谓之瞽。"

【注释】

①愆：读 qiān，过失。

【译文】

孔子说："在君子旁边陪他说话容易犯三种过失：还没有问到你的时候就说话，这是急躁；已经问到你的时候你却不说，这叫隐瞒；不看君子的脸色而贸然说话，这是瞎子。"

【解读】

《论语》里有许多关于说话的论述，可见孔子十分重视说话。

无论什么时候，我们都要认真对待说话这件事。一个人善于言辞，口才好，就能把自己的工作生活安排得有趣而且愉快，不仅使自己快乐，也使他人快乐。在为人处世中，如果拥有良好的口才，就会赢得令他人羡慕的机遇，就会受到上司的赏识、同事的尊敬、下属的爱戴、客户的信赖。

美国人类行为科学研究者汤姆士指出："说话的能力是成名的捷径，它能使人显赫，鹤立鸡群。能言善辩的人，往往使人尊敬，受人爱戴，得人拥护。它使一个人的才学充分拓展，熠熠生辉，事半功倍，业绩卓著。"因此，可以毫不夸张地说，事业的成功和失败，往往取决于谈话的水平。

孔子所指出的三个毛病，的确也是我们一般人容易犯的。

第一个毛病就是急躁而爱出风头，没有耐心地听人说话的涵养。

在社交场合，你时常可以看到你的一个朋友和另外一个不认识的人聊得起劲，此时，在你的内心中，可能也很想让自己加入其中。但是，如果你事先不知道他们谈论的是什么，而突然加入，就可能让他们觉得很不自在，也许谈话就此结束了。或许，人家会觉得你没有礼貌，进而厌恶你，导致社交失败。这一点对于一个领导者来说，尤其致命。

第二个毛病是阴隐，什么是阴隐呢？就是该说话的时候不说，吞吞吐吐，遮遮掩掩，给人以城府很深，人很阴的感觉。这样做，会让人家觉得你和众人之间存有隔膜，会引起反感。话题到你这儿了，你为什么不说？你是有口难言，自我保护，还是故作矜持，吊大家的胃口？这样最容易失去朋友。

第三个毛病就是不长眼睛，说话不看对象，不看人家的反应，只顾自己说得痛快，得罪了人还不知道，这是炮筒子一类的人。这类人特别不适合与人交往、接待、洽谈等方面的工作。

有个小伙子外语专业毕业后来到外事部门工作。由于他英语讲得流利，开始时领导很器重他，准备派他出国深造。但一年后，这个很让人眼红的机会却给了另一个和他一起进入这个单位的同事。而此后，小伙子在单位也很不顺心，最后辞职去了另一家单位。事后，有人问起他原因，小伙子不无遗憾地说自己在原单位太爱卖弄了，动不动和领导交谈两句英语，正巧这个部门的一位副职领导是位老干部，没学过英语，所以他的行为很让这位领导厌烦，于是这位领导就把"小鞋"给他穿上了。

看来，如何把握好说话的方式，在人际交往中是非常重要的。

民间有一个著名的故事：

清朝时，乾隆皇帝有一次到镇江金山游览。当地的方丈派了一个能说会道的小和尚做向导。当乾隆皇帝上山时，小和尚边走边说："万岁爷步步高升。"乾隆听了很高兴。一会儿，下山了。乾隆皇帝有意试试小和尚的口才，便问："你在上山时说我步步高升，现在你看我怎样？"小和尚不假思索，立即答道：

"万岁爷后步更比前步高!"——下山时后面的脚当然比前一只脚要高,所以也暗含着"步步高升"的意思。这个小和尚能注意说话对象恰当用语,体现了他随机应变的智慧。

孔子周游列国,劝说君王,所以对如何与达官贵人说话很有心得,很有体会。从一定意义上说,这里的一段话正好是他的经验之谈。对我们来说,当然适用范围更广,例如,一些商业谈判、公关工作等,都需要掌握说话的技巧。孔子的经验之谈不正好提供给我们借鉴吗?

困而不学,民斯为下矣

【原文】

孔子曰:"生而知之者,上也;学而知之者,次也;困而学之,又其次也;困而不学,民斯为下矣。"

【译文】

孔子说:"生来就知道的人,是上等人;经过学习以后才知道的,是次一等的人;遇到困难再去学习的,是又次一等的人;遇到困难还不学习的人,这种人就是下等人了。"

【解读】

没有谁"生而知之",孔子就否认自己属于这一等人,他说:"我非生而知之者,好古敏以求之者也。"他再一次强调自己是后天努力学习的结果。他从不炫耀自己的聪明才智,更不宣讲天才奇迹,总是强调孜孜不倦地学习,这正是孔子和《论语》谈论学习的要点之一。

如今,我们生活的条件好了,可很多人却失去了奋发向上的动力。其实,这是不对的,所谓的动力完全取决于自己。就像那些身处贫困中的孩子们,家徒四壁的时候,至少可以把改变贫困当做自己学习和生活的动力。

明太祖朱元璋生逢元末荒乱年代,父母早亡,家又赤贫,无力读书。他做过乞丐,后又为糊口去当和尚,后来才投身郭子兴军中,成了一员战将。郭子兴死后,朱元璋便掌握了他的军队,这时他才看出自己有夺取天下、当皇帝的可能。

然而文盲是无法当皇帝的,天下固然可以武力逆取,却要以文事顺守,朱元璋还是明白这个道理的，所以他开始识字读书。

后来，有儒士到他军门，为他献上班固撰写的《汉书》，朱元璋看过刘邦的本纪后，便处处以刘邦为榜样，《汉书》也成了他的枕边书。

朱元璋攻打下金华后，听说宋濂的文名，便征召他到自己身边，给自己和太子讲授经书，学问也日日长进，终于成为一代文韬武略的开国君主。

朱元璋30多岁才开始识字读书，比之晚学的苏洵，可谓晚之又晚矣，而且是在生死万变的军旅生涯中，学习的难度又增加许多。

朱元璋完成了"在马上取天下"的过程，也要实现以文治天下。

朱元璋击败陈友谅后，基本就不再率兵出征，而是派徐达、常遇春、汤和、沐英这些猛将平定四方，自己则专心研究国家制度，一直到他逝世，20多年的时间里，他参酌历代典章制度的得失，亲手制订明朝的各种制度，纤细无遗，直到临死时才完成这项浩大的工程。他对自己的成就也很满意，写下遗嘱，告诫子孙不得轻加改动。

康熙帝是圣明天子，他却认为理学到了宋代朱熹，国家制度到了明洪武，都已达到尽善尽美、无以复加的境界，所以清朝的各种典章制度几乎完全继承朱元璋所制订的。康熙帝还专程到南京去拜祭朱元璋的陵墓，向这位老前辈表示自己的崇拜之情。

朱元璋也是"秉烛夜游"，而这烛光却胜似"日出之光"，涵照明、清两代。学识之于人、于家、于国的重要性由此可见。

只有勤奋学习，才能获得安身立命的基础；只有勤奋学习，才能获得优异的成绩。因为勤奋是走向成功的阶梯，是生命之舟上的白帆，是雄鹰借以翱翔天际的双翅。而在今天，人们也越来越清楚地认识到学习的巨大价值，学习渐渐走进了每一个人的生活。学习不再只是小孩子的事情，而是每一个想改变命运，想获取成功的人的事情，是一个人一辈子的事情。

君子有九思

【原文】

孔子曰："君子有九思：视思明，听思聪，色思温，貌思恭，言思忠，事思敬，疑思问，忿思难，见得思义。"

【译文】

孔子说："君子有九种要思考的事：看的时候，要思考看清与否；听的时候，要思考是否听清楚；自己的脸色，要思考是否温和，容貌要思考是否恭敬；言谈的时候，要思考是否忠信；办事的时候，要思考是否谨慎严肃；遇到疑问，要思考怎样向别人请教；愤怒时，要思考是否有后患；获取财利时，要思考是否符合义的准则。"

【解读】

见得思义，孔子在这里提示人们，凡事要经常想到一个"义"字。那么，什么是"义"呢？"义"就是道义，是指公正的道理、正直的行为。这是一种美好的品德，也是一种人生观、价值观。大千世界有万种诱惑，刺激人的感官，诱发人的欲望，惑乱人的情志。浅薄之人往往见利心喜，见异思迁，乐而忘返，以至丧失真我。儒家尊崇一个"义"字。只要是合乎义的事，大家都应当去做，不必拘泥于一定要做什么，或不去做什么。

晋献公在位时，公子重耳被骊姬所害，只好逃出都城，已经在朝拜相位的介子推也跟随重耳一同踏上了流亡之路。途经土地堂时，重耳不幸染上了病，又连续多天没有粮食吃。介子推偷偷到山沟里，割下了自己腿上的肉，点火煮了给重耳吃了。重耳吃了以后，病就痊愈了。漫长的逃亡路上，介子推忍饥、受冻，吃了很多的苦，但他却尽一切努力，让重耳生活得舒服一些。重耳非常感动，许诺说："如果我有一天登基为王，一定要让你享受高官厚禄。"

介子推淡淡一笑，说："臣保公子，是臣的职责，只要能完成使命，就是臣的荣幸了，至于高官厚禄，臣倒不在乎。"

后来，重耳得到帮助，杀回晋国，当上了国君。重耳登基后，对功臣们都大加赏封，唯独忘记了介子推。

一天，母亲听到介子推在唉声叹气，就劝他去求得一官半职的。

介子推说："我不是想得到赏赐，而是看不惯那些势利小人，自以为有功就摆出一副得意洋洋的样子。那些卑鄙的人，都想将功劳拉到自己的身上，实在太可耻了，我不愿意和他们在一起做事，想回到乡下种田，又怕您不同意。"

听了他的话，母亲说："你不贪求功利，我太高兴了。我愿意和你一块回乡下种田。"就这样，介子推和母亲隐居到绵山去了。

现实中，人没有"利"是无法生存的，但我们不能把"利"放在最高的位置，金钱至上会导致人性丧失、人格扭曲、情感淡薄、自私自利。生活于社会中的人总是要面对着各种各样的诱惑，权利地位的诱惑，物质财富利益的诱惑等等不一而足。所以，人们不仅要抵御外来的侵蚀，而且要抗拒自身内在有可能膨胀的非分之想。无论你选择什么，义是没有选择余地的，取亦依从义，舍亦依从义；进要为义而进，退也要为义而退。

当我们为心中的理想而奋斗，在现实社会中仓促奔走，我们能够保证自己不陷入物欲的陷阱而放弃心中的道德法则和正义吗？当我们去做一件事时，是出于内心的善意，还是出于欲望和恶念呢？当我们面临选择的时候，鱼和熊掌，生与义，往往只能选择其中之一，那么我们的选择当然是选择更为贵重的东西。人的生命是贵重的，但是在哲人看来，还有比人的生命更为重要的，那就是义，是人间的正义，是人们心中的道德法则。

见善如不及，见不善如探汤

【原文】

子曰："见善如不及，见不善如探汤①。吾见其人矣，吾闻其语矣。隐居以求其志，行义以达其道。吾闻其语矣，未见其人也。"

齐景公有马千驷②，死之日，民无德而称焉。伯夷叔齐饿于首阳③之下，民到于今称之。其斯之谓与？

【注释】

①汤：沸水。

②千驷：古代一般用四匹马驾一辆车，所以一驷就是四匹马。

③首阳：山名。

【译文】

孔子说："看到善良的行为，就担心自己达不到；看到不善良的行动，就好像把手伸到开水中一样赶快避开。我见到过这样的人，也听到过这样的话。以隐居来保全自己的志向，依照义而贯彻自己所主张的道。我听到过这种话，却没有见到过这样的人。"

齐景公有四千匹马，他死的时候，百姓们觉得他没有什么德行可以称颂。

伯夷、叔齐饿死在首阳山下，百姓们到今天还在称颂他们。说的就是这个意思吧？

【解读】

孔子思想的核心是仁。仁的内容非常丰富，仁为天地之道，圣人之德，君子之性，庶民之归，其核心是爱人。

孔子说："泛爱众，而亲仁。"有人或许会认为，要做到孔子所说的"仁"实在是太难了，对自己的父母好是可能的，但是还要去爱别人，那就太难了点，要做到"泛爱众"就更难了，因为人都是自私的。孔子则一直相信仁心仁道都不远人，求得仁心仁道并不难。

曾经有一个高僧，他每天打坐的时候，都要在面前放下一黑一白两堆小石子。用大师的话说，黑、白石子代表自己的善、恶两念。善念萌生时，他会拿一颗白石子放在身体的左边；恶念萌生时，他会拿一颗黑石子放在身体的右边。最初，大师检点时发现黑石子多，白石子少。每当这时，大师会扇自己的耳光，痛哭着自责道："你在苦海里轮回，还不知悔过吗？"40 多年过去了，大师手下全部变成白石子了。最终，大师修成了菩提道。

向善之心，人皆有之。人性本是善良的，人能向善，人能为善。人能向善，才能使自己趋于美好；人能为善，人的世界才能趋于美好。

海伦·凯勒曾有一句话："任何人出于她的善良的心，说一句有益的话，发出一次愉快的笑，或者为别人铲去不平的道路，这样的人就会感到他的欢欣是他自身极其亲密的部分，以致使他终生追求这种欢欣。"

人活在这个世界上，最重要的是有仁爱他人的能力，那些富有爱心的人能够给他身边的人带来欢乐，带来温暖，从而使他的生活也变得充实完美。

在孔子看来，仁是做人的根本，是处于第一位的。求仁容易，而达到真正仁的境界却很难。或许，我们做人的境界还没有达到孔子所说的那种仁的境界，但是我们如果常存乐善好施、成人之美的好心，这个世界又会减少多少忧伤和怨叹啊。

阳货篇第十七

性相近也，习相远也

【原文】

阳货①欲见孔子，孔子不见，归②孔子豚。孔子时其亡也，而往拜之。遇诸涂。谓孔子曰："来！予与尔言。"曰："怀其宝而迷其邦，可谓仁乎？"曰："不可。""好从事而亟③失时，可谓知乎？"曰："不可。""日月逝矣，岁不我与。"孔子曰："诺，吾将仕矣。"

子曰："性相近也，习相远也。"

子曰："唯上知与下愚不移。"

子之武城④，闻弦歌之声。夫子莞尔而笑，曰："割鸡焉用牛刀？"子游对曰："昔者偃也闻诸夫子曰：'君子学道则爱人，小人学道则易使也。'"子曰："二三子！偃之言是也。前言戏之耳。"

公山弗扰⑤以费畔，召，子欲往。子路不说，曰："末之也，已，何必公山氏之之也？"子曰："夫召我者，而岂徒哉？如有用我者，吾其为东周乎？"

【注释】

①阳货：又名阳虎，季氏家臣。季氏数代把持鲁国朝政，当时阳虎又把持了季氏的权利。

②归：同"馈"，赠送。

③亟：读qì，屡次。

④武城：鲁国邑名，当时子游为武城宰。

⑤公山弗扰：季氏家臣，与阳货共执桓子，据邑以叛。

【译文】

阳货想要孔子来拜会他，孔子不去，他便赠送给孔子一只烹熟的小猪。孔子趁阳货不在家时，去阳货家拜谢。两人正巧在半路上遇见了。阳货对孔子说："来，我有话要跟你说。"阳货说："把自己的本领藏起来而听任国家迷乱，这可以叫做仁爱吗？"孔子回答说："不可以。"阳货说："喜欢参与政事而又屡次错过机会，这可以说是明智吗？"孔子回答说："不可以。"阳货说："时间一天天过去，年岁是不等人的。"孔子说："好吧，我将要去做官了。"

孔子说："人的本性是相近的，只不过生活的环境不同才相互有了差别。"

孔子说："只有上等的智者与下等的愚者是不可改变的。"

孔子到武城，听见弹琴唱歌的声音。孔子微笑着说："杀鸡何必用宰牛的刀呢？"子游回答说："以前我听先生说过，'做官的人学习了礼乐就能爱人，百姓学习了礼乐就容易指使。'"孔子说："学生们，言偃的话是对的。我刚才说的话，只是开个玩笑而已。"

公山弗扰盘踞在费邑图谋造反，来召孔子，孔子准备前去。子路不高兴地说："没有地方去就算了，为什么一定要去公山弗扰那里呢？"孔子说："他来召我，难道只是一句空话吗？如果有人用我，我就要在东方复兴周礼。"

【解读】

孔子在这里指出了人生有性和习两个方面：性是天生的人的本性；习是习染，是后天的行为习惯和环境影响。前者是自然的，后者是人文的。认识这两个方面，处理好这两个方面的关系，是人生的基本问题。

战国的时候，有一个很伟大的大学问家孟子。孟子小的时候非常调皮，他的妈妈为了让他受好的教育，花了好多的心血。有一次，他们住在墓地旁边。孟子就和邻居的小孩一起学着大人跪拜、哭嚎的样子，玩起办理丧事的游戏。孟子的妈妈看到了，就皱起眉头："不行！我不能让我的孩子住在这里了！"孟子的妈妈就带着孟子搬到市集旁边去住。

到了市集，孟子又和邻居的小孩学起商人做生意的样子。一会儿鞠躬欢迎客人，一会儿招待客人，一会儿和客人讨价还价，表演得像极了！孟子的妈妈知道了，又皱皱眉头："这个地方也不适合我的孩子居住！"

于是，他们又搬家了。这一次，他们搬到了学校附近。孟子开始变得守秩序、懂礼貌、喜欢读书。这个时候，孟子的妈妈很满意地点着头说："这才是我儿子应该住的地方呀！"

这个故事告诉我们，外界的条件是可以改变一个人的。而孔子的这句话也意在告诉我们，人生的成败取决于后天努力。纵然人们天资有差别，起决定作用的还是后天的努力。所以不能自恃天资聪明，要重视学习修养，不断通过学习修养提高自己。孔子这句话同时也给我们以信心，让我们相信，没有天生的高与下、优与劣，纵然先天不足，只要自觉努力，就能够提升自己，获得成功。所以"性相近，习相远"也是自强不息的思想基础，它能鞭策、鼓舞我们不断努力提升自己。

出身对人生的命运具有深刻影响，但不是决定的因素，重要的是如何认识，如果对待。虽然出身卑微低下，但是能够有坚忍不拔的毅力，尽力将自己的天分发挥到极致，必然能够实现人生目标。同样的，即使一个人出身高贵，但是却以出身自傲，不思进取，终必流于平庸而致失去一切。因此，人生的最终结果，取决于自己的努力。

以学持身，以德为人

【原文】

子曰："由也，女闻六言六蔽矣乎？"对曰："未也。""居，吾语女。好仁不好学，其蔽也愚；好知不好学，其蔽也荡；好信不好学，其蔽也贼①；好直不好学，其蔽也绞；好勇不好学，其蔽也乱；好刚不好学，其蔽也狂。"

子曰："小子何莫学夫诗。诗，可以兴②，可以观，可以群，可以怨。迩之事父，远之事君；多识于鸟兽草木之名。"

子谓伯鱼曰："女为《周南》《召南》③矣乎？人而不为《周南》《召南》，其犹正墙面而立④也与？"

【注释】

①贼：伤害。

②兴：譬喻，引譬连类。

③《周南》《召南》：现为《诗经》国风开头两部分篇名。

④正墙面而立：即面墙而立，意谓既不能看见任何东西，也不能往前行进。

【译文】

孔子说："由呀，你听说过六种品德与六种弊病了吗？"子路回答说："没有。"孔子说："坐下，我告诉你。爱好仁德而不爱好学问，它的弊病是愚昧；爱好智慧而不爱好学问，它的弊病是行为放荡；爱好诚信而不爱好学问，它的弊病是危害亲人；爱好直率却不爱好学问，它的弊病是说话尖刻；爱好勇敢却不爱好学习，它的弊病是闯祸作乱；爱好刚强却不爱好学问，它的弊病是轻狂自大。"

孔子说："学生们为什么不学习《诗经》呢？学《诗经》可以激发志气，可以观察天地万物及人间的盛衰与得失，可以使人懂得合群，可以使人懂得讽刺方法。近可以用来事奉父母，远可以侍奉君主；还可以多知道一些鸟兽草木的名字。"

孔子对伯鱼说:"你学习《周南》《召南》了吗?一个人如果不学习《周南》《召南》,那就像面对墙壁而站着吧?"

【解读】

人有理性,可以求知。只需好学,终有所得。但是,事物总是辨证的,一长必有一短,优点同时也是缺点。尤其是如果没有一定的学养,就必然会带来许多问题。

子张是孔子的学生,是一个积极追求闻达于世的人。一天,他问孔子:"怎样才能做官呢?"

孔子说:"做官最难得的就是使自身平安并获取美好的名声了。"

子张接着问:"如何才能使自身平安并获得美好的名声呢?"

孔子说:"君子做官有六条应该遵守的行为:有好处的时候不要自己独占;教育不聪明的人的时候,不要超过他的接受能力而贪图快速;已经出现过的错误不要再犯;话说错了不要强词夺理地为之辩解和顽固坚持;是非曲直不易辨明的官司不要乱判;日常事务不要往后推脱。"

子张问:"老师认为仅仅这样就够了吗?'

孔子说:"不够,君子做官还有七条是应该避免的:愤怒的时候不要责备他人,否则矛盾就会由此产生;不要拒绝他人的规劝,否则考虑事情就会过于片面;不要对别人不恭敬,否则的话,就会丧失礼貌;不要懈怠懒惰,这样就会错过时机;不要铺张浪费;不要不顾团结而破坏合作,这样事情会因此而做坏;不要做事情没有条理,否则就会乱忙一气,争执也会因此而酿成。"

子张又问:"夫子认为是不是做到这些就够了呢?"

孔子说:"不是。这样的为政要把应该遵行的六条和应该避免的七条熟记在心,还要把这些原则体现到自己的为政实践中,分辨清楚什么是好的,什么是坏的,然后趋利避害。这样做,你不要求人民报答,人民也会归附你,政事也会处理得当,就能够使自身平安并且获得美好的名声了。"

世间事物有利必有弊,都有其两面性。孔子这段话说的"学",偏重于道德品质的全面修养,一个人具备仁、智、信、直、勇、刚的好品质,但如果不加强学习,不善于运用,仍然有重大弊端。如果你只是爱好这种品德,而不好好学习,保持和发扬其优良的一面,防止和克服其弊病的一面,即使拥有了这种优秀品德,也会丧失,甚至走向反面。

学习可以去除六弊,一个人如果缺少真正的修养,就会变成坏事。孔子告诉我们，不管你是哪种个性，重要的是，自己要有内涵，要有真正的修养，在整个人生过程中不间断地更新自己，这才是学习之道。

道听而途说，德之弃也

【原文】

子曰："道听而途说，德之弃也。"

【译文】

孔子说："在路上听到传言就四处传播，这是道德所唾弃的。"

【解读】

一个人每天滔滔不绝，并不意味着他有智慧。我们修行在世，探寻君子之道，也许有时候管住自己的嘴巴就变得非常重要。许多人对于道听途说的传闻及无关紧要的事实，不停地钻牛角尖，甚至到处传播，因而造成不好的影响甚至导致悲剧。而理性的思考能够判断别人所说的话是否有价值，是否真实。如果全盘接受某些自以为是的偏见、成见，或是想当然的猜测之词，是非常危险的。

听到"据说"这样的开场白，理性的思考者会充耳不闻，因为他知道接下来都是一些没有意义的话。理性的思考者知道，对自己负责任的人，一定要根据可靠的事实，才会发表意见或提出问题，而不会人云亦云。

战国时期，艾子从楚国回到齐国。刚进都城，就碰到了爱说空话的毛空。毛空极其神秘地告诉艾子，说："有家人家的一只鸭子，一次生了一百个蛋。"

艾子不相信，说："哪有这样的事啊！"

毛空改口说："那么是两只鸭子生的你信了吗？"

艾子摇摇头，说："也不会有这样的事。"

毛空又改口说："那么大概是三个鸭子生的，你总该相信了吧？"

艾子还是不信。

"那也可能是四个、八个、十个。"

毛空见艾子总是不信，就一只一只地把鸭子的数目往上加，一直增加到十只鸭子了艾子还是不信。

艾子问他："你为什么不减少蛋的数目呢？"毛空说："我宁愿增加鸭子的

只数，也不想减少蛋的数目。"艾子不说话了。

过了一会儿，毛空又对艾子说："上个月，天上掉下一块肉来，有三十丈长，十丈宽。"

艾子又不信，毛空急忙改口说："那么是二十丈长。"艾子还是不信。

毛空说："那就算十丈吧！"

艾子实在忍不住了，再也不愿意听毛空瞎吹了，便反问道：

"世界上哪有十丈长，十丈宽的肉？还会从天上掉下来？是你亲眼所见吗？刚才你说的鸭子是哪一家的？现在你说的大肉又掉在什么地方？你带我去看看。"

毛空被问得答不出话来，只好支支吾吾地说："我也是在回来的路上听别人说的。"

艾子听后，笑了。他转身对站在身后的学生们说："你们可不要像他那样的'道听途说'啊！"

上面这则笑话正好是对孔子所说的"道听而途说，德之弃也"的注释。

还有这样一个故事：

有一位哲人，素来沉默。有一天，他的一个朋友飞奔而来，神采飞扬地和他说："我要告诉你一个特别重大的消息。"

哲人拦住他说："你的任何消息说出口之前要过三个筛子。第一，你确定这个消息是真实的吗？"那个朋友就打了个愣，说："我没有这么想过，不一定。"

哲人又笑了笑，说："第二个筛子，你确定这个消息是善意的吗？"那个人想了想，也不是很肯定。

接着，哲人又问了第三个问题："这个消息真的那么重要吗？"这个人想了想，说，好像也不是那么重要。

由此可见，无论我们听到什么消息，什么事情，或者自己在和他人交谈时，都要三思而后言。常言说的"人言可畏"就是这个道理。

《论语》中还记载，叔孙武叔毁谤孔子，子贡说："不要这样做，孔子是不可以毁谤的。别人的贤德，像小山坡，还可以跨越过去；孔子像太阳、月亮，是不可能超越的。一个人要自找绝路，那对于太阳、月亮，又有什么损害呢？只不过表现他太不自量罢了。"

得失面前要洒脱

【原文】

子曰："鄙夫①可与事君也与哉？其未得之也，患得之。既得之，患失之。苟患失之，无所不至矣。"

子曰："古者民有三疾，今也或是之亡也。古之狂也肆，今之狂也荡；古之矜也廉②，今之矜也忿戾；古之愚也直，今之愚也诈而已矣。"

【注释】

①鄙夫：指品德庸俗低劣的人。

②廉：棱角。比喻人方正峭厉，难以接近。

【译文】

孔子说："可以和一个鄙夫一起事奉君主吗？他在没有得到官位时，总担心得不到。已经得到了，又怕失去它。如果他担心失掉官职，那他就什么事都干得出来了。"

孔子说："古代人有三种毛病，现在恐怕连这三种毛病也不是原来的样子了。古代的狂者不过是愿望太高，而现在的狂妄者却是放荡不羁；古代骄傲的人不过是难以接近，现在那些骄傲的人却是凶恶蛮横；古代愚笨的人不过是直率一些，现在的愚笨者却是欺诈啊！"

【解读】

孔子的这句话可以理解为，当人们没有得到的时候，拼命地想去追求；等得到了，又时时刻刻担心害怕失去。

人生无非就是一个得到和失去的过程，只收获不失去是不可能的。人获得了生命，到最后还不是要归于尘埃？所以大可不必因为得到或失去而或喜或忧，该是你的，迟早都是你的，不该是你的，不管你怎么费力也不会得到。得到的时候，不要得意忘形，到处炫耀；失去的时候也不要抱怨不停，悲观沮丧。因为得到并不代表永远的得到，要看清前方的路；失去也并非就是失败，重要的是振作起来，换一条路走走。天下万事万物都有正面和反面两个极端。你得到了金钱，同时你就可能会失去休闲的时间，会失去健康的体魄；你失去了爱情，同时你可能就会获得与人相处的智慧，懂得如何去关心别人，爱护别人，为你日后获取另一份爱情打下基础。得失之间，需要你细细地去品味和权衡。得到的时候，不要把握不住得"四面开花"；失去的时候，不要太过计较。

人世间的是是非非、功名利禄，不是你想排除就能排除掉的，关键是你面对问题所表现出的心态。人要有一颗平常心，要想真正做到能进能退，就要去除非分之想。

人的痛苦绝大多数来源于想法太多，清朝著名将领曾国藩就时刻提醒自己不要患得患失，这也是他一生为官不败的基础。

人生，色彩斑斓；生活，五味俱全。人，难得到这个世上，谁不愿人生如画似的灿烂美丽？谁不想生活如风似云般洒脱自如？

然而，有所追求就有所失落，正如要结果花就必然落去，而且，追求的目标越高，追求得越执著，失落也就往往越多，这才是真实的生活。

愉悦如意，使人身心舒畅，意气风发，增添乐趣，犹如踏上阳光明媚的康庄大道。

遇有失落，折磨着意志，冷却了热情，动摇了目标，恰似陷入孤寂痛苦的泥沼。

追求与失落相随，谁也躲避不了。

古往今来，事业的成功者，谁不曾失落？如果你在失落的苦闷中不能自拔，一蹶不振，失魂落魄，那只会把人生导向可悲的境地。众所周知，女作家三毛有着一般男子汉所没有的勇气四处流浪，她的书透着几多豪情、几多执著、几多坚韧，可她终于抵御不住疾病和人为的失落而放弃生命。

荀子曾说："良农不为水旱不耕，良贾不谈折阅不市。"意思是说，好的农夫不会因为有旱涝灾害就放弃耕种，好的商人也不会因为一时的亏损就不做买卖。其实，在通向追求目标的途中有所失落，并非不速之客，它经常伴随着人类的进步、发展而光临。生活负担过于繁重，事业紧迫得无法脱身，身心受到剧烈的摧残打击，美好的理想难以实现，苦苦追求的东西无法得到，几番饮下生活的苦酒，遭受人生的挫折……人类的智慧和力量，也只有在同各种失落较量的过程中，才能更充分、更有力地显示出来。正如大江大河在奔涌中一旦碰到礁石，它便会把自己的全部活力释放出来。而对失落，如果能够微笑着去面对，就足以化渺小为伟大，化平庸为神奇，化艰险为坦途。有道是：征途曲折，人生多坎坷；失落时时有，每每重振作。

如果我们太重视所有权，那么我们对所享受的福利便会顾忌太多，就不能安然享受了；如果我们觉得青春消逝便不能生存，那么在没有过好日子以前便衰老了。如果我们认为没有健康便不能过活，那么小小的痛苦便会忧惧不已。当我们害怕之时，失败往往已经离我们不远了。

从前，有一个神射手名叫后羿，他练就了一身百步穿杨的好本领，知道他的人都很佩服他。夏王也从侍从的口中听说了后羿的神奇本领，并在无意中目睹了后羿的表演，对他非常赏识。

有一天，夏王把后羿召到宫中，想单独让他一个人表演一番，好尽情领略他那炉火纯青的射技。于是，夏王命人把后羿带到后花园的一处宽阔地带，叫人拿来一块一尺见方的兽皮箭靶，箭靶的正中画了直径为一寸的红心。夏王用手指着箭靶，对后羿说："今天请先生来，是想请你展示一下你精湛的本领，这个箭靶就是你的目标。如果你射中了，我就赏你一万两黄金；如果你射不中，我将剥夺你拥有的封地。现在开始吧！"

后羿听完夏王的话，顿时紧张起来，脸色一阵红一阵白，胸脯起伏不定，怎么也平静不下来。他慢慢地走到距离箭靶一百步的地方，然后取出一支箭，搭上弓弦，准备好姿势开始瞄准。这时，他一想到自己这一箭出去可能发生的结果，一向镇定的后羿手开始微微发抖，瞄了几次准都没有将箭射出去。最终，后羿下定决心把箭射了出去，它却钉在距离靶心足有几寸的地方。后羿看到后，脸色一下子就白了。他再次弯弓搭箭，没想到精神更加不集中，射出的箭也偏得更离谱了。

最后，后羿悻悻地离开了王宫。夏王在失望的同时却百思不得其解，就问侍从："后羿平时射箭百发百中，为什么今天连射两箭都脱靶了呢？"

侍从回答说："后羿平时射箭，持的是一颗平常心，水平自然也就能正常发挥。可今天他射出的结果直接关系到他的切身利益，这叫他如何能静下心来施展射技呢？"

夏王听后，说："不错，一个人只有排除了患得患失的情绪，把厚赏重罚置之度外，再加上刻苦训练，才能成为当之无愧的射箭手啊！"

综观人间世事，有得必有失，有失必有得，这是常理，可有些人总想不通这层理儿，只要涉及个人利害得失之事，总少不了要去争，要去斗，要从争斗中得到更多。殊不知，这样的做法总会给人带来莫名其妙的烦恼，难以言状的痛苦，排解不掉的忧愁。名利尽管得到，可是人的尊严丧失了，人的洁净丧失了，人的品味也随之丧失……这样，看来是有所"得"，但失去的是否比得到的更多？而且这种"得"究竟有什么意义？

　　君子对于权利的得失是不放在心上的。据《论语》记载，子文三次做官，担任令尹，没有高兴的神色；三次罢官，也没有生气的神色。这是因为他心里平静，得失不会让他烦恼。

　　柳下惠曾经做过鲁国士师的官，三次被国君免官，但却不离开鲁国。有人对他说，你怎么不离开鲁国呢？他回答："正直清白地做官，到哪里去不会多次罢黜？歪斜地做官，那又何必离开自己的国家？"孟子评价说："柳下惠被免了官也没有怨言，不发达落魄了也不显出可怜的样子。"

　　有德行的人对于财物的丢失也不放在心上。唐朝的柳公权，唐文宗时任翰林学士，他家里的东西总是被奴婢们偷走。他曾经收藏了一筐银杯，筐子外面的印封依然如故，可里面的杯子却不见了。那些仆人推说不知道，柳公权笑着说，银杯都化成仙了，从此便不再追问。

　　据《淮南子》记载，塞上有个善于养马的人，名叫塞翁。有一天，他的马跑丢了，大家都来安慰他，塞翁说，谁知道这是福是祸呢？过了几个月，那匹马带着胡人的骏马回来了。大家都来恭贺他。塞翁说，怎么知道这不是一件坏事呢？塞翁的儿子很喜欢这匹马，没事时总是骑来骑去，结果从马上摔下来，折断了大腿。人们都来安慰塞翁，塞翁却说，怎么知道这不是一件好事呢？过了一年，匈奴大肆侵犯，年轻健壮的男子被征从军，在战争中战死的十有八九。而塞翁的儿子却因为是跛子而未去应征，得以幸免。所以，得与失之间，福祸之间，其变化是难以说定的。

　　患得患失者，整天或为得失所忧，或被得失所累，生活就会郁郁寡欢。生活中往往有这样一些人，整天被笼罩在患得患失的阴影之中，心房被得失纷扰所纠缠，没有片刻安宁。时时紧张，忐忑不安，这样的生活又何来轻松和愉快？

　　患得患失是人生最常见的心理隐患，是人生的精神枷锁，是附在人身上的阴影。生活中出现阴影是因为我们挡住了人生的太阳。自然万物的变化，有盛便有衰；人世间的事情，总是有得便有失。得与失，荣与辱，是事物的两个方面，谁也没有魔力躲过去。唯一的办法是，得之不喜，失之不忧，不管是得是失，都淡然处之。

巧言令色，鲜矣仁

【原文】

子曰："巧言令色，鲜矣仁。"

【译文】

孔子说："花言巧语、满脸谄笑，装出和颜悦色的样子，这种人的仁心就很少了。"

【解读】

无论是在历史上，还是在现实中，总是有一些说话说得很动听，脸上装得很和善，可是内心却不够诚恳的人。这些人没有仁德，披着一层虚伪的外衣，很难让人看到他的真相。虽说这种人只是少数，但非常令人厌恶，也很难有所作为。

孔子对此批评说："巧言令色，鲜矣仁。""巧言"就是花言巧语。"令"是美好，"令色"就是装出来的美好面貌，就是花言巧语，装出美好面貌的人，很少是讲仁德的。也许这就是孔子对人性的观察。

孔子告诉我们应该如何识别人。看人不能只看表面，不能只听其言、观其貌。因为语言与外表是可以修饰、装扮的，如果只凭这个，就很可能上当。

所谓"巧言"就是讨巧的语言。要讨巧，就得揣摩你的心理。你喜好什么，他就说什么；你想什么，他就讲什么，总之是投其所好。他可以把一些你想要的，说得头头是道，坏的可以说成好的，死的可以说成活的，说得你心里美滋滋的。

"令色"，就是表现出来的美好面貌和神态。在你的面前他总会是彬彬有礼，谦虚恭敬，唯命是听，显得对你是那样忠诚。而巧言令色都为的是获得你的信任，达到他的某种目的。

唐玄宗李隆基时期，有个大臣叫李林甫，论才艺，也还不错，写一手好字，画也画得很好；但他做官却不正正诚诚地办事，而是一味迁就和迎合玄宗的意旨。不但如此，他还用些不正当的方法结交玄宗亲信的宦官和妃子。因此，他很得玄宗的宠信，一直在朝中做了 19 年的官。

李林甫和一般人接触，也总是在外表上表现出很友好，非常合作，嘴里尽说好听的、善意的话。可是实际上，他的性情和他的表面态度完全相反。他竟是一个非常狡猾阴险，常常使坏主意来害人的人。但是，坏人虽然有时可以达到害人的目的，逞奸谋于一时，但日子久了，人家就发现了他这种伪善，于是大家便在背地里说他"口有蜜、腹有剑"，即是：口上甜甜蜜蜜，心中利剑害人。

无独有偶，唐朝有一个做中书侍郎的叫李义府，平常的行动和表情，显得非常忠厚和温和；而且他不管和谁说话，一定先自己咧开嘴笑，表现出十分诚恳和善良的样子。其实他的心地既刻薄，又奸诈，常使用阴险的计策害人。日子久了，人家也发现了他的这种假面具，就在背地里说他"笑中有刀"。

像李林甫和李义府那样的人是非常可怕的，因为他表里不一，若不小心，便要上当受害。正因为如此，孔子从反面提出了一条标准，摆出了一种现象——"巧言令色"，告诉我们需要保持警惕。

孔子的这句话也告诉我们应该做什么样的人。这就是要与"巧言令色"背道而驰，做实实在在的人。

饱食终日，无所用心，难矣哉

【原文】

孺悲①欲见孔子，孔子辞以疾。将命者出户，取瑟而歌，使之闻之。

宰我问："三年之丧，期已久矣。君子三年不为礼，礼必坏；三年不为乐，乐必崩。旧谷既没，新谷既升，钻燧改火，期可已矣。"

子曰："食夫稻②，衣夫锦，于女安乎？"

曰："安。"

"女安，则为之！夫君子之居丧，食旨不甘，闻乐不乐，居处③不安，故不为也。今女安，则为之！"

宰我出。子曰："予之不仁也！子生三年，然后免于父母之怀。夫三年之丧，天下之通丧也，予也有三年之爱于其父母乎？"

子曰："饱食终日，无所用心，难矣哉！不有博弈④者乎？为之，犹贤⑤乎已。"

【注释】

①孺悲：鲁国人。《礼记·杂记》载有孺悲欲向孔子学士丧礼事。

②稻：古代北方以稻为贵，故居丧期间不食用。

③居处：这里指与平日相同的居住生活。古代父母之丧，孝子要另筑草庐而居。

④博弈：博和弈是两种棋类游戏。

⑤贤：胜过。

【译文】

孺悲想见孔子，孔子以有病为由推辞不见。传话的人刚出门，孔子便取来瑟边弹边唱，有意让孺悲听到。

宰我问："服丧三年，时间太长了。君子三年不习礼仪，礼仪必然崩坏；三年不习音乐，音乐就会荒废。旧谷吃完，新谷登场，钻燧取火的木头轮过了一遍，有一年的时间就可以了。"

孔子说："才一年的时间，你就吃开了大米饭，穿起了锦缎衣，你心里安宁吗？"

宰我说："我心安宁。"

孔子说："你心安，你就那样去做吧！君子守丧，吃美味不觉得香甜，听音乐不觉得快乐，住在家里不觉得舒服，所以不那样做。如今你既觉得心安，你就那样去做吧！"

宰我出去后，孔子说："宰我真是不仁啊！小孩生下来，到三岁时才能离开父母的怀抱。替父母守孝三年，这是天下通行的丧礼。宰我难道就没有从他父母那里得着三年怀抱的爱护吗？"

孔子说："整天吃饱了饭，什么事也不干，不行的呀！不是还有下棋之类的游戏吗？做这个，也比闲着好。"

【解读】

孔子是春秋时期的大教育家，据说他有三千弟子，只要想学习的，他都收下做弟子。在他的心目中，没有什么人不能教育成才的，但他对只吃饭不干活的人却很犯难，说："整天吃饱了饭，什么事也不干，真太难了！"你看，大圣人碰到这种人也是无可奈何啊！

有一个人很懒，什么事都不愿干，包括吃饭、走路和说话。每天吃饭时，都要妈妈将饭菜端过来，用筷子一口一口地送进嘴里，他才肯下咽。走路就更别提了，他从来就没穿过鞋，因为他从来都不下地走路。虽然他会说话，但他从来不讲一句话。

这个整天缩在被窝里的人，对外面的世界一无所知，而且整个身体都非常糟糕，软软地瘫在炕上，如同一块凉粉。

左邻右舍的小朋友见着他，一边刮脸皮一边喊："懒虫！大懒虫！"

一天，懒虫的爸爸妈妈要出去几天，可懒虫怎么办呢？

爸爸妈妈想了半天，终于想出了一个好主意，那就是烙一张大大的饼，将中间掏空，套在他的脖子上，他饿的时候，张嘴就可以咬到了。

爸爸妈妈忙了半天，将饼给他套好，再三嘱咐后才上路。

出去几天，爸爸妈妈忙完了事，急着往回赶。可是天公不作美，忽降大雨，紧接着山洪暴发，将桥都淹没了。妈妈焦急地说："孩子可怎么办啊？"爸爸劝道："没事的，那张饼够他吃好几天的呢。"

水退却后，爸爸妈妈急赶到家，懒虫早已饿死了。饿死的原因是懒虫只把嘴巴前那一小块饼吃掉，其他的虽然离嘴边很近，但他也懒得去吃。

业精于勤而疏于惰，中国人最懂这个大道理。勤劳、勤快、勤俭、勤奋，是构成一切人生和事业的基石，嘴勤、手勤、腿勤是成功不可缺少的必要元素。人缺了这个"勤"字，就会疏远了财富，而与贫穷为邻；就会与懒虫那样的人物称兄道弟，最后的结果当与懒虫的结局相去不远。

印度的瓦鲁瓦尔说："不幸女神降临于怠惰者之屋，财富女神常住在勤勉者之家。"细细想来，确是至理名言。谁会相信一个懒虫能取得成功，哪个成功者又不是靠勤奋取得？

要想成就一番事业，首先应从勤奋做起。勤奋所至，成功之门也就自然会为你打开。

约翰. D. 洛克菲勒在他 43 岁时，创建了世界上最大的垄断公司——美国标准石油公司。这位世界超级大亨性格古怪，除了对挣钱感兴趣外，所有的事对他来讲都可有可无。可就是这位冷酷得不近人情的怪人，有一天却破例邀请一位年轻人共进晚餐，这是不是一件天大的新闻呢？

他邀请的这个人既不是一位显赫的政要，也不是能给他带来财富的重要客户，而是他的标准石油公司里一名非常普通的小职员，他的名字叫阿基勃特。

阿基勃特受此殊荣的原因说起来很简单，甚至可以说不值一提。那就是他在远行住旅馆的时候，总是在自己签名的下方，写上"每桶 4 美元的标准石油"字样，在往来的书信及收据上也一丝不苟，毫不例外，签上自己的名字以后，一定要写上那几个字。

长此以往，同事们都忘了他的名字，而戏称他为"每桶4美元。"

古怪至极而又冷漠的董事长洛克菲勒听到此事后，大为惊异，并由此而深感兴趣，心想："竟有职员如此努力宣扬公司的荣誉，我一定要见他。"

后来，洛克菲勒因健康严重恶化和其他一些原因提前退休了，那位公司的小职员阿基勃特，那个在很多不起眼的地方写过"每桶4美元的标准石油"字样的阿基勃特，做了这家世界上最庞大公司的掌门人。

成功并不像有些人想象的那么复杂、那么困难、那么高不可攀。有位韩国的学生在美国留学期间发现了这个问题，于是他给韩国总统写信，将自己的所见、所思、所感全盘托出，告诉人们成功并不像许多书上讲的那样，是多么的高不可攀，而是只要注意一些小事就行了。结果韩国总统大为重视，那个留学生后来成了韩国一家著名汽车企业的董事长。

两条腿支起一个身子，这就是人。人几乎都是一样的，许多的失败者并不比别人少了什么；许多的成功者，如洛克菲勒和比尔·盖茨也未见得有多少超强能力。他们的成功往往在于比别人更勤奋，这就是"盖茨"们与普通人的不同点。

君子之恶

【原文】

子贡曰："君子亦有恶乎！"子曰："有恶：恶称人之恶者，恶居下流①而讪上者，恶勇而不礼者，恶果敢而窒者。"

曰："赐也亦有恶乎？""恶徼②以为知者，恶不孙以为勇者，恶讦③以为直者。"

【注释】

①流：衍文，晚唐前《论语》无此字。

②徼：抄袭。

③讦：揭发别人的隐私。

【译文】

子贡说："君子也有憎恶的事吗？"孔子说："有憎恶的事。憎恶宣扬别人坏处的人，憎恶身居下位而诽谤在上者的人，憎恶勇敢而不懂礼节的人，憎恶固执而又不通事理的人。"

孔子又说:"赐,你也有憎恶的事吗?"子贡说:"憎恶偷袭别人的成绩而作为自己的知识的人,憎恶毫不谦虚却自以为勇敢的人,憎恶揭发别人的隐私而自以为是正直的人。"

【解读】

荀子在论人性时说:"人之性恶,其善者伪也。"这句话的意思是说,人的性质如果看来是善的,那是他努力装扮成这样,人性本来就是恶的。那么,人性究竟是善还是恶呢?这绝非三言两语就能说清楚的。但是,当今世道,有权有势往往使人产生自大心理和骄躁心态,为所欲为。人们趋从权势或可以谅解,生存的现实常常让他们不得不低下头来,但有权势者若不摆正心态,一味造势弄势,其后果就难以测度了。以势压人者一旦没有了权势,打回原形的他们就会让人唾弃。所以仁德的人并不追求易得易失的势力,纵是高高在上,他们也会小心谨慎,不事张扬,以德服人。

曹参是汉朝开国的大功臣,他勇猛过人,机智果断,汉高祖刘邦封他为列侯,食邑平阳,计有一万六百三十户之多,且准他代代相传。

曹参任齐国丞相之时,鉴于当时齐王刘肥年少,自己又缺乏治国经验,他便广开言路,遍召当地长者和有识之士求教治国之策。

消息传开,百姓同声赞好,可曹参的家人却极力反对,他们对曹参说:"大人贵为丞相,初来乍到,应该多树权威,以镇民心。如此下询于民,显得大人太没主见了,于大人名望有损啊。"

曹参摇头道:"身为丞相,若是不问下情,自作聪明,何能治理好一国之事?我的面子事小,治国事大,我不该以势揽势,让百姓失望。"

齐国学者数百人应召而来,各抒己见,众说纷纭。曹参听得也没有了主意,不知该采取哪种政策为好。曹参的属官见他犯难,索性直言对他说:"书生之见,大人何必当真?如今大人执掌齐国政事,只要大人发下令来,谁敢不听?再说大人功高盖世,智力无双,这样下求于民,大可不必,大人太过自谦了。"

曹参立时痛斥了那个官员,他大声说:"为官之道,处事之学,岂能仗势而为,以势逼人就范?势有尽头,人有贤愚,现在我若胡为放纵,他日势尽岂不遭人痛骂,自寻死路?我决不会干这样的愚蠢事!"

胶西有个隐士盖公,很有学问,研究黄老之术。曹参慕名派人带着厚礼迎请。盖公向曹参进言说:人在位上,大都想有番作为,留下自己的印迹,大人以为如何?"

曹参回答说:"这是人的私心作怪,曹某不屑为之。"

盖公连声叫好，后道："人亡政消的事往往植根于此，结果其人势没立成，反遭人怨，百姓受害。大人有此见识，恕在下直言了。"

盖公陈述了清静无为的黄老之术，他劝曹参在此国家初创之时，不要擅行改革，使民众有所生息当为要务，如此顺应世情，方可达到治理天下之目的。

曹参叹服有加，厚待盖公。他任齐相9年，坚持依黄老之术处理国政，结果齐地安定，百姓受益颇多。

萧何死前推荐曹参为相，曹参接任后，所有的事都不擅自变更，依然遵循萧何的章法。有人指责他平庸无才，他的好友也不止一次地劝说他："大人贵不可言，又怎甘心让人无端指责呢？大人墨守成规，一无自己的主张，也难怪别人有所疑虑。正所谓一朝天子一朝臣，大人若能运用权势，自修法度，威仪足备，何人还敢轻视大人呢？"

曹参置之一笑，只说："小人之言，我不会当真。我自有我的办法，只要对国家有利，何必在乎别人的看法？"

曹参任用郡国官吏时，只选那些老成持重的人担任，而对那些野心勃勃、极力追求个人名声的人一概弃之不用。有人告他不识贤才，曹参却回敬说："浮躁逞能之徒，必会自恃己能，干下臆想乱民之事，他们看似有才，实不知这才是治国之大害。一个人若只想揽权用势，他自不会谦逊待人了，如此，人必厌之恨之，谁会真心服从他呢？一有祸乱，他自遭恶果不说，此乱当是由他而生，更不可原谅。"

惠帝见曹参不理朝政，心中有气，只当他不为国尽力。一天，惠帝对曹参的儿子说了自己的牢骚话，曹参的儿子于是责怪了曹参，曹参打了儿子二百板子。第二天，惠帝埋怨曹参不该出手打人，又表明了自己的意思。曹参于是诚恳地说："陛下的圣明比不上高皇帝，臣更比不上萧相国，高皇帝与萧相国费尽心力，治国的方略已然善之又善了，何必改动它呢？陛下只求天下大治，又何必强求臣弄势用权呢？"

惠帝大喜过望，心疑尽去。曹参任相三年，去世之后仍被人广为赞颂。

在日常谈论中，每个人因为见识和阅历不同，意见肯定有不同的地方，而一些人比较固执，有先入为主的习惯和自以为是的特性，这样，往往以为自己的意见就是正确的。但我们要知道，一个人谈论的意见，正确与否，并不是由自己可以决定的。所以，别人的意见也未必就是错的。一些小事，是没有必要费心做高深的研究的。因此，你要谦虚一些，随时考虑别人的意见，不要做一个自作聪明的人，而应该让人们觉得你是一个可以交谈的人。

微子篇第十八

人贵在气节

【原文】

微子①去之，箕子②为之奴，比干③谏而死。孔子曰："殷有三仁焉。"

柳下惠为士师，三黜。人曰："子未可以去乎？"曰："直道而事人，焉往而不三黜？枉道而事人，何必去父母之邦？"

【注释】

①微子：殷纣王的哥哥，名启，见纣王无道而离去。

②箕子：殷纣王的叔父，屡谏纣王而不听，于是装疯，被囚为奴。

③比干：殷纣王的叔父，强谏纣王而被杀。

【译文】

微子逃离了纣王，箕子被降为奴隶，比干因为劝谏而被杀死了。孔子说："这是殷朝的三位仁人啊！"

柳下惠当典狱官，三次被罢免。有人说："你不可以离开鲁国吗？"柳下惠说："按正道侍奉君主，到哪里不会被多次罢官呢？如果不按正道侍奉君主，为什么一定要离开本国呢？"

【解读】

殷纣王是一个荒淫无道的君子，微子启多次劝谏，纣都不听，微子就和太师、少师商量，然后逃离了殷国。箕子拼死劝谏，结果被纣杀害了。比干说："给人家做臣子，不能不拼死争谏。"就极力劝谏。纣大怒，说："我听说圣人的心有七个孔。"于是剖开比干的胸膛，挖出心来观看。箕子见此情形很害怕，就装疯去给人家当了奴隶。纣知道后又把箕子囚禁起来。

微子、箕子、比干是孔子非常推崇的前代圣人，孔子为什么要推崇他们呢？因为他们身上有一种气节，那种在强权面前坚持正道，可欺不可罔的气节。我们中华民族曾经涌现过无数这样的有气节的仁人义士。

公元前100年，苏武奉汉武帝之命，带着助手常惠和100多名士兵，还带了许多金银绸缎等礼物，护送以前扣留下来的全部匈奴使者，出使匈奴。

苏武到了匈奴，把带去的匈奴使者当面交还给了单于，并且送上礼物。哪里知道匈奴单于反复无常，见到汉朝送来那么多礼物，认为是怕他，反而骄横起来。苏武为了维护双方的友好，尽量耐着性子跟单于打交道，准备完成任务后，尽快返回汉朝。

苏武正在准备回汉朝的时候，不料发生了一件意外的事情。

原来，早在苏武出使匈奴之前，有个叫卫律的汉朝使者投降了匈奴，并且死心塌地地为单于出谋划策，干尽了反对汉朝的坏事。卫律的部下有个叫虞常的人，是个忠于汉朝的血性汉子，他出于义愤，一心想找个机会把卫律收拾了。苏武出使匈奴，虞常高兴极了。他本来认识苏武的副使

殷墟出土的甲骨文

张胜，就暗地和张胜商量说："卫律这个卖国贼，干尽了坏事。我决定暗地里除掉他。我的母亲和弟弟都在汉朝，万一我有什么不幸，希望皇上能够好好照顾他们。"张胜很赞成虞常的打算，并资助了他一些财物。没想到虞常办事不够谨慎，计谋泄露了，被单于逮捕，交给卫律审问。

事情发生后，张胜想到一定会牵连到自己，只好把虞常跟他计划的经过告诉了苏武。苏武说："事情已经到了这般地步，你才告诉我，看来我也要受牵连了。我是汉朝使者，如果上公堂受审，等于我们汉朝受了侮辱，还不如趁早自杀为好。"说着，就拔出刀来要自杀。张胜和随员常惠眼快，夺去他手里的刀，把他劝住了。

虞常受尽了种种刑罚，只承认跟张胜是朋友，说过话，拼死也不承认跟他同谋。

第二天，卫律又提审虞常和张胜，叫苏武去旁听。在审问的过程中，卫律当场把虞常杀死，以此来威胁苏武。

张胜害怕了，跪下投降，并承认了与虞常同谋。

于是，卫律对苏武说："副使有罪，你应当跟他连坐。"

苏武从容地回答道："我不知道他们的密谋，跟他们又没有亲属关系，凭什么叫我连坐？"

卫律举着宝剑对苏武说："你不投降，我就杀了你！"

苏武面不改色地迎上去说："你胆敢杀了我，汉朝定会发兵荡平匈奴，你会死无葬身之地。"

卫律看苏武那样镇定，知道用武力吓不倒他，只好向单于报告。

单于听说苏武这样坚定，更希望他投降，便让卫律去劝苏武投降。卫律见到苏武，装出一脸奸笑对苏武说："我也是不得已才投降匈奴的。单于待我很好，封我为王，给我几百名部下和满山的牛羊，享不尽的荣华富贵。先生如果能投降匈奴，也会跟我一样。何必白白送了性命呢！"

苏武听了，怒气冲冲地站起来说："你这个无耻之徒。你是汉人的儿子，做了汉朝的臣下。背叛了父母，背叛了朝廷，还有什么脸面来同我说话！"

卫律碰了一鼻子灰，只好向单于报告。单于便

苏武画像

把苏武下了地窖，不给他吃的喝的，想用长期折磨的办法，逼他屈服。这时候正是入冬天气，外面下着鹅毛大雪。苏武忍饥挨饿。渴了，就捧一把雪止渴；饿了，就扯一些皮带、羊皮片什么的啃着充饥。

过了几天，单于见折磨他也没用，只好把他放出来，说要封他为王，苏武说什么也不答应。单于只好又把他送到北海（今贝加尔湖一带）边去放羊，还说："等公羊生了小羊，就放你回去。"

苏武到了北海边，身旁什么人都没有，和他做伴的只有那一群公羊和那根代表汉朝的旌节。那根旌节从不离手，连晚上睡觉也搂在怀里，他总想着有一天，拿着旌节回到自己的国家。

19年后，苏武、常惠等9人才回到了久别的首都长安。苏武出使的时候，是个40岁左右的壮年汉子，他在匈奴度过了异常艰苦的岁月，回来时已经是个须发全白的老人了。他坚强不屈，不怕磨难，永不失节的非凡事迹，轰动了朝野上下，不论是做官的，还是普通老百姓，一提起苏武的名字，没有一个不钦佩的。

往者不可谏，来者犹可追

【原文】

齐景公待孔子曰："若季氏，则吾不能；以季、孟之间待之。"曰："吾老矣，不能用也。"孔子行。

齐人归女乐①，季桓子②受之，三日不朝，孔子行。

楚狂接舆③歌而过孔子曰："凤兮凤兮！何德之衰？往者不可谏，来者犹可追④。已而，已而！今之从政者殆而！"

孔子下，欲与之言。趋而辟之，不得与之言。

【注释】

①女乐：歌舞伎。

②季桓子：季孙斯，鲁定公至哀公初年时的执政上卿，死于哀公三年。

③接舆：楚国人，一位装作狂人的隐士，因接孔子之车舆，遂作此称。

④犹可追：来得及、赶得上的意思。

【译文】

齐景公讲到对待孔子的礼节时说："像鲁君对待季氏那样，我做不到，我用介于季氏孟氏之间的待遇对待他。"又说："我老了，没有什么作为了。"孔子便离开了齐国。

齐国人赠送了一些歌女给鲁国，季桓子接受了，三天不上朝。孔子便离开了鲁国。

楚国的狂人接舆唱着歌从孔子的车旁走过，他唱道："凤凰啊，凤凰啊，你的德运怎么这么衰弱呢？过去的已经无可挽回，未来的还来得及改正。算了吧，算了吧。今天的执政者危险啊！"

孔子下车，想同他谈谈，他却赶快避开，孔子没能和他交谈。

【解读】

接舆是楚国佯狂避世的隐士，据说姓陆名通，因为曾经迎接过孔子的车子，所以人称"接舆"。"往者不可谏，来者犹可追"，意思是过去的已经过去了，未来的还来得及改正，而生命最重要的是活在当下。

一位哲学家途经荒漠，看到很久以前一座城池的废墟，哲学家想在此休息一下，就顺手搬过来一个石雕坐下来。望着被历史淘汰下来的城垣，想象曾经发生过的故事，不由得叹了口气。

忽然，有人说："先生，你感叹什么呀？"

他站起来四下里望了望，却没有人。正在他疑惑的时候，那声音又响起来，仔细端详刚刚坐过的这个石雕，原来是一尊"双面神"的神像，声音正是由它发出来的。

哲学家好奇地问："你为什么有两副面孔呢?"

双面神回答："有了两副面孔，我才能一面察看过去，牢牢地汲取曾经的教训；另一面又可以展望未来，去憧憬无限美好的蓝图啊。"

哲学家说："过去只是现在的逝去，再也无法留住，而未来又是现在的延续，是你现在无法得到的。你不把现在放在眼里，即使你能对过去了如指掌，对未来洞察先知，又有什么意义呢？"

双面神听了哲学家的话，不由得痛哭起来，他说："先生啊，听了你的话，我才找到了我落得如此下场的根源。"

哲学家问："为什么？"

双面神说："很久以前，我驻守这座城池时，自诩能够一面察看过去，一面又能展望未来，却唯独没有好好地把握住现在。结果，这座城池被敌人攻陷了，美丽的辉煌都成了过眼云烟，我也被人们唾弃于废墟中了。"

多好的计划，都不如一次真正的实施；多美的设想，都不如一次实际的行动。下决心不困难，难的是付诸行动。要活在今天，不要把事情都推到明天。

时间不像金钱可以积累，可以贮藏，以备不时之需。机遇是一只钟表，它总在不停地走动，我们能够看见的只是当下的时间，永远看不到逝去的时间和将来的时间。我们活在现在，只有好好把握现在，才是最真实的。

大部分人都没有活在现在，不是活在过去，就是活在将来。人生的许多宝贵的时间都溜走了，因为我们的心都被过去和未来占满了。

如果要成功，就一定要把握住现在，而且只有现在——因为你拥有的只是现在。

活在现在非常重要，因为只有此时才是你真正拥有的。除了此时此刻，你别无选择。活在现在，就是要承认你永远不会获得过去或未来的时刻。

大部分的人很少关注眼前的时刻，他们错失了生活的许多机会。与其费尽心思把今天可以完成的任务拖到明天，还不如用这些精力来抓住时间，抓住机会，完成今天的任务。

挥霍时间的人是可耻的，挥霍机会的人亦是可耻的。不好好把握现在，等到失去时，只能是悔不当初。

要把握现在，你必须首先学会一次只做一件事。手里做着一件事，心里又想着另外一件事，到头来哪一件都做不好，时间也白白浪费掉了。

我们在成功之途遇到的问题之一，就是选定某一件事然后一直撑到该撒手的时候为止。任何事情只要值得去做，我们就应该全心全意地去做。

回避现实几乎成为当今社会一种流行的疾病。社会环境总是要求人们为将来牺牲现在。根据逻辑推理，采取这种态度就意味着不仅要放弃现在的享受，而且要永远回避幸福——将来的那一刻一旦到来，也就成为现在，而我们到那时又必须利用那一现实为将来做准备：成功遥遥无期。

想要成功就要抓住机会，把握好现在，不要陷入昨天的回忆，也不能流于对明天的幻想。人们应该记住，今天、现在才是你需要专注的目标，因为你的成功不能缺少现在。

富兰克林说过这样一句话："你热爱生命吗？那么，别浪费时间，因为时间是组成生命的材料。"所以，你要全身心拥抱每一个迎面扑来的真实今天，让充实、快乐的每一个今天，成为应对明天的最好准备。

胸怀淡泊，高士之风

【原文】

长沮、桀溺①耦而耕②。孔子过之，使子路问津焉。

长沮曰："夫执舆③者为谁？"子路曰："为孔丘。"

曰："是鲁孔丘与？"

曰："是也。"

曰："是知津矣。"

问于桀溺。

桀溺曰："子为谁？"

曰："为仲由。"

曰："是鲁孔丘之徒与？"

对曰："然。"

曰："滔滔者天下皆是也，而谁以易之？且而与其从辟人之士也，岂若从辟世之士哉？"耰④而不辍。

子路行以告。

夫子怃然⑤曰："鸟兽不可与同群，吾非斯人之徒与而谁与？天下有道，丘不与易也。"

子路从而后，遇丈人，以杖荷蓧⑥。

子路问曰："子见夫子乎？"

丈人曰："四体不勤，五谷不分。孰为夫子？"植其杖而芸⑦。

子路拱而立。

止子路宿，杀鸡为黍而食之，见其二子焉。

明日，子路行以告。

子曰："隐者也。"使子路反见之。至，则行矣。

子路曰："不仕无义。长幼之节，不可废也；君臣之义，如之何其废之？欲洁其身，而乱大伦。君子之仕也，行其义也。道之不行，已知之矣。"

【注释】

①长沮、桀溺：两个隐者，此不是真实姓名。

②耦而耕：古代耕田的一种方法，两人并耕。

③执舆：即执辔，手持马缰绳。本来是子路驾驭马车，因子路下车问路，所以孔子代为驾驭。

④耰：读 yōu，用土覆盖播下的种子。

⑤怃然：怅然失意的样子。

⑥蓧：读 diào，古代除草用的竹制农具。

⑦芸：除草。

【译文】

长沮、桀溺在一起耕种，孔子路过，让子路去询问渡口在哪里。

长沮问："那个执着缰绳的是谁？"

子路说："是孔丘。"

长沮说："是鲁国的孔丘吗？"

子路说："是的。"

长沮说："那他是早已知道渡口在哪儿了。"

子路再去问桀溺。

桀溺说："你是谁？"

子路说："我是仲由。"

桀溺说："你是鲁国孔丘的门徒吗？"

子路说："是的。"

桀溺说："像洪水一般的坏东西到处弥漫，谁能去改变它呢？你们与其跟着孔丘这样的人四处躲避，不如跟着我们这些人躲避社会呢！"说完，继续做田里的农活。

子路回来后把情况报告给孔子。

孔子很失望地说："人是不能与飞禽走兽合群共处的，如果不同世上的人群打交道还与谁打交道呢？如果天下太平，我就不会与你们一道来参与改革了。"

子路跟随孔子出行，落在了后面，遇到一个老人，用拐杖挑着除草的工具。

子路问道："你看到我的老师了吗？"

老丈说："你们这种人四体不勤，五谷不分，谁顾得上你的老师是谁？"说完，便扶着拐杖去除草。

子路拱着手恭敬地站在一旁。

老人留子路到他家住宿，杀了鸡，做了小米饭给他吃，又叫两个儿子出来与子路见面。

第二天，子路赶上孔子，把这件事向他作了报告。

孔子说："这是个隐士啊。"叫子路回去再看看他。子路到了那里，老人已经走了。

子路说："不做官是不对的。长幼间的关系是不可能废弃的；君臣间的关系怎么能废弃呢？想要自身清白，却破坏了根本的君臣伦理关系。君子做官，只是为了实行君臣之义的。至于我们的政治主张行不通，早就知道了。"

【解读】

在生活中，我们经常是一遇到不顺心的事就会抱怨这个抱怨那个，总是觉得自己是世界上最倒霉的人。长此以往，只能感慨自己活得很累，就好像快要窒息了一样。那么，你有没有考虑过为什么生活会是这样的呢？别人的生活也是这样吗？至少我们知道孔子就不是这样，他曾说过："仁者不忧。"也就是他有着宽大的胸怀。人的境界决定了人的眼界。当我们的境界只是一个汲汲于名利的庸人时，自然也就不可能体会到那些淡泊名利的人的感受。

庄子在《逍遥游》中曾讲述了这样一个故事：

肩吾对连叔说："我听了接舆的一番言论，大话连篇，不着边际，一说下去就回不到原来的话题上。我很惊讶于他的话，那就像天上的银河一样看不到边际。跟一般人的言谈相差甚远，真是怪诞悖谬，不近情理啊！"

连叔问："他说了些什么呢？"

肩吾说："他说：'在遥远的姑射山中，住着一位神人。那神人皮肤洁白，如同冰雪般晶莹；姿态柔婉，如同室女般柔弱；不吃五谷杂粮，只是吸清风喝露水；他乘着云气，驾着飞龙，遨游在四海之外。他的神情是专注的，使得世间万物不受灾害，年年五谷丰收。'我认为这些话是狂妄而不可信的。"

连叔听后，说："是呀！我们无法让瞎子领会文采的华丽；无法让聋子知晓钟鼓的乐声。岂止是在形体上有聋有瞎，在智慧上也有啊！听你刚才说的话，你还是和往日一样啊。那个神人，他的德行，与万物合为一体。世人期望他来治理天下，他哪里肯辛辛苦苦地管这种微不足道的事呢？这样的人，没有什么东西可以伤害他，洪水滔天也淹不着他；大旱时把金石都熔化了，把土山都烧焦了，他也不觉得热。他的'尘垢秕糠'也可以制造出像尧、舜那样的圣贤君主来。他哪里肯把治理天下当作自己的事业呢？"

这正是真正的旷达境界。

释迦牟尼这样说过："利欲炽燃即是火坑，贪爱深溺便为苦海。"这是告诉我们，如果名利的欲望太强烈，就如同跳入火坑一般，后果不堪设想。贪婪的心太强烈了，就如同沉入苦海一样。但是，看看我们当今社会，有多少人都把名利当作必需品，以为只有获得了名利生活才能更自由更幸福，那么又有谁看到了世间因名利而引来的灾祸呢？对于那些臻于人生至高境界的人们来说，虽然无心立功建业，却能名盖天下；虽然有着名满天下的辉煌，却能韬光晦迹，不在意世俗的名利而逍遥自得，恬淡无怀，无往而不逍遥，无适而不自得。

可见，当人外无所求、内无所羡之时，自然而然就会到达"至足"的境界，并且感到非常快乐。而此中之乐绝非得所欲求之乐，而是不羡求功名利禄，不挂怀死生祸福、利害得失之精神。如果我们能充分理解孔子的这些话的含义，那么我们就可以将自己从欲望中解救出来，从而摆脱生活中的烦恼，去体会"至足"的幸福感。

无求备于一人

【原文】

逸民①：伯夷、叔齐、虞仲、夷逸、朱张、柳下惠、少连。子曰："不降其志，不辱其身，伯夷、叔齐与!"谓"柳下惠、少连，降志辱身矣，言中伦，行中虑，其斯而已矣。"谓"虞仲、夷逸，隐居放言②，身中清，废中权③。我则异于是，无可无不可。"

大师挚适齐，亚饭④干适楚，三饭缭适蔡，四饭缺适秦，鼓方叔入于河，播鼗武入于汉，少师阳、击磬襄入于海。

周公谓鲁公⑤曰："君子不施其亲，不使大臣怨乎不以。故旧无大故⑥，则不弃也。无求备于一人!"

周有八士：伯达、伯适、仲突、仲忽、叔夜、叔夏、季随、季骐。

【注释】

①逸民：遗佚于世的人。逸，通"佚"。

②放言：不谈世事的意思。放，置。

③权：权变，因事制宜。

④亚饭：古代天子诸侯用饭都要奏乐，所以乐官有"亚饭"、"三饭"、"四饭"之名。

⑤鲁公：周公的儿子伯禽，封于鲁。

⑥大故：指严重的罪恶过失。

【译文】

古代的隐者有：伯夷、叔齐、虞仲、夷逸、朱张、柳下惠、少连。孔子说："不动摇自己的意志，不屈辱自己的身份，这是伯夷、叔齐吧。"又说："柳下惠、少连降低自己的意志，屈辱自己的身份，但说话合乎伦理，行为合乎人心。"又说："虞仲、夷逸过着隐居的生活，说话很随便，能洁身自爱，离开官位合乎权宜。我却同这些人不同，可以这样，也可以那样。"

太师挚逃到齐国去了，亚饭干逃到楚国去了，三饭缭逃到蔡国去了，四饭缺逃到秦国去了，打鼓的方叔入居黄河边，敲小鼓的武入居汉水边，少师阳和击磬的襄入居海滨。

周公对鲁公说："君子不疏远他的亲属，不使大臣们抱怨不用他们。旧友老臣没有大的过失，就不要抛弃他们，不要对人求全责备。"

周代有八个士：伯达、伯适、伯突、仲忽、叔夜、叔夏、季随、季骐。

【解读】

"故旧无大故，则不弃也。无求备于一人"，这句话是处世的准则。它出自周公之口，可谓洞察人情世故的明灯。人在社会中，都有几个朋友；同时谁都不是完人，谁都有缺点，但是，只要不是原则性问题，对人就应当宽容。

想找寻别人的缺点是白费的，对方一定会立刻摆出防御的姿态，把自己合理化。如果彼此僵持，是很危险的。

历史上有很多怒责别人而了无效果的例子。罗斯福总统与他下一任的塔夫脱意见不合，常起争执，导致二人领导的共和党分裂，让民主党的威尔逊成为白宫主人。不仅如此，更迫使美国加入第一次世界大战，从而改写了整个人类的历史。现在让我们回溯这一段史实。1908 年，罗斯福把总统职位让给塔夫脱后，便动身到非洲去猎狮子。等他回国后，竟大发雷霆，痛斥塔夫脱过于保守，与自己的意愿不合。为了确保下一任总统候选人的提名，罗斯福组织了进步党，却造成共和党险些崩溃的危机，使提名塔夫脱为总统候选人的共和党，只得到巴马特州与犹太州的支持，写下了美国选举史上空前的失败记录。罗斯福怪罪塔夫脱，而受责的塔夫脱会坦然认错吗？当然不。

"无论如何，以我的立场，只能采取那样的方式。"塔夫脱理直气壮地为自己辩白。

俄克拉荷马州的乔治·约翰逊是一家营建公司的安全检查员，检查工地上的工人有没有戴上安全帽是约翰逊的职责之一。据他报告，每当发现工人在工作时不戴安全帽，他便利用职位上的权威要求工人改正，其结果是：受指正的工人常显得不悦，而且等他一离开，便又常常把帽子拿掉。

后来，约翰逊决定改变方式。他再看见工人不戴安全帽时，便问帽子是否戴起来不舒服，或帽子尺寸不合适，并且用愉快的声调提醒工人戴安全帽的重要性，然后要求他们在工作时最好戴上。这样的效果果然比以前好得多，也没有工人显得不高兴了。

一个真正的领袖，总是想方设法避免为自己树立仇敌，或是尽量少犯使一个职员或工人怀恨在心的错误。鲍尔文火车头工厂的总经理沃克莱先生说："我从事工作这么多年来，从来没有恨过别人，或是曾想过对某人进行报复。如果某人在某时做了对不起我的什么事情，我也并不记恨他。我或者会和他把事情谈清楚，或者设法永远回避他。"

纽约中央铁路局的前总经理克劳利以为，就算某人在什么事情上分明是做错了，一个聪明的人，也不会做"痛打落水狗"的傻瓜，而是适当地给他退路，不过分责备他，因为人都是有自尊的，如果你过分伤了别人的面子，那么，别人也迟早会找机会来报复你。只有那些没有经验的掌权者，才会不管三七二十一地严格执法，而不管这种严格对于被处分者会产生如何恶劣的影响。

克劳利在任某段期间，差一点出了一次大事故。有两个工程师，都在铁路上服务了很长时间的，但就是这样的两个人犯下了大错：有一次，由于他们的疏忽，差一点使两列火车迎头撞上了。这么严重的事是完全无可推诿的，上面下了命令，要马上开除这两个失职的工程师。但是克劳利的想法却不同。

"像这样的情况，应当给予适当的考虑，"他反对说，"确实，他们的这种行为是不可宽恕的，是理应受到严厉惩罚的。你可以对他们进行严厉的处罚和教训，但是不可剥夺他们的位置，夺去他们唯一可以为生的职业。总的看来，这些年，他们不知创造了多少好成绩，为铁路事业的发展立下了多少汗马功劳。仅仅由于他们这次的疏忽，就要全盘否定他们以前不少的功绩，这样未免太不公平。你可以惩治他们，但是不可以开除他们。如果你一定要开除他们的话，那么，就连我一起开除。"

结果这两个工程师还是被留在那里，一直都在那里，他们成了忠诚而效率极高的职工。

你在与人相处时，骄傲地指责别人的错误，只能招致骄傲的反驳，激烈的言辞，换来的不是认同而是分歧，所以，不要轻易地指责别人，多一点劝诫和鼓励，效果会好得多。

子張篇第十九

尊贤而容众

【原文】

子夏之门人问交于子张。子张曰："子夏云何？"

对曰："子夏曰：'可者与之，其不可者拒之。'"

子张曰："异乎吾所闻：君子尊贤而容众，嘉善而矜①不能。我之大贤与，于人何所不容？我之不贤与，人将拒我，如之何其拒人也？"

子夏曰："虽小道，必有可观者焉；致远恐泥②，是以君子不为也。"

【注释】

①矜：同情，怜悯。

②泥：滞陷不通。

【译文】

子夏的学生向子张询问怎样交朋友。子张说："子夏是怎么说的？"

答道："子夏说：'可以相交的就和他交朋友，不可以相交的就拒绝他。'"

子张说："我所听到的和这些不一样：君子既尊重贤人，又能容纳众人；能够赞美善人，又能同情能力不够的人。如果我是十分贤良的人，那我对别人有什么不能容纳的呢？我如果不贤良，那人家就会拒绝我，我又怎么能拒绝人家呢？"

子夏说："虽然是些小的技艺，也一定有可取的地方，但用它来达到远大目标就行不通了，所以君子不干这些事。"

【解读】

儒家眼中的君子是什么样的人呢？子张说，他们"既尊重贤人，又能容纳众人；既能够赞美善人，又能同情能力不够的人。"子张是这样的人，他的老师孔子更是这样的人。一个人懂得宽容别人，容纳别人，才能得到别人的真心帮助，才能众志成城，成就一番大业。

周昌是商朝时诸侯国周的国君，历史上把他称为"文王"。周文王从小就跟着祖父和父亲在政坛活动。耳濡目染，了解了很多为政之道。

商朝最后一个国王是商纣王，纣王残暴多疑。当时四方诸侯均手握重兵，他怕于己不利，便将周昌、九侯、鄂侯骗入朝歌囚禁起来。周昌的儿子伯邑考决定前往朝歌营救父亲。谁知刚到朝歌便被纣王杀死。

周昌的另一个儿子姬发悲痛万分，决心尽快救回父亲。于是他一面派人送去大量财宝和美女，一面向纣王求情，最后总算救回父亲周昌。

周昌从羑里回来后，想起儿子伯邑考的惨死和昏王纣的暴虐无道，就吃不下饭，睡不好觉。他决心把国家治理好，让周国强大起来，到那时讨伐殷纣，为民除害，为儿子报仇。

但是，他虽然有像闳夭、太颠这样的贤臣，却缺少一个极有才干、能文能武的大贤做他的辅佐。他时常留心寻访这样的大贤，在睡梦中不止一次梦见一位大贤在向他微笑、招手。

有一次，他在梦中看见天帝带来一个须眉皓白的老人，天帝对他说："昌，赐给你一个好老师和好帮手，他的名字叫望。"周昌赶紧倒身下拜。那个老人也一同倒身下拜，这时，梦醒了。周昌觉得这个梦好奇怪呀，如果所梦是真，到哪里才能找到这个叫望的人呢？

从此，文王常常带着随从出去打猎，他希望能够在漫游中，遇见他心里日夜渴想的大贤。

有一次文王又要出去打猎，出行前他叫太史替他卜了一卦。太史占卜后，随口唱了一支歌，歌词是："到渭水边上去打猎，将会有很大的收获。得到贤人是公侯，上天赐你的好帮手。"

周昌听后满心欢喜，他遵照歌词的指示，带领着大队人马来到渭水的蟠溪。在蓊翳的林木深处，有一汪碧绿的潭水，在潭边的一块奇石上，坐着一位胡须银亮的老者。老者坐在一束白茅草上，戴着竹编的斗笠，穿着青布衣服，正静静的垂钓。车马的喧嚣和人声的嘈杂并没有使他受到惊扰，他仿佛神游在物外。周昌定睛一看，老者的状貌和风度，就像是梦中见过的那个站在天帝身后的老人。他赶紧跳下车子，恭恭敬敬地走到老人身边，向老人行礼问好。老者不惊不慌，从容对答，神情态度和平时一样。

周昌没有说出自己的身份，他和老人谈了很久，从治国方略，到风土民情，两人越谈越投缘，竟忘记了时间。转眼太阳已经要西沉了。周昌知道，眼前这位老者就是自己所要寻访的那个见识超卓、学问渊博的大贤。他诚恳地对老者说："老先生，我就是文王，我去世的父亲曾对我说：'不久准会有圣人到我们这里来，我们周民族将因而兴旺发达，'你可真就是这样一个圣人吗？我想你已经很久了！"说完，他请老人坐上自己的车子，他亲自驾车，回到了京城。一到京城，他就拜老人做了国师，叫他"太公望"。

太公望本来姓姜，所以人们又叫他姜太公。他的祖先曾因帮助大禹平治洪水有功，被封在吕这个地方，所以他又叫吕尚或吕望。姜太公博学多才，一直胸怀报效国家的心愿，可是他的大半生几乎都这么默默无闻，穷困而颠沛地度过了。他曾经在朝歌屠过牛，在孟津卖过饭。到了晚年，他来到渭水，选了风景优美、人迹罕至的蟠溪岸边，结上一座茅庵，以钓鱼为生。终于遇见周文王这样的明主，他满腹的经纶抱负得以施展。

文王得到姜太公后，又有伯夷、叔齐、散宜生、闳夭、太颠等贤臣辅佐，大力实行仁政，敬老、慈孝、礼贤下士，终于使周的国力强大起来。文王去世后，武王又在这些贤臣的辅佐下，完成了灭商建周的大业。

日知其所亡，月无忘其所能

【原文】

子夏曰："日知其所亡，月无忘其所能，可谓好学也已矣。"

子夏曰："博学而笃志，切问而近思，仁在其中矣。"

【译文】

子夏说："每天学到一些过去所不知道的东西，每月都复习已经学会的东西，这就可以叫做好学了。"

子夏说："博览群书广泛学习并且坚定自己的志向，对与切身有关的问题提出疑问并且去思考，仁就在其中了。"

【解读】

玉不琢，不成器；人不学，不成才。一个人，从一生下来就开始学习说话、学习走路、学习做事，学习一切。如果不学习，就不能成为一个真正的人，有本领的人。歌德说得好："人不是靠他生来就拥有的一切，而是靠他从学习中所得到的一切来造就自己的。"学习，是人的一生中一项最重要的投资，一项伴随终身最重要、最划算、最安全的投资。任何一项投资都比不上这项投资。

弗朗西斯·培根在 300 多年前就说过：历史能使人明智；诗歌能使人灵秀；数学能使人精细；自然哲学能使人深刻；伦理学能使人高尚；逻辑和修辞学能使人善辩。总之一句话，"学习总能陶冶性格"。

古人说："书中自有黄金屋，书中自有颜如玉，书中自有千钟粟"，说的就是学习的重要性。通过学习可以实现经济上的富足、精神上的满足和物质上的宽裕，甚至通过学习，还可以追求更加真诚和高尚的感情。古人尚且知道学习的重要性，生在知识经济时代的我们，就更应该勤奋学习，成就自己，充实自己。

曹操自从赤壁失败以来，经过几年整顿，军威重振，自封为魏公。一天，曹操想起了一位已经死去的朋友蔡邕有一个女儿还留在南匈奴，想把她接回来。蔡邕是东汉末年的一个名士，早年因为得罪了宦官，被放逐到朔方去。董卓掌权的时候，蔡邕已回到洛阳。那时候，董卓正想笼络人心，他听到蔡邕名气大，就把他请来，封他做官，对他十分敬重，三天里连升三级。蔡邕觉得在董卓手下，比在汉灵帝时候强多了。到了董卓被杀，蔡邕想起董卓待他不错，叹了口气。这一来惹恼了司徒王允，认为他是董卓一党的人，把他抓了起来。尽管朝廷里有许多大臣都替他说情，王允还是不同意，结果蔡邕死在监狱里。

蔡邕的女儿名叫蔡琰，又叫蔡文姬，跟她父亲一样，是个博学多才的人。她父亲死后，关中地区又发生李傕、郭汜的混战，长安一带百姓到处逃难。蔡文姬也跟着难民到处流亡。那时候，匈奴兵趁火打劫，掳掠百姓。有一天，蔡文姬碰上匈奴兵，被他们抢走。匈奴兵见她年青美貌，就把她献给了匈奴的左贤王。

打这以后，她就成了左贤王的夫人，左贤王很爱她。她在南匈奴一住就是 12 年，虽然过惯了匈奴的生活，可她还是十分想念故国。这一回，曹操想起了蔡文姬，就派使者带着礼物到南匈奴，把她接回来。左贤王当然舍不得把蔡文姬放走，但是不敢违抗曹操的意志，只好让蔡文姬回去。蔡文姬能回到日夜想念的故国，当然十分愿意；但是要她离开在匈奴生下的子女，又觉得悲伤。在这种矛盾的心情下，她写下了著名诗歌《胡笳十八拍》。

蔡文姬到了邺城，曹操看她一个人孤苦伶仃，又把她再嫁给屯田都尉（官名）董祀。哪知道时隔不久，董祀犯了法，被曹操的手下人抓了去，判了死罪，眼看快要执行了。蔡文姬急得不得了，连忙跑到魏王府里去求情。正好曹操在举行宴会。朝廷里的一些公卿大臣、名流学士，都聚集在魏王府里。曹操命令侍从把蔡文姬带进来。蔡文姬披散头发，赤着双脚，一进来就跪在曹操面前，替丈夫请罪。她的嗓音清脆，话又说得十分伤心。座上有好些人原来是蔡邕的朋友，看到蔡文姬的伤心劲儿，不禁想起蔡邕，鼻子都酸了。

曹操听完了她的申诉，说："你说的情形的确值得同情，但是判罪的文书已经发出去了，有什么办法呢？"蔡文姬苦苦央告说："大王马房里的马成千上万，手下的武士多得像树林，只要您派出一个武士，一匹快马，把文书追回，董祀就有救了。"曹操就亲自批了赦免令，派了一名骑兵追上去，宣布免了董祀的死罪。

那时候，正是数九寒天。曹操见她穿得单薄，就送给她一顶头巾和一双鞋袜，叫她穿戴起来。曹操问她："听说夫人家有不少书籍文稿，现在还保存着吗？"

蔡文姬感慨地说："我父亲生前给我 4000 多卷书，但是经过大乱，散失得一卷都没留下来。不过我还能背出 400 多篇。"

曹操听她还能背出那么多，就说："我想派 10 个人到夫人家，让他们把你背出来的文章记下，你看怎样？"

蔡文姬说："用不着。只要大王赏我一些纸笔，我回家就把它写下来。"

后来，蔡文姬果然把她记住的几百篇文章都默写下来，送给曹操。曹操看了，十分满意，高兴地说："蔡文姬学业有专，知其形而明其实，懂其表而识其内，就像是一本活的书籍。她为我们国家的文化作出了贡献啊！这样的人才真是难得！"因为曹操把蔡文姬接回来，使她为保存古代文化方面做了一件好事。历史上把"文姬归汉"传为美谈。

当今世界，正处于一个知识爆炸的时代，把握住最新的知识与信息，就是把握住了一个个机会。而获得这些知识的唯一途径，就是不断学习。学习并不仅仅是学校里书本上的阅读与练习，而是贯穿人的一生的一项活动。当今社会，"充电"成了最时髦的概念，有许多人年轻的时候并没有受到系统的教育，但是当条件允许的时候，他们重新拿起书本，一边工作一边不断地通过各种途径学习，最终也取得了惊人的成就。

学而优则仕

【原文】

子夏曰："仕而优则学，学而优则仕。"

【译文】

子夏说："做官还有余力的人，就去学习；学习有余力的人，就可以去做官。"

【解读】

自古至今，做学问被当作一件有面子的事。"万般皆下品，唯有读书高"。在过去，人们只有在读书读不下去时，才去经商言利，才去投笔从戎。正因为做学问有面子，所以谈做学问也就成为风雅。做官不满案牍劳形，捧一卷书空坐清谈，这是显高士之风的。在商言商，但家中藏书万卷，出语温文尔雅，则被称为"儒商"；武人写一笔好字，则被名之为"儒将"；女子能作诗即为才女；孩童识字过人，即为"神童"……中国人对做学问高度赞誉，表现出强烈的倾慕。

吕蒙是东汉末年孙权手下的一员猛将。少年时"顽劣成性"，不喜欢读书。虽然带领着队伍东征西讨，打了很多胜仗，为孙吴政权立下了汗马功劳，但是在当时，他一直被人看作是一个有勇无谋的莽夫。特别是被孙权册封为将军后，他一个大字不识，所有的报告，都得找人代笔。孙权实在看不下去，对他的未来忧心忡忡。他对吕蒙说："现在你已经贵为将军了，领兵打仗不能光凭勇猛，还要有谋略才行啊！抽出时间多读点书吧，这样才能增长你的才能。"

吕蒙生来就不爱读书，他推辞说："目前军务这么繁忙，哪有时间读书呢？"

孙权说："我可不是让你去研究经书诗卷，而是希望你多读一些有关历史知识的书籍，来开阔你的眼界；多读一些兵书来增长你的用兵智慧。你不是个笨人，只要肯花时间去看这些书，一定会大有收获。你的军务再繁忙还能有我忙吗？"

看吕蒙低头不语若有所思的样子，孙权知道吕蒙动心了。他接着开导吕蒙说："自古以来，凡是有所作为的军事家都是善于学习的，就是那些打天下的王者，也无不爱看书学习动脑筋。所以他们才能得到天下，治理天下。我们为什么不向他们学习呢？"

吕蒙终于被孙权说服，开始发奋读书了。由于他踏实肯学，又非常注重实践，几年以后，他果然成了一个谋略在胸的军事指挥家了。

建安十五年，孙权派鲁肃镇守荆州。鲁肃是个博古通今、满腹经纶、善于谋略的人。他对武夫出身的吕蒙不屑一顾，在上任经过吕蒙的驻地浔阳时，不愿意去见吕蒙。

鲁肃的部下劝鲁肃说："吕将军已是今非昔比了，您还是去见见他吧！"

鲁肃极不情愿地来到吕蒙营中，受到吕蒙的热情款待。

吕蒙深知鲁肃深谋，就向他请教："荆州是西部重镇，又与刘备的猛将关羽为邻，您有什么计策来预防不测呢？"

鲁肃不屑与吕蒙商议军事谋略，认为说了吕蒙也未必能懂，就轻慢地说："视情况而应变吧！"

孙权画像

吕蒙看鲁肃一脸瞧不起人的样子，非常严肃地说："现在孙刘表面上看是联盟，可实际上都想随时吃掉对方，这不得不防啊！而且关羽这个人攻于谋略，又骁勇善战，非常忠心，我们怎么能不事先做好防备呢？"

鲁肃看着吕蒙瞪大了眼睛，他没想到吕蒙能把时局看得这么通透，心里直怪自己有眼无珠。

接着，吕蒙又向鲁肃进一步分析了魏、蜀、吴三方错综复杂的关系，和关羽自负凌人的弱点。针对这些，他向鲁肃提出了几条防备关羽的计策。鲁肃听得丝丝入耳，不住点头，原来那副不屑的表情早已抛到了九霄云外，眼睛里闪耀着敬佩的光芒。

等吕蒙讲完，鲁肃不禁击掌叫好。他由衷地说："吕蒙啊吕蒙，我原来以为你只是一介武夫，没想到你居然是一个有勇有谋的人。今日你这一番话，真是让我刮目相看啊！"

吕蒙开怀大笑，爽朗地说："只是想和你谈一下自己的看法，能得到你这位有才华的人的肯定，看来我那些书真的没有白读啊！"

从此，两人结为好友，齐勉互进。

吕蒙折节向学成了后人学习的榜样。

鲁肃画像

乱世阅武，武以定国。治世从文，文以安邦。不管乱世治世，官员最好有点文化。孔子始终把"仕"与"学"看成完美人格，做官与做学问最终都要落实到做人上来。

孔子在其漂泊流离的流亡生涯中，虽然也受到过一些国君的礼遇，但总的来说是没有得到施展政治抱负的机会，然而我们不能就此而认为他失败了。正如他自己所说，他的活动本身就是为政，何必一定要做官为政？孔子通过自己的言教和笃行表达了社会的良心，伸张了正义，而他所培养的学生也都给社会带来了正面的影响，继续以仁义笃行于世。

孝道最可贵

【原文】

子游曰:"丧致乎哀而止。"

子游曰:"吾友张也为难能也,然而未仁。"

曾子曰:"堂堂①乎张也,难与并为仁矣。"

曾子曰:"吾闻诸夫子:人未有自致②者也,必也亲丧乎!"

曾子曰:"吾闻诸夫子:孟庄子③之孝也,其他可能也;其不改父之臣与父之政,是难能也。"

孟氏使阳肤④为士师,问于曾子。曾子曰:"上失其道,民散久矣。如得其情,则哀矜而勿喜!"

子贡曰:"纣⑤之不善,不如是之甚也。是以君子恶居下流⑥,天下之恶皆归焉。"

【注释】

①堂堂:形容容貌仪表壮伟。

②致:竭尽,这里指真情不能自已而尽其极。

③孟庄子:姓仲孙,名速,鲁国大夫,其父仲孙蔑,即孟献子,也是鲁国大夫,有贤德。

④阳肤:曾子的学生。

⑤纣:殷商最后一个君王,自焚而死。

⑥下流:地势低下的处所,比喻恶名归集的地位。

【译文】

子游说:"居丧做到尽哀也就可以了。"

子游说:"我的朋友子张可以说是难得的了,然而还没有做到仁。"

曾子说:"子张的为人高得不可攀了,却很难和别人一起做到仁。"

曾子说:"我听老师说过,人不可能自动地充分发挥感情,如果有,一定是在为父母办丧事的时候。"

曾子说："我听老师说过，孟庄子的孝，其他人也可以做到，但他不更换父亲的旧臣及其政治措施，这是别人难以做到的。"

孟氏任命阳肤做典狱官，阳肤向曾子请教。曾子说："在上位的人离开了正道，百姓早就离心离德了。你如果能弄清他们的情况，就应当怜悯他们，而不要自鸣得意。"

子贡说："纣王的不善，不像传说的那样厉害。所以君子憎恨处在下流的地方，使天下一切坏名声都归到他的身上。"

【解读】

坚守孝道，善事父母，是我们中华民族的传统美德。孔子的学生曾子就是有名的大孝子，二十四孝故事中就有曾参啮指痛心的故事。

曾参从小就特别懂事，那时候，他家里特别贫穷，他怕母亲干活太多了，累坏身体，就争着帮母亲干这干那，凡是自己能干的一定不让母亲干。家里烧的柴火没有了，他就自己一个人上山砍柴。

有一次，曾参又是独自一人上山砍柴。他找到一片茂密的林子，脱掉外衣，使劲地砍着，累了也舍不得歇一会儿。可是，砍着，砍着，他突然觉得心一下子疼了起来，这是怎么回事啊？以前从来也没有发生过这样的事儿啊。

曾参一下子想起了家里的母亲，是不是母亲在家里想我，让我快点回家啊？想到这儿，曾参赶紧把砍下来的柴火捆好，背在身上，一路小跑着往家里赶。

刚进院子，母亲就等在门口了。曾参急切地问："娘，是不是家里有事了？"

母亲看见儿子回来了，好像松了一口气，说："家里忽然来了客人，可是家里没有米没有柴，我怕怠慢了客人，就咬手指盼你回来。"

曾参安慰了母亲，进屋见了客人，向客人问了好，又把自己心痛的事儿给客人讲了，客人听了，解释说："十指连心，这句话你可能听说过，但未必能理解其中的深意。实际上，你娘的十指不仅连着自己的心，也连着儿女的心。儿女们即使远在天涯海角，只要母亲咬一下自己的手指，儿女就能感觉到啊！"

客人说到这儿，又嘱咐曾参："父母养育了儿女，作为儿女一定要孝顺父母。要不然，老天有眼，会惩罚不孝的儿女。"

从此，曾参更加孝敬父母了。他跟从孔子学习，也非常敬爱他的老师。

曾子是这样的孝敬自己的母亲，所以，他最有资格谈论孝道。他在自己编写的《孝经》中说："夫孝，始于事亲，忠于事君，终于立身。"可见，孝不仅是一个人立身的根本，也是一辈子的事。

我国古代非常重视孝道，法律中规定了几千种行为是属于犯罪的，在所有的罪中，孔子认为最大的罪就是不孝。孝是一个人最基本最重要的修养，是在任何艰难的情况下，都敢于为父母分忧。

汉文帝时期，临淄有个姑娘名叫淳于缇萦。她的父亲淳于意是管粮库的官，因为犯了法，被当地的官吏判处"肉刑"，要把他押解到长安去受刑。当时，肉刑是一种很野蛮的刑罚，要砍去犯人的腿、脚，甚至挖去鼻子、眼睛，使人成为残废。

淳于意很伤心，说："我没有生儿子，只有几个女孩子，到如今连个送牢饭的都没有，要是以后残废了，一家人可怎么办啊！哎……"乡亲们也都替他长吁短叹。

这时，他的小女儿缇萦勇敢地站了出来，像男孩子一样的跟随着囚车，风餐露宿，端水送饭，一路跟随到长安。

到长安后，缇萦给汉文帝写了一封书信说："我叫缇萦，是太仓令淳于意的小女儿。我父亲做官的时候，齐地的人都说他是个清官。可是他一时糊涂犯了罪，被判处肉刑。我不但为父亲难过，也为所有受肉刑的人伤心。断手断脚就不能再生了，以后他就是想改过自新，也没有办法了。我请求不要对父亲实行肉刑，我愿意去官府做奴婢，替父亲赎罪，好让他有改过自新的机会。"

汉文帝很快就看到了缇萦的书信，认为缇萦说得很有道理，就召集大臣们说："犯了罪该受罚，这是天经地义的。可是现在用残损肢体的肉刑来惩办一个犯人，怎么能劝人为善，重新做人呢？"于是，命令以后"一律废除砍手砍脚、剁肉割皮的肉体刑罚，用别的办法代替"，手下的丞相张苍和御史大夫冯敬立刻按旨意拟定了具体的条款，废除了四项残害肉体的酷刑。

缇萦上书救父的故事是中国孝道的典范，也推动了古代刑罚由野蛮走向相对宽缓人道，在历史上被广为传颂。

知错就改

【原文】

子贡曰："君子之过也,如日月之食焉:过也,人皆见之;更也,人皆仰之。"

卫公孙朝①问于子贡曰:"仲尼焉学?"子贡曰:"文武之道,未坠于地,在人。贤者识其大者,不贤者识其小者。莫不有文武之道焉。夫子焉不学?而亦何常师之有?"

叔孙武叔②语大夫于朝曰:"子贡贤于仲尼。"子服景伯以告子贡。子贡曰:"譬之宫墙,赐之墙也及肩,窥见室家之好。夫子之墙数仞③,不得其门而入,不见宗庙之美,百官④之富。得其门者或寡矣。夫子之云,不亦宜乎!"

叔孙武叔毁仲尼。子贡曰:"无以为也!仲尼不可毁也。他人之贤者,丘陵也,犹可逾也;仲尼,日月也,无得而逾焉。人虽欲自绝,其何伤于日月乎?多⑤见其不知量也。"

陈子禽谓子贡曰:"子为恭也,仲尼岂贤于子乎?"子贡曰:"君子一言以为知,一言以为不知,言不可不慎也。夫子之不可及也,犹天之不可阶而升也。夫子之得邦家者,所谓立之斯立,道之斯行,绥之斯来,动之斯和。其生也荣,其死也哀,如之何其可及也?"

【注释】

①公孙朝:卫国大夫。

②叔孙武叔:姓叔孙,名州仇,谥号武,鲁国大夫。

③仞:古代长度单位,一仞为七尺。

④官:房舍。

⑤多:通"祇",不过。

【译文】

子贡说:"君子的过错好比日食、月食。他犯过错,人们都看得见;他改正过错,人们都仰望着他。"

卫国的公孙朝问子贡说："仲尼的学问是从哪里得来的?"子贡说："周文王武王的道,并没有失传,而是留在人们中间。贤能的人可以了解它的根本,不贤的人只了解它的末节,没有什么地方无文王、武王之道。我的老师何处不学,又何必要有固定的老师传授呢?"

叔孙武叔在朝廷上对大夫们说："子贡比仲尼更贤。"子服景伯把这一番话告诉了子贡。子贡说："拿围墙来作比喻,我家的围墙只有齐肩高,老师家的围墙却有数仞之高,如果找不到门进去,你就看不见里面宗庙的富丽堂皇和房屋的绚丽多彩。能够找到门进去的人并不多。叔孙武叔那么讲,不也是很自然吗?"

叔孙武叔诋毁仲尼。子贡说："这样做是没有用的!仲尼是毁谤不了的。别人的贤德好比丘陵,还可超越过去,仲尼的贤德好比太阳和月亮,是无法超越的。即使有人要自绝于日月,对日月又有什么伤害呢?只是表明他不自量力啊。"

陈子禽对子贡说："你太谦恭了,仲尼怎么能比你更贤良呢?"子贡说:"君子的一句话就可以表现他的智识,一句话也可以表现他的不明智,所以说话不可以不慎重。仲尼是高不可及的,正像天是不能够顺着梯子爬上去一样。我的老师如果得国而为诸侯或得到采邑而为卿大夫,那就会像人们说的那样,教百姓立于礼,百姓就会立于礼,要引导百姓,百姓就会跟着走;安抚百姓,百姓就会归顺;动员百姓,百姓就会齐心协力。我的老师活着是十分荣耀的,死了是令人哀痛的。我怎么能比得上他呢?"

【解读】

孔子在处理过失和改过的关系方面,强调改过,他把道德修养过程也看做是一个改过迁善的过程。孔子曾说:"丘有幸,苟有过,人必知之。"意思是说,我很有福气,因为我犯过错的时候,别人都知道。他反对有人对过错采取不承认的态度,"小人之过也必文",小人对于自己所犯下的各种过错总是千方百计地去寻找一些辩护的理由,加以掩盖,这是不对的。他还说:"君子之过也,如日月之食焉。过也,人皆见之,更也,人皆仰之。"他认为君子的过错,好比日食和月食;他有过错,人人都看得见,他改正了,人人都仰望他尊敬他。孔子提出"过则勿惮改"的要求,还说"过而不改,是谓过矣,不善不能改,是吾忧也"。

知过能改需要有两个最基本的条件：一是要"自知"，自己的所作所为经过反省后，感到自己真是错了，而不仅仅是别人的指责。知错是一种自觉的行动，严刑之下只有屈服，却谈不上信服。二是要"虚心"，世界上许多事情，往往是当局者迷，旁观者清。当局者经过他人指出错误，反省领悟，进而改进。这多表现在古代帝王身上，他们有过失时，一些正直的大臣们敢于冒险进谏，直言不讳，使他们从迷茫中觉悟过来。

每个人都会犯错误，人就是在犯错误和不断改正错误的过程中成长起来的。错误和挫折教育了我们，使我们更加聪明起来。对错误的理解和认识不同，对待错误的态度也会不同，当然最后的结果也会大相径庭。谁都会犯错误，普通人会，君子也会，但千万不要用新的错误去掩盖旧的错误。

在社会生活和社会实践中，人们每日每时都要处理许多大大小小的事情。但是，要么由于经验不足、情势不明，要么有意无意地把事情弄成僵局，甚至招致失败，犯下这样或那样程度不同的过失和错误，害己殃人。错误和失败是客观存在的，这也是可以理解的人之常情。

小李出门办事，上司催他快点回来，说部门要开个会。可小李上了出租车后，出租车根本就跑不起来。上司让他4点之前回到办公室，结果快5点了他才进办公室。一进办公室，上司就朝他发火，质问他为什么这么晚才回来，影响大家开会。小李本来在出租车里已经憋了一肚子火，现在上司不仅不体谅自己，反而朝自己发火，他气不打一处来，跟上司顶撞起来。听到吵架声，大老板过来了，于是刚进公司才几个月，小李就被大老板当众炒了鱿鱼。

小李的上司该不该体谅小李呢？也许他应该体谅一下小李，但是，如果小李一进门就说句"对不起"，那会不会是另外一种结果呢？

说声"对不起"，就能海阔天空。

说声"对不起"，并不代表你真的犯了什么大不了的错误，或者做了什么伤天害理的坏事，"对不起"只是一种软化剂，使你们双方都有后退的余地，为下一步的交流沟通创造条件。

对于一个职场新人来说，不管是不是有意，在工作中肯定会出这样或那样的差错。出了错，马上道歉，可以消除双方的不愉快和尴尬。你只要说一句"我错了"、"我考虑不周"，或者"对不起"就可以化解对方心头的不满，让两人的心情豁然开朗，重新一起面对工作的挑战。

犯错之后想极力掩饰是人的本能，每个人都会有这种心态，但假如你是职场新人，一定不能用"我没有经验"或"我不清楚"作为借口宽容自己。勇于承担错误，是职场成功的前提之一，即使你犯的错误微不足道，你想逃避的话，它也会成为你的一道坎，让你不能从错误中吸取教训，从而阻碍你的成长。

如果你推卸责任，死要脸面，不肯承认自己有过失，反过来还要倒打一耙，千错万错都是别人的错，那么，你就等于把自己送进了窄胡同。在工作上谁都会有一些失误，对于职场新人来说，更是如此。

问题的关键不在于你犯不犯错误，而在于你对待错误的态度。出了差错，如果你只会一味地抱怨别人，不肯从自己的身上找原因，那就会引起同事的不满，下次需要合作的时候，谁也不愿意配合你。融洽的同事关系非常重要，如果你一旦被周围的同事孤立起来，找不到志同道合的合作伙伴的话，你离被炒鱿鱼的日子就不远了。

一个优秀的人懂得在适当的时候承认错误，承担责任，这样他更容易赢得同事的理解甚至尊敬。在职场中，拥有良好的人际关系是最大的财富之一，它能使你如鱼得水，左右逢源，永远立于不败之地。

因此，你不小心出差错后，最好的办法就是勇敢地认错。事实上，你的上司也不是圣人，他也会有出现失误的时候，所以，上司一般不会因为你犯个小错，就全盘改变对你的看法。当然，你光承认错误还不够，你还得提出具体纠正错误的方法，这样你不但能让上司看到你的坦诚，同时也让上司看到了你处理问题、改正错误的能力。

世上没有不犯错误的人，工作中也会出现这样的缺点或那样的问题，这是在所难免的，毕竟"人非圣贤，孰能无过"，更何况就是圣人也有错误的时候。因此，做了错事并不可怕，可怕的是死不认错。

兒目篇第二十

劳而不怨，欲而不贪

【原文】

子张问于孔子曰："何如斯可以从政矣？"子曰："尊五美，屏①四恶，斯可以从政矣。"子张曰："何谓五美？"子曰："君子惠而不费，劳而不怨，欲而不贪，泰而不骄，威而不猛。"子张曰："何谓惠而不费？"子曰："因民之所利而利之，斯不亦惠而不费乎？择可劳而劳之，又谁怨？欲仁而得仁，又焉贪？君子无众寡，无大小，无敢慢，斯不亦泰而不骄乎？君子正其衣冠，尊其瞻视②，俨然人望而畏之，斯不亦威而不猛乎？"

【注释】

①屏：摒除。

②瞻视：指外观，仪容。

【译文】

子张问孔子："怎样才可以治理政事呢？"孔子说："崇尚五种美德，屏除四种恶政，这样就可以治理政事了。"子张问："五种美德是什么？"孔子说："君子要给百姓以恩惠而自己却无所耗费；使百姓劳作而不使他们怨恨；要追求仁德而不贪图财利；庄重而不傲慢；威严而不凶猛。"子张说："怎样能给百姓以恩惠而自己却无所耗费呢？"孔子说："让百姓们去做对他们有利的事，这不就是对百姓有利而自己却无所耗费吗？选择合适的时间让百姓去劳作，这又有谁会怨恨呢？自己要追求仁德便得到了仁，又还有什么可贪的呢？君子对人，无论多少，势力大小，都不怠慢他们，这不就是庄重而不傲慢吗？君子衣冠整齐，目不斜视，使人见了就让人生敬畏之心，这不也是威严而不凶猛吗？"

【解读】

统治者应该怎样治理国家，效力于社会呢？孔子认为要遵循上述的五种美德，核心是什么呢？"惠而不费，劳而不怨，欲而不贪，泰而不骄，威而不猛"，那么，有人能做到吗？当然有，我国历史上就出现过一些这样的人。

于谦是明朝人，15岁的时候，就考中了钱塘县的秀才。他认真学习各种知识，景仰古人中那些有高尚节操的人，尤其是那些救国救民的民族英雄。他对文天祥敬慕不已，家中藏有文天祥的画像，还自己题词，表示要以他为榜样，尽忠报国。17岁的时候，于谦写下了那首不朽的《石灰吟》的诗：

> 千锤万凿出深山，烈火焚烧若等闲。
>
> 粉骨碎身浑不怕，要留清白在人间！

永乐十九年（1421年），于谦中进士，从此踏上仕途。于谦32岁时，被委以重任，开始地方官的生涯。他每到一地，倾听当地人民的呼声，了解百姓的疾苦，还经常微服私访，平反不少冤假错案，被当地人民称为"于青天"。

英宗正统六年（1441年），于谦在河南、山西巡察时，发现官府积谷数百万石，老百姓在每年三月以后青黄不接的时候，却严重断粮，挨饿，影响农事。他上书朝廷请求开仓赈民，让老百姓有粮食吃，以便更好地生产。英宗欣赏他的建议，立即诏令实行。他还命令修护黄河堤岸，岸边种树打井，于是，树阴夹道，路上的行人也不受曝晒干渴之苦了。

这样的事，于谦不知做了多少。当时，"三杨"主持朝政，对于谦的工作非常支持，于谦每上奏，很快就批准。

但于谦很廉洁，每次回京议事，都是口袋空空。"三杨"去世后，太监王振掌权。此人乃奸佞之辈，英宗都让着他，于是，百官争相巴结他，向他献送白银。有人提醒于谦："你虽然不献金银珠宝，攀求权贵，送点土特产也行啊。"于谦笑着举起两袖，说："带有清风！"还作了一首绝句：

> 绢帕蘑菇及线香，本资民用反为殃。
>
> 清风两袖朝天去，免得闾阎话短长！

"两袖清风"一词由此而来。于谦的声望越来越高，王振更加嫉恨他。正统十一年，于谦进京奏事，王振竟把于谦投进监狱，社会舆论强烈抗议，3个月后，不得不把他放了出来。

正统十三年（1448年），于谦任兵部左侍郎。第二年，也先率瓦剌大军大举进犯。英宗在王振的唆使下，率50万大军亲征，结果在土木堡被瓦剌军包围。50万大军全军覆没，王振被打死，英宗被也先俘虏。

消息传到北京，文武百官相聚，号啕大哭，皇太后、皇后更是哭天喊地。为了安定人心，不少大臣主张逃跑，于谦坚决要求保卫京师，他神情严肃地向皇太后和郕王说："京师是天下的根本，放弃京师，形势就会更坏，没见过北宋南渡的结果吗？现在当务之急是速召勤王之师，打退来犯的敌人！"他大声呵斥："谁主张逃跑，就砍头！"

随后，英宗的弟弟朱祁钰被立为皇帝，是为景泰帝。景泰帝任命于谦为兵部尚书，全面负责北京城的保卫工作，那些主张南迁的大臣被当场处死，君臣上下同仇敌忾，抗击瓦剌的进攻。北京保卫战取得了辉煌的胜利。

于谦立了大功，受到了北京军民的爱戴。景帝加于谦少保，总督军务。于谦说："四郊有那么多敌人的堡垒，这是卿大夫的耻辱，怎么敢邀功请赏呢？"他坚决拒绝了。他继续着保卫国家的职责，并进行了一系列军事改革，国家渐渐安定下来了。

在我国古代，公正廉洁是对官员的基本要求，能做到，就是"清官"了，什么叫"清官"呢？就是廉洁正直，大公无私。如果官员能做到这一点，老百姓就会效仿，那么社会风气也会好。所以，为官从政一定要心平气和，不欲不贪，廉洁清正，对于今天的人们来说，这些仍是最基本的要求。

除去四恶，造福百姓

【原文】

子张曰："何谓四恶？"子曰："不教而杀谓之虐；不戒视成谓之暴；慢令致期谓之贼；犹之①与人也，出纳②之吝谓之有司③。"

【注释】

①犹之：同样，都是。

②出纳：这里只有"出"的意思，而没有"纳"的意思。

③有司：指负责具体事务的小官吏，这里表示治理政事不可像有司处理具体事务那样刻板琐细。

【译文】

子张问："什么叫四种恶政呢？"孔子说："不经教化便加以杀戮叫做虐；不加告诫便要求成功叫做暴；不加监督而突然限期叫做贼；同样是给人财物，却出手吝啬，叫做小气。"

【解读】

民众的生活状况决定着整个国家经济基础的稳固程度。只有体恤人民的疾苦和灾难，政治清明、为民谋福利，才能得到民心的支持；只有让人民的生活安定富裕，才能得到百姓的拥护。古代的仁人志士治理天下，必以民为本，倡行仁义，施行仁政，不为一己之私而役使天下之人。

元代时期发行交钞，但印行混乱，伪钞很多。朝廷尽管规定制造伪钞者一律处死，告发者重赏，但仍旧难以遏止其势头。

江浙行省的铅山州是伪造交钞者活动最为猖狂之地。当地的土豪吴友文，生性奸诈，凶悍阴鸷，是制造假钞的罪魁祸首。他制造的假钞，不仅流行江西，甚至流传到大都、江淮等地。他也因此成了豪富。以他为首的假钞暴发户，结成了死党，买通官府，明目张胆，恣意横行。吴友文更是派遣手下恶少四五十人，到州县衙门充当胥吏衙役，为他拉拢官员，传递信息，如果发现有敢于告发者，马上先行杀戮。许多善良的百姓就这样屈死在他们手里。吴友文欺男霸女，10 多年来，他一人就夺人妻女 11 人为妾，老百姓咬牙切齿，含冤叫屈，不敢上告。

元顺帝初年，林兴祖任铅山州的知州。刚上任不久，他就听说了很多有关吴友文伪钞团伙的罪行恶迹，他无比愤慨地说："这桩祸害不除，如何对得起铅山州的百姓！"他马上张榜发布文告，严禁伪造交钞。

林兴祖心里非常清楚，要想扳倒这个犯罪集团，是一件很困难的事情。几位前任就有很多教训留下，倘若不精心制订一些措施，也会重蹈覆辙。于是，他发布榜文后，很长时间没有采取任何行动。也曾有几个大胆的百姓前来告发，他简单一问，都以举报不实为理由申斥回去了。

这样一来，州里一时的震动又平静下去了。老百姓和吴友文，几乎都得到这样的印象：新官和旧官一样，都不敢动真的，不敢硬碰吴友文团伙，所谓榜文、赏格，只不过是官样文章而已。因此，吴友文的惊愕和警觉慢慢消失了。

经过一段时间紧张的准备，林兴祖抓住有人控告吴友文的两个重要党羽的事，坚决地捕捉了这两个恶棍，并在突击搜查中缴获了不少赃物、罪证。接着，又对二人严加审讯，由于截断了内外联系，二人不得不招认了制造假钞和为非作歹的许多情况。

由于耳目众多，吴友文对他这两个手下的被捕和受审，也清楚地知道。他是经过不少风浪、洞察世态人情的人，这样一点事还不足以使他惊慌失措。尽管他对林兴祖逮捕这两人有些意外，但又觉得，这大约不过是新官给他传送的一个心照不宣的信号而已。十年寒窗的穷酸才，怎能不想在我这个大富豪身上捞些好处？过去不也有过"一天乌云，人情送到立刻云开雾散"的事吗？因为这两个人对他太重要了，他必须亲自前往拜会知州。但是他刚刚把营救的厚礼献上，知州的笑脸马上就收起来了，喝令左右将奸民拿下，押送大牢听审。

大富豪吴友文被捕的消息，在铅山州及其邻近州县引起了巨大的轰动。众百姓兴高采烈，争相赞颂州官为民除害的勇敢精神。短短几天之中，前来检举、控告吴友文的，就有100多人。林兴祖选择吴友文罪大恶极的条款一二项严加审问，由于证据确凿，立刻就定罪结案。他的党羽200余人，也因触犯刑律，全部被逮捕判刑。

林兴祖除去了铅山一害，声名大振，由特旨升迁为道州路总管。

林兴祖不惧怕邪恶势力，以自己的胆识和智慧，将危害一方的恶霸地痞一网打尽，为受迫害的百姓昭雪，为地方经济秩序的恢复作出了贡献。这种不畏强暴，为民做主，勇惩罪犯的精神，既是一个官吏的责任，也是一个官吏的爱民体现。服务人民，就要维护人民的利益。林兴祖的行为，就是在维护人民的利益。在那个缺少法制的年代，这一点更显得弥足珍贵。

不知命，无以为君子也

【原文】

子曰："不知命①，无以为君子也；不知礼，无以立也；不知言②，无以知人也。"

【注释】

①知命：知天。

②知言：善于分析别人的言语，辨别是非善恶。

【译文】

孔子说："不懂得天命，就不能做君子；不知道礼仪，就无法立身处世；

不善于分辨别人的话语，就无法真正了解一个人。"

【解读】

"识时务者为俊杰。"孔子说的"命"就是"天命"，就是识时务，就是潮流，就是一种必然趋势。在"天命"面前，只能是顺之者存、逆之者亡。无论是常人，还是伟人，无论是立身还是处世，都必须首先认真细致地去"知天命"，把握"天命"。

凡是乘公交车的人可能都有过这样的经历：有时候，站在车站等了好久也不见公共汽车开来，但有时候人刚到车站车就来了，这时就会欣喜地说："来得早，不如来得巧。"这个"巧"，既有人为的因素，也有命运的因素。孔子坦率地承认并正视命运，乃是一种知命的表现。

唐太宗从往朝的历史中总结出这样一个结论：分封皇亲贤臣，是使子孙绵延长久、社稷长治久安的办法。于是在贞观十一年，他颁下诏书，将皇室子弟荆州都督李元景、安州都督吴王李恪等21人，再加上功臣司空赵州刺史长孙无忌、尚书左仆射宋州刺史房玄龄等14人，一并封为世袭刺史。

这一重大举措，立即遭到很多大臣的反对，他们一致建议唐太宗收回成命，并放弃分封制度。唐太宗则认为这是吸取历史的教训，所以不愿意放弃。

礼部侍郎李百药上了一道奏折，在奏折中，他慷慨陈词，分析了商、周时代实行分封制之所以成功的时代背景，总结了晋代分封失败的教训，然后一针见血地指出：不具体分析前朝前代的历史，不注重当朝当代的实际，只是笼统地说某种制度优、某种制度劣，一味地遵从古制，那就无异于刻舟求剑，作茧自缚。

唐太宗看过奏章，觉得李百药态度中肯，道理深邃，才幡然醒悟，他采纳了李百药的意见，取消了宗室子弟及功臣世袭刺史的诏令。

一件偶然的事情，一旦被认为是命中注定，便马上带上了事先必然的成分，而且这种必然与人力无关，所以自己不必为此承担任何责任，在这种情况下，一个人便可以毫无悔恨地欣然接受命运的安排了。一个人应该以顺应时代趋势作为立身处世、成事谋业的基本依据。这对于我们做人做事，尤其是在面临人生抉择和大事危局的时候，具有很强的指导意义。